지리산, 두류산, 방장산

지리산, 두류산, 방장산

최석기

보고사
BOGOSA

이 책은 내가 지리산에 대해 공부하면서 쓴 몇 편의 글을 한데 묶어 재구성해 편집한 것이다. 내가 이 책을 내기로 마음먹은 것은 지리산의 의미에 대해 더 많은 사람들에게 알려야겠다는 생각에서였다. 논문은 특정한 사람만이 볼 수 있기 때문에 내가 지리산에 대해 연구한 성과를 알리는 데 한계가 있다. 그래서 좀 더 쉽게 풀어 지리산에 담긴 의미를 널리 알리는 데 초점을 맞추었다.

나는 지리산 동남쪽에 펼쳐진 진주에 있는 국립대학에서 30여 년 동안 재직하였다. 그러다 보니 인근에 있는 지리산을 자주 왕래하게 되었다. 그러면서 차츰 지리산이 도반처럼 가까이 다가왔다. 그래서 지리산 관련 자료가 있으면 관심 있게 읽어보고 수집하기 시작했다. 그러는 과정 속에서 주로 조선 전기 유명한 분들의 유람록을 대학원에 다니는 동학들과 강독하기 시작했고, 드디어 2000년 『선인들의 지리산 유람록』이라는 첫 번째 책을 출간하였다. 그 뒤로도 계속해서 지리산유람록을 번역 출간하고자 했으나 출판이 여의치 않아 미루어두었다.

그러다가 2007년 인문한국 지원 사업에 경상대학교 남명학연구소와 순천대학교 지리산권문화연구원이 공동으로 신청하여 선정되어서 여러 명의 박사들과 지리산학을 정립하자는 거대한 목표를 세우고 지리산을 본격적으로 연구하기 시작했다. 그런 과정 속에서 나는 동학들과 여러 권의 자료집을 내고, 지리산 유람록을 번역하여 여러 책을 출간하였다. 또 개인적으로 지리산에 대한 여러 편의 논문을 생산하였다.

그 가운데서 특히 우리 선인들이 지리산을 어떻게 생각했는지, 산을 유람하는 의의와 목적은 무엇인지, 산을 유람하면서 어떤 생각을 하고 있는지 하는 등등의 문제를 주목하게 되었고, 그런 주제들에 대해 자료를 정리해 논문으로 글을 쓰기도 했다. 그중에서 지리산이라는 산은 우리 선인들에게 어떤 산으로 인식되었는지, 지리산 천왕봉에 대해 선인들은 어떻게 생각하였는지를 집중 탐구하였다.

이러한 연구를 하면서 우리 선인들이 생각한 지리산은 요즘 현대인들이 생각하는 지리산보다 훨씬 그 의미가 풍부하고 상징성이 크다는 것을 발견하였다. 그래서 이러한 이야기를 전 국민들에게 알려 지리산이 우리나라 국토에서 차지하는 위상 및 의미를 새롭게 인식하도록 하는 것이 중요하다는 생각을 하게 되어 결국 이 책을 편찬하게 된 것이다.

이 책에는 논문형식으로 쓴 글을 현대인들이 읽기 쉽게 손을 본 것도 있고, 아예 처음부터 논문형식으로 쓰지 않고 유적이나 문화를 설명하는 방식으로 쓴 글도 있다. 또 지리산 유람록에 대해 쓴 글은 주로 조선 중기와 후기에 생산된 것들이고, 조선 후기에 생산된 유람록에 대해서는 거의 언급하지 않았다. 그것은 조선 후기 지리산 유람록은 17세기 이전의 지리산유람록에 비해 문학성이나 작가의식이 떨어져 논문으로 쓰지 않았기 때문이다.

그러나 지리산에 대한 인식, 천왕봉에 대한 인식 등에는 일제강점기에 생산된 지리산유람록까지 포괄적으로 다루었기 때문에 지리산에 대한 선인들의 인식을 전체적으로 살피는 데는 큰 문제가 없을 것이다.

　또한 지리산 기행시는 헤아릴 수 없이 많은데, 그 가운데서 장편시 5편을 주목하였고, 그 중에서도 문학성이 빼어난 황준량(黃俊良)·성여신(成汝信)·유몽인(柳夢寅)의 지리산 기행시에 대해서만 다루었다. 그리고 지리산을 유람하고 쓴 연작 기행시도 수없이 많은데, 이에 대해서는 『선인들의 지리산 기행시』라는 3책의 번역서를 출간하였고, 또 이 자리에서 다루기 곤란하여 제외하였다.

　이 책은 선인들의 지리산과 천왕봉에 대한 인식, 지리산유람록을 통해 본 인문학의 길 찾기, 조선 전기부터 중기에 이르는 사이에 생산된 지리산유람록에 나타난 사의식(士意識) 및 유람록에 나타난 성향, 장편 지리산 기행시에 나타난 작가 의식 등을 살피는 데 중점을 두어 편집하였다. 아무쪼록 이 책을 통해 지리산에 대한 인식이 제고되어 지리산이 우리 민족의 성스러운 영산으로 거듭나기를 바란다.

　어려운 출판환경 속에서도 이 책을 흔쾌히 출판해 주신 보고사 김흥국 사장님 및 직원들에게 심심한 사의를 표한다.

2020년 3월 1일
경상대학교 남명학관 산해실에서 최석기가 쓰다.

차례

제1장

선인들의 지리산에 대한 인식

I. 머리말

지리산은 우리나라 제일의 명산으로, 전통시대에는 오악(五嶽) 중 남악(南嶽)으로 지정되었으며, 오늘날에는 국립공원 제1호로 지정되어 있다.

지리산은 삼국시대에는 백제와 신라의 접경지대로 국경이었지만, 반도가 통일된 고려 시대 이후로는 영남과 호남의 중심에 자리한 산으로서 그 위상이 달라졌다. 즉 지리산은 백두산에서 뻗어 내린 백두대간의 남쪽 끝에 형성된 민족강토 남부의 중심에 해당하는 산으로 재인식된 것이다.

지리산은 현실세계와 동떨어진 인간이 범접할 수 없는 신이 사는 신성 불가침의 영역이 아니라, 인간이 거주하는 현실세계 가까이에 있는 산으로 인간이 수시로 왕래할 수 있는 산이었다. 그리하여 지리산에는 민속신앙, 무속신앙, 불교, 도교, 유교 등 다양한 사상과 종교가 공존해 왔다.

또 지리산은 바위로 된 석산이 아니라 흙으로 된 토산이다. 그래서 그 품이 넉넉하여 만물을 포용하는 어머니와 같은 산으로 인식되었다.

이런 몇 가지 점만 거론해도 지리산은 우리나라 남쪽 지방의 중심에 위치한 진산(鎭山)이라는 점을 누구도 부정하지 않을 것이다. 예로부터

산은 하늘이 무너지지 않게 떠받치는 지주(支柱)로 인식했다. 그것은 곧 하늘과 땅 사이의 인간이 사는 공간을 지탱해주는 기둥과 같은 것이니, 인간이 공존하는 사회를 부지해주는 윤리·도덕과 같은 것으로 인식한 것이다. 우리는 낙동강 가의 우뚝한 바위를 선인들이 경천대(擎天臺)라 부른 것을 익히 알고 있다. 강가의 바위를 보고서도 하늘을 떠받치는 기둥이라고 생각을 했으니, 하늘에 닿아있는 천왕봉은 이 세상이 무너지지 않고 유지되도록 지탱해주는 강상(綱常)이 아닐 수 없다.

조선시대 사람들은 지리산을 중심으로 영남과 호남에 여러 고을이 빙 둘러 형성되었다고 인식했다. 즉 지리산은 영남과 호남을 구분하는 경계선이 되기도 하지만, 이 산을 중심에 두고 그 주위에 영남과 호남의 여러 고을이 형성되었다고 하는 인식에 주목하면, 우리는 이 산을 중심으로 영남과 호남을 아우르는 통합의 문화를 만들 수 있다. 이런 문제의식을 갖고서 우리 선인들이 지리산을 어떻게 인식하고 있었는지를 살펴보고 그런 인식을 공유하는 것은 매우 의미 있는 일이다.

지리산을 유람하고 기록을 남긴 선인들은 수백 명에 달하며, 그들이 남긴 시문도 수천 편에 이른다. 기왕의 조사에 의하면, 지리산을 유람하고 한문으로 유산기(遊山記)·유산록(遊山錄)을 남긴 사람은 88명이며, 작품은 101편에 이른다.[1] 그리고 지리산을 유람하고 유산시(遊山詩)를 남긴 사람은 대략 1천여 명이 넘을 것으로 추정되며, 그들이 남긴 한시는 수천 편에 달할 것으로 예상된다.[2]

---

1   최석기 외(2013), 『선인들의 지리산 유람록 6』, 보고사, 248~254면 참조.
2   강정화 외(2009), 『지리산 한시 선집-천왕봉』, 경상대 경남문화연구원.
    강정화 외(2009), 『지리산 한시 선집-청학동』, 경상대 경남문화연구원.
    강정화 외(2010), 『지리산 한시 선집-덕산, 단성, 산청, 함양, 운봉』, 경상대 경남문

전통시대 보편적 문자였던 한문으로 쓰인 유산기는 1463년 이륙(李陸, 1438~1498)이 쓴 「유지리산록(遊智異山錄)」으로부터 1941년 양회갑(梁會甲, 1884~1961)이 지은 「두류산기(頭流山記)」에 이르기까지 총 101편이 발견된다. 이 가운데 승려가 쓴 2편을 제외하면 모두 유학자들이 남긴 기행문이다. 또한 이러한 유산기를 지은 작자는 모두 조선시대 출생한 인물로 일제강점기에 지리산을 유람하였더라도 그들은 조선시대 유학자로서의 사고를 하였기 때문에 조선시대 지식인들의 사유와 인식의 범주에 넣어도 무방할 것이다.

이 글에서는 이러한 유산기·유산록을 주 자료로 하고 유산시를 보조 자료로 활용하여 우리 선인들이 지리산을 어떻게 인식하고 있는지를 고찰하는 데 목적을 둔다.

우리는 선인들의 지리산에 대한 인식을 통해 영남과 호남으로 분열된 현대사회의 정신적 갈등을 봉합하고 새로운 공동체 문화를 만드는 데 유효한 답을 얻을 수 있을 것이다. 지리산에 대한 인식은 지리산의 명칭·위상·상징·주봉에 대한 인식으로 구분해 살펴볼 것이다.

Ⅱ. 지리산에 대한 인식

1. 명칭에 대한 인식

지리산은 여러 가지 이름이 있다. 그러나 문헌기록상으로 나타나는 대표적인 명칭은 지리산(智異山)·두류산(頭流山)·방장산(方丈山)이며, 덕

화연구원.

산(德山)이라는 명칭도 일부 지역에서 한 동안 널리 일컬어졌다. 이 외에 불복산(不伏山)·방당산(磅磄山)·봉익산(鳳翼山) 등 몇 개의 이름이 더 있지만, 보편적으로 일컬어진 호칭이 아니기 때문에 조선시대 정신사에서 큰 의미를 갖지 못한다.

지리산·두류산·방장산·덕산은 전통시대 지식인들의 정신세계를 파악하는 데 의미가 있다. 이 네 가지 명칭 가운데 문헌기록상으로는 지리산이 가장 먼저 나타난다.

지리산(智異山)은 신라 시대 최치원(崔致遠, 857~?)의 문집인『고운집(孤雲集)』에 3번 나타난다. 그리고 고려 시대 이규보(李奎報, 1168~1241)의『동국이상국집(東國李相國集)』, 이제현(李齊賢, 1287~1367)의『익재난고(益齋亂稿)』, 이색(李穡, 1328~1393)의『목은고(牧隱藁)』등에 연이어 나타난다. 한편 김부식(金富軾, 1075~1151)의『삼국사기(三國史記)』와 일연(一然, 1206~1289)의『삼국유사(三國遺事)』에는 '지리산(智異山)'과 '지리산(地理山)'이라는 명칭이 혼재되어 나타난다.

두류산(頭流山)이라는 명칭은 의상(義湘, 625~702)의『청구비기(靑邱秘記)』에 처음 보인다고 하지만[3], 이 자료의 저작연대를 정확히 고증할 수 없어 신뢰할 수 없다. 두류산이라는 명칭은 고려 시대 이인로(李仁老, 1152~1220)의『파한집(破閑集)』과 이곡(李穀, 1298~1351)의『가정집(稼亭集)』에서부터 보이기 시작한다. 이 명칭은 고려 말 신진 사대부들에게서 본격적으로 나타나며, 조선시대 지식인들이 가장 선호하던 명칭이다. 이는 사대부의 자기 각성에 의해 민족강토에 대한 인식이 싹튼 데에서

---

3 李圭景,『五洲衍文長箋散稿』天地篇, 地理類, 山,「智異山辨證說」, "新羅釋義相靑丘秘記 頭流山 一萬文殊住世"

연유한 것으로 보인다.

방장산(方丈山)이라는 명칭은 조선 전기의 문헌에 비로소 나타난다. 방장산은 삼신산(三神山)의 하나인데, 지리산이 방장산으로 인식된 결정적 요인은 당나라 때 시인 두보(杜甫, 712~770)의 시에 '방장삼한외(方丈三韓外)'라는 구절과 그 주석에 "삼한(三韓)은 대방군(帶方郡)의 남쪽에 있다."라고 한 『위지(魏志)』를 인용한 기록[4]이 국내에 알려졌기 때문이다. 방장산이라는 용어는 고려시대 문헌기록에 보이지만, 지리산이 곧 방장산이라는 인식은 조선전기 이석형(李石亨)·김종직(金宗直) 등의 문집에서부터 나타나기 시작한다.

덕산(德山)이라는 명칭은 남명(南冥) 조식(曺植, 1501~1572)이 지리산에 은거하여 도학자로서 명성을 얻은 뒤, 경상우도 지역 지식인들에게서 나타난다. 경상우도 지역은 남명학파의 본거지다. 1623년 인조반정 이후 남명학파는 와해되었지만 남명정신은 이 지역에 여전히 전승되고 있었다. 조선후기 이 지역 지식인들은 당색과 학파를 달리하면서도 남명에 대해서는 한결같이 존숭하였다.

이런 문화풍토 속에서 지리산·두류산·방장산이라는 세 명칭보다 '덕산'이라 명칭을 선호한 사람들이 있었다. 1807년 지리산 천왕봉에 오른 안치권(安致權, 1745~1813)은 함안 사람인데, 지리산에 대해 다음과 같이 언급하고 있다.

> 영남과 호남이 만나는 곳에 큰 산이 하나 있으니, 수백 리나 구불구불 이어져 있고 수천 길이나 웅장하게 서 있다. 수많은 짐승이 살고 무수한

---

4 이 내용은 원나라 때 高楚芳이 편찬한 『集千家註杜工部詩集』 권1 「奉贈太常張卿垍二十韻」에 보인다.

광물이 묻혀 있으며, 여러 사찰이 세워지고 승려들이 거처한다. 그 산은 네 가지 명칭이 있는데, 지리산(智理山)·두류산(頭流山)·방장산(方丈山)·덕산(德山) 등이다. 덕산의 명칭이 가장 잘 알려져 있는데, 남명 조식 선생이 학문을 닦던 곳이 있기 때문이다.[5]

이런 기록을 보면, 이 지역 남명 조식의 후학들은 남명을 존모하여 오래도록 지리산을 덕산이라 불렀음을 알 수 있다.

덕산은 본래 남명 조식이 천왕봉을 도반으로 삼아 만년에 은거한 현 산청군 시천면 일대를 일컫는 지명인데, 후대에는 도학의 발원지로 인식되어 순례의 발길이 끊이질 않았다. 이런 까닭에 남명의 후학들은 지리산을 '남명의 산'으로 인식하여 지리산을 덕산으로 불렀던 것이다.

그러나 덕산이라는 명칭은 조선후기 경상우도 지역에서 남명의 후학들에게만 불린 명칭으로 전국적으로 널리 일컬어진 보편적 명칭이라고는 할 수 없다. 그렇다면 전국적으로 널리 알려진 보편적인 명칭은 지리산·두류산·방장산 세 가지로 압축된다.

이 세 가지 명칭의 유래에 대해 살펴보기로 하겠다. 먼저 이 세 가지 명칭을 함께 거론한 설을 살펴보기로 한다. 진주에 살던 성여신(成汝信, 1546~1632)은 지리산·두류산·방장산이라는 세 명칭에 대해 다음과 같이 전거를 제시하였다.

'멀리 솟은 두류산(頭流山) 낮게 깔린 저녁 구름'은, 　頭流山迥暮雲低
고려 이인로(李仁老)가 청학동을 찾았을 때 지은 시. 　李仁老詩尋靑鶴
'높은 지리산(智異山) 만 길이나 푸르네.'는, 　　　　　智異山高萬丈靑

5 　최석기 외(2009), 『선인들의 지리산 유람록 3』, 보고사, 201면 참조.

포은(圃隱) 정 선생이 승려에게 준 시.	圃隱先生贈雲衲
'방장산(方丈山)은 대방(帶方)의 남쪽에 있네.'는,	方丈山在帶方南
당나라 두보(杜甫)의 시 속에 나오는 말.	杜草堂詩中說[6]

성여신이 인용한 이인로의 시는 『파한집』에 보이고, 정몽주(鄭夢周)의 시는 『포은집』에 보이며, 두보의 시는 「봉증태상장경계이십운(奉贈太常張卿垍二十韻)」이라는 시의 첫 구이다. 성여신은, 두류산(頭流山)이라는 명칭이 고려시대 이인로로부터 쓰이기 시작한 점, 지리산(智異山)이라는 명칭이 고려 말 정몽주로부터 쓰이기 시작한 점, 방장산(方丈山)이라는 명칭이 두시(杜詩)로부터 나타나기 시작한 점을 찾아 각각의 명칭이 유래한 전거로 제시하고 있다.

두류산이라는 명칭이 고려 무신란 때 이인로로부터 쓰이기 시작한 것은 민족국토에 대한 인식이 그 당시에 싹텄음을 의미한다. 그것은 두류산이라는 명칭이 백두산에서 흘러내려와 우뚝 솟은 산이라는 의미를 갖기 때문이다. 즉 두류산은 백두산과 하나로 연결되어 있는 우리 국토의 남북의 두 축을 상징하는 의미로 쓰인 것이기 때문이다. 성여신은 지리산이 정몽주로부터 쓰이기 시작했다고 한 것은 최치원의 문집을 보지 못했기 때문이다. 뒤에서 논의하겠지만 지리산이라는 명칭은 순수한 우리말을 한자로 표기하는 과정에서 다양하게 나타나기 때문에 어느 한 가지 명칭만을 가지고 누구로부터 쓰이기 시작했다고 보기는 어렵다.

또 1818년 지리산을 유람한 정석귀(丁錫龜, 1772~1833)는 세 가지 명칭에 대해 다음과 같이 고증했다.

---

6 成汝信, 『浮查集』 권2, 「遊頭流山詩」.

두류산은 지리산(智異山)이라 부르기도 하고, 방장산(方丈山)이라 부르기도 한다. 방장산이란 명칭은『사기(史記)』「진시황본기(秦始皇本紀)」와「효무본기(孝武本紀)」에 보이고, 지리산이란 명칭은『삼국사기(三國史記)』에 보인다. 두류산이라고 부른 것이 어느 때부터인지 알 수는 없지만, 대개 백두산에서 산줄기가 흘러 이 산이 되었기 때문에 붙여진 이름인 듯하다. 세상에 전해지는 삼신산(三神山)은, 금강산(金剛山)이 봉래산(蓬萊山)이고, 한라산(漢拏山)이 영주산(瀛洲山)이며, 두류산이 방장산(方丈山)인데, 이 또한 어디에 근거했는지 모르겠다.[7]

정석귀도 세 가지 명칭에 대해 전거를 찾아 제시하고자 했으나, 두류산에 대해서는 언제부터 나타나는지 알 수 없다고 하였으며, 두류산을 방장산이라고 부르는 근거도 잘 모르겠다고 하였다. 정석귀는 인문지리에 대단히 해박한 학자였는데, 문헌상으로 그 출전을 찾지 못한 것이다.

1902년 지리산을 유람한 송병순(宋秉珣, 1839~1912)은 지리산의 세 가지 명칭에 대해 다음과 같이 말하였다.

어떤 나그네가 나에게 묻기를 "이 지리산은 본래 지리산(智異山)이었는데, 어찌 두류산(頭流山)이라고 부릅니까?"라고 하여, 내가 답하기를 "여지서(輿地書)에 백두산(白頭山)의 맥이 흘러내려 이 산에 이르렀기 때문에 두류산이라고 합니다. 두보의 시에 '방장산이 바다 밖 삼한 땅에 있네.[方丈三韓外]'라고 한 것이 바로 이 산입니다. 점필재(佔畢齋:金宗直)의 「유두류록(遊頭流錄)」에 '두류산은 숭고하고 빼어나니 중국 땅에 있었다면 반드시 숭산(嵩山)이나 대산(岱山:泰山)보다 먼저 천자가 이 산에 올라 봉선제(封禪祭)를 지냈을 것이다.'라고 하였으며,

---

7 최석기 외(2009),『선인들의 지리산 유람록 3』, 보고사, 262면 참조.

또 '두보가 방장삼한외(方丈三韓外)라고 한 시구를 길이 읊조리니, 나
도 몰래 정신이 고양된다.'라고 하였으니, 이것이 지리산의 도경(圖經)
이라고 말할 수 있지 않겠습니까."라고 하였다.[8]

송병순은 이 산의 본래 명칭은 지리산이며, 두류산이라는 명칭은 백두
산에서 흘러내린 산맥이 응축되어 형성된 산이기 때문에 붙여진 이름이
고, 방장산으로 불린 것에 대해서는 두보의 시를 증거로 제시하고 있다.

이상에서 살펴본 것처럼, 지리산의 대표적인 세 가지 명칭에 대해 조
선시대 지식인들은 대체로 비슷한 인식을 한 것을 알 수 있다. 즉 지리산
이라는 명칭은 원주민들이 본래 부르던 명칭으로 신라시대부터 나타나
는 가장 오래된 명칭이며, 두류산은 백두산에서 흘러내린 산맥이 국토
남단에 웅장하게 서렸기 때문에 붙여진 이름으로 고려중기 이후의 지식
인들이 부른 이름이며, 방장산은 중국 고대부터 일컬어지던 삼신산의
하나였는데 두보의 시에 언급한 이후로 조선전기 지식인들로부터 일컬
어진 명칭이라는 것이다.

이 산은 지리산·두류산·방장산·덕산이라는 명칭을 갖게 된 것만으
로도 그 상징성이 매우 크다. 지리산이라는 명칭은 토착민이 붙인 본래
의 이름이라는 점에 의미가 있고, 두류산은 백두산에서 뻗어 내려 백두
산과 남북으로 국토의 두 축을 이루고 있다는 점에서 그 의미가 있으며,
방장산은 중국에서 일컬어지던 삼신산의 하나로 속세의 티끌이 없는 맑
고 청정한 세계라는 점에서 그 의미가 있으며, 덕산은 도덕군자가 은거
하여 천일합일(天人合一)을 지향한 산이라는 점에서 그 의미가 있다. 세
상에 이처럼 아름다운 의미를 두루 얻은 산도 세상에 별로 없을 것이다.

---

8 최석기 외(2013), 『선인들의 지리산 유람록 5』, 보고사, 149면 참조.

이런 점에서 지리산은 다른 산에 비해 그 의미가 몇 배 더 있는 것이다.

다음 지리산·두류산·방장산이라는 명칭의 유래에 대해 살펴보기로 한다.

지리산(智異山)이라는 명칭에 대해, 그 의미를 설득력 있게 설명한 설은 찾아볼 수 없다. 지리산이라는 명칭에 대한 기왕의 논의를 정리하면, 순수한 우리말에서 유래한 것으로 한자 표현이 여러 가지로 다르게 나타난다는 주장[9]과 대지문수사리보살(大智文殊師利菩薩)에서 나온 것이라는 주장으로 크게 나눌 수 있다.

그런데 최근에는 '어리석은 사람도 들어가 살면 지혜로워지는 산'이라는 터무니없는 주장이 인터넷상에 떠돌고 있어 혼란을 가중시키고 있다. 사실 이 설은 지리산의 한자어를 누군가가 그럴 듯하게 풀이한 것인데, 한자의 어법구조로 볼 때 그런 해석이 나올 수가 없으니, 어설프게 누군가가 지어낸 설임을 쉽게 짐작할 수 있다. 지리산(智異山)을 한자어에 맞추어 풀이하면 '지혜롭고 기이한 산'이라는 뜻이니, '어리석은 사람도 들어가 살면 지혜로워지는 산'이라는 풀이는 그야말로 어불성설이다.

지리산이라는 명칭이 대지문수사리보살에서 나왔다고 하는 주장은 구한말 화엄사에 주석한 진응 강백(眞應講伯)이 지은 『지리산지(智異山誌)』에서 연유한 것인데, 이는 구한말 지리산에 거주한 한 승려의 사적인 견해일 따름이다. 그의 주장에 따르면, '대지문수사리보살(大智文殊師利菩薩)'의 '지(智)' 자와 '리(利)' 자를 따서 지리산(智利山)이라 불렀는데, 후대에 지리산(智異山)으로 표기법이 변했다는 것이다.[10]

---

9 최석기(2006), 『남명과 지리산』, 경인문화사, 1~17면 참조.

10 인터넷 자료, http//cafe.naver.com/insanwoo/256, 「지리산의 산 이름 유래에 대하여1」참조.

이러한 설은, 신라시대 의상대사(義湘大師)가 지었다고 전하는『청구비기(靑丘秘記)』에 "두류산은 1만의 문수보살이 세상에 머물던 곳이다. 그 산 밑에는 해마다 풍년이 들며, 백성들이 질박하다."[11]라고 한 데에서 연유한 것으로 추정된다. 그러나 불교설화를 근거로 한 비기(秘記)의 기록인 데다, 논리적 근거가 미흡하여 설득력이 떨어진다. 또한 진응 강백보다 먼저 지리산에 주석한 승려 석응윤(釋應允, 1743~1804)은 그와 같은 설을 언급하고 있지 않을 뿐만 아니라, 전혀 다른 주장을 하고 있기 때문에, 이 설은 불교계에서 전래된 설이 아니고 진응 강백의 사적인 견해로밖에 볼 수 없다.

지리산이 순수한 우리말에서 유래했다는 주장은 다음과 같다. 문헌상으로 '지리산'이라는 명칭은 6가지로 다르게 나타나는데, 지리산(智異山)이라는 명칭은 신라시대부터 조선시대까지 가장 많이 보편적으로 나타나고, 그 나머지 지리산(地理山)·지리산(地異山)·지리산(智理山)·지리산(知異山)·지리산(地利山)은 매우 드물게 간혹 눈에 띈다.

이를 보면, 지리산(智異山)이라는 명칭이 '지리산'의 대표성을 갖는 명칭이라고 하겠다. 또한 순수한 우리말 '지리산'이 한문문화가 보편화되면서 각기 다르게 표기된 것으로 추정된다. 그러나 우리말 '지리산'의 '지리'가 무슨 의미인지에 대해서는 추정하는 여러 주장이 있을 뿐, 명확하게 입증한 설은 아직까지 없다. 언어학적으로 접근하는 설도 있고, 설화를 근거로 내세우는 주장도 있으나, 모두 사적으로 추정하는 설일 뿐이다.

한편 18세기 승려 석응윤은 지리산의 명칭에 대해 나름의 독특한 설을

---

11 李圭景,『五洲衍文長箋散稿』天地篇, 地理類, 山,「智異山辨證說」. "新羅釋義相靑丘 秘記 頭流山 一萬文殊住世 其下歲豊民愿"

제기하고 있어 주목된다. 그는 평생 지리산에 살면서 「지리산기(智異山記)」 능 지리산 관련 기록을 11편이나 남긴 지리산에 대해 해박한 승려였다. 그는 지리산의 명칭에 대해 다음과 같이 말하였다.

> 〈지리산은〉 이체(离體)[12]로서 밝고 바르기 때문에 산의 이름은 '지리산(智異山)'이라 하고, 봉우리 이름은 '반야봉(般若峯)'이라고 한 것이다. 반야봉 앞에 절[13]이 있는데, 바위가 매우 장엄하며 신령스럽고 기이하다. 대체로 이곳은 나라의 복을 기원하는 곳이며, 천왕봉(天王峯)은 이 절의 수호신이 된다. 방장산(方丈山)이라는 이름은 선가(仙家)의 경전에서 나온 것임을 고찰해 볼 수 있다. 하지만 두류산(頭流山)이라 부르게 된 연원은 자세하지 않다. 혹자는 "백두산의 맥이 흘러내려 여기에서 멈추었으므로 그렇게 이름을 붙인 것이다."라고 말하기도 한다.[14]

석응윤은 지리산의 세 가지 명칭에 대해 불가(佛家)의 입장에서 말하고 있다. 그는 유학자들이 두류산이라고 부르는 근거에 대해서도 반신반의하고 있으며, 방장산은 선가의 경전에서 나온 것이라는 원론적 언급에서 그칠 뿐, 언제부터 방장산으로 부른 지에 대한 언급도 하지 않았다.

그의 독특한 견해는, 지리산(智異山)의 명칭이 『주역』 「이괘(離卦)」의 상(象)에서 취했다고 본 것이다. 그는 지리산의 형상을 「이괘」처럼 명정(明正)한 것으로 보았는데, 이는 「이괘」 단사(彖辭)에 "거듭 밝은 덕으로 중정(中正)의 자리에 거처하여 천하 사람들을 교화하여 문명을 이룩한

---

12 离體 : 『주역』의 「離卦」의 형상을 가진 체를 말한다.

13 절 : 현 전라북도 남원시 산내면 달궁 마을 근처에 있었던 黃嶺庵을 가리키는 듯함.

14 釋應允, 『鏡巖集』 권하, 「智異山記」. "离體明正 故山名智異 峰稱般若 而般若峯前有佛庙 石磊極壯靈異 盖爲國都鎭福 而天王峰爲佛廟護界神也 方丈之名 出仙經可考 其云頭流未詳 或曰 白頭山脉 流終於此 故名"

다.[重明 以麗乎正 乃化成天下]"라는 말에서 취한 듯하다.

「이괘」는 상괘와 하괘가 모두 이(離 : ☲)로 이효(二爻)와 오효(五爻)가 중정(中正)에 처해 있기 때문에 그렇게 말한 것이다. 이(離)는 불[火]로 밝음을 상징하며 문명을 상징하기 때문에 지혜[智]와 자연스럽게 연결되며, 반야봉의 반야(般若)는 지혜[智]를 의미하는데 반야봉은 정상이 움푹하여 마치 양-음-양으로 된 이(離 : ☲)와 흡사하기 때문에 지(智)의 의미와 잘 조화된다. 요컨대 석응윤은 지리산(智異山)의 지(智)를 이런 의미로 본 것이다.

또 석응윤은 산체(山體)의 상으로 볼 때, 반야봉이 주봉(主峰)이고, 그 밑에 있는 절이 중심지이며, 천왕봉은 그 절의 수호신에 해당한다고 보고 있다. 그리고 위의 인용문에 보이듯이, '반야봉 앞에 절이 있는데 바위가 지극히 장대하고 신령스럽고 기이하다.'고 하였으니, 그는 지리산의 이(異)가 여기에서 나온 것으로 본 것이다.

이러한 인식은 1823년경 경상도 소촌역(召村驛: 현 진주시 문산읍) 찰방을 지낸 김선신(金善臣)의 경우에도 나타난다. 김선신은 『두류전지(頭流全志)』라는 지리산 전문 지리서를 편찬한 사람이다. 김선신은 지리산의 명칭에 대해 다음과 같이 말하였다.

> 또 살펴보건대, 어떤 비구가 "번뇌가 아무리 견고하더라도 반야지(般若智)는 능히 그 번뇌를 깨뜨릴 수 있으니, 반야봉이라는 이름은 대개 이러한 뜻을 지닌다."라고 하였으니, 이 산을 지리산이라고 일컫는 것은 당연히 부처의 지혜에서 연유한 것이다. 그리고 반야지(般若智)가 최초의 선관(禪關)이 되니, 두류산의 온갖 봉우리는 이 반야봉의 지속(支屬)이 되는 이유이다.[15]

이 설은 어떤 승려의 말을 인용하여 지리산(智異山)의 지(智)는 반야봉 (般若鋒)에서 연유한 것으로 부처의 시혜[佛智]에서 비롯되었다는 것이다. 또 반야봉의 반야(般若)는 지(智)를 의미하는데, 반야지가 번뇌를 없애는 최초의 관문이므로 반야봉이 지리산의 중심이라는 것이다. 이러한 김선신의 설에는 지리산(智異山)의 지(智) 자의 연원에 대해서만 언급하고, 이(異) 자에 대해서는 언급이 없어서 완전한 설로 보기에는 무리가 있다. 그러나 지리산의 지(智) 자가 지혜를 상징하는 반야에서 나왔고, 그것을 반야봉과 연관 지어 반야봉을 지리산의 주산으로 인식하는 데에서 나온 점은 일정한 의미가 있다.

지리산(智異山)이라는 명칭에 대해, 조선후기 유학자 안익제(安益濟, 1850~1909)는 전에 없던 새로운 주장을 하였다. 그는 지리산의 지리적 위치에 대해 설명한 뒤, 다음과 같이 말하였다.

> 대개 지혜로운 인물과 기이한 물건이 그 사이에서 많이 산출된다. 그러므로 지리산(智異山)이라고 이름을 붙인 것이다. 또 다른 이름으로 두류산·방장산이라고도 한다.[16]

안익제의 설에 따르면, 지리산은 '지인(智人)과 이물(異物)이 많이 생산되는 산'을 의미한다. 그러나 이는 조선후기에 나타나는 설이기 때문에 신빙성이 부족하다. 즉 전부터 전해진 지리산이라는 명칭에 대해 자신의 견해로 풀이한 것이고, 또 후대에 나온 설이기 때문에 지리산(智異

---

15 金善臣,『頭流全志』,「選勝編-般若鋒」."又按 比邱云 煩惱雖堅 般若智能破之 般若之名 槪以此也 其稱智異 當是佛智上起名 而般若智爲最初禪關 頭流萬峯 所以爲此峯之支屬也"

16 최석기 외(2013),『선인들의 지리산 유람록 5』, 보고사, 215면 참조.

山)의 어원으로 삼기에는 문제가 없지 않다.

다음 두류산(頭流山)이라는 명칭의 유래에 대해 살펴보기로 한다. 앞
에서 언급했듯이 두류산이라는 명칭은 고려중기 이인로(李仁老)의 『파
한집』에서부터 나타난다.[17] 이인로는 다음과 같이 말하였다.

> 지리산은 처음 백두산으로부터 뻗어내려 꽃다운 봉우리와 골짜기가
> 면면이 이어져 내려와 대방군에 이르러서 두툼하게 수천 리에 맺혔다.
> 산을 빙 둘러 사람들이 사는 고을이 10여 주나 된다.[18]

이 기록을 보면, 이인로는 지리산이 백두산에서 흘러내려 만들어진
산이라는 점을 분명하게 인식하고서 지리산을 두류산이라 한 것을 알
수 있다.

백두산이라는 명칭은 도선(道詵)이 지었다는 비결서 『옥룡기(玉龍記)』
에 "우리나라는 산맥이 백두산에서 시작하여 지리산에서 끝난다. 그 형세
가 물의 근원이나 나무의 줄기와 같은 지형이다.[我國 始于白頭 終于智異
其勢水根木幹之地]"[19]라고 한 언급이 보인다. 이런 자료로 보면, 신라말기
부터 백두산과 지리산이 하나의 줄기로 이어진 국토의 뼈대라고 인식한
것을 알 수 있다. 그리고 이인로는 이런 국토인식에 근거하여 지리산을
두류산이라 한 것이다.

이런 인식은 조선시대 지식인들에게서 보다 분명하게 나타나고 있다.

---

17 신라시대 義相이 지었다고 하는 『靑丘秘記』에 '頭流山'이라는 명칭이 보이지만, 이는
    신빙할 수 없기 때문에 채택하지 않았다.
18 李仁老, 『破閑集』 상권 제14조. "智異山 始自白頭山而起 花峯蕚谷 綿綿聯聯 至帶方
    郡 蟠結數千里 環而居者 十餘州"
19 『고려사절요』 권26, 「恭愍王1」, 정유 6년조 참조.

조선중기 유몽인(柳夢寅, 1559~1623)은 두류산이라는 명칭에 대한 유래
를 나음과 같이 설명하고 있다.

> 지금 두류산은, 백두산에서 시작하여 면면이 4천 리나 뻗어온 아름
> 답고 웅혼한 기상이 남해에 이르러 엉켜 모이고 우뚝 일어난 산으로,
> 열두 고을이 주위에 둘러 있고, 사방의 둘레가 2천 리나 된다.[20]

유몽인은 백두산에서 시작하여 4천 리를 뻗어내려 남해에 이르러 우
뚝하게 형성된 산이라는 점을 두류산의 특징으로 거론하고 있다.

이런 인식은 17세기 박장원(朴長遠), 18세기 박래오(朴來吾)·이갑룡(李
甲龍)·김도수(金道洙)·홍씨(洪氏), 19세기 박치복(朴致馥)·송병선(宋秉璿)
등의 유람록에도 유사하게 나타난다.

또한 조선후기 이규경(李圭景, 1788~1856)도 "백두산의 산맥이 흘러
지리산에서 그쳤기 때문에 일명 두류산이라 한다."[21]라고 한 것을 보면,
조선시대 지식인들에게는 이 설이 거의 정설로 받아들여지고 있었음을
알 수 있다. 따라서 석응윤처럼 불가의 승려들이 두류산이라는 명칭에
대해 반신반의한 것과는 달리 사대부들은 두류산의 명칭이 유래한 설을
전적으로 신뢰하고 있음을 알 수 있다.

이처럼 조선시대 지식인들은 대체로 백두산에서 뻗어 내린 산이라는
인식 때문에 지리산이나 방장산으로 호칭하는 것보다 두류산이라 호칭
하는 것을 훨씬 더 선호하였다. 조선시대 지식인들이 지리산을 유람하고

---

20 최석기 외(2000), 『선인들의 지리산 유람록』, 돌베개, 200면 참조.
21 李圭景, 『五洲衍文長箋散稿』 天地篇, 地理類, 山, 「智異山辨證說」, "白頭之脈 流而
止於此 故一名頭流山"

남긴 기록 중 유람록의 형식을 갖춘 64편을 분석한 결과, 제목을 지리산
(智異山)으로 쓴 것이 10편, 방장산(方丈山)으로 쓴 것이 7편, 두류산(頭
流山)으로 쓴 것이 47편으로 나타났다. 즉 10분의 7 이상이 두류산이라
는 명칭을 쓴 것이다. 이는 백두산에서 뻗어 내린 민족의 영산이라는
인식과 민족강토의 뼈대인 백두대간을 염두에 두고서 백두산과 두류산
을 국토의 두 축으로 인식한 것이다.

다음 방장산(方丈山)이라는 명칭의 유래에 대해 살펴보기로 한다. 중
국에서 삼신산에 대한 설화는 아래와 같은 사마천(司馬遷)의『사기』「진
시황본기(秦始皇本紀)」에 처음 보인다.

> 제(齊)나라 사람 서불(徐市) 등이 상서하여 말하기를 "동해 바다에
> 삼신산이 있는데, 봉래산(蓬萊山)·방장산(方丈山)·영주산(瀛洲山)이라
> 고 하며, 사람들이 그곳에 살고 있습니다. 청컨대 재계하고서 동남(童
> 男)·동녀(童女)와 함께 가서 신선을 찾고자 합니다."라고 하자, 이에 진
> 시황은 서불을 파견하여 동남·동녀 수천 명을 거느리고 바다로 가서
> 선인을 찾게 하였다.[22]

대개 삼신산은 진시황이 불사약을 구하기 위해 서불(徐市) 등을 파견
함으로써 세상에 널리 알려지게 되었고, 발해로부터 한반도를 거쳐 일본
에까지 삼신산이 있는 곳으로 인식되게 하였다. 중국에서 우리나라의
금강산·지리산·한라산을 언제부터 삼신산으로 일컫게 되었는지는 정
확하게 알 수 없다.

---

22 司馬遷,『史記』「秦始皇本紀」. "齊人徐市等上書 言海中有三神山 名曰蓬萊·方丈·瀛
    洲 人居之 請得齋戒 與童男女求之 於是 遣徐市 發童男女數千人 入海求人"

　우리나라에서는 조선전기『동국여지승람』편찬에 참여한 김종직(金宗直, 1431~1492)이 「유두류록(遊頭流錄)」에서 '방장산(方丈山)은 바다 밖 삼한(三韓) 땅에 있네.[方丈三韓外]'[23]라고 읊은 두보(杜甫)의 시를 인용하여 방장산이 곧 지리산이라는 점을 거론한 뒤로, 이 두보의 시를 전거로 하여 방장산이 곧 지리산이라고 인식하였다. 이런 인식은 17세기 성여신(成汝信)·김지백(金之白), 19세기 남주헌(南周獻)·정석귀(丁錫龜)·민재남(閔在南)·김영조(金永祚) 등의 기록에 유사하게 나타난다.

　또 제주도 서귀포(西歸浦)가 '서불이 돌아간 포구'라는 설이 있고, 또 경상남도 남해에 '서불과차(徐巿過此)'라는 각자가 있는 것으로 보아, 아주 오래전부터 삼신산이 한반도에 있는 것으로 인식되었던 듯하다.

　그런데 조선후기 고증학의 영향을 받은 이규경(李圭景)은 삼신산이 우리나라에 있다는 전설에 의해 지리산이 방장산으로 불리게 되었다는 설보다는 어원적 고찰을 통해 다음과 같이 말하고 있어 주목된다.

　　『습유기(拾遺記)』에 "동해 바다 5만 리 지점에 방당산(磅磄山)이 있다. 그 위에는 1백 아름이나 되는 복숭아나무가 있는데 1만 년에 한 번 열매가 달린다. 울수(鬱水)가 방당산 동쪽에 있는데, 푸른 연꽃이 자라고 길이가 8천 척이나 된다."라고 하였다. 지봉(芝峯) 이수광(李晬光)은 말하기를 "내 생각으로는, 방당산은 방장산과 음이 비슷하다."라고 하였다.[24]

23　이는 杜甫의 「奉贈太常張卿垍二十韻」이라는 시의 첫 구이다.

24　李圭景,『五洲衍文長箋散稿』天地篇, 地理類, 山,「智異山辨證說」, "拾遺記 扶桑五萬里 有磅磄山 上有桃樹百圍 萬歲一實 鬱水在磅磄山東 生碧藕 長千尋 芝峯李晬光 曰 余意 磅磄 與方丈 音近"

이규경은 『습유기』의 설을 인용하여 방장산이 원래는 방당산(磅磄山)이었음을 밝히고, 다시 이수광의 설을 인용하여 음이 비슷하기 때문에 삼신산의 하나인 '방장산'으로 불리게 된 점을 언급하고 있다. 방당산도 방장산과 마찬가지로 전설상의 신선이 사는 산이므로, 선가(仙家)의 설에서 유래된 명칭이라는 점에서는 별반 다른 점이 없다.

대체로 조선시대 지식인들은 지리산을 방장산이라 인식하였고, 방장산은 삼신산의 하나라고 생각하였다. 방장산은 방호산(方壺山)이라는 별칭도 있다.

그런데 16세기 황준량(黃俊良, 1517~1563)은 "하물며 삼한에 있는 방장산은 천하에 이름이 나서, 영주산·봉래산보다 먼저 일컫는 제일의 산임에라.[況乃三韓方丈聞天下 第一位號先瀛蓬]"[25]라고 하여, 삼신산 가운데서도 방장산이 으뜸이라고 하였다. 조금 뒤 시대 유몽인(柳夢寅)도 지리산 천왕봉에 올라본 뒤 비로소 지리산이 우리나라의 산 중에서 으뜸이라고 하였으며[26], 박래오(朴來吾, 1713~1785)도 웅장한 형세와 삼엄한 기상이 삼신산 중에서 최고라고 하였다.[27]

이상에서 살펴본 것처럼, 지리산은 크게 지리산(智異山)·두류산(頭流山)·방장산(方丈山)·덕산(德山) 등으로 일컬어져 왔다. 이 네 가지 명칭 가운데 보편적으로 쓰인 이름은 지리산·두류산·방장산이다.

지리산(智異山)이라는 명칭이 어떤 의미인지를 밝힐 만한 명확한 자료는 없다. 그렇지만 신라시대부터 줄곧 지리산을 대표하는 이름으로 존재해 왔음을 확인할 수 있고, 비록 후기에 나타나지만 지혜로운 사람과

25 黃俊良, 『錦溪集』 권1, 「遊頭流山紀行篇」.
26 최석기 외(2000), 『선인들의 지리산 유람록』, 돌베개, 199면 참조.
27 최석기 외(2009), 『선인들의 지리산 유람록 3』, 37면 참조.

기이한 산물이 많이 나는 산이라는 의미로 붙여진 이름이라는 점을 확인할 수 있나.

두류산(頭流山)이라는 명칭은 고려시대 중반 이후부터 나타나는 이름으로, 백두산에서 뻗어내려 왔다는 인식이 지배적이며, 그것은 우리나라 국토에 대한 인식이 내재되어 있다. 즉 북쪽 백두산에서 뻗어내려 남쪽 중앙에 위치한 산으로 북쪽의 백두산과 두 축을 이루고 있는 산이라는 개념이다.

방장산(方丈山)이라는 명칭은 정확히 언제부터 붙여졌는지 확인할 수 없는데, 이규경은 신라·고려 시대로부터 전해졌다고 하였다.[28] 대개 두보의 시에 '방장산이 삼한에 있다.'는 인식과 또 두보시의 주석에 방장산이 '대방군(帶方郡: 현 남원시)에 있다'는 설이 알려짐으로써 지리산은 삼신산의 하나인 방장산으로 인식되었다. 그러나 문헌기록상으로는 조선전기에 이르러야 비로소 지리산을 방장산이라고 하는 인식이 나타난다.

이상에서 살펴본 지리산의 명칭에 대한 선인들의 인식을 종합해 보면, 지리산은 순수한 우리말에서 유해한 것이지만 산의 덕성을 상징적으로 보여주고 있으며, 두류산은 우리나라 국토의 지리적 인식을 반영한 명칭이며, 방장산은 속세의 티끌에 물들지 않고 깨끗한 신선이 사는 산이라는 청정한 이미지를 내포하고 있으며, 덕산은 도덕군자가 은거하여 수신을 한 산으로서의 군자상을 담보하고 있다.

지리산(智異山)은 한자어로 읽으면 지이산이다. 그런데 왜 지리산으로 읽는 것일까? 이에 대해서도 여러 가지 설이 있으나, 대체로 국어학

---

28 李圭景, 『五洲衍文長箋散稿』 天地篇, 地理類, 山, 「智異山辨證說」. "且說者 以爲三神山皆在我東 而方丈爲智異 瀛洲爲漢拏 蓬萊爲金剛 自羅麗傳道 如是 則或可髣髴耶"

자들은 이를 활음조 현상으로 설명한다. 발음하기 어려운 한자어에 대해 어떤 소리를 더하거나 바꾸어 발음하기 쉽고 듣기 부드러운 소리가 되게 하는 것을 활음조 현상이라 한다.

2. 위상에 대한 인식

선인들은 지리산의 위상에 대해 어떻게 생각하였을까? 조선전기 이륙 (李陸)의 「지리산기(智異山記)」에는 "지리산은 두류산(頭流山)이라고도 한다. 영남과 호남의 교차로에 웅거하고 있는데, 높고 넓어서 몇 백 리나 되는지 알 수 없다. 산 주위에 목(牧)이 하나, 부(府)가 하나, 군(郡)이 둘, 현(縣)이 다섯, 부읍(附邑)이 넷이 있다."[29]라고 하여, 영남과 호남의 중간에 위치하며 높고 넓다는 점을 거론하였다.

이처럼 지리산은 높고 넓다는 점이 부각되어 여러 기록에 나타난다. 17세기 송광연(宋光淵, 1638~1695)의 「두류록(頭流錄)」에도 넓고 크다는 점을 부각시켰고, 18세기 이주대(李柱大, 1689~1755)의 「유두류산록(遊頭流山錄)」에도 넓고 높다는 점을 거론하였다. 지리산이 넓고 크다는 점을, 주위에 10여 개의 고을이 둘러 있다는 것으로 표현하기도 하고[30], 둘레가 3백리, 또는 8~9백 리, 또는 2천 리에 달한다[31]고 하기도 하였다. 또 조선중기 조위한(趙緯韓, 1558~1649)은 지리산의 봉우리가 84,000개라

---

29 李陸, 『青坡集』 권2, 「智異山記」. "智異山 又名頭流 雄據嶺湖南二路之交 高廣不知其幾百里 環山有一牧一府二郡五縣四附"

30 柳夢寅은 「유두류산록」에서 주위에 12개의 고을이 있다고 하였으며, 조선후기 朴致馥은 「南遊紀行」에서 호남의 13개 고을과 영남의 7개 고을이 지리산 주위에 있다고 하였다.

31 일제강점기에 활동한 梁會甲은 둘레가 3백리라 하였고, 구한말 黃玹은 지리산의 둘레가 8~9백리라 하였고, 조선중기 柳夢寅은 2천리에 달한다고 하였다.

고 노래하기도 하였다.[32]

시리산의 넓고 높은 산세는 삼국시대에는 신라와 백제의 국경시대였기 때문에 백두대간으로 뻗어 내린 종적인 산맥이 양쪽 지역을 가르는 국경선이 되었다. 반도가 통일 된 뒤 조선시대 지식인들은 백두대간이 뻗어 내려 형성된 남쪽 지방의 축으로 영남과 호남의 중간에 웅거한 산으로 인식하였고[33], 그 기세가 영남과 호남을 진압하고 있다는 점에서 진산(鎭山)으로 그 위상이 정립되었다.[34] 이러한 인식은 일제강점기에 활동한 곽태종(郭泰鍾, 1872~1940)과 김택술(金澤述, 1884~1954)에게까지 나타난다.[35]

지리산이 영남과 호남의 진산이라는 인식은 지리산을 중심으로 동서로 나누는 시각이 아니라 지리산을 중심으로 주위를 모두 아우르는 원형적 인식이다. 이러한 인식은 분할적 인식이 아니라 통합적 인식이기 때문에 매우 주목할 만하다. 기실 영호남이 하나가 되기 위해서는 지리산을 진산으로 하는 다양한 공감대와 공동체가 마련되어야 한다.

또한 조선시대 지식인들은 지리산의 위상을 국토 동남쪽의 보장(保障)으로 인식하였다. 권극량(權克亮, 1584~1631)은 "지리산이 우리나라 동남방의 보장이다."라고 하였으며[36], 이만부(李萬敷, 1664~1732)는 "백두산의 남쪽 머리가 흘러내리다 머리로써 허공을 둘러막았다."라고 하였다.[37] 이는 지리산을 남방의 보장으로 인식한 것이다.

---

32 趙緯韓, 『玄谷集』 권10, 「算博士體」. "頭流八萬四千峯"

33 최석기 외(2008), 『용이 머리를 숙인 듯 꼬리를 치켜든 듯』, 153~158면 참조.

34 이런 인식은 丁錫龜의 「頭流山記」와 金成烈의 「遊靑鶴洞日記」, 鄭載圭의 「頭流錄」 등에 보인다.

35 최석기 외(2013), 『선인들의 지리산 유람록 6』, 보고사, 51면 및 101면 참조.

36 權克亮, 『東山集』 권1, 「登頭流吟」. "崔嵬方丈障東南 絶頂登臨穩竹籃"

이 보장(保障)이라는 인식은 진산(鎭山)이라는 인식과 같은 맥락에서
이해할 수 있다. 진산은 지덕(地德)으로 묵직하게 눌러앉아 그 지역을
진압하고 보호하는 가장 큰 산이라는 의미이며, 보장은 그 지역을 보호
하는 장벽 같은 역할을 한다는 뜻이다. 이만부의 언설처럼 우뚝한 지리
산이 허공을 둘러막고 있기 때문에 그렇게 본 것이다.

이처럼 지리산은 남방의 진산 또는 보장으로 인식되었다. 18세기 박
래오(朴來吾)는 이러한 의미를 더 극대화하여 다음과 같이 말하고 있다.

> 기이하구나! 이 산이여. 이곳이 바로 해동(海東) 삼신산(三神山) 중
> 의 하나로구나. 웅장한 형세와 삼엄한 기상이 그 어디에 이 산과 같은
> 곳이 있겠는가? …… 그러나 이 두류산만은 그렇지 않다. 모인 기가 넓
> 고 크며 영호남에 걸쳐 웅거하고 있다. 그 높이로 말하자면, 위로 건문
> (乾門)의 적제(赤帝)의 궁궐에까지 닿아 있다. 그 크기로 말하자면, 아
> 래로 지축(地軸)의 현신(玄神)의 도읍까지 진압하고 있다. 포괄한 것이
> 길게 이어져 있고, 펼쳐진 것은 넓게 뻗어있으니, 이는 참으로 해동의
> 중심이며 남방의 조종(祖宗)이다.[38]

박래오는, 지리산이 영·호남에 웅거하고 있으며, 높이는 하늘까지 닿
고 크기는 지축(地軸)까지 진압하여 우리나라의 중심이 되며, 남쪽 지방
의 조종(祖宗)이 된다고 하였다. 하늘에는 천체의 중심인 북극(北極)이

---

37 李萬敷, 『息山集』 권1, 「頭流歌 送盧二丈新卜頭流山中 兼呈孔巖丈」. "頭流以頭障半
空 天王般若蒼蒼浮"

38 朴來吾, 『尼溪集』 권12, 「遊頭流錄」. "異哉山乎 此乃海東三神之一 而其雄偉之形勢
森嚴之氣像 孰有如玆山者乎 …… 而玆山則不然 鍾氣磅礴 雄據湖嶺 而其高也 上逼於
乾門赤帝之宮觀 其大也 下壓乎坤軸玄神之都府 包括綿長 排布廣遠 則此誠海東之標
極 天南之祖宗也"

있고, 인간사회에는 인간의 구심점인 황극(皇極 : 人極)이 있고, 땅에도 땅의 중심인 지극(地極)이 있다. 박래오가 지리산을 우리나라의 지극으로 보았다는 점에서, 지리산의 위상은 단지 영·호남에 웅거한 진산의 의미를 넘어선다. 즉 남방의 진산일 뿐만이 아니라, 우리나라의 지극이며, 남방의 조종으로 그 위상이 격상된 것이다.

한편 조선 전기 김종직(金宗直)은 중국의 오악(五嶽) 중 태산(泰山)이 으뜸인데, 그 동쪽에 다시 두류산이 있다고 하면서, 두류산을 중국 서쪽의 지축(地軸)에 해당하는 곤륜산(崑崙山)과 동·서로 마주하여 대칭이 되는 산으로 그 위상을 정립하였다.[39] 이는 태산보다 그 위상을 한층 더 높이 인식한 것이다.

지리산의 위상을 명산(名山)이라는 점에 초점을 맞춘 인식도 있다. 조선중기 이안눌(李安訥, 1571~1637)은 당시 사람들이 우리나라 4대 명산으로 동방의 금강산, 서방의 구월산(九月山), 북방의 묘향산(妙香山), 남방의 지리산(智異山)을 일컫는다고 하였다.[40] 백두산은 4대 명산 속에 들어가 있지 않다. 그것은 현실세계의 산으로 느끼지 못하였기 때문일 것이다. 또한 한라산도 삼신산을 일컬을 적에는 당연히 포함되지만, 피부로 느끼기 어려워서인지 4대 명산에 들어 있지 않다. 이안눌이 언급한 것처럼 사방의 산을 일컬을 적에는 지리산이 남악(南嶽)으로서 명산의 위상을 갖는다.

그런데 천하의 명산을 일컬을 적에는 그 위상이 또 달라진다. 대체로

---

39 金宗直, 『佔畢齋集』 권8, 「游頭流紀行」. "五嶽鎭中原 東岱衆所宗 豈知渤澥外 乃有頭流雄 崑崙萬萬古 地軸東西通 幹維掣首尾 想像造化功"

40 李安訥, 『東岳集』 권9, 「送一珠上人遊智異山 次軸上韻」. "俗稱我國四名山 東皆骨 西九月 北香山 南智異山"

천하의 명산을 일컬을 경우, 백두산·구월산·묘향산은 포함되지 못하고 금강산·지리산·한라산의 삼신산이 그 자리를 차지한다. 구한말 외세가 침입하고 국권을 빼앗길 무렵에 이런 인식은 더욱 두드러지게 나타나는데, 권규집(權奎集, 1850~1916)은 천하의 명산 중 3개가 우리나라에 있는데 방장산·한라산·금강산이라고 하였으며[41], 최병호(崔炳祜)도 "『한서(漢書)』에 천하 명산이 8개인데, 3개가 만이(蠻夷)에 있다."[42]라고 하였다. 구한말에 이르러 지식인들은 『한서』의 위 문구를 근거로, 중국의 오악을 제외한 나머지 3개를 삼신산으로 인식함으로써 모두 우리나라에 있는 것으로 생각한 것이다. 이처럼 구한말 지식인들은 중국의 오악과 동등하게 삼신산을 천하의 명산으로 인식함으로써 지리산·금강산·한라산의 위상은 한층 제고되었다.

그런데 삼신산 가운데서도 금강산·한라산에 비해 지리산이 더 낫다고 하는 인식도 나타난다. 유몽인(柳夢寅)은 "내 발자취가 미친 모든 곳의 높낮이를 차례 짓는다면 두류산이 우리나라 첫 번째 산임은 의심할 나위가 없다."라고 하였으며[43], 박래오(朴來吾)는 위 인용문에 보이듯 '높이와 크기로 볼 때 해동의 중심이고 남방의 조종'이라고 하였다. 이런 인식은 남쪽 지방 지식인들에게서 더 강하게 인식되어 나타난다. 예컨대, 하익범(河益範, 1767~1815)은 중국을 중심으로 보아 중국 밖의 명산 가운데 지리산이 가장 신령하다고 하였다.[44]

41 權奎集, 『兼山集』 권1, 「天王峯歸路 用朱子·祝融峯詩 分韻得溫字」. "天下名山三在東 漢拏楓岳曁方丈"

42 崔炳祜, 『梧坡文集』, 「智異山紀詠」. "漢書天下名山八 三在蠻夷" 『漢書』 권25上, 「郊祀志」 제5上에 "天下名山八 三在蠻夷"라는 문구가 보인다.

43 최석기 외(2000), 돌베개, 201면 참조.

44 河益範, 『士農窩集』 권1, 「登天王峯」. "名山云在海之外 方丈其中最有靈"

또한 지리산과 금강산을 모두 유람한 정기(鄭琦, 1879~1950)는 우뚝 솟아 넓게 펼쳐진 점에서 지리산은 한라산·금깅산의 배가 된다고 하였으며[45], 김택술(金澤述)은 웅대하고 높고 그윽하게 깊은 측면에서 금강산보다 넓고 크다고 하였다.[46]

그런데 19세기 전반에 활동한 김선신(金善臣)은 지리산과 금강산을 인문학적 관점에서 조명하여 독특하고 흥미로운 주장을 펴고 있다. 그는 "우리나라 산은 불함산(不咸山 : 白頭山)을 머리로 삼고 두류산을 끝으로 삼는데 남북으로 수천 리나 떨어져 있다."라고 하여 우리나라 국토에서 백두산과 지리산을 남북의 두 축으로 인식하고 있다. 그리고 또 그는 지리산의 특징을 몸체가 거대하고[體洪], 신령함이 매우 영험하고[神甚靈], 베풂이 지극히 넓고[施極博], 덕이 온전하다[德全]고 평하였다. 이는 산 자체만을 평한 것이 아니라, 산이 사람에게 주는 혜택까지 언급하면서 산의 덕을 말한 것이다.

김선신은 지리산을 이렇게 평한 뒤, 금강산은 그렇지 못함을 하나하나 열거하였다. 그리고 다시 다음과 같이 문학적 수사를 더하여 표현하였다.

지리산은 그 몸체를 풍성하게 하고 그 봉우리를 우뚝하게 하였으며, 그 확고한 자태를 지키고 그 굽이를 극진히 하였으며, 그것이 희다는 것을 알면서도 그 검은 데에 처하였다.[47] 우뚝하게 솟구쳐 특출하며,

---

45 최석기 외(2013), 『선인들의 지리산 유람록 6』, 보고사, 136~137면 참조.
46 상동, 128면 참조.
47 그것이 …… 처하였다. : 『노자』 제28장에 보이는 말로 "그것이 희다는 것을 알면서도 그 검은 데에 처하니, 천하의 법식이 된다."라고 하였다. 이 말은 덕이 있어 겸손하다는 뜻이다.

아득하게 깊어 그윽하다. 능히 아름다운 이로움으로써 온 세상을 이롭게 하지만 이롭게 해주는 것을 말하지 않는다.[48] 그러므로 사람들은 "차라리 두류산의 어둑어둑함을 본받을지언정 금강산의 찬란히 밝음을 본받지 말 것이며, 차라리 두류산의 엄숙함에 처할지언정 금강산의 깨끗함을 가까이하지 말라."고 말한다. 그러니 이는 내가 이 두 산을 이해하는 것이 실로 그러한 것이지, 아첨하고 사사로운 견해로 어느 산을 낮추고 어느 산을 높이는 바가 있는 것은 아니다.[49]

이 인용문의 앞에 열거한 지리산의 덕은 풍성한 몸체, 우뚝한 봉우리, 확고한 자태, 깊숙한 골짜기, 그리고 겸손한 처신으로 요약된다. 그래서 김선신은 이 산의 덕을 『주역』「건괘(乾卦)」의 덕에 비유하여 능히 아름다운 이로움으로 온 세상의 만물을 이롭게 하면서도 그 공을 말하지 않는 것에 비유하였다. 그리고 밝고 깨끗한 금강산의 덕이 아니라, 어둡고 엄숙한 지리산의 덕을 본받고자 하는 군자다움을 드러냈다. 그리고 그는 이렇게 이 글을 끝맺고 있다.

금강산은 재주 있는 선비[才士]와 같다. 재주 있는 선비는 사람들이 사랑하는 존재이다. 그러나 사랑이 극에 달하면 쇠잔해지게 된다. 그러므로 그 형상이 도리어 수심에 서려 있다. 두류산은 덕이 있는 노숙한 학자[德老]와 같다. 덕이 있는 사람은 사람들이 공경을 하는 존재이다. 그러나 존경하는 것이 오래되면 반드시 멀리하게 된다. 그를 멀리하게 되면 그를 잊어버리는 데 이른다. 아! 나는 공경함이 오래되어도

---

48 능히 …… 않는다. :『주역』「乾卦」文言에 보이는 말이다.

49 金善臣,『頭流全志』,「金剛頭流孰勝」, "豊其肉 矗其角 守其確 致其曲 知其白 處其黑 隆然而特 窈然而谷 能以美利而不言夫所利 故曰 寧爲頭流墨墨 無效金剛郁郁 寧處頭流肅肅 毋近金剛濯濯 則其理會實然 非有所阿私而低昂之也"

그를 잊지 않는 사람과 함께 살면서 두류산의 온전한 덕을 그와 더불어 논할 수 있을까?[50]

지리산과 금강산을 사람의 재주와 덕성에 비유하여 금강산은 재주가 번뜩이는 젊은 선비에, 지리산은 덕을 가진 노숙한 학자에 비유한 것이 매우 인상적이다. 산이 그냥 자연으로서의 산이 아니라, 인간과 끝없이 교감하고 소통하는 생명체로 인식하고 있는 것이다. 김선신이 금강산과 지리산을 비교한 것은 자연의 산 자체를 평한 것이 아니고, 산의 덕을 평한 것이기에 선인들의 산을 보는 시선이 더욱 깊고 멀게 느껴진다.

삼신산 가운데 지리산을 으뜸으로 치는 사람도 있고, 금강산을 으뜸으로 치는 사람도 있다. 그러나 금강산과 한라산에 비해 넓고 크다는 점과 한 지역을 진압하고 있다는 점에서 지리산이 으뜸이라고 하는 인식은 자연경관만을 두고 평하지 않고 인문지리적 관점에서 논한 것이기에 일정한 의미를 갖는다.

이상에서 살펴보았듯이, 조선시대 지식인들은 지리산의 위상을 다음과 같이 인식하고 있었다. 첫째, 지리산은 넓고 크며 영남과 호남의 중간에 웅거하고 있는 진산(鎭山)이다. 둘째, 지리산은 우리나라 남방의 보장(保障)이다. 셋째, 지리산은 우리나라의 지극(地極)으로서 남방의 조종(祖宗)이다. 넷째, 지리산은 중국의 곤륜산과 동서로 지축(地軸)이 되는 산이다. 다섯째, 지리산은 천하 8대 명산 중의 하나이다. 여섯째, 지리산은 산체가 높고 큰 점에서 삼신산 중의 으뜸이 되는 산이다.

---

50 上同. "金剛 才士也 才者 人之所愛 愛極則殘 故其形反愁 頭流則德老也 德者 人之所敬 敬之久者 必且遠之 遠之則至於忘之 嗚呼 吾安得與敬久不忘者居 與論頭流之全德哉"

3. 상징에 대한 인식

우리 선인들은 인문지리적 관점에서 지리산의 위상을 위와 같이 파악하였다. 그런데 또 조선시대 지식인들은 지리산에 다른 상징적 의미를 부여하기도 하였다. 여기서는 이 상징적 인식을 중심으로 살펴보기로 한다.

첫째, 지리산을 임금 또는 성인으로 보는 인식이다. 조선 전기 김종직(金宗直)은 지리산을 숭고하고 빼어나다고 하면서 중국에 있었다면 태산(泰山) · 숭산(崇山)보다 더 그 위상이 높았을 것이라 하였다.[51] 황준량(黃俊良)도 중국에 있었다면 화산(華山) · 숭산보다 못하지 않았을 것이라고 하였다.[52] 한편 남효온(南孝溫)은 지리산은 여러 산 중에서 가장 빼어나며, 지리산이 인간에게 주는 이로움이 풍부하다고 하면서 성인의 도와 같다고 하였다.[53]

김종직과 남효온이 지리산을 빼어나다고 하는 인식은 높고 크고 넓기 때문만이 아니라, 그 덕을 상징적으로 말한 것이다. 그래서 천자 또는 성인의 덕에 비유한 것이다. 조선후기 박치복(朴致馥)은 "큰 봉우리가 하늘로 우뚝 솟아 존엄하게 서 있는 것을 바라보고서, 나도 모르게 몸을 굽혔다. 천왕이 바로 여기에 있는 줄 알 수 있다."[54]라고 하여, 지리산을 천왕이 사는 산으로 인식하였다.

이런 인식은 다시 세분화하여, 지리산에 원기(元氣)와 정기(精氣)가 다 모였다는 점[55], 우리나라 모든 산의 조종(祖宗)이라는 점[56], 우리나라 제일

51 최석기 외(2000), 『선인들의 지리산 유람록』, 돌베개, 41면 참조.
52 黃俊良, 『錦溪集』 권1, 「遊頭流山紀行篇」. "若使移在中華峙土中 峻極不讓華與嵩"
53 최석기 외(2008), 『용이 머리를 숙인 듯 꼬리를 치켜든 듯』, 보고사, 33면 참조.
54 최석기 외(2010), 『선인들의 지리산 유람록 4』, 보고사, 141면 참조.
55 이런 인식은 黃俊良의 「遊頭流山紀行篇」과 朴來吾의 「頭流歌」에 보인다.

의 산이라는 점[57], 물산이 풍부하여 백성에게 혜택을 많이 준다는 점[58] 등으로 나다닌다. 조선중기 유몽인(柳夢寅)은 지리산이 살이 많고 뼈내가 적기 때문에 더욱 높고 크게 보인다고 하였다.[59] 이런 인식은 지리적 안목은 물론 인문적 안목이 더해져서 더욱 풍부한 상징성을 부여한 것이다.

둘째, 지리산을 학덕이 높은 학자가 은거하는 산으로 보는 인식이다. 조선전기 김종직은 지리산을 학식이 높은 학자들이 은거하거나 신선들이 살 만한 산이라고 규정하였고[60], 조선중기 유몽인도 인간세상의 영리(營利)를 버리고 깊숙이 은거할 만한 산으로 보았다.[61]

한편 조식(曺植)은 이런 인식을 더욱 확장해 산수의 아름다움보다 한유한(韓惟漢)·정여창(鄭汝昌)·조지서(趙之瑞)와 같은 도덕군자가 은거한 산이라는 점에 더 큰 의미를 부여하였다.[62] 그리고 이런 조식의 언급에 대해 후대 박치복은 조식이 지리산을 한유한·정여창·조지서의 산으로 명명한 것이라고 하였다.[63] 이런 인식은 조식 이후 경상우도 지식인들에게 널리 공유되어 구한말까지 그대로 나타난다. 구한말의 김영조(金永祚)는 예로부터 위대한 인물들이나 석학들이 지리산을 많이 유람하였

---

56 이런 인식은 黃俊良의「遊頭流山紀行篇」, 朴來吾의「遊頭流錄」, 宋光淵의「頭流錄」 등에 보인다.

57 이런 인식은 宋光淵의「頭流錄」에 보이는데, 그는 그 이유를 한 자리에서 일출과 일몰을 모두 볼 수 있기 때문이라고 하였다.

58 이런 인식은 李陸의「智異山記」, 黃俊良의「遊頭流山紀行篇」, 鄭載圭의「頭流錄」 등에 보인다.

59 이런 인식은 柳夢寅의「遊頭流山錄」에 보인다.

60 최석기 외(2000), 『선인들의 지리산 유람록』, 돌베개, 41~42면 참조.

61 상동, 201면 참조.

62 상동, 121면 참조.

63 최석기 외(2009), 『선인들의 지리산 유람록 4』, 보고사, 150면 참조.

다[64]고 하여, 지리산의 상징성을 큰 인물의 발자취가 묻어 있는 점에 초점을 두어 평하고 있다.

이러한 인식이 보다 구체적으로 나타나는 경우도 있는데, 하익범(河益範)은 다음과 같이 말하고 있다.

> 연단술을 익힌 최문창(崔文昌:崔致遠), 고결한 한녹사(韓錄事:韓惟漢), 박식하고 단아한 점필재(佔畢齋:金宗直)·탁영(濯纓:金馹孫), 도학을 밝힌 일두(一蠹:鄭汝昌)·남명(南冥:曺植)과 같은 여러 선생들이 연이어 빼어난 경치를 찾아 이 지리산에서 노닐거나 깃들어 살았다. 그분들의 이름이 만고에 남아 이 산과 영원히 전해질 것이니, 어찌 이 산의 다행이 아니겠는가?[65]

하익범은 최치원의 신선술, 한유한의 고결, 김종직과 김일손의 박식단아, 정여창과 조식의 도학을 각각의 인물성격으로 포착하여 분류해 놓으면서, 지리산은 이러한 이름난 유학자들이 깃들어 살고 유람한 산이라는 점에 그 상징적 의미를 부여하고 있다.

이런 인식은 정석귀(丁錫龜)에게서도 나타난다.

> 이 두류산이 생긴 이래로 몇 개의 세계가 지나고, 몇 연기를 거쳤고, 몇 인물을 낳았는지 모른다. 그러나 특별히 드러나게 전할 만한 행적은 없으니, 삼신산 신선의 설화는 더욱 허망하다. 오직 고운(孤雲) 최치원

---

64 金暎祚, 『竹潭集』권2, 「遊頭流錄」. "自古偉人碩儒 多登覽焉"
65 河益範, 『士農窩集』권2, 「遊頭流錄」. "修鍊如崔文昌 高潔如韓錄事 博雅如佔畢·濯纓 道學如一蠹·南冥諸先生 踵武搜勝 徜徉棲息於其中 名留萬古 與之齊壽 亦豈非玆山之幸歟"

(崔致遠)이 문장(文章)으로써 쌍계사에서 이름을 떨쳤고, 문헌공(文獻公) 정여창(鄭汝昌)은 명현(名賢)으로서 화개동에 발자취를 남겼으며, 남명(南冥) 조식(曺植)은 은일(隱逸)로서 덕산에 터를 잡았고, 덕계(德溪) 오건(吳健)은 유사(儒士)로서 산청에서 노닐었으며, 도탄(桃灘) 변사정(邊士貞)과 운제(雲堤) 노형필(盧亨弼)은 행의(行誼)로써 잠시 내령대와 외령대 및 마천 등지에서 시를 읊조렸다. 그 나머지 이 산에 뜻을 둔 선비들이 남쪽북쪽에서 잠시 혹은 오랫동안 출입하기도 한 것들을 어찌 다 말할 수 있겠는가.[66]

정석귀는 하익범보다 더 세부적으로 문장(文章)·명현(名賢)·은일(隱逸)·유사(儒士)·행의(行誼) 등으로 이름난 사람을 분류해 논하면서, 그런 인물들이 지리산에 출입하였기 때문에 지리산이 명산이 되었다는 점을 말하고 있다. 명산은 명인을 통해서 이름이 난다는 말이 예전부터 있어 왔다. 예컨대 적벽(赤壁)이 소동파(蘇東坡)가 아니었다면 명승이 되지 않았을 것이고, 난정(蘭亭)이 왕희지(王羲之)가 아니면 이름이 나지 않았을 것이라는 시각이다. 이처럼 아무리 높고 경관이 빼어나다고 하더라도 그것이 인간과 교감을 하지 않고 자연 상태로 동떨어져 있다면 그것은 인간 세상에 큰 의미를 가질 수 없다. 지리산이 우리나라 최고의 명산이 되는 이유도 바로 이처럼 다양한 성향의 훌륭한 선인들이 이 산과 인연을 맺어 풍부한 이야기를 남겼기 때문이다.

구한말 김택술은 지리산과 금강산의 산세를 비교하면서 "금강산은 청

---

66 丁錫龜, 『虛齋遺稿』 권하, 「頭流山記」. "自有此山以來 不知歷幾世界幾年紀幾人物 而別無奇行異蹟之表表 可傳則三神仙人之說 尤爲虛妄 惟崔孤雲以文章 擅名于雙溪 鄭文獻以名賢 遺躅于花開 曹南冥以隱逸 卜居于德山 吳德溪以儒士 盤旋于山淸 邊桃 灘盧雲堤 以行誼 暫爾嘯詠於靈臺馬川等處 而其餘有志之士 於南於北 或暫或久 或出 或入 何足稱道哉"

명한 군자가 세속의 티끌을 벗어버린 것처럼, 사람으로 하여금 속세에서
의 생각을 저절로 사라지게 한다. 지리산은 장중한 군자가 덕이 후덕하
고 지식이 박학한 것처럼, 사람으로 하여금 그 속에 온축하고 있는 것을
헤아리기 어렵게 한다."[67]라고 하였다. 김택술의 지적처럼 지리산은 후
덕하고 박학하여 장중한 위엄이 있는 군자와 같은 상징성이 있다. 특히
다른 산과 비교하면 그런 점이 특징적인 면모로 부각된다.

  이런 평을 한 사람이 바로 앞에서 언급한 19세기 전반기에 활동한 김
선신이다. 김선신은 금강산을 재사(才士)에 비유하고, 지리산을 덕로(德
老)에 비유하여 재치가 번뜩이는 젊은 선비와 노숙한 덕을 가진 장로(長
老)에 비유하였으니, 김택술이 후덕한 덕과 박학다식한 군자로 비유한
것과 일맥상통한다고 하겠다. 이런 상징성이 바로 지리산이 다른 산과
차별화되는 점이다.

  셋째, 지리산을 신선이 사는 산으로 보는 인식이다. 이러한 인식은 대체
로 도가(道家)나 선가(仙家)의 사상에서 영향을 받은 것으로, 지리산이
삼신산의 하나로 알려지면서 더욱 뿌리를 내린 듯하다. 조선후기 남주헌
(南周獻)은 지리산을 태을(太乙)이 거처하는 산이라고 하였다.[68] 이러한
인식은 세속에 널리 전파되어 있었던 듯한데, 『신증동국여지승람』에는
"세속에서 전하는 말에 '태을이 그 산 위에 사는데, 신선들이 모이는 곳이
고, 용상(龍象)이 거처하는 곳이다.'라고 한다."[69]라고 기록하고 있다. 태
을은 태일진군(太一眞君)이라고도 하는 하늘의 신이다.

  이러한 인식은 황준량(黃俊良)의 「유두류산기행편(遊頭流山紀行篇)」,

---

67 최석기 외(2013), 『선인들의 지리산 유람록 6』, 보고사, 128면 참조.

68 최석기 외(2009), 『선인들의 지리산 유람록 3』, 보고사, 209면 참조.

69 『新增東國輿地勝覽』 권39, 南原都護府, 山川, 智異山.

김지백(金之白)의 「유두류산기(遊頭流山記)」, 황도익(黃道翼)의 「두류산
유행록(頭流山遊行錄)」, 박래오(朴來吾)의 「유두류록(遊頭流錄)」 등에도
나타난다.

또한 성여신(成汝信)의 「유두류산시(遊頭流山詩)」, 민재남(閔在南)의 「유
두류록(遊頭流錄)」 등에도 지리산에서 불사약(不死藥)이 난다는 점을 언
급하고 있는데, 이는 지리산이 신선이 사는 산임을 상징적으로 드러낸
것이다.

이처럼 지리산은 신선이 사는 산, 또는 천상의 천신이 사는 산으로
인식되었다. 구한말 김택술은 지리산을 유람하면서 "사람들은 '이 산은
선산(仙山)이다. 신선과 인연이 없는 사람은 정상까지 이르지 못하고 대
부분 비와 운무에 곤란을 당한다.'고 말한다."라고 하여, 세속에서 전하는
말을 기록해 놓았다. 이러한 인식은 인간의 현실세계와 동떨어진 탈속적
경계의 신선의 세계를 상징한 것이다.

그런데 구한말 지리산 자락에 은거한 정기(鄭琦)는 신선에 대해 새로
운 해석을 하고 있어 주목된다. 일반적으로 생각하는 신선은 연단술을
익혀 늙지 않고 장수하며 도술을 부리는 선인(仙人)을 말한다. 그런데
정기는 신선을 현실세계의 인간과 별개의 존재로 보지 않고 현실적 욕망
을 추구하지 않는 사람으로 보고 있다. 그는 다음과 같이 말하였다.

> 아! 어찌 신선이 대낮에 날개를 펴 하늘에 올라가고, 경장(瓊漿)과
> 옥액(玉液)을 마시면 천만 년을 지나도 죽지 않는다는 것을 말하겠는가.
> 나는 그런 이치가 있음을 믿지 않는다. 물(物)·아(我) 둘 다 상관없이
> 몸은 견제와 속박의 얽매임을 뛰어넘고, 마음은 구차하게 영위하는 사사
> 로움을 끊어 욕심 없이 천기(天機)를 즐기는 것이 바로 신선이다.[70]

경장(瓊漿)은 신선이 마시는 음료수이다. 옛날 중국 섬서성 남전현 동남쪽의 남계(藍溪)의 다리 곁에 선굴(仙窟)이 있었는데, 당나라 배항(裴航)이 이곳을 지나다가 선녀인 운영(雲英)을 만나 선인들이 마시는 음료인 경장을 얻어마셨다고 한다. 옥액(玉液)은 금장옥액(金醬玉液)으로, 금과 옥을 주초(朱草)에 녹여서 만든 도가의 선약(仙藥)이다. 경장과 옥액은 한 마디로 신선이 먹는 불사약이다. 신선은 죽지 않기 때문에 인간과 다른 생명체처럼 인식된다.

그런데 정기는 신선을 그렇게 보지 않은 것이다. 그가 생각하는 신선은 견제와 얽매임으로부터 벗어나 사사로운 욕심 없이 천인합일의 경지에서 노니는 사람을 신선으로 정의하고 있다. 요즘식으로 말하면 자연인이다. 대체로 조선시대 유학자들이 생각하는 신선은 정기가 말한 것처럼 세상사의 굴레에서 벗어나 산수자연에 동화되는 삶을 지향하는 사람을 가리킨다.

넷째, 지리산을 피세(避世)의 땅으로 여겨 낙토(樂土)로 보는 인식이다. 이는 지리산에 동천복지(洞天福地)로 유명한 청학동(靑鶴洞)이 있기 때문일 터인데, 특히 구한말 지식인들에게서 두드러지게 나타난다. 구한말의 정종엽(鄭鐘燁)은 청학동이 깊으면서도 널찍하여 예로부터 피세의 땅으로 전해온다고 하였다.[71]

한편 구한말의 김택술은 "예컨대 내가 만난 사람들은 밀양에서 온 민씨 사형제이다. 그들은 부모를 봉양하고 자식을 교육하면서 스스로 낙토라 여기고 있었다. 대개 산은 지극히 넓고 골짜기는 매우 깊다. 따라서

---

70 최석기 외(2013), 『선인들의 지리산 유람록 6』, 보고사, 139면 참조.

71 상동, 13면 참조.

포용하는 것이 또한 이와 같은 곳도 있다. 나처럼 세상과 어울리지 못하는 사람들이 바로 이런 곳에 들어온다면 요행히 온화한 곳을 얻어 남은 생을 마칠 수 있을 것이다."[72]라고 하여, 지리산을 낙토로 여기고 있다. 낙토는 외부의 탄압과 폭력이 미치지 않는 자유롭게 살 수 있는 생활공간을 말한다.

이러한 인식을 더 구체화하여 곽태종(郭泰鍾)은 다음과 같이 말하였다.

> 지리산은 우뚝하게 솟아서 하늘에 맞닿아 호남과 영남의 사이에 웅크리고 앉아 남국의 진산(鎭山)이 되었다. 빙 둘러 품고 있는 것은 이름난 도시와 웅장한 고을 및 작은 마을과 큰 동네의 각기 다른 구역이며, 이름난 산과 큰 시내 및 전쟁을 하던 성루와 수심 어린 마당의 볼만한 것들이며, 명성 있는 가문과 여러 촌가 및 화려한 저택과 사찰의 크고 작은 집들이며, 비옥한 들판과 두터운 땅 및 벼와 조·기장 등의 산물이며, 인물 가운데는 기이하고 위대하고 걸출한 선비로서 나라의 기둥이 되어 국가에 이름이 난 사람이 많다. 그러니 참으로 이곳은 우리 백성들이 낙토를 얻어 사는 곳이다.[73]

곽태종은 지리산 자락에는 인재가 많이 나고 물산이 풍부하기 때문에 지리산 권역을 모두 낙토라고 생각한 것이다. 이러한 인식을 우리가 현대적으로 재조명한다면 지리산 권역을 그야말로 세상에서 가장 살기 좋은 고장으로 만들 수 있을 것이다. 그러니 지리산 권역의 지자체에서는 이런 점을 눈여겨 볼 필요가 있다.

이상에서 살펴본 것처럼, 지리산에 대한 상징적 인식은 크게 네 가지

---

72 상동, 119면 참조.
73 상동, 51면 참조.

로 나타난다. 하나는 성인 또는 임금과 같다는 점이고, 하나는 후덕하고 박식한 군자처럼 생긴 산이라는 점이고, 하나는 신선이 사는 산이라는 점이고, 하나는 세상을 피해 살기 좋은 낙토라는 점이다.

4. 주봉에 대한 인식

앞에서 언급했듯이 조선시대 지식인들은 지리산·방장산이라는 명칭보다 두류산이라는 명칭을 선호하였는데, 그것은 백두산과 남북으로 연결되어 있는 국토의 두 축이라는 인식에서 연유한 것이다.

오늘날 지리산의 여러 봉우리 가운데 천왕봉을 주봉으로 생각하지 않는 사람은 거의 없을 것이다. 마찬가지로 조선시대 지식인들도 거의 대부분 천왕봉을 주봉으로 인식하였다. 그런데 예전에는 산에 대한 정확한 정보가 없어서 그런지 간혹 다르게 인식하는 경우가 있었다.

18세기 지리산에서 평생을 보낸 승려 석응윤은 "지리산은 이체(離體)로서 밝고 바르기 때문에 산 이름은 지리산(智異山)이라 하고, 봉우리 이름은 반야봉(般若峯)이라 한 것이다. 반야봉 앞에 절이 있는데, 바위가 매우 장엄하며 신령스럽고 기이하다. 대체로 나라의 복을 기원하는 곳이며, 천왕봉은 이 절의 수호신이 된다."라고 하여, 지리산의 주봉을 반야봉으로 보고, 천왕봉은 반야봉 앞의 절을 지키는 수호신으로 여기고 있다.

김선신은 "두류산에서 흘러내린 산들은 모두 반야봉과 천왕봉을 조종(祖宗)으로 삼는다."[74]라고 하였으며, 반야봉에 대해 기록하면서 "반야지(般若智)가 최초의 선관(禪關)이 되니, 두류산의 온갖 봉우리가 반야봉의 지속(支屬)이 되는 까닭이다."[75]라고 한 어떤 비구의 말을 인용해 놓았다.

---

74 金善臣, 『頭流全志』, 「頭流子孫錄」. "頭流後屬 擧祖般若天王"

이를 보면 김선신은 반야봉과 천왕봉을 모두 주봉으로 보고 있었던 것을 알 수 있다.

이런 인식은 19세기 말의 유학자 문진호(文晉鎬)에게서도 나타나 주목된다. 문진호는 백두대간을 의식하면서 "동해를 돌아 방향을 꺾어 남쪽으로 내려와 태백산과 소백산이 되었다. 또 호남지역으로 방향을 꺾어서 우뚝 솟아 반야봉이 되었다. 반야봉은 두류산의 주봉이고, 지리산의 최고봉은 천왕봉이다."[76]라고 하여, 지리산의 주봉을 반야봉으로 보고 있다. 다만 그는 주봉과 최고봉을 구분하여 높이로는 천왕봉이 가장 높지만 주봉은 아니라는 시각이다. 그러니까 그는 주봉을 높이로 보지 않고 그 산의 중심이 되는 산, 또는 그 산의 핵심이 되는 산으로 파악한 것이다. 이러한 그의 소견은 상당히 경청할 만하다.

한편 이와는 달리 일제강점기에 지리산을 유람한 양회갑(梁會甲)은 "반야봉은 조(祖)가 되고 천왕봉은 종(宗)이 되며, 자손 같은 8만 4천여 봉우리는 12고을에 나뉘어 자리하고 있다."[77]라고 하여, 지리산의 여러 봉우리를 조종(祖宗)과 자손(子孫)에 비유하였다.

조(祖)와 종(宗)은 『예기(禮記)』 「제법(祭法)」에 "은(殷)나라 사람들은 설(契)을 조(祖)로 하고 탕(湯)을 종(宗)으로 하였으며, 주(周)나라 사람들은 문왕(文王)을 조(祖)로 하고 무왕(武王)을 종(宗)으로 하였다."라고 한 것에 근거하여 해석할 수 있는데, 대체로 조(祖)가 종(宗)에 비해 더 근원적인 시조(始祖)라 하겠다. 이런 관점으로 보면, 양회갑은 반야봉과 천왕

75 金善臣, 『頭流全志』, 「選勝編-般若鋒」. "般若智爲最初禪關 頭流萬峯 所以爲此峯之支屬也"
76 최석기 외(2013), 『선인들의 지리산 유람록 5』, 보고사, 77면 참조.
77 최석기 외(2013), 『선인들의 지리산 유람록 6』, 보고사, 232면 참조.

봉을 모두 지리산의 주봉으로 인식하는데, 근원적으로 보면 반야봉이 천왕봉보다 더 앞선다는 것이다.

이러한 인식은 오늘날 천왕봉만을 주봉으로 보는 시각과는 엄연히 구분되는 관점이다. 즉 이런 시각은 지리산의 주된 봉우리를 호남의 반야봉과 영남의 천왕봉으로 동등하게 보는 시각, 또 지리산의 중심이 되는 산을 천왕봉으로 보지 않고 반야봉으로 보는 시각이 근저에 자리하고 있다.

이런 관점은 대체로 구한말 지식인들에게서 나타나는데, 김택술(金澤述)은 지리산을 두고 영남과 호남 사람들이 각기 자신들의 지역에 소속시키려고 한다는 점을 거론하면서 다음과 같이 말하였다.

> 대개 웅거하여 기반하고 있는 넓이와 배향(背向)하고 있는 방면으로 살펴본다면, 응당 영남 지역에 소속되어야 하고, 국전(國典)에 실린 남악묘제(南嶽廟祭)로써 본다면 호남에서 제사를 올리니 응당 그 지역으로 소속되어야 할 것이다. 이 산의 주맥이 호남 지역에서 반야봉으로 들어가 주봉보다 먼저 솟았고, 또한 그것이 호남 땅에 있기 때문이 아니겠는가? 사람들은 태조가 천명에 응할 때 명산에 기도를 하였는데, 여러 산의 신령들이 모두 응답하였으나 유독 지리산의 신령만은 응하지 않았기 때문에 폄하하여 호남 땅으로 귀양 보냈다고도 한다. 이는 응당 제동야언(齊東野言)[78]에 속하는 황당한 말이다.[79]

조선시대 남악제(南岳祭)를 구례에서 지낸 것을 두고 보면, 지리산의 산신이 주재하는 봉우리를 천왕봉으로 여기지 않은 것은 분명하다. 지리

---

78 齊東野言 : 『맹자』 「萬章上」에 나온 말로, 齊나라 동쪽의 野人들이 길거리에서 퍼뜨리는 근거 없는 말을 일컫는다.

79 최석기 외(2013), 『선인들의 지리산 유람록 6』, 129면 참조.

산의 주맥이 호남에서 들어가 반야봉으로 우뚝 솟았기에 남악신(南岳神)을 모신 사당을 호남 지역에 두고 국가제사를 지냈다는 설은 나름의 의미가 있다.

이상에서 살펴본 것처럼, 조선시대 지식인들도 거의 대부분 천왕봉을 주봉으로 인식하였다. 그러나 18세기 승려 석응윤은 지리산의 주봉을 반야봉으로 보고 천왕봉은 수호신으로 보았으며, 19세기 전반에 활동한 지리학자 김선신이 인용한 말에도 승려들은 반야봉을 주봉으로 보는 인식이 나타난다. 한편 지리학자 김선신은 반야봉과 천왕봉을 조종(祖宗)으로 보았는데, 일제강점기에 유람한 양회갑은 이를 더 명확히 구분하여 반야봉을 조(祖)로 천왕봉을 종(宗)으로 보았다. 19세기 후반에 활동한 유학자 문진호는 반야봉을 주봉으로 보고 천왕봉은 최고봉으로 보았으며, 일제강점기의 김택술은 높이로 보면 천왕봉이 주봉이지만 남악제를 구례에서 지내는 점으로 보면 산신이 주재하는 봉우리가 천왕봉은 아니라고 하였다.

Ⅲ. 맺음말

이상에서 조선시대 선인들이 지리산과 천왕봉을 어떻게 인식하였는지를 살펴보았다.

우선 지리산에 대해 지리산(智異山) · 두류산(頭流山) · 방장산(方丈山) · 덕산(德山) 등 네 가지 명칭이 있는 것은 이 산의 역사와 특징을 단적으로 보여주는 것이다. 지리산은 순수한 우리말에서 연유한 것인데, 한자로 지리산(智異山)으로 정착됨으로써 지혜로운 사람과 기이한 산물이 많이 생산되는 산으로서 그 의미를 갖게 되었다. 이런 이미지는 특히 조선시대 유학자들에게서 더 확고하게 자리 잡았고, 조선전기 조식(曺植)이 이 산에 은거함으로써 도덕군자가 사는 산을 뜻하는 덕산으로 그 의미가 강화되었다.

또한 지리산은 백두산(白頭山)에서 뻗어 내려 반도 남쪽에 우뚝 솟구쳐서 남쪽 지방을 떠받치는 지주(支柱) 같은 역할을 한다는 의미로 두류산이라는 이름을 갖게 되었다. 특히 조선시대 지식인들이 선호한 이 두류산이라는 명칭은 우리 민족 강토의 골격을 드러내는 의미를 갖게 되어 지리산은 남방의 조종(祖宗)으로 인식되었다. 그리하여 백제와 신라의 국경지대였던 지리산은 어느덧 반도 남쪽의 중심지로서 영남과 호남을 아우르는 진산(鎭山)·보장(保障)의 의미를 갖게 되었다. 또한 일부 사람들에게 나타나는 인식이긴 하지만 우리나라의 지극(地極)이며, 곤륜산과 동서의 축을 이루는 지축(地軸)이며, 천하 8대 명산의 하나이며, 삼신산 가운데 으뜸이라는 인식도 생겨났다.

선인들의 지리산에 대한 상징적 인식은, 성인 또는 임금과 같고, 장중한 군자처럼 생긴 산이며, 신선이 사는 산이며, 세상을 피해 살기 좋은 낙토라는 점으로 압축할 수 있다. 이런 상징적 인식은 산이 가질 수 있는 최상의 덕용(德容)을 모두 갖춘 것이라 하겠다.

조선시대 지식인들은 대부분 천왕봉을 주봉으로 인식하였지만, 일부 승려와 유학자 중에는 반야봉을 주봉으로 보고 천왕봉은 수호신 또는 최고봉으로 보는 인식이 있었다. 또한 반야봉을 조(祖)로 천왕봉을 종(宗)으로 보는 인식, 천왕봉이 주봉이지만 산신이 주재하는 봉우리는 천왕봉이 아니라고 하는 인식도 있었다.

이러한 선인들의 지리산에 대한 인식을 통해, 우리는 지리산을 국토

남쪽의 중심에 위치하여 남쪽 지방을 진압하는 진산이며 지주라는 점을 새삼 돌아볼 필요가 있다. 이런 인식을 하면 지리산을 경계로 삼지 않고 중심으로 삼아 탈경계의 문화를 만들 수 있다. 또한 지리산은 지혜로운 사람이 은거한 산이며, 도덕군자가 은거한 산으로서 지혜와 덕을 온축하는 산이다. 공자는 산수를 통해 인간의 보편적 가치인 인(仁)과 지(智)를 세상에 전파하였다. 바로 그런 인의예지(仁義禮智)의 덕성을 함양할 수 있는 군자다운 모습을 지닌 산이 지리산이다. 또한 지리산은 삼신산의 하나이며, 삼신산 가운데 가장 넓고 큰 산으로서 속세의 티끌이 묻지 않은 청정한 구역을 의미한다.

오늘날 우리가 지리산 인문학을 새롭게 발견하여 탈경계의 공동체 문화를 만들고, 인의예지의 덕성을 함양하는 신지식인상을 만들고, 물질문명에 오염되지 않은 청정한 세상을 만든다면 우리에게는 또다시 문화 융성의 시대가 도래할 것이다.

이 글은 『남도문화연구』 제21집(순천대학교 지리산권문화연구원, 2011)에 실린 「조선시대 사인들의 지리산·천왕봉에 대한 인식」을 수정 보완한 것이다.

선인들이 지리산에 대해 논평한 주요 자료

01. 이륙(李陸)의 「지리산기(智異山記)」

• 지리산은 두류산(頭流山)이라고도 한다. 영남과 호남의 교차로에 웅거하고 있는데, 높고 넓이시 몇 백 리나 되는지 알 수 없다. 산 주위에 목(牧)이 하나, 부(府)가 하나, 군(郡)이 둘, 현(縣)이 다섯, 부읍(附邑)이 넷 있다. 그 동쪽은 진주(晉州)·단성(丹城)이고, 그 남쪽은 곤양(昆陽)·하동(河東)·살천(薩川:시천면)·적량(赤良)·화개(花開)·악양(岳陽)이고, 그 서쪽은 남원(南原)·구례(求禮)·광양(光陽)이고, 그 북쪽은 함양(咸陽)·산음(山陰:산청)이다.

• 골짜기에는 여름이 지나도록 얼음과 눈이 녹지 않는다. 6월에 벌써 서리가 내리고, 7월에 눈이 내리고, 8월에는 두꺼운 얼음이 언다. 초겨울만 되어도 눈이 많이 내려 온 골짜기가 다 평평해져서 사람들이 왕래할 수 없다. 그러므로 이 산에 사는 사람들은 가을에 들어갔다가 이듬해 늦봄이 되어서야 내려온다. 혹 산 아래에서는 심하게 천둥과 번개가 치고 비가 퍼부어도 산 위는 청명하여 구름 한 점 없다. 이는 대체로 산이 높아 하늘에 가까워서 기후가 평지와는 판이하게 다르기 때문이다.

• 이 산은, 아래에는 감나무와 밤나무가 많고, 조금 위쪽에는 온통

홰나무뿐이다. 홰나무 숲 위쪽에는 구상나무·회나무의 숲인데 절반이
나 밀라죽어 푸른 나무와 흰 고시목이 사이사이에 섞어 있다. 멀리서
바라보면 그림과 같다. 맨 위에는 단지 철쭉뿐인데, 높이가 한 자도 채
안 된다. 향기로운 산나물과 진귀한 과일이 다른 산보다 많아, 이 산
주위 수십 고을 사람들이 그 혜택으로 살아간다.

02. 이륙(李陸)의 「유지리산록(遊智異山錄)」

• 옛날 공자(孔子)께서는 동산(東山)에 올라 노(魯)나라를 작다고 하셨
다.[1] 나는 처음에 이 말을 의심하였으나, 마침내 이 말을 믿게 되었다.
또한 공자께서 태산(泰山)에 올라 천하를 작다고 하셨는데[2], 나는 이 말
을 매우 괴이하게 여겼다. 그런데 이 산에 오른 뒤에야 성인의 말씀이
거짓이 아님을 알게 되었다. 뒷날 지팡이를 짚고 푸른 산봉우리에 올라
하늘에 의지해 길이 시를 읊조리며 옷자락을 풀고 바람을 쏘이는 사람이
있으면, 내 말이 사실임을 알게 되리라.

03. 김종직(金宗直)의 「유두류록(遊頭流錄)」

• 나는 영남(嶺南)에서 태어나 자랐다. 두류산(頭流山)은 내 고향의 산
이다.

• 아! 두류산은 숭고하고도 빼어나다. 중국에 있었다면 반드시 숭산(嵩

---

1 공자께서는 …… 하셨다 : 東山은 춘추 시대 魯나라 성 동쪽에 있던 높은 산임. 이 말은
   높은 곳에 올라 아래를 바라보면 시야가 넓어진다는 뜻이다. 『맹자』 「盡心」에 보인다.
2 공자께서 …… 하셨는데 : 태산은 중국의 5대 명산 가운데 하나이다. 이 말도 높은 곳
   에 올라 보면 시야가 더욱 넓어짐을 뜻한다. 역시 『맹자』 「진심」에 보인다.

山)이나 대산(岱山:泰山)보다 먼저 천자(天子)가 올라가 봉선(封禪)을 하고, 옥첩(玉牒)의 글을 봉하여 상제(上帝)에게 올렸을 것이다. 그렇지 않다면 무이산(武夷山)이나 형악(衡岳)에 비유해야 할 것이다. 한창려(韓昌黎:韓愈)·주회암(朱晦菴:朱熹)·채서산(蔡西山:蔡元靜) 같이 학식이 넓고 단아한 사람이나 손흥공(孫興公:孫綽)·여동빈(呂洞賓)·백옥섬(白玉蟾) 같이 연단술(鍊丹術)을 수련하던 사람들이 옷깃을 나란히 하고 뒤따르며, 그 속에서 배회하며 살았을 것이다. 그런데 지금은 오직 용렬한 사람, 도망친 종, 신분을 숨긴 자, 불법을 배우는 자들의 소굴이 되고 말았다.

04. 남효온(南孝溫)의 「유천왕봉기(遊天王峯記)」

• 지리산은 남쪽 바닷가에 있는데, 여러 산 중에서 가장 빼어나다. 그 중 가장 높은 꼭대기가 천왕봉이다.

• 지리산의 동북쪽은 경상도이다. 상주에 갑장산(甲長山), 김산(金山: 김천)에 직지산(直旨山), 성주에 가야산(伽倻山), 현풍에 비슬산(毗瑟山), 대구에 공산(公山:팔공산), 선산에 금오산(金烏山), 초계에 미륵산(彌勒山), 의령에 자굴산(闍崛山), 영산(靈山)에 영취산(靈鷲山), 창원에 황산(黃山), 양산에 원적산(元寂山), 김해에 신어산(神魚山), 사천에 와룡산(臥龍山), 하동에 금오산(金鰲山), 남해에 금산(錦山)이 있다. 금산과 와룡산 사이로 저 멀리 바다 끝에 산이 있는데, 바로 거제도이다. 지리산의 서남쪽은 전라도이다. 흥양(興陽:고흥)에 팔전산(八巓山)이 있고, 그 서쪽은 진도이다. 강진에 대둔산(大屯山), 해남에 달마산(達磨山), 영암에 월출산(月出山), 광양에 백운산(白雲山), 순천에 조계산(曹溪山), 광주에 무등산(無等山), 부안에 변산(邊山), 정읍에 내장산(內藏山), 전주에 모악

산(母岳山), 고산(高山:완주)에 화암산(花巖山), 장수에 덕유산(德裕山)이
있다. 지리산의 시북쪽은 충청도이다. 공주에 계룡산(雞龍山), 보은에
속리산(俗離山)이 있다.

여러 산들이 지리산 아래에 나열해 있고, 이름 없는 작은 산과 헤아릴
수 없는 수천만 개의 봉우리가 맑은 이내 속에 나타났다 사라지곤 하였
다. 지리산 기슭을 빙 두르고 있는 고을은 아홉 개로, 함양(咸陽)·산음
(山陰)·안음(安陰)·단성(丹城)·진주(晉州)·하동(河東)·구례(求禮)·남원
(南原)·운봉(雲峰)이다.

산에서 나는 감·밤·잣은 과일로 쓰고, 인삼·당귀는 약재로 쓰며, 곰·
돼지·사슴·노루와 산나물·석이버섯은 반찬으로 이용한다. 호랑이·표
범·여우·살쾡이·산양·날다람쥐는 그 가죽을 사용하며, 매는 사냥에 활
용한다. 대나무는 대그릇을 만드는 데 쓰며, 나무는 집 짓는 재료로 사용
하며, 소나무는 관(棺)을 만드는 데 쓰며, 냇물은 논에 물을 대는 데 이용
하고, 도토리는 흉년이 들었을 때 활용한다.

대개 높고 큰 산은 움직이지 않고 그 자리에 있지만 인간에게 주는
이로움은 이처럼 풍부하다. 이는 마치 성인(聖人)이 의관을 정제하고 두
손을 잡은 채 앉아 제왕으로서의 정사를 행하지 않더라도, 재성보상(裁
成輔相)의 도를 베풀어 백성을 도와주는 것[3]과 같은 이치이다. 심하구나,
지리산이 성인의 도와 같음이여!

점필재(佔畢齋) 김종직(金宗直) 선생은 두보(杜甫)가 '방장산은 바다 밖
삼한에 있고, 곤륜산은 만국의 서쪽에 솟아 있네.[方丈三韓外 崑崙萬國

---

3 성인이……것 : 이 말은 『주역』「泰卦」의 象傳에 "天地交泰 後以 財成天地之道 輔相天
   地之宜 以左右民"이라 한 데서 연유한 것으로, 성인은 천지의 도를 재단해 완성하고
   그 마땅함을 도와서 백성을 편안하게 해 준다는 뜻이다. 財는 裁와 같다.

西]'라고 한 시구에 의거해 이 산을 방장산이라 하였다. 중국 사람들은 모두 이 산에 불사초(不死草)가 있다고 생각했는데, 알 수 없는 일이다. 이는 아마도 산에서 나는 물산에 의지해 살아가는 산 아래 사람들이 "이 산에 의지해 살아간다."라고 한 말이 중국에 잘못 전해져 실제로 '바다 밖 방장산에 정말 불사초가 있다'고 생각하게 되었고, 진시황(秦始皇)이나 한 무제(漢武帝)처럼 죽지 않고 장수하려는 욕심을 가진 자들이 이 말을 듣고서 바다를 건너 와 구한 것이리라.

05. 박여량(朴汝樑)의 「두류산일록(頭流山日錄)」

• 우리나라의 산은 묘향산(妙香山)·구월산(九月山)·금강산(金剛山)·지리산(智異山)이 사방의 진산(鎭山)이 되는데, 지리산이 곧 두류산이다. 옛날에는 금강산·변산(邊山)·두류산을 '삼신산(三神山)'이라 했는데, 두류산은 곧 방장산이다. 두보의 시에 '방장산은 바다 건너 삼한(三韓)에 있네.'라는 구절이 있는데, 나는 처음에 이 말을 믿지 않았다. 나중에 주(註)를 보니 "방장산은 대방국(帶方國)의 남쪽에 있다."라고 하였는데, 대방국은 지금의 남원부(南原府)이다. 나라에서 지리산에 제사를 지내는 곳도 남원의 경내에 있다. 이를 종합해 보건대, 두공부(杜工部:두보)의 시구는 참으로 허튼소리가 아니며, 옛날 사람들이 박물(博物)에 해박했던 점을 또한 알 수 있다.

06. 유몽인(柳夢寅)의 「유두류산록(遊頭流山錄)」

• 두류산은 일명 방장산(方丈山)이라고도 한다. 두보(杜甫)의 시에 '방장산은 바다 건너 삼한에 있네.[方丈三韓外]'라는 구가 있는데, 그 주석

에 "방장산은 대방국(帶方國) 남쪽에 있다."고 되어 있다. 지금 살펴보건
데, 용성의 옛 이름이 '대방(帶方)'이다. 그렇다면 두류산은 곧 삼신산(三
神山)의 하나이다. 진시황(秦始皇)과 한 무제(漢武帝)는 배를 타고 바다를
건너 삼신산을 찾게 하느라 쓸 데 없이 공력을 허비하였는데, 우리들은
앉아서 이를 구경할 수 있다.

• 나는 일찍이 땅의 형세가 동남쪽이 낮고 서북쪽이 높으니, 남쪽 지
방의 산의 정상이 북쪽 지역의 산의 발꿈치보다 낮을 것이라고 생각하였
다. 또한 두류산이 아무리 명산이라도 우리나라 산을 통틀어 볼 때 풍악
산이 집대성이 되니, 바다를 본 사람에게 다른 강은 대단찮게 보이듯,
이 두류산도 단지 한 주먹 돌덩이로 보였을 뿐이었다. 그런데 이제 천왕
봉 꼭대기에 올라 보니, 그 웅장하고 걸출한 것이 우리나라 모든 산의
으뜸이었다.

두류산은 살이 많고 뼈대가 적으니, 더욱 높고 크게 보이는 이유이다.
문장에 비유하면 굴원(屈原)의 글은 애처롭고, 이사(李斯)의 글은 웅장하
고, 가의(賈誼)의 글은 분명하고, 사마상여(司馬相如)의 글은 풍부하고,
자운(子雲:揚雄)의 글은 현묘한데 사마천(司馬遷)의 글이 이를 모두 겸비
한 것과 같다. 또한 맹호연(孟浩然)의 시는 고상하고, 위응물(韋應物)의
시는 전아하고, 왕마힐(王摩詰:王維)의 시는 공교롭고, 가도(賈島)의 시
는 청아하고, 피일휴(皮日休)의 시는 까다롭고, 이상은(李商隱)의 시는
기이한데 두자미(杜子美:杜甫)의 시가 이를 모두 종합한 것과 같다. 지금
살이 많고 뼈대가 적다는 것으로 두류산을 하찮게 평한다면, 이는 유사
복(劉師服)이 한퇴지(韓退之:韓愈)의 문장을 똥 덩어리라고 기롱한 것과
같다. 이렇게 보는 것이, 산을 안다고 할 수 있을 것이다.

지금 두류산은, 백두산에서 시작하여 면면이 4천 리나 뻗어 온 아름답

고 웅혼한 기상이 남해에 이르러 엉켜 모이고 우뚝 일어난 산으로, 열두 고을이 주위에 둘러 있고 사방의 둘레가 2천 리나 된다. 안음(安陰:안의)과 장수(長水)는 그 어깨를 메고, 산음(山陰:산청)과 함양(咸陽)은 그 등을 짊어지고, 진주(晉州)와 남원(南原)은 그 배를 맡고, 운봉(雲峯)과 곡성(谷城)은 그 허리에 달려있고, 하동(河東)과 구례(求禮)는 그 무릎을 베고, 사천(泗川)과 곤양(昆陽)은 그 발을 물에 담근 형상이다. 그 뿌리에 서려 있는 영역이 영남과 호남의 반 이상이나 된다. 저 풍악산은 북쪽에 가깝지만 4월이 되면 눈이 녹는데, 두류산은 남쪽 끝에 있는데도 5월까지 얼음이 있다. 이를 통해 지형의 높낮이를 추측할 수 있다.

・내 발자취가 미친 모든 곳의 높낮이를 차례 짓는다면 두류산이 우리나라 첫 번째 산임은 의심할 나위가 없다. 인간 세상의 영리를 마다하고 영영 떠나 돌아오지 않으려 한다면, 오직 이 산만이 편히 은거할 만한 곳이리라.

07. 허목(許穆)의 「지리산청학동기(智異山靑鶴洞記)」

・남방의 산 중에서 지리산만이 가장 깊숙하고 그윽하여 신산(神山)이라 불린다. 그윽한 바위와 뛰어난 경치는 하나하나 다 기록할 수 없을 것이다. 그 중에서도 유독 청학동(靑鶴洞)이 제일 기이하다고 일컬어지는데, 예로부터 이에 관한 기록이 있다.

08. 박장원(朴長遠)의 「유두류산기(遊頭流山記)」

・내가 일찍이 듣건대, 남쪽 지방의 산 중에서 우뚝하게 높고 큰 것이 헤아릴 수 없지만 유독 지리산을 으뜸으로 삼는다고 한다. 대개 우리나

라의 산은 백두산을 제일로 여기는데, 백두산이 흘러내려 지리산이 되었
다. 그래서 그 이름을 두류산이라고 하니, 이 산이 우리나리의 명산이
되는 것은 확실하다. 산의 주위에는 호남과 영남의 아홉 개 군이 빙 둘러
있다. 이 산의 맑고 깨끗한 기운과 영묘하고 기이한 자취와 형세의 웅장
함과 볼거리의 풍부함은 비록 역법과 산수에 밝은 교력(巧歷)이라도 손
가락으로 헤아려 셀 수 없을 것이다.

09. 김지백(金之白)의 「유두류산기(遊頭流山記)」

• 영·호남이 교차하는 지점에 웅거하여 동남쪽으로 우뚝 솟은 것이
두류산이 아닌가! 두류산은 일명 방장산(方丈山)으로도 불리니 삼신산
가운데 하나임은 분명하다. 그 크기는 열두 고을에 걸쳐 있어 빼어난
경치를 한두 군데로 꼽을 수 없다. 남으로는 바다와 가까워 더욱 맑은
기운이 쌓여 흩어지지 않아서, 그 기운이 서려있고 빙빙 돌며 충만하니
신선이 사는 곳이라 믿을 만하다. 학사 최고운도 일찍이 이곳에서 머물
며 지냈는데, 그의 기이한 종적이 뚜렷이 남아 있는 것은 쌍계사에서
가장 두드러진다. 쌍계사로부터 10리쯤에 청학동이라 부르는 곳이 있는
데, 예전엔 머리가 붉고 깃이 푸른 학이 날아와 노닐었으나, 지금은 찾아
오지 않은 지 이미 여러 해가 되었다. 벼랑의 움푹한 곳에 단지 빈 둥지
만 남아있다.

10. 송광연(宋光淵)의 「두류록(頭流錄)」

• 백두산 남쪽 지역은 이 산의 조종자손(祖宗子孫) 아닌 것이 없다.
모든 우리 동국의 명산·대천(大川) 가운데 어느 산인들 이 산의 지엽이

아닌 것이 없으며, 모든 팔로(八路)의 주부(州府)·군현(郡縣) 가운데 어
느 곳인들 이 산의 진망(鎭望)[4] 아닌 곳이 없다. 다만 이 산 주위에 빙
둘러 있는 영·호남의 여러 읍으로 말하자면, 진주목·남원도호부·함양
군·곤양군·구례현·운봉현·광양현·단성현·하동현·산음현이 혹 산의
반쪽에 웅거하기도 하고, 산의 한 모퉁이를 점거하기도 하고, 산의 앞에
거처하기도 하고, 산의 뒤에 위치하기도 한다. 살천현(薩川縣)·적량현
(赤良縣)·화개현(花開縣)·악양현(岳陽縣)은 부용현(附庸縣)으로 그 품 안
에 있다. 넓고 크게 뻗어 나간 것으로는 이 산보다 더한 것이 없다. 시계
(視界)가 미치는 바로 거론해 보면, 산의 삼면은 큰 바다로 둘러져 있으
니, 그 형세가 마치 바다를 건너야 이를 수 있는 곳인 듯하다. 대지의
여러 산들은 작은 언덕이나 개미집처럼 조그마한 데 불과할 따름이다.
바다에 점점이 흩어져 있는 섬들은, 가까이는 남해도(南海島)·거제도(巨
濟島)와 멀리는 대마도(對馬島)·탐라도(耽羅島)가 종횡으로 흩어져 바다
속에서 출몰한다. 벌레가 꿈틀거리듯이 울퉁불퉁 솟아 있는 산세는, 북
쪽으로는 계룡산·덕유산과 동쪽으로는 팔공산·가야산·운문산·비슬산
과 서쪽으로는 황산(荒山)·무등산·금성산(錦城山)·월출산이 여러 산들
가운데 조금 불쑥 솟아 있다.

　• 한 자리에서 해가 떠오르는 것을 맞이하고 지는 것을 전송하는 일은
요임금 시대의 희씨(羲氏)와 화씨(和氏)도 능히 할 수 있는 바가 아니다.
이런 관점으로 본다면, 이 지리산은 우리나라 제일의 산일뿐만이 아니
다. 비록 이 세상의 그 어떤 큰 산이라 할지라도 이 산과 대등할 만한
산은 없을 것이다. 공자(孔子)께서 이 산에 오르셨다면 천하도 크다고

4　鎭望 : 鎭·望 모두 행정구역의 단위를 뜻하는 말이다.

여기기에 부족했을 것이다.

11. 황도익(黃道翼)의 「두류산유행록(頭流山遊行錄)」

•세상에서 신선이 사는 곳이라고 일컬어지는 세 개의 산이 있으니, 관동(關東)의 금강산(金剛山), 탐라(耽羅)의 한라산(漢拏山), 나머지 하나는 우리 영남의 두류산(頭流山)이다. 두류산은 방장산(方丈山)이라고도 하는데, 소릉(少陵:두보)의 시에 '방장산은 바다 밖 삼한에 있네.[方丈三韓外]'라고 한 것이 이를 가리킨 것이 아니겠는가. 천하의 외진 곳에 위치하여 온 세상에 웅장한 이름을 날리니, 어찌 그리 위대한가.

12. 이주대(李柱大)의 「유두류산록(遊頭流山錄)」

•지금 두류산의 산세는 넓은 땅을 차지하고 있는 웅장함과 하늘을 떠받치고 있는 높이가 남쪽 지방의 산 중에서 우뚝하게 높고 크다고 말하는 수십 개의 산도 머리를 숙이고 대항하지 못할 정도이다.

13. 박래오(朴來吾)의 「유두류록(遊頭流錄)」

•일행은 서로 돌아보면서 손가락으로 가리키며 탄식하기를 "기이하구나, 이 산이여. 이곳이 바로 해동 삼신산(三神山) 중의 하나로구나. 웅장한 형세와 삼엄한 기상이 그 어디에 이 산과 같은 곳이 있겠는가? 관동(關東)의 풍악산(楓岳山:금강산)은 신령스럽기로 말하자면 신령스럽기는 하다. 그러나 바닷가 한쪽 귀퉁이에 치우쳐 있다. 탐라(耽羅)의 한라산(漢拏山)은 높이로 말하자면 높기는 하다. 그러나 바다로 둘러싸인 구자국(龜

茲國) 영역을 벗어나지 못한다. 이 두 산은 웅거하고 솟구친 점으로는 멀리 펼쳐지고 웅장하게 진압하는 형세가 없다. 그러나 이 두류산만은 그렇지 않다. 모인 기가 넓고 크며 영·호남에 걸쳐 웅거하고 있다. 그 높이로 말하자면, 위로 하늘 문[乾門]의 적제(赤帝:天神)의 궁궐에까지 닿아 있다. 그 크기로 말하자면, 아래로 지축(地軸)의 현신(玄神:地神)의 도읍까지 진압하고 있다. 포괄한 것이 길게 이어져 있고, 펼쳐진 것은 넓게 뻗어있으니, 이는 참으로 해동의 중심이며 남방의 조종(祖宗)이다.″ 라고 하였다.

내가 일찍이 지리지를 보니, 백두산(白頭山)의 한 줄기가 흘러내려 이곳에 이르렀기 때문에 이 산의 이름을 '두류산(頭流山)'이라 한다고 하였다. 또 일설에는 백두산의 한 줄기가 바닷가에 이르러 멈추어 이곳에 모였기 때문에 '두류산(頭留山)'이라 하는 것이 옳다고 하였다. 이 두 가지 설은 상호 근거한 바가 있다.

그 산맥이 흘러내린 것을 두루 살펴보니, 서쪽 남원부(南原府)로부터 울룩불룩 뻗어내려 오다가 우뚝한 반야봉(般若峯)이 되었고, 또 반야봉에서 수없이 굽이굽이 꺾이고 마디마디 치달리다가 가장 높은 이 봉우리가 되었다. 이 천왕봉의 지맥들은 뻗어내려 곤양(昆陽)·사천(泗川)·고성(固城) 등 4~5군에 이르러 그쳤다. 대개 큰 바다가 그 앞에 가로놓여 있으며, 산을 빙 둘러 있는 고을이 10여 개나 되도록 많다. 그 중에서 동쪽의 진양(晉陽), 서쪽의 남원(南原), 남쪽의 하동(河東), 북쪽의 함양(咸陽)은 오로지 이 산자락 안에 들어 있다.

깎아지른 듯한 절벽이 빼어난 모습으로 서서 웅장하게 솟구쳐 있고, 뾰족한 봉우리가 우뚝하니 서서 삼엄하게 버티고 있다. 그래서 늠름하여 침범할 수 없는 기상이 있다. 그런데 간혹 기울어진 바위와 비스듬한

돌이 여기저기 출몰하여 칼과 창이 삼엄하게 벌여 있는 것 같다. 또 경사진 구렁과 가파른 골짜기 곳곳이 음험하여 마치 귀신이 숨어 있는 듯하다. 그래서 경악을 금치 못할 정도로 놀랍고 눈이 휘둥그렇게 되어 감히 똑바로 바라볼 수가 없는 곳이 한두 군데가 아니다. 또 검고 푸른 온 산이 바람과 운무를 토해 내고 들이키며, 시든 삼나무와 죽은 구상나무가 나무 숲 사이에 우뚝 서 있다. 푸른색과 흰색이 서로 뒤섞여 있어 색상이 현란하게 빛난다.

14. 석응윤(釋應允)의 「지리산기(智異山記)」

• 지리산은 일명 방장산(方丈山)이라고도 하며 두류산(頭流山)이라고도 한다. 반야봉은 대방(帶方:남원) · 운성(雲城:운봉) · 구례 세 지역의 경계에 걸쳐 있으며, 천왕봉은 함양과 회계(會稽:산청) · 진주 · 하동 · 곤양(昆陽) 다섯 지역의 경계에 걸쳐 있다. 하늘로 우뚝 솟아 장엄하게 버티고 있으며, 하늘에 꽂힌 듯이 솟아 있으니, 나라의 남악(南嶽)이 된 것이다. 이체(离體)[5]로서 밝고 바르기 때문에 산의 이름은 '지리산(智異山)'이라 하고, 봉우리 이름은 '반야봉(般若峯)'이라고 했다. 반야봉 앞에 절이 있는데, 바위가 매우 장엄하며 신령스럽고 기이하다. 대체로 나라의 복을 기원하는 곳이다. 천왕봉(天王峯)은 이 절의 수호신이 된다.

방장산이라는 이름은 선가(仙家)의 경전에서 나온 것임을 고찰해 볼 수 있다. 하지만 두류산(頭流山)이라 부르게 된 연원은 자세하지 않다. 혹자는 "백두산맥이 흘러내려 여기에서 멈추었으므로 그렇게 이름을 붙인 것이다."라고 말하기도 한다.

---

5 离體 : 『주역』의 「離卦」에서 나온 말로 「이괘」의 형상을 가진 체를 말한다.

이 산에서 나는 산물로는 약초와 산나물, 닥나무·옻나무 및 감·밤 등이 많이 생산된다. 동남쪽에는 대나무가 많다. 천왕봉의 신을 '성모(聖母)'라고 부르는데, 세간의 이야기로는 '마야부인(摩耶夫人)'이라고도 하고, 혹은 '고려 태조의 왕비'라고도 하며, 혹은 '강남(江南) 어느 나라의 공주'라고도 하는데, 모두 근거가 없는 이야기로 취할 수 없는 것들이다. 『화엄경(華嚴經)』 중품(衆品)에는 주로 산신들을 말했는데 '후토성모(后土聖母)'라 한 것처럼 여신들이 많다.

일월대(日月臺)에 오르면 동쪽으로 일본 열도가 바라보이고, 서쪽으로 탐라(耽羅)가 눈에 들어오며, 남쪽으로는 넓은 바다가 펼쳐져 있고, 북쪽으로는 신주(神州)[6]가 이어져 있지만 안력으로는 미칠 수 없다. 일월대에 앉아서 해와 달이 뜨고 지는 것을 볼 수 있다. 일월대 바위 면에는 모두 대신(大臣)들이 이름을 새겨 놓았다. 이 산 주위에 옛날에는 팔만 아홉 곳의 절이 있었으나, 지금은 칠불암(七佛庵)·무주암(無住庵)·금대암(金臺庵)·벽송암(碧松庵)·대원암(大源庵)이 가장 알려진 곳이다.

15. 안치권(安致權)의 「두류록(頭流錄)」

• 영남과 호남이 만나는 곳에 큰 산이 하나 있으니, 수백 리나 구불구불 이어져 있고 수천 길이나 웅장하게 서 있다. 수많은 짐승이 살고 무수한 광물이 묻혀 있으며, 여러 사찰이 세워지고 승려들이 거처한다. 그 산은 네 가지 명칭이 있는데, 지리산(智理山)·두류산(頭流山)·방장산(方丈山)·덕산(德山) 등이다. 덕산의 명칭이 가장 잘 알려져 있는데, 남명(南冥) 조식(曺植) 선생이 학문을 닦던 곳이 있기 때문이다.

---

6 神州 : 중원지방으로 중국을 말한다.

16. 남주헌(南周獻)의 「지리산행기(智異山行記)」

• 대개 이 산은 삼신산의 하나로, 여진(女眞) 땅의 백두산 줄기가 흘러 내린 것이다. 그러므로 일명 두류산이라고 하며, 방장산이라고도 한다. 가장 높은 봉우리는 천왕봉(天王峯)이며, 그 다음으로는 반야봉(般若峯) 이다. 이 산은 태을(太乙)이 거처하는 곳이다. 정상에 오르면 해와 달이 뜨고 지는 것을 한 눈에 볼 수 있다. 지리산 동쪽은 진주·단성(丹城)이 며, 남쪽은 곤양(昆陽)·하동이며, 서쪽은 남원·구례·광양이며, 북쪽은 함양·산청이다.

17. 하익범(河益範)의 「유두류록(遊頭流錄)」

• 일찍이 『동국여지승람(東國輿地勝覽)』을 살펴보니 '지리산(智異山) 은 백두산(白頭山)을 조종(祖宗)으로 하여 뻗어 내렸다'고 한다. 꽃처럼 아름다운 봉우리와 계곡들이 끊임없이 이어지다 대방군(帶方郡)에 이르 러 수 천리에 걸쳐 서렸다. 백두산의 맥이 흘러서 여기에까지 이른 것이 다. 그래서 두류산이라고도 일컬어진다. 또한 방장산이라고도 하는데, 두보(杜甫)의 시에 "방장산은 바다 건너 삼한에 있네.[方丈三韓外]"라고 하였다. 그 구절의 주와 『통감집람(通鑑輯覽)』 두 곳 모두 "방장산은 대방 군의 남쪽에 있다."라고 한 것이 그것이다. 산이 높고 깊으며 넓고 커서 천하에 견줄 만한 것이 없다. 세속에서는 태을이 정상에 살고, 뭇 신선들 이 모이는 곳이며, 용상(龍象:고승)이 사는 곳이라고 전한다. 그늘진 벼랑 에는 얼음과 눈이 여름이 지나도록 녹지 않고, 6월에 서리가 내리고 7월 에 눈이 내린다. 혹 산 아래에서 천둥번개가 치고 큰비가 내려도 산 정상 은 맑으니, 그것은 하늘에 닿을 만큼 산이 높아 기후가 저절로 평지와

매우 다르기 때문이라고 한다. 맛있고 특이한 나물과 영험한 약재와 좋은 재목들이 다른 산보다 풍성하여 지리산 가까이의 수십 고을이 모두 그 이익을 누린다. 다만 이 산은 매우 깊고 으슥하며 길이 험하므로 산수를 지독하게 좋아하거나 깊고 먼 곳까지 사냥 다니는 사람이 아니면 발을 들여 놓을 수조차도 없다.

18. 정석귀(丁錫龜)의 「두류산기(頭流山記)」

• 두류산은 지리산(智異山)이라 부르기도 하고, 방장산(方丈山)이라고 도 한다. 방장산이란 명칭은 『사기』「진시황본기(秦始皇本紀)」·「효무본 기(孝武本紀)」에 보이고, 지리산이란 명칭은 『삼국사기』에 보인다. 두류 산이라 부른 것이 어느 때부터인지 알 수 없지만, 대개 백두산에서 산줄 기가 흘러 이 산이 되었기 때문에 붙여진 이름인 듯하다. 세상에 전해지 는 삼신산(三神山)은, 금강산(金剛山)이 봉래산(蓬萊山)이고, 한라산(漢拏 山)이 영주산(瀛洲山)이며, 두류산이 방장산인데, 또한 어디에 근거했는 지 모르겠다. 이 산은 기세가 풍만하고 험준하며 영남·호남을 웅장하게 진압하고 있다. 주위는 4백여 리로 일곱 고을이 둘러싸고 있으니, 그 동쪽은 산청이고, 동남쪽은 진주이고, 남쪽은 하동이고, 서남쪽은 봉성 (鳳城:구례)이고, 서쪽은 용성(龍城:남원)이며, 서북쪽으로부터 동북쪽에 이르기까지는 운봉(雲峰)과 함양(咸陽) 두 고을이 자리하고 있다.

• 산에 올라 멀리 바라보면 서려있는 모양은 용과 뱀이 똬리를 튼 듯 하고, 불끈 솟은 모양은 호랑이와 이리가 웅크리고 있는 듯하다. 높고 높아서 잡을 수가 없고, 넓고 넓어서 더할 수가 없다. 옷소매를 떨치며 산에 올라 표연히 홀로 서면, 인욕이 깨끗이 사라지고 천리가 유행하여

봉황이 천 길 위로 날아오르는 듯한 기상이 절로 생긴다. 천기가 맑고 깨끗해져 아지랑이가 사라지면 뭇 산들은 낮게 보여 마치 바둑알을 점점이 놓은 것 같고, 큰 바다도 넓게 보이지 않아 작은 웅덩이의 물이 출렁거리는 듯하다.

눈길 닿는 데까지 보면 파촉(巴蜀)까지도 뚫어 볼 수 있고, 몸을 솟구치면 부상(扶桑:해뜨는 곳)까지도 손에 닿을 듯하다. 남극과 북극은 손으로 잡을 수 있고 발로 걸어 오를 수 있을 것 같다. 비 갠 새벽아침에 운무가 운해를 이루면 분명히 천지가 혼돈한 듯하다. 나 홀로 먼저 나가 우두커니 서서 음양이 서로 갈마들고 일월이 서로 바뀌는 것을 보노라니 황홀하여 형용할 수가 없다. 해가 뜰 무렵에는 붉은 빛이 사방을 에워싸고 붉게 물든 구름이 층층이 덮여 있다가, 갑자기 신기루가 영롱해지는 듯하고, 문득 천병만마의 깃발과 창검이 만 리나 늘어선 듯하다. 그러다 불현듯 파도가 넘실거리고 섬들이 이어져 있어 천태만상을 그림으로 그릴 수 없고 글로 기록할 수도 없게 되니, 이것이 산 위에서 바라본 광경이다.

이 두류산이 생긴 이래로 몇 개의 세계가 지나고, 몇 연기(年紀)를 거쳤고, 몇 인물을 낳았는지 모른다. 그러나 특별히 드러나게 전할 만한 행적은 없고, 삼신산 신선의 설화는 더욱 허망하다. 오직 고운(孤雲) 최치원(崔致遠)이 문장(文章)으로써 쌍계사에서 이름을 떨쳤고, 문헌공(文獻公) 정여창(鄭汝昌)은 명현(名賢)으로서 화개동에 발자취를 남겼으며, 남명(南冥) 조식(曺植)은 은일로서 덕산에 터를 잡았고, 덕계(德溪) 오건(吳健)은 유사(儒士)로서 산청에서 노닐었으며, 도탄(桃灘) 변사정(邊士貞)과 운제(雲堤) 노형필(盧亨弼)은 행의(行誼)로써 잠시 내영대와 외령대 및 마천 등지에서 시를 읊조렸다. 그 나머지 이 산에 뜻을 둔 선비들이 남쪽·북쪽에서 잠시 혹은 오랫동안 출입하기도 한 것들을 어찌 다 말할 수 있겠는가.

19. 김선신(金善臣)의 「두류전지(頭流全志)」

• 두류(頭流)라는 말은 백두산에서 흘러내린 산맥이라는 말이다. 이 백두산에서 흘러내린 산맥이 바다를 만나 멈추었기 때문에 두류(頭留)라 일컫기도 한다.(「頭流祖宗譜」)

• 살펴보건대 두류산에서 흘러내린 산들은 모두 반야봉(般若鋒)과 천왕봉(天王峯)을 조종(祖宗)으로 삼는다. 천왕봉의 줄기는 북쪽으로 함양과 산청에서 흐름을 다하고, 동쪽으로 단계와 진양에서 흐름을 다한다. 오직 반야봉의 줄기만이 서쪽으로 남원에 이르고, 서남쪽으로 구례에 이른다. 동남쪽으로 뻗은 것은 하동·곤명·사천·고성·진주·함안·거제·진해·칠원·창원·우천·김해 등지의 산들이 된다. 『진양지(晉陽志)』에 "수천 리에 걸쳐 웅거해 있다."라고 한 말이 과정된 것이 아니다.

두류산의 원기(元氣)는 자신에게서 그치는 것이 아니라, 반드시 참된 자식과 훌륭한 후손이 있어 대대로 아름다움을 이룰 수 있다. 그러므로 봉우리와 수석 사이에 조종의 유풍이 있어 그윽하고 깊고 단정하고 기이하여 거의 선조의 공렬을 욕되게 하지 않는다.(「頭流子孫錄」)

• 살펴보건대 우리나라 산 가운데 나라 안에 이름난 산은 1백 개나 된다. 그러나 기이함은 금강산의 기이함보다 더 기이한 산이 없으며, 웅장함은 두류산의 웅장함보다 더 웅장한 산이 없다. 이 두 산은 참으로 우리나라의 걸출하고 웅장한 산이다.

비록 그러나 금강산은 나라의 중앙에 자리하여 귀한 신분의 유람을 좋아하는 선비들이 앞을 다투어 찾아가 즐거움을 맛보는 곳이다. 그러므로 금강산의 기이함은 들어보지 못한 이가 없으니, 마치 후한 때 이응(李膺)과 곽태(郭泰)가 함께 배를 타고 강을 건너는데 사람들이 그들을 보고서 신선과 같다고 부러워하자 속히 그곳을 떠나 이름을 숨기려 하였지만 그 이름을 숨길 수 없었던 것과 같다.

두류산은 나라의 남쪽에 자리하여 요행히 아는 자가 드물며, 알게 되어 찾아오는 자도 매우 적다. 비유하자면, 후한 때의 고사(高士) 황헌(黃憲)과 서치(徐穉)가 천자도 섬기지 않고, 제후도 벗하지 않아 세상을 피해 달아나 사람들이 알아주지 않아도 근심이 없었던 것과 같다. 『논어』에 이른바 '그의 지혜를 따라갈 수 있지만, 그의 우직함은 따라갈 수 없다.'고 한 말과 같다.

또한 우리나라의 산 가운데 으뜸이 되는 산은 불함산(不咸山)을 머리로 삼고, 두류산을 끝으로 삼는다. 이 두 산은 남북으로 서로 떨어진 거리가 수천 여 리나 되니, 이처럼 흘러내린 것이 멀다.

두류산은 경상도와 전라도의 두 대로 사이에 걸쳐 있고, 10곳의 읍치(邑治)를 포괄하고 있다. 그 높이는 1백 리가 되고, 그 둘레는 1천 리나 된다. 이처럼 그 몸체가 거대하다.

이 산에는 신비한 사물을 생겨나게 하며, 운무가 일어나 아침이 끝나기도 전에 영남의 우도 지역에 비를 내린다. 이처럼 그 신령함이 대단하다.

이 산에는 온갖 종류의 약초와 과일 및 기이한 보배, 아름다운 대나무 화살, 매우 깊숙한 골짜기의 이름난 마을이 있다. 산 밑에는 땅이 기름지고 넓어 수많은 사람이 거주하며 주위의 여러 고을이 혜택을 받아 풍족한 물자를 취한다. 이처럼 그 베풂이 지극히 넓다.

그러나 이 산은 그 형상이 사납고 탑처럼 우두커니 서 있어서 외물과 접하는 일이 드물다. 산은 비록 성인처럼 '나는 너희들에게 숨기는 것이 없다.'라고 말하지만, 사람들은 그 깊은 뜻을 헤아릴 수 없으며, 귀신도 그 드러나지 않은 것을 엿볼 수 없다. 드러내지 않고 묵묵히 있으면서 위로 하늘과 소통할 뿐이다. 이처럼 그 덕이 온전하다.

금강산은 그러하지 않다. 사람들이 밟고 지나다녀 시내도 그 평안함을 누리지 못하며, 뚫고 깎아 바위도 그 정절을 얻지 못하며, 더럽히고 몸을 씻어 물도 청결함을 얻지 못하며, 꺾고 잘라내어 초목도 분수대로 살 수 없으며, 샅샅이 수색하고 찾아내어 짐승들도 몸을 숨길 곳이 없으며, 길잡이로 삼고 노역을 시켜 승려들도 평안히 살 수가 없다. 그러므로 산속에는 사람이 없으며, 산 밑에는 농토가 없다. 산속에 매장된 것이 진귀하지 않고, 곡식이 잘 자라지 못하며, 생산된 물품이 교환되지 않는다. 정취가 지나치게 기이하고, 자취가 너무 드러난다. 남을 위해서는 지나치게 중요하게 하면서 자신을 위한 방법은 도리어 가볍다. 그러므로 하찮게 여길 수 있다.

두류산은 그렇지 않다. 그 몸체를 풍성하게 하고 그 봉우리를 우뚝하게 하였으며, 그 확고한 자태를 지키고 그 굽이를 극진히 하였으며, 그것이 희다는 것을 알면서도 그 검은 데에 처하였다.[7] 우뚝하게 솟구쳐 특출하며, 아득하게 깊어 그윽하다. 능히 아름다운 이로움으로써 온 세상을 이롭게 하지만, 이롭게 해주는 것을 말하지 않는다.[8]

그러므로 사람들은 "차라리 두류산의 어둑어둑함을 본받을지언정 금강산의 찬란히 밝음을 본받지 말 것이며, 차라리 두류산의 엄숙함에 처

---

7 그것이……처하였다. : 『노자』 제28장에 보이는 말로 "그것이 희다는 것을 알면서도 그 검은 데에 처하니, 천하의 법식이 된다."라고 하였다. 이 말은 덕이 있어 겸손하다는 뜻이다.

8 능히……않는다. : 『주역』 「乾卦」 文言에 보이는 말이다.

할지언정 금강산의 깨끗함을 가까이하지 말라."라고 말한다. 그러니 이
는 내가 이 두 산을 이해하는 것이 실로 그러한 것이지, 아첨하고 사사로
운 견해로 어느 산을 낮추고 어느 산을 높이는 바가 있는 것은 아니다.

　나는 지금 금강산이 두류산만 못하다고 말한다. 그러나 갑자기 사람
들에게 이런 말을 하면 사람들은 반드시 나의 말을 믿으려 하지 않을
것이다. 금강산은 재주 있는 선비[才士]와 같다. 재주 있는 선비는 사람
들이 사랑하는 존재이다. 그러나 사랑이 극에 달하면 쇠잔해지게 된다.
그러므로 그 형상이 도리어 수심에 서려 있다. 두류산은 덕이 있는 노숙
한 학자[德老]와 같다. 덕이 있는 사람은 사람들이 공경을 하는 존재이
다. 그러나 존경하는 것이 오래되면 반드시 멀리하게 된다. 그를 멀리하
게 되면 그를 잊어버리는 데 이른다. 아! 나는 공경함이 오래되어도 그를
잊지 않는 사람과 함께 살면서 두류산의 온전한 덕을 그와 더불어 논할
수 있을까?(「金剛頭流孰勝」)

20. 김영조(金永祚)의 「유두류록(遊頭流錄)」

　• 두류산은 영·호남 사이에 위치하여 수 백리의 땅에 웅거해 있고,
7개 군(郡)의 경계에 둘러있으며, 동방에서는 삼신산의 하나로 일컬어진
다. 예로부터 많은 위대한 인물과 뛰어난 유학자들이 이 산에 올라 유람
하였다.

21. 송병선(宋秉璿)의 「두류산기(頭流山記)」

　• 두류산은 영남과 호남에 걸쳐 넓게 자리하고 무수한 봉우리들이 어
울려 겹겹이 쌓이고 쌓여 하늘 높이까지 솟아 있으니, 인적이 통하지 않는

곳이 열에 대여섯은 된다. 웅대한 형체와 깊숙한 골짜기는 금강산·태백
산만이 함께 논할 수 있을 뿐, 다른 산들은 훨씬 미치지 못한다. 흙이
많고 바위가 적으며 시냇물도 얕아 쏟아지는 폭포의 승경이 없는 것이
한스러우니, 이 산을 위해 애석할 만하다. 그러나 이런 지적은『춘추』의
필법에서 현자를 위해서는 모든 것을 구비하도록 책망하는 것과 같은
뜻이다.

22. 박치복(朴致馥)의 「남유기행(南遊紀行)」

• 장백산(長白山)은 일명 백두산(白頭山)이라고도 한다. 백두산의 맥
이 동쪽으로 뻗어가다 북쪽으로 꺾어져 마천령(磨天嶺)이 된다. 그 산맥
이 다시 동쪽으로 뻗어 황룡산(黃龍山)이 되고, 또 동쪽으로 치달려 대관
령(大關嶺)이 된다. 그리고 바다와 나란히 1천 리를 뻗어내려 추지령(楸
池嶺)이 되며, 다시 우뚝 솟아 개골산(皆骨山:금강산) 1만2천 봉우리가 된
다. 또 방향을 바꾸어 조금 남쪽으로 내려와서 오대산(五臺山)이 된다.
산맥이 동해를 만나 꺾여져서 방향을 틀어 서남쪽으로 내려와 태백산(太
白山)·소백산(小白山)이 된다. 또 서쪽으로 달려 죽령(竹嶺)이 되고, 다
시 서쪽으로 뻗어 주흘산(主屹山)·계립령(鷄立嶺)이 되고, 또 서남쪽으
로 내달려 삼도봉(三道峯)이 되며, 다시 남쪽으로 내려가 덕유산(德裕山)·
금원산(金猿山)이 된다. 또 서남쪽으로 뻗어내려 반야봉(般若峯)이 되고,
반야봉이 협곡을 지나 동쪽으로 웅장하게 서려 홀로 빼어난 봉우리가
지리산(智異山)이 되니, 천왕봉(天王峯)이 그 중에 가장 높은 봉우리이
다. 산맥이 백두산에서부터 뻗어 내렸기 때문에 두류산(頭流山)이라고
한다. 호남의 13개 고을과 영남의 7개 고을이 실제로 그 구역에 있다.

그 형체가 네모나기 때문에 열어구(列禦寇)는 방호산(方壺山)을 원교산 (圓嶠山)에 대비시켰다.[9] 사마천(司馬遷)의 『사기』 「진시황본기(秦始皇本 紀)」와 반고(班固)의 『한서』 「교사지(郊祀志)」에는 모두 방장산을 봉래산 (蓬萊山)·영주산(瀛洲山)과 함께 나열하였으니, 이 산들이 대개 천하의 명산이기 때문이다.

• 큰 봉우리가 하늘로 우뚝 솟아 존엄하게 서 있는 것을 바라보고서, 나도 모르게 몸을 굽혔다. 천왕(天王)이 바로 여기에 있는 줄 알 수 있었 다. 종일 등정을 했는데도 진면목을 보지 못하니, '우러르면 더욱 높이 보인다[仰彌高]'는 탄식이 있음을 이제야 비로소 알았다.

• 눈을 들어 사방을 조망하니, 세상이 텅 비어 하나의 사물도 없었다. 끝없는 백사장처럼 넓고 거품이 모인 것처럼 모여 있는 것들이 무한히 넓게 펼쳐진 것은 땅의 형세[地勢]이고, 종횡으로 교착되거나 유동하기 도 하고 서로 얽히거나 쌓이기도 하면서 한 덩어리처럼 뒤섞이는 것은 떠도는 기운[游氣]이고, 아래로는 지축(地軸)에 의지하고 위로는 유기에 점유 당해 큰 갓처럼[10] 푸르른 것은 하늘의 형체[天形]이다. 삼계(三界)가

---

9 列禦寇는 …… 대비시켰다 : 『열자』 권5 「湯問」에 "夏革이 아뢰기를 '발해의 동쪽으로 몇 억 만리인지 모르는 곳에 큰 계곡이 있는데, 실로 밑이 없는 계곡으로 이름을 歸墟 라고 합니다. 팔방의 가장 먼 곳에서 흘러오는 물과 9주의 들판에서 흘러오는 물과 은하에서 쏟아지는 물이 모두 그곳으로 흘러들지만 불어나거나 줄어들지 않습니다. 그 가운데 다섯 산이 있는데, 첫 번째를 岱輿山이라 하고, 두 번째를 員嶠山이라 하고, 세 번째를 方壺山이라 하고, 네 번째를 瀛洲山이라 하고, 다섯 번째를 蓬萊山이라 합니다.'라고 하였다.[革曰 渤海之東 不知幾億萬里 有大壑焉 實惟無底之谷 名曰歸墟 八紘九野之水 天漢之流 莫不注之 而無增無減焉 其中有五山焉 一曰岱輿 二曰員嶠 三曰方壺 四曰瀛洲 五曰蓬萊]"라고 하였다. 박치복은 이 다섯 산 가운데 방호산은 네모난 형상의 산으로, 원교산은 둥근 형상의 산으로 이해하여, 방호산과 원교산을 대비해 말한 것으로 보았다.

10 처럼 : 원문에는 '餘'로 되어 있는데, 이는 '如'의 오자인 듯하다.

겹겹이 펼쳐 있고, 육합(六合)이 균일하고 원만한데 우리가 그 가운데
처해 있으니, 『맹자』에 이른바 "천하의 광거(廣居)에 살고, 천하의 정위
(正位)에 서 있다."[11]라고 한 것이 바로 이와 같은 것이리라. 그리고서
"공자가 노(魯)나라 동산(東山)에 올라 노나라를 작게 여기고, 태산(泰山)
에 올라 천하를 작게 여기셨다."[12]라고 한 말을 생각해 보았다. 태산이
비록 높지만 그 정상은 이미 태산에 속하지 않는다.[13] 그러나 천하는 아
무리 넓어도 오히려 육합의 안에 있다. 그러니 성인의 도에 비유하면
오히려 한계가 있는 것이다. 그러므로 성인의 지극한 덕을 찬양할 적에
는 "우리 선생님에게 미칠 수 없는 것이 마치 하늘에 사다리를 놓아 올라
갈 수 없는 것과 같다"라고 하거나 " '다른 현인들은 언덕과 같아 넘을
수 있지만 우리 선생님은' 해ㆍ달과 같아서 넘을 수가 없다"라고 한 것이
다.[14] 우리는 도를 배우지만 그 경지에 이르지 못하고 도를 간직한 분을
우러르지만 아직 그런 분을 보지 못하였다. 그러므로 지금 이 산의 높이
에 대해 감탄을 하며 말하기를 '천하에서 지극히 높은 곳이다'라고 한다.
그러나 대도(大道)를 가진 분에게 비웃음을 살 일이 아니겠는가.

---

11 천하의……있다 : 이 말은 『맹자』「滕文公上」 제2장에 보인다.

12 공자가……여기셨다 : 이 말은 『맹자』「盡心上」 제24장에 보인다.

13 태산이……않는다 : 이는 본래 程子가 한 말이다. 朱熹의 『南嶽倡酬集附錄』의 「答林擇
之書」에서 주희는 " '정자께서' 태산이 높지만 태산의 정상은 이미 태산에 속하지 않는
다고 하였다. 이 말은 道體는 무궁하지만 사업은 아무리 커도 끝내 한계가 있음을
비유한 것이다."라고 하였다.

14 성인의……것이다 : 이는 공자의 제자 子貢이 叔孫武叔ㆍ陳子禽에게 공자의 덕을 비유
해 말한 것으로, 『논어』「子罕」 제24장과 제25장에 보인다.

23. 김성렬(金成烈)의 「유청학동일기(遊靑鶴洞日記)」

• 방장산은 영·호남에 걸쳐 자리하고 있는 큰 신산(鎭山)이다. 청학
동은 방장산 중에서 절경인 곳으로, 최문창(崔文昌:최치원)의 기록과 옥
룡자(玉龍子:道詵)의 비결에 잘 기록되어 있다. 근래에 잡다한 설이 분분
하고 잘못 전해진 말들도 무성하여, "청학동을 찾고자 하는 사람이 폭포
아래에서 도롱이를 입고 석문을 밀치고 들어가면 그 형상이 호리병 속과
같은 별천지가 나타난다. 둘레가 40여리쯤 되는 좋은 밭과 기름진 들판
이 있어 수 천여 호는 살 수 있다."라고 한다. 내가 이런 소문을 들은
지 오래 되었지만 끝내 믿을 수 없었다. 무릇 무릉도원에 관한 이야기는
참으로 황당하다. 그러나 요즘 사람들 중에 기괴한 것을 좋아하는 자들
이 근거 없는 말을 마구 퍼뜨려서 명실상부하지 않게 되었다. 그러므로
내가 한번 둘러보고서 앞 사람들의 기록을 증험하여 지금 사람들의 의혹
을 풀고자 한다.

24. 정재규(鄭載圭)의 「두류록(頭流錄)」

• 내가 유람하며 느낀 점으로 말하자면 다음과 같다. 처음 용추(龍湫:
대원사 앞의 못)에 이르렀을 때는 즐길 만하다고 여겨 종일 돌아갈 줄을
몰랐다. 그 상류로 거슬러 올라가서는 즐길 만한 것이 용추와 비교할
바가 아니어서, 그곳 풍광을 사랑하여 차마 버리고 떠나지를 못하였다.
조개동(肇開洞)의 근원을 궁구하는 데 이른 이후에야 바야흐로 진경(眞
境)이 거기에 있음을 알게 되었으니, 만약 근원을 찾지 않았다면 유람의
참뜻을 그르쳤을 것이다. 처음 일중기(日中基)에 도달했을 적에는 이미
그곳이 매우 높다는 것을 알아 아래로 뭇 봉우리를 굽어보았고, 중봉(中

峯)으로 오른 뒤에는 마침내 정상에 다 올라왔다고 여겼으며, 정상에 이르러 일월대(日月臺)를 밟은 이후에야 비로소 거대한 경관이 거기에 있음을 알게 되었다. 만약 상봉의 일월대에 오르지 않았다면 아마도 이번 유람의 참뜻을 그르쳤을 것이다.

25. 문진호(文晉鎬)의 「화악일기(花岳日記)」

• 우리나라의 명산 중 천하에 이름난 것으로는 세 개가 있으니, 봉래산(蓬萊山:금강산), 방장산(方丈山:두류산), 영주산(瀛洲山:한라산)이다. 방장산을 일명 두류산이라 하는 것은, 산맥이 백두산(白頭山)에서 흘러왔기 때문이다. 그러므로 두류산이라 하였다. 대개 백두에서 흘러오는 산맥이 동쪽으로 수천 리를 내달려 금강산 1만2천 봉우리가 되고, 동해를 돌아 방향을 꺾어 남쪽으로 내려와 태백산과 소백산이 되었다. 또 호남지역으로 방향을 꺾어서 우뚝 솟아 반야봉(般若峯)이 되었다. 반야봉은 두류산의 주봉(主峰)이고, 지리산의 최고봉은 천왕봉이다. 지리산 동쪽의 한 지맥이 덕천(德川)이니, 남명(南冥:曺植) 선생의 유허지이다. 남쪽의 한 지맥은 화개(花開)이니, 쌍계사와 칠불사에는 선인(仙人)의 소굴이 많으며, 연하천석의 절경이 우리나라에서 으뜸이다. 그러므로 현인(賢人)·달사(達士)들이 자주 와서 노닐었고, 그 유풍과 여운이 백세에 이르도록 없어지지 않고 있다. 화개동의 악양정(岳陽亭)은 일두(一蠹:鄭汝昌) 선생이 장수(藏修)하던 곳이다. 선생은 천령(天嶺:함양)에서 와 이곳에 우거하였다. 섬진강 가에 정자를 지어놓고 이곳에서 도를 강하였다. 한가한 날엔 섬진강에 배를 띄우거나 시내에 낚싯대를 드리웠으며, 때로는 소를 타고 청학동(靑鶴洞)과 쌍계동(雙溪洞) 사이를 왕래하며 소요하고 음풍농월하

는 것으로 즐거움을 삼았다. 지금은 악양정이 폐허가 된 지 3백여 년이
되있고, 강학히는 소리는 적막하여 들리지 않게 되었다. 동쪽과 서쪽을
내왕하다가 이 길을 지나가는 학사나 대부들이 개연히 탄식을 불러일으
키지 않음이 없었다.

25. 송병순(宋秉珣)의 「유방장록(遊方丈錄)」

• 어떤 나그네가 나에게 묻기를 "이 지리산은 본래 지리산(智異山)이었
는데, 어찌 두류산(頭流山)이라고 부릅니까?"라고 하여, 내가 답하기를
"여지서(輿地書)에 백두산(白頭山)의 맥이 흘러내려 이 산에 이르렀기 때
문에 두류산이라고 합니다. 두보의 시에 '방장산이 바다 밖 삼한 땅에
있네.[方丈三韓外]'라고 한 것이 바로 이 산입니다. 점필재(佔畢齋:金宗直)
의 「유두류록(遊頭流錄)」에 '두류산은 숭고하고 빼어나니 중국 땅에 있었
다면 반드시 숭산(嵩山)이나 대산(岱山:泰山)보다 먼저 천자가 이 산에
올라 봉선제(封禪祭)를 지냈을 것이다.'라고 하였고, 또 '두보가 〈방장삼
한외(方丈三韓外)〉라고 한 시구를 길이 읊조리니, 나도 몰래 정신이 고양
된다.'라고 하였으니, 이것이 지리산의 도경(圖經)이라고 말할 수 있지
않겠습니까."라고 하였다.

26. 이택환(李宅煥)의 「유두류록(遊頭流錄)」

• 옛날 회암(晦菴:朱熹) 선생께서 2천 리나 떨어져 있는 장사(長沙)로
가서 장남헌(張南軒:張栻)을 만나 그와 함께 남악(南嶽:衡山)을 올랐다가
돌아왔다. 이로 말미암아 남악유람은 천고에 유명하게 되었다. 대개 두류
산은 우리 동방의 남악이다. 이 산에 오르는 자 중에 나무열매를 먹고

시냇물을 마시는 사람이든, 허리에 금빛 또는 자주 빛 띠를 두른 고관대
작이든 예나 지금이나 무슨 제한을 두었겠는가마는, 오직 최문창(崔文昌:
崔致遠)·정일두(鄭一蠹:鄭汝昌)·김탁영(金濯纓:金馹孫)·조남명(曺南冥:
曺植)·기고봉(奇高峰:奇大升) 등 여러 선생만이 이 산과 더불어 영원하고,
그 나머지는 모두 적막하게 되었다. 진실로 그분들이 아니라면 이 산이
또한 어찌 중요시되었겠는가.

27. 안익제(安益濟)의 「두류록(頭流錄)」

• 대저 지리산은 남쪽 지방 영남과 호남의 일곱 고을 사이에 웅거하고
있다. 서쪽으로 반야봉(般若峯)으로부터 뻗은 산맥이 우뚝 솟구쳐 천왕봉
이 되었다. 천왕봉 위에 일관대(日觀臺)가 있다. 동쪽으로 뻗어내려 진주
의 덕산(德山)이 되었고, 남쪽으로 뻗어내려 세석평전(細石坪田)이 되었
다. 세석평전에는 석문이 있는데, 그 문을 통해 내려가면 하동(河東)·
화개(花開)·악양(岳陽) 등지가 된다. 서쪽으로는 쌍계사(雙溪寺)·칠불사
(七佛寺)가 되고, 북쪽으로는 함양(咸陽)·산청(山淸)·엄천(嚴川)·마천(馬
川) 등지가 된다. 둘레가 수백 리에 달하는데, 전라도의 진산(鎭山)이 된
다. 대개 지혜로운 인물과 기이한 물건이 그 사이에서 많이 산출된다.
그러므로 지리산(智異山)이라 이름을 한 것이다. 또 다른 이름으로 두류
산(頭流山)·방장산(方丈山)이라고도 한다.

『해동여지도(海東輿地圖)』를 살펴보건대, 백두산은 함경도 갑산부(甲
山府) 혜산진(惠山鎭) 서북쪽에 있다. 천하의 물이 모두 이 산에서 나온
다. 그 중 한 줄기는 삼수(三水)로부터 서쪽으로 설렬한령(薛列罕嶺)을
넘어 북쪽으로 요동 봉황성(鳳凰城)으로 통한다. 또 한 줄기는 동관(潼

關)으로부터 흑룡강(黑龍江) · 두만강(豆滿江)이 되는데, 모두 물길이다. 산맥은 동쪽으로 뻗어 내려 선춘령(先春嶺)이 되고, 선춘령으로부터 남쪽으로 전라도 지리산까지는 3천 리가 된다. 그 사이 긴 강과 큰 산이 겹겹이 포개져 있으니, 3천 리의 산맥이 산을 넘고 물을 건너 남쪽으로 흘러내려 지리산이 될 리가 어찌 있겠는가? 세상 사람들이 '이 지리산은 백두산이 남쪽으로 흘러내렸기 때문에 두류산이라고 한다.'는 설은 매우 허탄하여 신뢰하기 어렵다. 그래서 이와 같이 분변한다.

방장산은 해동 삼신산(三神山)의 하나로서, 지리산이 바로 그 산이다. 중국 직방씨(職方氏)의 설에 "삼신산은 동해에 있는데, 봉래산(蓬萊山) · 영주산(瀛洲山) · 방장산(方丈山)이라고 한다. 선인들이 사는 곳이다."라고 하였다. 천고의 제왕들이 이 허탄한 말을 부질없이 믿어, 동해로 가서 그곳을 찾은 자들이 많았다. 아! 이 삼신산이 있는 나라에 사는 자들은 모든 사람이 다 신선이며, 모든 마을 사람들이 다 장수한단 말인가? 천하 사람들 중에 허탄한 말을 존모하는 자들은 모두 이와 같은 자들일 것이다.

지금 우리들의 유람이 천왕봉에 오르지 못한 것은 단지 비바람이 몰아치는 산신령의 희롱 때문만은 아니다. 또한 천왕이 사는 곳까지 밟고 싶지 않기 때문이기도 하다. 세간의 어떤 일이든 항상 여지가 있어야 한다. 이미 끝까지 나아가면 다시는 여지가 없다. 그러므로 나아갈 줄만 알고 물러날 줄을 모르면, 항룡(亢龍)의 후회함이 있게 되는 까닭[15]이다. 얻는 것이 있으면 잃는 것이 있으니, 새옹지마처럼 화와 복이 서로 의존하는 것이다. 흥이 다하면 비감이 찾아오고, 물산이 풍성하면 반드시

---

15 亢龍의……까닭 : 『주역』 「乾卦」 上九爻 효사에 '상구효는 항룡이니 후회함이 있다'고 하였다.

쇠락하는 것이 정상적인 이치이다. 옆 사람은 이런 이치를 모르고서, 아홉 길[仞]의 산을 만들 적에 한 삼태기의 흙이 부족한 격이라고 말을 한다. 지금은 공부에 매진할 때와 동등하게 말할 수 있는 상황이 아니다. 공부에 매진할 적에는 쉬지 않고 앞으로 나아가 그 궁극적인 지점에 도달하길 기약해야 옳다. 그러나 지금은 유람하고 구경하는 일에 불과하니, 흥이 다하면 그만두는 것이다. 어찌 굳이 기이한 곳을 끝까지 찾고 괴이한 것을 찾아서 궁극처에 이르기를 구하겠는가?

또한 천왕봉이라는 호칭은 존귀하고도 귀중하니, 하계에 사는 사람의 미미한 발걸음이 함부로 밟고 멋대로 밟는다면 또한 왕을 높이는 도리가 아니다. 양 태부(梁太傅)[16]가 올린 상소에 "발이 도리어 위에 있고, 머리가 도리어 아래에 있습니다."[17]라고 하였으니, 이는 머리와 발이 자리를 바꾼 것이다. 오랑캐의 화란은 반드시 이런 데에서 시작된다. 아! 왕풍(王風)이 이미 쇠하여 세상 사람들은 왕을 존중하는 의리를 모르니, 오랑캐의 환란이 이때보다 더 심한 경우는 아직까지 없었다. 진실로 아랫사람이 윗사람을 능멸하고 천한 자가 귀한 사람을 업신여기는 데 이르는 것이 여기에서 말미암으니, 경계하지 아니할 수 있겠는가?

28. 정종엽(鄭鐘燁)의 「유두류록(遊頭流錄)」

• 천하의 명산이 하나만은 아니지만 동해의 삼신산(三神山)이 가장 신령하니, 남쪽의 두류산이 그 가운데 하나이다. 두류산의 명승에 대해 귀가 따갑도록 들었지만 찾아볼 여가가 없었다. 융희연간(隆熙年間) 3년

---

16 梁太傅 : 한나라 때 賈誼를 일컫는다. 양왕의 태부라는 뜻이다.

17 발이……있습니다 : 『전한서』 권48 「賈誼列傳」에 보인다.

기유년(1909) 1월 어느 날, 습재(習齋) 최제학(崔濟學) 형과 더불어 용성 (龍城:남원)의 호동(壺洞)에 머물면서 세도(世道)의 침체를 탄식하고 시사 (時事)가 크게 변함을 근심했다. 근심과 분노에 의해 초래된 것으로, 자취를 감출 곳을 정하려 했다. 내가 이르길, "방장산은 신선이 머무는 곳일 뿐만 아니라 그 가운데 청학동이 깊으면서도 널찍하여 예로부터 피세 (避世)의 땅이라 전해오니, 시험 삼아 진경을 찾아가 묵은 빚을 갚을 수 있다면 어떻겠습니까?"라 하고서 함께 가기로 약속했다.

29. 곽태종(郭泰鍾)의 「순두류록(順頭流錄)」

•이 해 3월 나는 지팡이 하나와 나막신 한 켤레를 가지고 두류산에 들어가 한 부분을 얻어 대강 구경하였다. 옛날 산을 논한 사람이 방장산은 장엄하지만 수려하지는 않다고 하였는데, 진실로 그 평가를 이해할 수 있었다. 두류산은 우뚝하게 솟아서 하늘에 맞닿아 호남과 영남의 사이에 웅크리고 앉아 남국의 진산(鎭山)이 되었다. 산 주위에 빙 둘러 있는 것은 서로 다른 구역의 이름난 도회지와 웅장한 고을과 작은 고을과 큰 현(縣), 볼 만한 이름난 산과 큰 시내와 전쟁하던 성루와 근심하던 장소, 명문가와 여러 마을과 화려한 저택과 사찰의 크고 작은 집들, 비옥한 들판과 두터운 땅과 벼와 조와 기장과 서직 등의 물산들이다. 인물로는 기이하고 위대하고 걸출한 선비로서 나라의 기둥이 되어 온 나라에 이름이 난 자가 많다. 그러니 지리산은 우리 백성들이 낙토를 얻어 살 곳임이 분명하다.

30. 김택술(金澤述)의 「두류산유록(頭流山遊錄)」

•두류산은 지리산의 다른 이름이다. 백두산에서 흘러내린 지맥이 이

곳에 이르러 더욱 높고 웅대해졌기 때문에 이런 이름을 얻게 되었다. 두류산은 남쪽의 호남과 영남 사이에 웅거하여, 우뚝하니 높고 휑하니 깊다. 전국의 여러 산 중에서 이 산과 비견될 산은 드물다. 중국의 형산(衡山)과 비슷한 면이 있으니, 멀리 남쪽에 위치하고 오악(五嶽) 중 가장 거대하다는 점이다. 또한 삼신산(三神山)에 관한 설은 비록 다 믿을 수는 없지만, 예로부터 동해에 있다고 전해졌다. 말하는 자들도 우리나라의 금강산이 봉래산에, 한라산이 영주산에, 두류산이 방장산에 해당된다고 여겼다. 그러므로 방외(方外)에 사는 신선이나 도가(道家)·선가(禪家)의 부류는 참으로 말할 것도 없고, 유가(儒家)의 청사(淸士)·달인(達人)에 이르기까지 일찍이 한 번 보고서 흡족하게 여기지 않는 자가 없었다.

• 영남과 호남의 두 성(省)에는 대개 커다란 산이 많다. 시리산이 그런 산들을 굽어보고 있는 모습이 마치 어른이 아이를 바라보고 있는 듯하였다. 날씨가 청명한 때에는 서쪽·남쪽·동쪽 세 방면의 바다가 멀리까지 보이는데, 일본의 대마도 일대가 희미하게 보일 수도 있다고 하였다. 이날은 운무가 하늘까지 끝없이 자욱하게 끼여 있어 안타까웠다. 그런데도 사람들은 '이 산은 선산(仙山)이다. 신선과 인연이 없는 사람은 정상까지 이르지 못하고 대부분 비와 운무에 곤란을 당한다.'고 말한다. 우리의 이번 산행은 마침 그믐날이고, 그믐날은 비가 많은 것이 관례이다. 다행스럽게도 비를 만나지는 않았으니, 아마도 하늘의 뜻을 얻어 인연이 있는 사람들이리라. 웃을 만하다. 지난 날 나는 금강산 비로봉에 올랐고, 지금 또 이 천왕봉에 올라 보니, 이 봉우리가 비로봉보다 더 높음을 알겠다. 그런데도 사람들은 비로봉이 우리나라에서 두 번째로 높은 곳이라 일컫는다. 천왕봉은 아직 이름이 나지도 않았다. 어찌 비로봉이 동북쪽의 높은 지대에 있고 천왕봉은 서남쪽의 낮은 곳에 위치하기

때문이 아니겠는가.

· 문인 조징(趙貞)이 묻기를 "그 옛날 병암(炳菴:金駿榮) 어른께서 이 산의 반야봉에 올라 지팡이로 땅을 내려치고는 쾌재를 부르며 말하기를 '오늘은 나 또한 성인(聖人)이로다.'라고 하셨습니다. 이 말은 무엇을 이른 것입니까?"라고 하였다. 내가 말하기를 "옛 사람들은 산 정상에 오르는 것으로써 도에 나아가는[造道] 극처로 비유하였네. 병암께서는 도에 나아가는 극처로써 산 정상에 오르는 것을 비유하여 말한 것이니, 이미 정상에 오른 뒤의 공효일세. 피차 섞어서 말하는 사이에 스스로를 면려하고 타인도 면려하는 뜻을 보인 것이네."라고 하였다. 아! 북쪽을 바라보면 함양의 개평(介坪)이 있고, 동쪽을 바라보면 진주의 덕산(德山)이 지척에 있다. 일두(一蠹:鄭汝昌)와 남명(南冥:曺植)의 고풍을 끌어당길 만하니, 어찌 이 산에 영험한 기운들이 모여 있는 것이 아니겠는가. 남쪽을 바라보니 남강(南江) 일대가 마치 하얀 비단을 펼쳐 놓은 듯하였다. 김문렬(金文烈:金千鎰)·황무민(黃武愍:黃進)·최충의(崔忠毅:崔慶會) 세 장사(壯士)가 강물에 투신하여 순절을 지킨 곳이다. 충의(忠毅)한 혼백이 천고토록 길이 남아 있다. 이곳에서 살았던 명현들뿐만 아니라 이곳에서 죽어간 자들 또한 산신령의 사자(使者)이리라. 제현들은 모두 재능과 포부를 안고 덕업을 닦아 장차 크게 쓰여 세상을 바로잡고자 하였으나, 세상사가 어긋나 그렇게 하지 못하였다. 조남명(曺南冥)은 은둔하여 화를 면하였고, 정일두(鄭一蠹)는 사화에 죽었으며, 세 장사는 병란에 목숨을 잃었다. 요컨대 이는 모두 시대 변화의 불행이다. 예나 지금이나 천하의 변화는 이처럼 많았다. 나는 이 시대의 변화에 어떠해야 하는가. 그저 뜻을 편안히 하여 대처할 뿐이다.

• 백두에서 흘러내린 산맥이 남쪽을 누르니,	白頭流脈鎮南州
중국의 형산 정도가 짝이 될 만하다네.	中國衡山可與儔
골짜기엔 온통 은하 같은 폭포가 흐르고,	萬壑皆懸銀漢瀑
봉우리는 높아 옥경루에 닿을 듯하였네.	千峯高逼玉京樓
정령으로 얼마나 많은 현인을 배출했나,	精靈幾毓群賢出
깊고도 넓어서 오곡 밭이 많이 있었다네.	深廣多治五穀疇
등람했으면 인지의 방도 알아야 하리니,	登覽要知仁智術
보고도 이전과 같다면 또한 부끄러우리.	看如不看也堪羞

• 대개 내가 일찍이 보았던 금강산을 이 산과 비교해 보면, 금강산은 맑고 가파르고 우뚝하니 솟아있다. 지리산은 웅대하게 높고, 그윽하니 깊으며, 금강산보다 넓고 크다. 금강산이 청명한 군자가 세속의 티끌을 벗어버린 것처럼 사람으로 하여금 속세에서의 생각을 저절로 사라지게 한다면, 지리산은 장중한 군자가 덕이 후덕하고 지식이 박학한 것처럼 사람으로 하여금 그 속에 온축하고 있는 것을 헤아리기 어렵게 한다. 요컨대 배우는 사람은 두 가지 모두를 취하여 스승으로 삼을 만하다. 그러나 세상에서 일컫는 삼신산의 설로써 논한다면, 기이하고 빼어난 형상은 단연 금강산이 제일이고 두류산이 그 아래이다. 또한 듣자하니, 영남과 호남 사람들이 서로 이 산을 자신의 지역에 소속시키려 하나, 결국엔 아직도 논의를 결정하지 못했다고 한다.

대개 웅거하여 기반하고 있는 넓이와 배향(背向)하고 있는 방면으로 살펴본다면 응당 영남지역에 소속되어야 하고, 국전(國典)에 실린 남악묘제(南嶽廟祭)로써 본다면 호남에서 제사를 올리니 응당 그 지역으로 소속되어야 할 것이다. 이 산의 주맥이 호남지역에서 반야봉으로 들어가 주봉보다 먼저 솟았고, 또한 그것이 호남 땅에 있기 때문이 아니겠는가?

사람들은 태조가 천명에 응할 때 명산에 기도를 하였는데, 여러 산의
신령들이 모두 옹답히였으나 유독 지리산의 신령만은 응하지 않았기 때
문에 폄하하여 호남 땅으로 귀양 보냈다고도 한다. 이는 응당 제동야언
(齊東野言)에 속하는 황당한 말이다.

　또한 나는 한 가지 설을 덧붙이고자 한다. 지리산은 전체가 후중(厚重)
하여 어그러지거나 사악한 기운이 없다. 그 속을 가지고 비교해 논한다
면, 반야봉은 흙이 많고 바위가 적어 온통 빼어나고 아름답다. 천왕봉은
바위가 많고 흙이 적어 가파른 바위가 울퉁불퉁 솟아 있다. 이는 호남의
인심이 유순하고 영남의 인심이 강려(剛戾)하게 된 이유일 것이다. 식자
에게 묻고자 한다.

31. 정기(鄭琦)의 「유방장산기(遊方丈山記)」

　• 방장산(方丈山)은 세상에서 삼신산(三神山)의 하나로 일컫는다. 대개
남방의 산 중에 우뚝하게 높고 큰 것이 수백 개지만 유독 이 방장산이
으뜸이다. 천왕봉(天王峯)과 반야봉(盤若峯)이 지극히 빼어나며 영남과
호남의 경계를 나누는데, 천왕봉이 더욱 우뚝하고 걸출하다. 예컨대 유종
(儒宗)·명사(名士)·문장가·호걸로부터 속세에서 멀리 떨어져 은둔하는
사람에 이르기까지 고금의 유람한 사람들을 역력히 모두 헤아릴 수 있다.
내가 이 산 옆에 우거하면서 한 번은 천왕봉 정상에서 묵고 한 번은 반야
봉에 올라갔다. 그런데 그때마다 짙은 운무를 만나 빼어난 명승을 다
찾아서 진면목을 시원스레 보지 못해, 머무는 동안 늘 그 점을 한스러워
하였다.

　• 사람들은 이 산이 우뚝 솟아 넓게 펼쳐져 있어서 영주산(瀛州山:한

라산)·봉래산(蓬萊山:금강산)에 견주면 두 배가 될 뿐만 아니지만, 애석
하게도 깎아지른 바위와 절벽의 기이한 경관이 없다고 말한다. 나 또한
일찍이 그렇다고 생각하지 않은 적이 없었다. 지금 지팡이를 짚고서 힘
들게 위험을 무릅쓰고 탐방해보고서야, 비로소 세상일은 고된 노고를
말미암지 않고서 쾌락에 이를 수 있는 것이 없음을 깨달았다. 인정은
무릇 편안한 것을 좋아하고 어려운 것을 꺼려하여 일찍이 극도의 신기함
을 탐색한 적 없이, 외면만 관찰하고서 기이하거나 뛰어난 것이 없다고
말한다. 비유하면 높은 담장 밖에 서 있기만 하고 문을 찾아 안으로 들어
가지 못하면 그 종묘의 아름다움과 백관의 넉넉함을 볼 수 없는 것과
같다. 단지 그 담장이 높고 궁궐이 넓은 것만 본다면 구하되 단서가 없고
바라보되 실제를 얻을 수 없이 마침내 자공(子貢)이 공자(孔子)보다 낫다
고 여기게 되니, 어찌 오류가 아니겠는가.

  • 혹자가 "방장산의 신선이 사는 곳을 그대가 둘러보았지만 신선과
함께 유람하지 못했으니, 어찌 유람이라 할 수 있겠습니까?"라고 하여,
내가 답하기를 "아! 신선이 대낮에 날개를 펴 하늘로 올라가거나 경장(瓊
漿)과 옥액(玉液)을 마시고 천만 년을 지나도 죽지 않는다는 것을 어찌
말하겠습니까. 나는 그런 이치가 있음을 믿지 않습니다. 물(物)과 아(我)
모두 상관없이 몸은 견제와 속박의 얽매임을 뛰어넘고, 마음은 구차하게
영위하는 사사로움을 끊어 욕심 없이 천기(天機)를 즐기는 것이 바로 신
선입니다. 우리가 높이 올라 멀리 바라 볼 적에 누가 다시 견제와 속박
및 구차하게 영위함의 생각이 있었겠습니까. 깊은 숲과 들쭉날쭉 어지러
운 바위 사이를 넘어도 피곤한 줄 몰랐고, 높은 산등성이와 우뚝 솟은
바위 곁에 노숙하면서도 괴롭게 여기지 않았고, 낡은 초막과 거친 풀로
만든 자리에 머물러도 누추하게 여기지 않아서 마음껏 자유로이 노닐고

미련 없이 세상을 버린 것 같았습니다. 그렇다면 우리 스스로 신선이라 여기는 것이 옳습니다. 다만 산을 유람하고 난 뒤로 견제와 속박 및 구차하게 영위함이 예전과 같아 8일 간의 유람이 평생에 도움이 되지 못할까 걱정할 뿐입니다."라고 하였다.

32. 이보림(李寶林)의 「두류산유기(頭流山遊記)」

• 불일폭포의 웅장함은 금강산(金剛山)의 구룡폭포(九龍瀑布)에 견줄 수 있는데, 기이함으로 말한다면 불일폭포가 더 낫다. 나는 일찍이 금강산을 관람한 적이 있다. 그래서 지리산의 반야봉은 비로봉(毘盧峯)에 견줄 만하고, 불일폭포는 구룡폭포에 견줄 만하며, 세이암(洗耳巖) 계곡은 만폭동(萬瀑洞)에 견줄 만하다. 그러나 서로 우열을 가릴 수 없다.

33. 이보림(李寶林)의 「천왕봉기(天王峯記)」

• 높은 봉우리가 하늘 위로 우뚝 솟아 있었다. 물어보니 천왕봉이었다. 마침내 분발하여 꼭대기에 올랐다. 하늘은 높고 땅은 멀어 아득한 듯 광활한 듯 구불구불 이어져 있으니, 그 모습을 형용할 수 없었다. 마치 무극(無極)의 문으로 들어가 태극(太極)의 고향에서 노니는 듯하였다. 어제 반야봉(般若鋒)에 올랐을 때는 이에서 더 보탤 것이 없다고 생각했었는데, 천왕봉에 오르니 반야봉만한 봉우리들은 마치 바람이 더 아래에 있다고 한 것[18]과 같았다. 이에 도를 배우는 자들은 제멋대로 스스로 만족해서는 안 되는 것임을 알게 되었다. 대략 한 부분을 보고서

---

18 바람이……것 : 『莊子』「逍遙遊」에서 '붕새가 南冥으로 갈 때 9만 리 상공에 이르면 바람이 이 아래에 있다[九萬里 則風斯在下]'라고 한 것을 말한다.

'도가 여기에 있다'고 말하는 것은, 내가 반야봉에 올라 스스로 만족했던 것과 무엇이 다르겠는가.

34. 김학수(金學洙)의 「유방장산기행(遊方丈山紀行)」

• 방장산(方丈山)은 남쪽 지방의 진산(鎭山)이다. 그 산세가 광대하고 빼어나다. 영남과 호남의 중간에 웅거하고 있으며, 13개 고을에 걸쳐 있다. 이곳에 사는 주민들과 이 산에서 생산되는 물품이 모두 얼마나 되는지 다 알 수가 없다. 이 산을 지리산(智異山)이라고 하는데, 그 명칭의 의미가 무엇인지는 자세치 않다. 이 산을 또 두류산(頭流山)이라 부르는 것은 산맥이 백두산에서 뻗어 내렸기 때문이다. 그 높이가 가장 높은 봉우리는 천왕봉(天王峯)이다. 상고 시대부터 방장산이라는 명칭으로 일컬어져 삼신산(三神山)의 하나로 알려졌으니, 대개 천하에 이름난 산이다.

35. 양회갑(梁會甲)의 「두류산기(頭流山記)」

• 백두산으로부터 역내로 내려오면 큰 산은 두류산이 제일이다. 두보(杜甫)의 시에 "방장산은 삼한의 밖에 있고, 곤륜산은 만국의 서쪽에 있다.[方丈三韓外 崑崙萬國西]"라는 구절[19]이 있는데, 그 주(註)에 "방장은 대방군의 동남쪽 30리에 있다."라고 하였으니, 이 두류산이 방장산(方丈山)이다. 그리고 지리산(智異山)이라 말하면 남악(南嶽)이 되고, 나라의 삼신산으로 기록한다면 방장산이라 한다. 영호남 3백 리를 두르고 있는데, 반야봉(般若峯)은 조(祖)가 되고 천왕봉(天王峯)은 종(宗)이 되며, 자

---

19 두보의……구절 : 두보의 「奉贈太常張卿垍詩」에 보인다.

손 같은 8만4천여 봉우리는 열 두 고을에 나뉘어 자리하고 있다. 한 달 가량 겨를을 얻지 못하고, 세속의 밖에서 초연하지 못하며, 먼저 간 길을 가리켜 인도하지 않으면, 기이한 절경을 알 수 없고, 속세를 벗어날 수 없으며, 길머리를 찾을 수 없고, 또 승려들의 황망한 설에 미혹되는 자가 적지 않을 것이다.

•한 초목을 가리켜 두류산이라 말하는 것은 불가하지만 두류산의 이치가 있지 않음이 없고, 한 봉우리와 골짜기를 묻는데 두류산이라 말하는 것은 불가하지만 두류산의 지맥이 되지 않음이 없다. 석담(石潭:李珥) 선생은 도에 나아가는 것을 산에 오르는 것으로 깨우치기를 '증점(曾點)은 산 아래서부터 먼저 올랐다.'라고 하였으며, 일두(一蠹:鄭汝昌) 선생의 두류산을 유람하고 지은 시에는 기수(沂水)에서 목욕하고 무우(舞雩)에서 바람 쐬고서 한 곡조를 읊고 돌아오는 즐거움[20]이 있다. 여기에서 먼저 올라가는 자가 도체(道體)의 무궁함을 본다는 것을 알았고, 당세에 어른과 아이들을 뒤따르게 하지 못한 것이 한스럽다는 것을 알았다.

20　沂水에서……즐거움:『논어』「先進」에 공자의 제자 曾點이 자신의 뜻을 말하라는 공자의 명에, "늦은 봄날 봄옷이 이루어지거든 어른 대여섯 사람, 동자 예닐곱 사람과 함께 기수에서 목욕하고 무우에서 바람 쐬고 시 읊으면서 돌아오겠다.[暮春者 春服旣成 冠者五六人 童子六七人 浴乎沂 風乎舞雩 詠而歸]"라고 하였다.

제2장

선인들의 지리산 천왕봉에 대한 인식

I. 머리말

이 글은 지리산에 대한 선인들의 인식을 살펴본 후속 작업으로, 지리산의 제일 높은 봉우리인 천왕봉에 대한 선인들의 인식을 살펴보기 위해 시도되었다.

이 글은 지리산 유산기를 주 자료로 하고 지리산 유산시를 보조 자료로 활용하여 선인들이 지리산의 상봉인 천왕봉을 어떻게 인식하고 있는지를 고찰하는 데 목적을 둔다. 그것은 선인들의 천왕봉에 대한 인식을 통해 우리나라 국립공원 제1호인 지리산의 상봉에 대한 인식을 새롭게 조명하기 위해서이다. 또한 지리산 천왕봉에 대한 선인들의 인식을 통해 우리가 지리산 최고봉을 어떻게 대할지를 배우기 위해서이기도 하다.

또 하나, 이 글을 쓰게 된 동기는 천왕봉 일월대(日月臺)에 대해 그 의미를 아는 사람이 거의 없어서 그 의미를 알려야 하겠다는 사명감이 작용하였다. 수년 전 나는 천왕봉에 올라 사방을 조망하고 있었는데, 어떤 분이 천왕봉과 성모사와 일월대에 대해 설명하는 것을 들었다. 그런데 사실이 아닌 사적인 견해로 터무니없는 말을 하는 것이었다. 특히 일월대에 대한 설명은 거의 진실이 아닌 지어낸 것이었다. 그래서 우리 선인들이 이곳에 글자를 새겨 넣은 그 숭고한 의미를 세상에 알리는 것이 내가 해야 할 일이라는 생각을 하면서 하산을 하였다.

이 글에서는 지리산 최고봉인 천왕봉에 대한 인식, 천왕봉의 일월대(日月臺)에 대한 인식, 천왕봉의 성모(聖母)에 대한 인식으로 나누어 살펴볼 것이다.

II. 천왕봉(天王峯)에 대한 인식

1. 천왕봉이라는 명칭에 대한 인식

'천왕봉(天王峯)'이라는 명칭은 조선전기 문인들의 기록에서부터 보이기 시작한다. 조선 초의 유방선(柳方善)이 「등천왕봉(登天王峯)」이라는 시를 지은 것[1]이 최초로 보이는 기록이며, 그 이후로 강희맹(姜希孟)·김종직(金宗直)·이륙(李陸) 등의 문집에 연이어 나타나기 시작한다.

지리산 천왕봉은 왜 '천왕(天王)'이라고 불렀을까? 이에 대해서도 조선시대 지식인들은 다양한 인식을 하였다. 여기서는 이런 인식을 몇 가지로 분류해 살펴보기로 한다.

첫째, 백두산 남쪽에서 제일의 봉우리라는 인식이다. 진주 출신으로 남명 조식의 문인이었던 성여신(成汝信)은 "아래로는 대지를 진압하고, 위로는 푸른 하늘에 닿아, 구름 밖에 홀로 빼어난 것이, 바로 우뚝한 천왕봉이라네."[2]라고 노래하여, 아래로 대지를 진압하고 위로 하늘에 닿

---

1 柳方善, 『泰齋集』 권3.

은 홀로 빼어난 산으로 인식하였다. 한편 금강산과 지리산을 모두 유람한 조선 중기 유몽인(柳夢寅)은 다음과 같이 말하였다.

> 나는 일찍이 땅의 형세가 동남쪽이 낮고 서북쪽이 높으니, 남쪽 지방의 산의 정상은 북쪽 지역의 산의 발꿈치보다 낮을 것이라고 생각하였다. 또한 두류산이 아무리 명산이라도 우리나라 산을 통틀어 볼 때 풍악산(楓嶽山:금강산)이 집대성이 되니, 바다를 본 사람에게 다른 강은 대단찮게 보이듯, 이 두류산도 단지 한 주먹의 돌덩이로 보였을 뿐이었다. 그런데 이제 지리산 천왕봉 꼭대기에 올라 보니, 그 웅장하고 걸출한 것이 우리나라 모든 산의 으뜸이었다.[3]

유몽인은 지리산 천왕봉의 웅장하고 걸출한 모습을 직접 체험하고 나서, 천왕봉이 우리나라 모든 산의 으뜸이라고 새롭게 인식을 한 것이다. 이는 천왕봉이 우리나라 모든 산의 조종(祖宗)이라는 인식이다.

지리산은 백두산에서 뻗어 내린 산이기 때문에 상징적으로는 백두산이 조종이지만, 백두산은 현실세계에서 볼 수 있는 산이 아니라, 상상 속에 그려볼 수 있는 산일뿐이다. 따라서 현실세계 속에서 보면, 백두산이 흘러내려 우뚝 솟은 지리산이 조종으로 인식될 수 있다. 그래서 조선 중기 홍명원(洪命元)은 "백두산 남쪽 산맥에 명산이 몇 개이던가, 그 가운데 제일봉이 영남과 호남의 중간에 있네."[4]라고 하여, 천왕봉이 백두

---

2 成汝信, 『浮查集』 권2, 「遊頭流山詩」. "下壓乎后土 上薄乎穹蒼 獨秀乎雲表者 乃是天王峯之突屼"

3 柳夢寅, 『於于集』 권6, 「遊頭流山錄」. "嘗謂地勢東南低西北高 南嶽之頂 不得與北山之趾齊 頭流 雖曰名山 覽盡東方 以楓嶽爲集大成 則觀海難爲水 特視爲一拳石耳 及今登天王第一峯 而後其知雄偉傑特 爲東方衆嶽之祖"

4 洪命元, 『海峯集』 권2, "白頭南脈幾名山 第一天王湖嶺間"

산 남쪽의 제일봉이라고 하였다.

둘째, 천왕(天王)이 주재하는 봉우리라는 인식이다. 천왕봉이라는 명칭의 유래에 대해서도 전하는 기록이 없다. 김종직(金宗直)의 「유두류록(遊頭流錄)」에는 "내가 일찍이 이승휴(李承休)의 『제왕운기(帝王韻紀)』를 읽어보건대, '성모가 도선대사에게 명하여[聖母命詵師]'의 주에 '지금의 지리산 천왕(天王)은 곧 고려 태조의 어머니 위숙왕후(威肅王后)이다.'라고 하였다. 고려 시대 사람들이 선도성모(仙桃聖母)에 관한 전설을 익히 듣고서, 자기 나라 임금의 계통을 신성시하고자 하여 이 설을 지어낸 것인데, 이승휴가 그대로 믿고서 『제왕운기』에 기록한 것이다."라고 하였다.

김종직의 견해로는, 천왕(天王)이라는 이름이 성모(聖母)에서 비롯된 것이지만, 실제로는 고려 태조의 어머니 위숙왕후라는 것이다. 고려가 삼국을 통일 한 뒤에 남쪽 지방을 진압하기 위해 신성한 전설을 만들어 가장 높은 봉우리에 붙여놓았다고 본 것이다.

김종직의 설은 후대에도 영향을 끼쳐 지식인들 가운데는 그의 설을 추종하는 경우가 왕왕 있었다. 예컨대 구한말의 송병순(宋秉珣)도 김종직의 견해를 그대로 수용하면서 천왕봉이라는 명칭이 성모로 일컬어지는 위숙왕후의 신이 주재하는 봉우리라는 데에서 연유한 것으로 보았다.[5]

그런데 조선중기 지식인들에 이르면, 천왕봉의 이미지는 천하를 다스리는 천왕(天王)과 곧바로 연관하여 이해한다. 이런 인식은 천왕봉에 직접 올라 본 사람들에 의해 더욱 구체화되었다. 천왕봉에 오른 조선시대 지식인들은 뭇 산이 지리산 천왕봉을 향해 읍을 하거나 조회를 하는 신

---

5 宋秉珣, 『心石齋集』 권12, 「遊方丈錄」. "嘗閱佔畢齋遊頭流錄 作文祈晴于聖母廟 而曰李承休帝王韻記 聖母命詵師 註云 今智異天王 乃指高麗太祖之妃威肅王后也 蓋此峯之爲號 可徵于玆"

하늘처럼 구부리고 있다고 언급한 기록이 많다. 성여신(成汝信)은 그 모습을 다음과 같이 실감나게 묘사하였다.

호남 땅의 서석산과 월출산,	湖南之瑞石月出
강우(江右)의 가야산과 자굴산,	江右之伽倻闍崛
모두 고개를 숙이고 엎드려 있어,	低頭而屈伏
첩이나 신하와 다를 바가 없네.	無異乎臣妾
〈중략〉	〈 … 〉
점치는 거북의 등처럼 갈라지기도 하고,	或似龜坼兆
산가지의 점괘처럼 나누어지기도 하며,	或若卦分繇
올망졸망 불쑥불쑥 솟아 있기도 하고,	而纍纍然巇巇然
들쭉날쭉 또렷또렷 서 있기도 하여,	參參然煥煥然
그 이름을 부를 수 없는 것들은,	不可得以名焉者
빙 둘러 이 산을 향해 읍하고 있는,	衆山之環揖于兹山
동서남북에 나뉘어 선 여러 산들이라네.	而分列乎東西南北[6]

성여신이 노래한 내용은 천왕봉이 지존의 임금과 같다는 것이다. 성여신과 비슷한 시기의 함양 출신 박여량(朴汝樑)도 천왕봉의 명칭에 대해 다음과 같은 견해를 밝히고 있다.

'천왕봉(天王峯)'이라는 명칭에 대해, 세상 사람들은 신상(神像:聖母像)이 모셔져 있는 곳이어서 그렇게 부른다고 생각한다. 내 나름대로 생각해 보건대, 이 산은 백두산에서 발원하여 흘러 내려 마천령(磨天嶺)·마운령(磨雲嶺)·철령(鐵嶺) 등이 되었고, 다시 뻗어내려 동쪽으로는 오

---

6 成汝信, 『浮査集』 권2, 「遊頭流山詩」.

령(五嶺)·팔령(八嶺)이 되었고, 남쪽으로는 죽령(竹嶺)·조령(鳥嶺)이 되었으며, 구불구불 이어져 호남과 영남의 경계가 되었으며, 남쪽으로 방장산(方丈山:지리산)에 이르러 그쳤다. 이 산을 '두류산(頭流山)'이라고 한 것이 이런 연유 때문에 더욱 극명해진다. 하늘에 닿을 듯 높고, 웅장하여 온 산을 굽어보고 있는 것이 마치 천자가 온 세상을 다스리는 형상과 같으니, 천왕봉이라 일컬어진 것이 이 때문이 아니겠는가?[7]

박여량은 천왕봉이라는 이름이 붙은 것을 천자(天子)가 온 세상을 다스리는 형상과 같다는 점에서 찾았다. 그는 세속에서 성모를 모신 성모사가 천왕봉에 있어서 천왕봉이라는 명칭이 생긴 것이 아니라는 점을 논하면서, 천왕봉의 형상이 하늘에 닿아 천명을 받고 온 산을 굽어보아 인간세상의 지존이기 때문에 천왕봉이라는 명칭이 붙여졌다고 본 것이다.

조선후기 박치복(朴致馥)은 천왕봉에 오를 적에 "큰 봉우리가 하늘로 우뚝 솟아 존엄하게 서 있는 것을 바라보고서, 나도 모르게 몸을 굽혔다. 천왕이 바로 여기에 있는 줄 알 수 있었다."[8]라고 하였다. 그는 천왕이 누구를 지칭하는 것이라고 말하지 않았다. 그러나 이 인용문을 통해 볼 때, 그가 생각하는 천왕은 하늘의 명을 받아 이 땅을 다스리는 지존임을 알 수 있다. 즉 천자와 같은 임금을 상징한 것이라 볼 수 있다. 이런 인식은 구한말 장석신(張錫藎)의 「천왕봉가(天王峰歌)」에 잘 나타나 있다.

---

7 朴汝樑, 『感樹齋集』 권6, 「頭流山日錄」. "天王之稱 世以爲神像所居而云也 余則竊以 爲 玆山發於白頭山 流而爲磨天·磨雲·鐵嶺等 關關東爲五嶺八嶺 南爲竹嶺鳥嶺 逶迤 而爲湖嶺之界 南至方丈而窮焉 以其頭流者 以此而尤極 穹隆雄偉 俯臨諸山 如天子臨 御宇內之像 其稱以天王者 無乃以此耶"

8 최석기 외(2010), 『선인들의 지리산 유람록 4』, 141면 참조.

방장산 제일 높은 봉우리는 천왕봉,	方丈上峰是天王
천왕이란 그 이름 존귀하고 위대하네.	天王之號尊且皇
세인들은 천왕봉의 귀중함 알지 못하고,	世人不識天王重
천왕봉을 마당처럼 함부로 여긴다네.	足踏天王如睡場
우러를 봉우리지 어찌 밟을 봉우리이리.	寧可仰止那可踏
산이 귀중한 것 아니고 그 이름 황송한 것.	山非重也名是惶
높기로는 하늘보다 더 높은 것이 없고,	高高莫如天之高
존귀하기로는 천왕만큼 존귀한 것 없네.	尊尊莫如王之尊
〈중략〉	〈…〉
이 산이 비록 높으나 땅 위에 있으니,	此山雖高猶在地
높다고 한들 어찌 하늘 문까지 닿으랴.	高高那得及天門
이 산이 존귀하나 이 나라의 국토이니.	此山雖尊猶國土
손귀한늘 어찌 천왕과 이름을 함께 하리.	尊尊那得名相渾
산 위의 하늘이 곧 이 산의 왕이시니,	山之天也山之王
천황을 통솔함도 천왕께서 천지인 조율하듯.	統天皇王調三元
다만 바라노니 천왕봉 위의 신령이시여,	但願天王峰上靈
우리 천왕의 대대손손을 영원토록 도우소서.	輔我天王萬萬世子孫[9]

장석신은 천왕을 천왕봉 위의 하늘, 곧 천(天)으로 보고 있다. 그리고 주(周)나라의 천자를 왕(王)이라고 칭한 것처럼 천(天)·지(地)·인(人)을 조율하는 권능을 가진 존재로 보고 있다. 작자는 일제강점기를 살면서 이 천왕의 권능으로 일제의 비린내를 쓸어버리고 싶은 염원을 이렇게 노래한 것이다. 그런데 그는 천왕봉의 천왕을 온 세상을 다스리는 존귀한 권위를 가진 천자와 같은 임금으로 받아들이고 있다.

장석신과 함께 지리산을 유람한 의령 출신 안익제(安益濟)도 비바람

---

9 張錫藎, 『果齋錄』, 南選錄 上, 「頭流歌」.

때문에 천왕봉에 오르지 못하는 것에 대해 "지금 우리들의 유람이 천왕봉에 오르지 못한 것은 단지 비바람이 몰아치는 산신령의 희롱 때문만은 아니다. 또한 천왕이 사는 곳까지 밟고 싶지 않기 때문이기도 하다."[10]라고 하여, 천왕봉을 천왕에 비유하고 있다. 천왕이 사는 곳이기 때문에 그 신성성을 보존하자는 것이다.

장석신이나 안익제는 천왕을 우리 민족국가의 신성한 임금을 상징하는 것으로 인식한 것이다. 국운이 풍전등화에 처했을 때, 지식인들은 천왕봉을 우러르며 이 땅의 만백성을 지켜줄 위대한 천왕으로 여긴 것이다.

이런 인식이 비록 전부터 전래되어 내려온 설은 아닐지라도 19세기 이후의 학자들에 이르러서는 박치복과 장석신의 언급에서 드러나듯, 천왕봉의 천왕은 천하를 다스리는 권능을 가진 임금으로 형상화되어 나타나고 있다.

2. 일월대(日月臺)에 대한 인식

일월대(日月臺)는 1611년 3월 천왕봉에 올랐던 유몽인(柳夢寅)의 「유두류산록(遊頭流山錄)」에는 보이지 않다가, 1643년 8월 천왕봉에 올랐던 박장원(朴長遠)의 「유두류산기(遊頭流山記)」에 처음으로 등장한다. 이를 보면, 1611년부터 1643년 사이에 누군가가 천왕봉 동남쪽 바위를 일월대라 명명하고, 그 바위의 면에 '일월대'라는 각자를 새긴 듯하다. 이 각자는 글자가 크고 깊게 새겨 아직도 뚜렷하게 남아 있다.

이 일월대에 대해, 박래오(朴來吾)는 "이곳에 오른 뒤에야 해와 달이

---

10 최석기 외(2013), 『선인들의 지리산 유람록 5』, 보고사, 216면 참조.

뜨고 지는 것을 볼 수 있어 옛 사람들이 일월대라 명명하였으니, 어찌
이유가 없겠는가?"[11]라고 하여, 해와 달이 뜨고 지는 것을 살필 수 있는
장소로 그 이름을 풀이하고 있다.

그런데 일월대는 해와 달이 뜨고 지는 것을 구경할 수 있는 장소일
뿐만 아니라, 천왕봉의 최고봉이라는 이미지도 갖고 있다. 이동항(李東
沆)은 일월대를 천왕봉의 제일봉으로 인식하고 그 위에 올라 사방을 조
망하였으며[12], 정석귀(丁錫龜)도 "산줄기가 다시 불쑥 솟구쳐서 천왕봉
일월대가 되었으니, 이것이 두류산의 최고 봉우리이다."[13]라고 하였다.

이를 보면, 일월대는 지리산의 최고봉인 천왕봉 그 중에서도 또 제일
의 봉우리로 인식된 것을 알 수 있다. 그리하여 1871년 천왕봉에 오른
산청군수 이만시(李晩蓍)는 배찬(裵瓚)에게 "그대는 일월대에 가 보셨습
니까?"라고 물을 정도로, 일월대는 지리산 천왕봉을 대표하는 장소로 인
식되었다.

일월대라는 명칭은 박래오의 지적처럼 해와 달이 뜨고 지는 것을 볼
수 있다는 데에서 붙여진 것인데, 이는 『서경(書經)』「요전(堯典)」에서
유래한 것이다. 「요전」을 보면, 요(堯)임금이 희중(羲仲)에게 명하여 양곡
(暘谷: 해가 뜨는 동쪽 방면)에 거주하면서 떠오르는 해를 공경히 맞이하게
하였고, 희숙(羲叔)에게 명하여 명도(明都: 남쪽 방면)에 거주하면서 여름
철 만물이 생장하는 일을 평안히 변화하게 하였고, 화중(和仲)에게 명하
여 매곡(昧谷:해가 지는 서쪽 방면)에 거주하면서 지는 해를 공경히 전별하
게 하였고, 화숙(和叔)에게 명하여 유도(幽都:북쪽)에 거주하면서 소생하

---

11 최석기 외(2009), 『선인들의 지리산 유람록 3』, 보고사, 41면 참조.

12 상동, 145~149면 참조.

13 상동, 266면 참조.

는 기운으로 바뀌는 것을 평안히 살피게 하였다는 데에서 따온 것이다.

따라서 조선시대 지식인들이 일출(日出)을 구경하는 것은 단순히 떠오르는 해를 구경하며 소원을 비는 행위와는 사뭇 다른 의미를 갖는다. 즉 천문(天文)을 관측해 백성들에게 수시(授時: 농사짓는 시기를 알려줌)함으로써 백성들이 농사를 잘 지어 평안히 살아가게 하는 성왕의 일로 보는 것이다. 그러므로 조선시대 학자들은 천왕봉 일월대에서 일출을 구경하는 것에 대해 성왕의 일을 돕는 것으로 그 의미를 부여하였다.

예컨대 박여량(朴汝樑)은 천왕봉에서 일출을 구경하며 그 광경을 다음과 같이 묘사하였다.

> 온 하늘 아래는 찬란한 빛이 밝게 퍼져, 마치 임금이 임어할 때 등불이 찬란하고 궁궐이 삼엄하며, 오색구름이 영롱하고 온갖 관리들이 옹립해 호위하며, 아랫사람들이 제자리에 서 있어서 사람들로 하여금 감히 거만하지 않고 공경하는 마음을 일으키게 하는 것과 같았다.[14]

또 박치복(朴致馥)도 일출을 구경하며 천자가 행차하는 것에 비유하여 다음과 같이 묘사하였다.

> 상서로운 구름이 어지러이 돌면서 요동쳤는데, 옆으로 비낀 모습은 수도(隧道:터널)와 같고, 세로로 우뚝 선 모습은 아독(牙纛:장수의 깃발)과 같았다. 때로는 우산의 덮개처럼 흔들리고, 때로는 장막처럼 감쌌다. 그 모습이 마치 은으로 만든 누대와 금으로 장식한 대궐에 모난 지붕이 빽빽하게 늘어선 것 같기도 하고, 천자가 타는 수레의 깃발과

---

14 최석기 외(2000), 『선인들의 지리산 유람록』, 돌베개, 163~164면 참조.

뒤따르는 수레들이 정연하게 호위하며 이어지는 듯하기도 하였는데, 모두 한 곳을 향해 모였다.[15]

이처럼 천왕봉 일월대는 해와 달이 뜨고 지는 것을 관찰하는 장소로서 인식되었는데, 천하를 다스리는 임금이 백성들을 위해 천시(天時)를 정확히 알려주기 위한 정치적 행위의 하나로 본 것이다.

또 하나, 천왕봉 일월대는 한 장소에서 해와 달이 뜨고 지는 것을 모두 볼 수 있다는 점에서 그 의미가 더 크게 다가왔다. 그래서 조선중기 송광연(宋光淵)은 다음과 같이 말하였다.

> 한 자리에서 해가 떠오르는 것을 맞이하고, 지는 것을 전송하는 일은 희씨(羲氏)·화씨(和氏)도 능히 할 수 있는 바가 아니었다. 이런 관점으로 본다면, 이 지리산은 우리나라 제일의 산일뿐만이 아니다. 비록 이 세상의 그 어떤 큰 산이라 하지라도 이 산과 대등할 만한 산은 없을 것이다. 공자께서 이 산에 오르셨다면 천하도 크다고 여기기에 부족했을 것이다.[16]

요(堯)임금과 같은 성인도 희중(羲仲)·희숙(羲叔)·화중(和仲)·화숙(和叔) 네 신하를 사방의 끝에 나누어 파견해 천문을 관측하게 해서 백성들에게 농사를 지을 적절한 시기를 알려주는 일을 했는데, 일월대는 한 곳에서 이 모든 것을 다 관장할 수 있기 때문에 이 산과 대등할 만한 산이 없다는 것이다. 이는 대단한 자긍의식이 아닐 수 없다. 송광연의 이런 인식에 의해 천왕봉은 또 하나의 의미를 더하게 되었고, 단순히

---

15 최석기 외(2010), 『선인들의 지리산 유람록 4』, 보고사, 147면 참조.
16 최석기 외(2008), 『용이 머리를 숙인 듯 꼬리를 치켜든 듯』, 보고사, 175면 참조.

높기만 한 봉우리가 아니라 인간에게 성왕과 같은 혜택을 주는 존재로
재인식되었다.

한편 일월대는 '일출을 본다'는 뜻에서 일관대(日觀臺)라고도 일컬어
졌다. 안익제(安益濟)는 그의 유람록에서 "천왕봉 정상에는 일관대가 있
는데, 비바람에 가려서 올려다 볼 수 없었다. -중략- 이 천왕봉은 천하
의 해가 뜨고 지는 것을 모두 볼 수 있는 명산이다."[17]라고 하였다.

3. 성모(聖母)에 대한 인식

지리산 천왕봉 성모사(聖母祠)에 안치되어 있던 성모(聖母)에 대해서
는 여러 가지 전설이 있다.

일연(一然)의『삼국유사(三國遺事)』에는 선도성모(仙桃聖母)에 관한 설
화가 있는데, 성모가 선도산에 와서 신라의 시조 박혁거세(朴赫居世)와
부인 알영(閼英)을 낳았다는 이야기이다. 이 선도산이 어디인지는 명확하
지 않다. 그런데 지리산에 성모가 있었으니, 지리산과 무관하다고 볼
수도 없다. 그렇다면 우리가 지리산을 '어머니의 산'이라고 부르는 것은
우리 민족의 건국신화로부터 유래한 것일 수도 있다.

원삼국시대로 일컬어지는 시기 한반도 남쪽에는 동쪽의 신라, 남쪽의
가야, 서쪽의 백제가 정립하고 있었다. 그러다가 6세기 초 가야는 백제와
의 싸움에서 패하고, 결국 신라에 복속되었다. 이후로 지리산은 신라와
백제의 국경이 되었다. 금관가야의 마지막 왕 구형왕(仇衡王)의 무덤이
산청에 있는 것을 보면 지리산은 가야인의 마지막 보류였음을 알 수 있다.

후삼국 시대 고려 왕건과 후백제 견훤이 패권을 다툴 때에는 섬진강

---

17 최석기 외(2013), 『선인들의 지리산 유람록 5』, 213면 참조.

유역의 호족 박영규(朴英規)와 남강 유역의 호족 왕봉규(王逢規)가 이 지역
을 동서로 장악하고 있었는데, 뒤에 이들은 모두 왕건에게 귀의하였다.
왕건이 한반도를 통일하자, 지리산은 한반도의 중심지로 다시 자리매김하
였다. 그리하여 성군(聖君)을 낳은 모후(母后)가 머무는 산으로 인식되어,
성모는 고려 태조의 어머니인 위숙왕후(威肅王后)로 불리기도 하였다.

그러나 불교가 유입된 이래 승려들과 민간에서는 이 성모를 석가모니
의 어머니 마야부인(摩耶夫人)이라고 하는 설이 전승되었다. 조선전기
남효온(南孝溫)과 함께 유람을 한 승려는 "이 분은 석가의 어머니인 마야
부인입니다. 이 산의 산신령이 되어 이 세상의 화복을 주관하다가, 미래
에 미륵불을 대신하여 태어날 것입니다."[18]라고 하였으며, 양대박(梁大
樸)과 함께 유람한 승려는 "부인이 스스로 말하기를 '동방으로 1만 8천
리 길을 날아가 두류산 제일봉의 주인이 되고 싶다.'라고 하여, 석상을
모셔놓고 천년토록 제사를 지내왔습니다."[19]라고 하였다.

양대박이 들은 말을 액면 그대로 믿는다면, 석상을 천왕봉에 모셔놓
고 천년 동안 제사를 지내왔다고 하였으니, 거의 불교가 유입된 시기와
일치한다. 이 말을 그대로 믿지 않더라도 천왕봉에 석상이 안치된 것은
그 유래가 오래되었음을 짐작할 수 있다.

그런데 승려들 중에서도 성모를 마야부인으로 보지 않고 다른 설을
주장한 것이 있어서 주목된다. 18세기 지리산 벽송사에 주석한 승려 응
윤(應允)은 "천왕봉의 신을 성모라고 부르는데, 세간의 이야기로는 마야
부인이라고도 하고, 혹은 고려 태조의 왕비라고도 하며, 혹은 강남의

---

18 최석기 외(2000), 『선인들의 지리산 유람록』, 돌베개, 51면 참조.
19 상동, 141면 참조.

어느 나라 공주라고도 하는데, 모두 근거가 없는 이야기로 취할 수 없는
깃들이다. 『화엄경』 중품(衆品)에는 주로 산신들을 말했는데, 후토성모
(后土聖母)라고 한 것처럼 여신들이 많다."[20]라고 하여, 민간이나 승려들
이 마야부인이라고 하는 설을 부정하고, 성모를 후토(后土)로 보았다.
후토는 하늘의 신인 천신(天神)과 상대적인 땅의 신을 말한다. 그러므로
땅의 신은 만물을 낳아주는 신이니, 자연스럽게 '성스러운 어머니'라는
의미에서 성모라고 일컬어질 수 있다.

이 석응윤(釋應允)의 설은 상당히 설득력이 있다. 지리산을 '어머니의
산'이라고 부르는 것이 바로 '후토성모'에서 유래한 것이라는 점을 두고
보면, 이 설은 지리산의 지리적 의미를 가장 잘 반영한 것이라 하겠다.

또 동아시아에서는 땅의 신을 후토라고 부른 기록이 『서경』 「무성(武
成)」에 보이는데, '고우황천후토(告于皇天后土)'라고 하였다. 하늘의 신
은 '황천상제(皇天上帝)'라 부르고, 땅의 신은 '후토지(后土地)'라 부르는
데, 이 둘을 합해 황천후토(皇天后土)라고 불렀다. 그리고 천자가 태산
(泰山)에 올라 천신(天神)에게 제사를 지내고 내려와 지기(地祇)에게 제
사를 지내는 것을 봉선제(封禪祭)라 하였다. 이를 통해 보면 성모는 땅의
신인 후토라고 볼 수 있다.

한편 승려들 중에는 성모에 제사를 지내는 것을 음사(淫祀)로 여겨 배척
한 사람도 있어 주목된다. 16세기 양사언(楊士彦)·박순(朴淳)·허봉(許篈)
등과 친하게 지냈던 승려 천연(天然)은 성모에게 기도하는 것을 음사로
규정하고서, 성모상을 부수어 버리기도 하였다.[21] 다만 그가 부수어 버린

---

20 최석기 외(2009), 『선인들의 지리산 유람록 3』, 보고사, 196면 참조.
21 尹浩鎭(1998), 「天然, 그의 爲人과 文學的 形象化」, 『남명학연구』 제8집, 경상대 남명
    학연구소.

성모상이 천왕봉 위의 성모상인지, 백무동의 당집에 모셔져 있던 성모상인지, 용유담 근처의 당집에 모셔져 있던 성모상인지는 불분명하다.

그렇다면 조선시대 유학자들은 성모에 대해 어떻게 인식하였을까? 이에 대해서는 대체로 두 가지로 분류해 볼 수 있다. 하나는 고려 태조의 어머니인 위숙왕후(威肅王后)라는 설이고, 다른 하나는 지리산의 산신령이라는 설이다.

먼저 고려 태조의 어머니 위숙왕후라고 인식한 설을 살펴보기로 한다. 조선전기 김종직(金宗直)은 한 승려가 성모를 마야부인이라고 하자, 수만 리나 떨어진 서축(西竺:인도)의 부인이 이 산의 산신이 될 수 없다는 관점에서 매우 부정적으로 인식하며, 이승휴(李承休)의 『제왕운기』의 문구를 근거로 하여 고려 태조의 어머니인 위숙왕후라고 생각하였다.[22] 이후로 이 설은 지식인들에게 상당히 설득력 있게 받아들여졌다.

그런데 1767년 천왕봉을 유람한 남원의 홍씨(洪氏)는, 성모에 대해 "세상 사람들은 신라 동명왕(東明王)의 어머니라고 하였다."[23]라고 기록해 놓았다. '신라 동명왕'은 '고구려 동명왕'을 잘못 기록한 것인 듯하다. 이 기록에 의하면, 세간에서는 성모에 대해 고구려 동명왕의 어머니로 보는 설도 있었음을 알 수 있다. 그러나 이 설은 고려 태조의 어머니 위숙왕후라는 설이 와전되어 나타난 설로 추정된다.

김종직·김일손 이후로 성모를 위숙왕후로 보는 설이 받아들여지기도 하였지만, 보편적으로 통용되지는 않았다. 오히려 승려들과 민간에서는 마야부인이라는 설이 널리 통용되었다.

---

22 최석기 외(2000), 『선인들의 지리산 유람록』, 돌베개, 31면 참조.
23 최석기 외(2009), 『선인들의 지리산 유람록 3』, 보고사, 106면 참조.

조선중기 성여신(成汝信)은 이런 마야부인이라고 하는 설과 위숙왕후라고 하는 설을 모두 믿을 수 없다고 하였다.[24] 그는 성모사에 민간인들이 분주히 왕래하며 복을 비는 것을 혹세무민하는 음사(淫祀)로 여겼다. 성모를 음사로 보는 인식은 조선시대 지식인들에게서 보편적으로 나타나는 현상인데, 특히 16~17세기 첨예한 사의식을 보이는 황준량(黃俊良)·성여신·유몽인(柳夢寅)·송광연(宋光淵) 등에게서 매우 비판적으로 나타난다.

다음은 성모를 지리산의 산신령으로 인식한 설을 살펴보기로 한다. 조선전기 지식인들은 성모에게 제사하는 풍속을 음사로 보았기 때문에 성모를 위숙왕후로 보는 설까지도 부정적으로 인식한 사람들이 있었다. 그래서 김일손(金馹孫)이 천왕봉에 올라 성모에게 제사를 지내려 하다가 동행한 정여창(鄭汝昌)의 제지를 받고 "산을 진압하는 신령을 버려두고 음사를 번거롭게 행하는 것은 제사를 지내는 일을 맡은 예조의 허물입니다."라고 하고서 제사를 그만두었다.[25] 즉 김일손은 성모를 산신령으로 보아 제사를 지내려고 한 것이다. 그는 위숙왕후가 곧 지리산의 산신령이라고 생각하였고, 산천의 신에게 제사지내는 것은 예로부터 국가의 법전에 있는 것이기 때문에 음사가 아니라고 본 것이다.

김일손의 경우처럼 성모를 지리산의 산신령으로 보는 것은 조선시대 지식인들에게 보편적으로 나타나는 인식이다. 조선초기 이륙(李陸)은 "산 인근의 사람들은 모두 천왕성모를 신령으로 여겨, 질병이 있으면 반드시 성모에게 기도한다."[26]라고 하였다.

---

24 成汝信, 『浮查集』 권2, 「遊頭流山詩」. "天王峯上又有聖母祠 俗傳高麗太祖母 死而爲神此焉託 或云釋迦之所誕摩倻夫人 來坐神山自西域 荒唐衆說何足信"

25 최석기 외(2000), 『선인들의 지리산 유람록』 돌베개, 87면 참조.

26 최석기 외(2008), 『용이 머리를 숙인 듯 꼬리를 치켜든 듯』, 보고사, 14면 참조.

조선후기 하익범(河益範)은 성모에게 다음과 같이 기도하였다.

> 제가 이 산을 우러른 지 오래되었습니다. 올해 늦봄에야 험한 산길을
> 헤치고 계곡물을 건너 정상에 올랐으니 일출을 보기 위해서입니다. 그런
> 데 정성이 지극하지 않아서인지 운사(雲師)가 장난을 칩니다. 비록 공자
> 께서 태산에 올라 천하를 작게 여긴 유람은 사모하지만, 한문공(韓文公:
> 韓愈)이 형산(衡山)의 구름을 걷히게 한 글 솜씨가 없음을 부끄럽게 여깁
> 니다. 어쩔 줄 몰라 하고 답답해하며 좋은 날씨를 만나지 못할까 두렵습
> 니다. 성모님께 엎드려 바라오니, 신의 은혜로움을 내리셔서 산과 바다
> 가 저절로 드러나고, 만 리 밖까지 훤히 보이게 해 주시어, 저로 하여금
> 청명한 경관을 볼 수 있도록 신의 은총을 내려주시옵소서.[27]

하익범의 이 기도문을 보면, 그는 분명 성모를 천왕봉의 산신으로 여
기고 있음을 알 수 있다. 조선시대 지식인들은 대체로 산신에게 기도하
는 것을 한유가 남악 형산(衡山)의 신에게 글을 지어 날이 맑게 해달라고
기도한 것에 근거를 둔다.

또 박치복(朴致馥)과 정재규(鄭載圭)도 성모에 기도한 사실을 다음과
같이 기록해 놓았다.

> 정상 옆에 석실이 있는데 그 중앙에 소상(塑像)이 안치되어 있었다.
> 아마도 이 산의 산신을 모신 사당인 듯하였다. 나 혼자 가서 그 산신에
> 게 절을 하였는데, 음으로 도와준 것에 감사하기 위함이었다. 산신령
> 에게 감사하는 시도 지었다. 혹자가 말하기를 "이는 세존의 어머니 마
> 야부인입니다. 그대는 어찌하여 이 신에게 절을 한단 말입니까?"라고

---

27 최석기 외(2009), 『선인들의 지리산 유람록 3』, 보고사, 242~243면 참조.

하여, 내가 말하기를 "나는 산신령에게 절을 한 것이니, 마야부인은 내
알 바가 아니오. 귀신의 도는 사성(思成)에 달린 것입니다. 산신령에게
절을 하면 산신령과 내가 감통한 것이니, 저 소상에 어찌 구애되겠습니
까?"라고 하였다.[28]

　　의관을 정제하고 차례로 서서 성모를 모신 사당에 예를 표하였다. 한
젊은 유생이 의아하게 여겨, 내가 말하기를 "이분은 산신령일세. 이 산은
남쪽 지방의 진산이네. 남쪽지방에 사는 이는 모두 이 산의 혜택을 받으
니, 어찌 절하지 않을 수 있겠는가. 세속에서 이야기하는 마야부인이라
고 하는 설은 누가 퍼트린 것인가. 나는 그 설을 믿지 못하겠네."라고
하였다.[29]

앞의 인용문은 박치복의 글이고, 뒤의 인용문은 정재규의 글이다. 박
치복의 글에 보이는 '사성(思成)'은 『시경』 상송(商頌) 「나(那)」라는 시에
보이는 '우리를 편안히 하시되 생각한 대로 이루어주셨다.[綏我思成]'라
는 문구에서 취한 것이다.

박치복과 정재규는 19세기 경상우도 지역의 대표적인 학자들인데, 모
두 성모를 산신령으로 보고 있다. 이런 인식은 조선후기 지식인들에게
보편적으로 나타나는 인식이다.

성모에 대한 또 다른 하나의 설이 성모를 천왕(天王)으로 인식하는 것
이다. 이는 후토(后土)로 보는 설과는 대조적이다. 한편 성모를 천왕의
성녀(聖女)로 보는 설도 있다.

앞의 천왕봉의 명칭에 대한 인식에서 살펴보았듯이, 천왕봉이라는 명

28　최석기 외(2010), 『선인들의 지리산 유람록 4』, 보고사, 151면 참조.

29　상동, 250면 참조.

칭이 임금을 의미하는 것으로 인식되었다. 19세기 경상우도 지역의 허유 (許愈)는 "천왕봉 정상에는 일월대가 있었다. 그 주변에는 돌로 깎아 만든 사람 모양의 석상이 남향으로 안치되어 있었다. 생각해 보니 여기가 천왕당(天王堂)이다. 천왕이 세상에 나타나지 않은 지 오래되었다. 북쪽으로 천상의 세계를 바라보니, 어찌 이 세상의 문화가 침체된 것에 대한 탄식이 없을 수 있겠는가?"[30]라고 하였다. 이 설은 성모를 천왕으로 보는 것으로, 여기서 허유가 말한 천왕은 성왕(聖王)을 의미한다.

Ⅲ. 맺음말

이상에서 조선시대 선인들이 지리산의 천왕봉을 어떻게 인식하였는지를 살펴보았다.

천왕봉(天王峯)의 명칭에 대한 인식은, 백두산 남쪽에서 제일의 봉우리라는 인식과 천왕(天王)이 주재하는 봉우리라는 인식으로 나타난다.

천왕봉 일월대(日月臺)에 대해 선인들은 지리산의 최고봉인 천왕봉 중에서 다시 제일의 봉우리로 인식하였는데, 해와 달이 뜨고 지는 것을 관찰하는 장소라는 점에 의미를 부여하여 천문을 관측해 백성들에게 농사지을 시기를 알려주는 성왕의 일로 생각하였다.

지리산 천왕봉 성모사에 안치되어 있던 성모(聖母)에 대해서는 여러 가지 설이 등장한다. 대체로 승려들과 민간에서는 석가모니의 어머니 마야부인(摩耶夫人)이라는 설이 전승되었지만, 승려 중에서도 응윤(應允)

---

30 상동, 201면 참조.

은 『화엄경』에서 유래한 '후토성모(后土聖母)'로 보았고, 천연(天然)은 음사(淫祀)로 규정하여 그 존재 자체를 인정하지 않았다. 한편 조선시대 유학자들은 성모를 고려 태조의 어머니 위숙왕후(威肅王后)라고 인식하기도 하고, 지리산의 산신령으로 인식하기도 하고, 우리나라를 다스리는 천왕으로 인식하기도 하였다. 그런데 조선후기로 내려오면서 대체로 산신이나 천왕으로 인식하는 설이 더욱 우세하였다.

이 글은 『남도문화연구』 제21집(순천대학교 지리산권문화연구원, 2011)에 실린 「조선시대 사인들의 지리산·천왕봉에 대한 인식」을 수정 보완한 것이다.

제3장

지리산 유람록을 통해 본 인문학의 길 찾기

I. 머리말

이 글은 지금 우리가 생각하는 지리산을 예전 사람들은 어떻게 생각하고 있는지를 살펴보면서, 그 속에서 인문학의 길을 찾아보기 위해 시도되었다. 실학자 이익(李瀷)의 지적처럼, 우리나라는 퇴계(退溪) 이황(李滉)과 남명(南冥) 조식(曺植)에 이르러 문명이 극해 달했다.[1] 즉 16세기 이후 우리 사회는 인문학이 높은 수준에 도달하여 문명사회로 발돋움하였고, 이후 4백 년 이상 그런 문명이 지속되었다.

오늘날 지식인들은 인문학의 위기를 이구동성으로 외치고 있다. 그러나 실상 인문학의 위기는 서양문물이 들어오는 19세기부터 나타나기 시작했다. 역으로 말하면 그 전까지는 인문학의 전성기였다고 할 수 있다. 서양학문이 들어오면서 인문학이 위기를 맞은 것은 서양학문이 인문학보다는 자연과학에 비중이 있었고, 또 산업화를 통한 경제발전에 도움을

---

[1] 李瀷, 『星湖僿說』 天地門, 「東方人文」. "中世以後 退溪生於小白之下 南冥生於頭流之東 皆嶺南之地 上道尙仁 下道主義 儒化氣節 如海闊山高 於是乎 文明之極矣"

주었기 때문이다.

19세기 말 기호학파의 이항로(李恒老), 호남의 기정진(奇正鎭), 영남학파의 이진상(李震相) 등이 종래의 이기이원론(理氣二元論)을 따르지 않고 주리론(主理論)을 주장한 것은, 외세의 문물과 맞서 문명의 극치인 도를 지켜내기 위한 현실인식에서 기인한 것이다. 이들은 도를 지키는 것을 목숨보다 더 소중하게 생각하여 죽을지언정 문화적 자존심은 잃지 않으려 했고, 의(義)를 위해 목숨을 초개처럼 버리기도 하였다. 그리하여 나라를 빼앗기자 안중근·윤봉길과 같은 살신성인의 의사가 나타났으니, 이는 조선의 유교문화가 길러낸 인문정신의 꽃이었다고 하겠다.

이처럼 고도의 인문정신으로 살아간 조선의 유교지식인들이 지리산을 어떻게 인식하고 어떤 의미를 부여하고 있는지를 살펴보는 것은, 위기에 처한 오늘날의 인문학을 회생시키는 데 조금은 도움이 될 수 있을 것이다. 지리산에는 수많은 골짜기와 능선이 있고, 오르는 길도 무수히 많다. 그처럼 우리가 모색할 인문학의 길도 수없이 많을 것이다. 그 가운데 선인들의 지리산 유람록을 통해 인문학의 길을 찾는 것도 색다른 의미가 있을 것이다.

지리산유람록은 대부분 조선시대 유교지식인들이 지은 것이다. 간혹 승려가 지은 것이 있지만 소수에 불과하다. 이 글은 지리산유람록을 통해 그들이 어떤 인문정신을 드러내고 있는지를 살펴봄으로써 오늘날 우리가 추구해야 할 인문학의 길을 찾아보는 데 목적이 있다. 이 글은 지리산유람록을 자료로 하기 때문에, 시간적·공간적 제한과 특정 지식인의 성향에 한정된 인문정신을 읽어낼 수밖에 없다. 그러나 이러한 한계에도 불구하고, 오늘날 우리가 지향해야 할 인문학의 길을 찾는 데는 적지 않은 도움을 줄 것이다.

Ⅱ. 선인들의 지리산에 대한 인식

1. 명칭을 통해 본 지리산 인식

지리산은 지리산(智異山)·두류산(頭流山)·방장산(方丈山)·불복산(不伏山)·덕산(德山) 등 다양한 이름을 갖고 있다. 이런 여러 명칭 가운데 두류산(頭留山)은 두류산(頭流山)과 같은 계열에 속하고, 방호산(方壺山)은 방장산(方丈山)과 같은 계열에 속하므로, 지리산에 관한 명칭은 크게 지리산·두류산·방장산·불복산·덕산 등 다섯 가지로 분류할 수 있다. 이 다섯 가지 명칭의 연원(淵源)을 살펴보기로 한다.

첫째, 지리산이라는 명칭은 순수한 우리말에서 유래한 것으로 그 어원이 분명치 않다. 지리산은 한자어로 지리산(智異山)·지리산(智理山)·지리산(知異山)·지리산(地異山)·지리산(地理山) 등으로 다양하게 나타난다. 이 외에 대지문수사리보살(大智文殊師利菩薩)의 '지(智)' 자와 '이(利)' 자를 합해 지이산(智利山)이라고도 하지만, 고문헌에 '지리산(智利山)'이라는 어휘는 보이지 않는다.

고문헌에 지리산 표기가 위와 같이 다섯 가지가 나타나는 것은, 순수 우리말이 한자로 표기되는 과정에서 달라진 것을 의미한다. 그러므로 지리산이라는 명칭은 한자의 뜻과는 무관하다. 후세 사람들이 '지혜롭고 기이하다'는 뜻으로 해석하는 것은 전혀 근거가 없이 한자를 풀이한 것에 지나지 않는다.

중국이나 우리나라의 고문헌에 '지이(智異)'라는 말이 쓰인 용례가 거의 없다. 지리산의 '지리'라는 어원에 대해서도 여러 가지 설이 있는데, 그 어떤 설도 명확한 근거를 갖고 있지 않다. 대개 개인적인 소견으로 추정하는 설에 불과하다. 여기서는 논의의 번다함을 피하기 위해 여러 가지 추정하는 설을 소개하지 않는다. 이렇게 보면 지리산이라는 명칭은 순수한 우리말에서 유래한 것인데 그 어원이 분명치 않다고 하겠다.

둘째, 두류산(頭流山)이라는 명칭은 민족의 영산인 백두산(白頭山)에서 뻗어 내려 국토 남단에 웅거한 산이라는 뜻으로 붙여진 것이다. 이를 표기하는 사람에 따라 두류산(頭留山)으로 쓰는 경우도 있는데, 이 경우는 '백두에서 흘러내려 멈춘 산'이라는 뜻이다. 이때의 두류산의 두(頭) 자는 백두산을 의미하니, 두류산은 백두산과 하나의 맥으로 연결되어 있는 것을 의미한다. 또 백두산과 두류산은 백두대간이라는 산맥의 남쪽과 북쪽의 극점에 위치하여 우리나라 민족국가의 영토의 두 축을 상징하기도 한다.

혹자는 두류산이라는 명칭이 우리말 '두리'·'두루' 등에서 유래했다고 주장하기도 하며, 또 혹자는 '드리산'이 두류산이 된 것이라 주장하기도 하지만, 이 역시 아무런 근거가 없다. 또한 이는 역사적 사실을 고찰하지 않고 음운변화에만 주목한 설이므로 신뢰성이 그만큼 떨어진다.

고려시대 이인로(李仁老)는 "지리산은 백두산으로부터 뻗어 내려 아름다운 봉우리와 골짜기가 굽이굽이 이어지다 대방군에 이르러 수천 리에 걸쳐 서리고 맺힌 산이다."[2]라고 하였고, 『고려사절요』에는 도선(道詵)의 『옥룡기(玉龍記)』에 있는 "우리나라 산줄기는 백두산에서 시작하여 지리산에서 끝난다."라는 말을 인용하고 있다.[3]

조선시대에는 이런 인식이 확고하게 정착되어 『신증동국여지승람』에는 "지리산은 산세가 높고 커서 수백 리에 웅거하고 있다. 여진의 백두산이

---

2 李仁老, 『破閑集』卷上. "智異山 始自白頭山而起 花峯藭谷 綿綿聯聯 至帶方郡 蟠結數千里"

3 『高麗史節要』권26, 「恭愍王一」. "玉龍記云 我國 始于白頭 終于智異"

이곳까지 뻗어 내렸기 때문에 두류산(頭流山)이라 한다."[4]라고 하였다.

이처럼 두류산이라는 명칭은 '백두산의 줄기가 뻗어 내려 국토 남쪽에 웅장하게 서린 산'이라는 한자어에서 나온 것이지, 순수한 우리말에서 유래한 것이 아니다. 요즘 사람들은 이런 역사적 사실을 잘 모르기 때문에 글자의 어원을 임의로 추정하는 설이 난무하는 것이다.

셋째, 방장산(方丈山)은 신선이 사는 중국 전설 속의 삼신산(三神山)의 하나로 인식되면서 붙여진 이름이다. 지리산이 방장산으로 알려진 것은 두보(杜甫)가 살던 당나라 때의 기록에 보이지만[5], 진시황이 불사약을 구하기 위해 파견한 서불(徐巿)과 관련된 전설이 우리나라에 널리 분포하는 것으로 보아, 진(秦)·한(漢) 시대부터 삼신산의 하나로 인식된 것을 알 수 있다.

그러나 도가사상이나 신선사상이 깊숙하게 침투하지는 않고, 신선이 사는 선계(仙界) 정도로 인식될 뿐이었다. 이런 인식은 고려시대부터 보편적으로 나타나 조선시대에는 널리 통용된 것으로 보인다. 예컨대 조선시대 신명구(申命耉)는 "두보의 시 '방장삼한외(方丈三韓外)'의 주에 '방장산은 조선 대방국(帶方國:남원)에 있다.'고 하였으니, 분명 삼신산이 우리 동방에 있음은 의심의 여지가 없다."라고 하였다.[6]

넷째, 불복산(不伏山)이라는 명칭은 조선 태조 이성계(李成桂)에 복종하지 않았다고 하여 붙여진 이름인데, 조선시대 이 용어를 사용한 기록은 거의 찾아볼 수 없다. 그러니까 민간에서는 그런 전설이 전래되었는

---

4 『新增東國與地勝覽』 권39, 南原都護府, 山川, 智異山. "山勢高大 雄據數百里 女眞白頭山之流至于此 故又名頭流"

5 상동. "又名方丈 杜詩 方丈三韓外 注及通鑑輯覽 皆云方丈在帶方郡之南 是也"

6 최석기 외(2008), 『용이 머리를 숙인 듯 꼬리를 치켜든 듯』, 보고사, 185면 참조.

지는 모르겠으나, 지식층에서는 이러한 용어를 사용하지 않은 것이다.

다섯째, 덕산(德山)이라는 명칭은 주로 남명학파에서 일컬어진 말로, 남명(南冥) 조식(曺植)이 학문을 닦던 곳이라는 의미에서 붙여진 것이다.[7] 남명의 후학들은 남명이 만년에 은거한 지리산 덕산동(德山洞)을 조선도학의 성지로 여겼고, 남명이 도반으로 삼았던 지리산 천왕봉은 남명의 도학처럼 천인벽립(千仞壁立)의 기상이 있는 것으로 인식해 지리산을 덕산이라 칭하였다.

이상에서 살펴본 바와 같이, 지리산은 그 명칭이 다양하다. 위에서 크게 다섯 가지로 분류해 보았지만, 불복산은 거의 쓰이지 않았고, '덕산'이라는 명칭도 보편적으로 통용된 말이 아니므로, 지리산·두류산·방장산 세 가지 명칭이 널리 쓰였다고 하겠다.

이 세 가지 명칭 가운데 문헌 기록상으로는 지리산(智異山)이 가장 먼저 나타난다. 지리산은 신라시대 최치원(崔致遠)의 문집에서부터 보이기 시작하며[8], 고려시대 이규보(李奎報)·이제현(李齊賢) 등의 문집에 연이어 나타난다. 두류산(頭流山)은 고려 말 이곡(李穀)·이색(李穡) 등의 문집에 처음 보이기 시작하며, 방장산(方丈山)은 이규보·이곡 등으로부터 나타나기 시작한다. 이를 보면, 지리산이 방장산·두류산보다 훨씬 먼저 쓰이기 시작했고, 고려 중기에 방장산이라는 명칭이 나타나고, 고려 말 신진사대부 층이 두류산이라는 명칭을 쓰기 시작한 것을 확인할 수 있다.

2010년 3월 말 한국고전번역원 한국고전종합DB에서 지리산에 관한 위의 여러 명칭을 모두 검색했더니, 지리산(智異山)이 805건, 지리산(智

7　安致權,『乃翁遺稿』권2,「頭流錄」, "其號有四 曰智異 曰頭流 曰方丈 曰德山 而德山之名最著 蓋以南冥曺先生藏修之所在也"

8　崔致遠,『孤雲集』권2,「眞鑑畵像碑銘幷序」.

理山)이 4건, 지리산(知異山)이 10건, 지리산(地異山)이 3건, 지리산(地理山)이 13건, 두류산(頭流山)은 449건, 두류산(頭留山)은 4건, 방장산(方丈山)은 243건, 방호산(方壺山)은 6건이 검색되었다. 이를 보면, 지리산(智異山)·두류산(頭流山)·방장산(方丈山)의 순으로 많이 쓰인 것을 알 수 있다. 두류산이라는 명칭이 많이 나타나는 것은 조선시대 기록물이 대다수이기 때문이다.

조선시대 지식인들이 지리산을 유람하고 남긴 가록은 100편쯤 되는데, 그 가운데 유람록의 형식을 갖춘 64편을 분석한 결과, 제목을 지리산으로 쓴 것이 10편, 방장산으로 쓴 것이 7편, 두류산으로 쓴 것이 47편으로 나타났다. 이를 보면 10분의 7 이상이 두류산이라는 명칭을 쓴 것이다.

이를 통해 볼 때, 조선시대 유교 지식인들은 지리산·방장산이라는 명칭보다는 두류산이라는 명칭을 훨씬 선호한 것을 알 수 있다. 그것은 두류산이 백두산에서 뻗어 내린 민족의 영산이라는 인식과 맥을 같이 한다. 즉 민족강토의 뼈대인 백두대간을 염두에 두고, 백두산으로부터 두류산까지를 국토의 축으로 인식한 것이다. 이는 국토에 대한 지리적 인식을 드러냄은 물론, 민족의 뿌리에 대한 역사인식을 바탕으로 한다. 백두대간이 3천 리를 뻗어 웅장한 지리산이 되었다는 인식은, 지리산이 백두산과 함께 우리 강토 전역의 진산(鎭山)임을 말해준다.[9]

지리산의 이와 같은 다양한 명칭은 그 자체로서 이미 민족의 역사를 말해주고 있어 의미하는 바가 적지 않다. 국내외 다른 산 이름과 비교해도 이처럼 다양하고 풍부한 의미를 말해주는 산명은 찾기가 쉽지 않다.

---

9 조선후기 金成烈은 「遊靑鶴洞日記」에 "방장산은 영남과 호남에 걸쳐 자리하고 있는 큰 鎭山이다."라고 하였다.

이런 점에서 지리산의 다양한 명칭은 우리의 역사와 문화를 고스란히 간직히고 있다고 하겠다.

2. 상징을 통해 본 지리산 인식

지리산유람록을 보면, 지리산은 백두산에서 뻗어 내린 남방의 진산(鎭山)이라는 점과 신선이 사는 삼신산(三神山)의 하나라는 점이 특별히 부각되어 있다. 전자는 두류산(頭流山), 후자는 방장산(方丈山)을 의미한다. 그리고 전자는 국토의 뼈대[骨幹], 후자는 신선(神仙)이 사는 곳을 상징한다. 그런데 이와 같은 두 가지 보편적 인식보다 훨씬 심화된 인식이 나타나고 있어 주목된다.

우선 지리산이 영호남의 중간에 위치하여 12고을에 접해 있다는 시각에서 탈피하여, 보다 큰 차원에서 인식한 것에 대해 살펴보기로 한다. 조선후기 진주에 살던 박래오(朴來吾)는 천왕봉에 올라 다음과 같이 술회하였다.

> 웅장한 형세와 삼엄한 기상이 어디 이 산과 같은 곳이 있겠는가. 관동(關東) 지방의 풍악산(楓嶽山:金剛山)은 신령스럽기로 말하자면 신령스럽기는 하지만 바닷가 한쪽 귀퉁이에 치우쳐 있다. 탐라(耽羅)의 한라산(漢挐山)은 높이로 말하자면 높기는 하지만 바다로 둘러싸인 구자국(龜玆國)의 영역을 벗어나지 못한다. 이 두 산은 웅거하고 솟구친 점으로는 멀리 펼쳐지고 웅장하게 진압하는 형세가 없다. 그러나 이 두류산만은 그렇지 않다. 모인 기가 넓고 크며 영남과 호남에 걸쳐 웅거하고 있다. 그 높이로 말하자면, 위로 건문(乾門)의 적제(赤帝)의 궁궐에까지 닿아 있다. 그 크기로 말하자면 아래로 지축(地軸)의 현신(玄神)의 도읍까지

진압하고 있다. 포괄한 것이 길게 이어져 있고, 펼쳐진 것은 넓게 뻗어 있으니, 이는 참으로 해동(海東)의 중심이며, 남방의 조종(祖宗)이다.[10]

박래오는 삼신산을 비교하면서, 금강산은 신령스럽지만 중심이 아닌 변방에 치우쳐 있고, 한라산은 높기는 하지만 동떨어져 있다는 점을 흠으로 여긴 뒤, 지리산은 영호남에 웅거하면서 높이는 하늘에 닿고 깊이는 지축까지 진압하고 길게 이어지고 넓게 펼쳐져 있기 때문에 우리나라의 중심이며 남쪽 지방의 조종(祖宗)이라고 하고 있다.

이렇게 보면, 지리산은 영남과 호남에 걸쳐 있는 12고을을 품은 산이라는 이미지에 벗어나, 국토의 중심이며 남방의 으뜸으로 지극(地極)의 의미를 갖는다. 지극은 '땅의 중심'을 의미한다.

또한 지리산은 지극으로 진산(鎭山)의 의미만을 갖는 것이 아니라, 인극(人極)인 임금과 같은 상징적 이미지로 확대되어, 우리 민족의 정신적 지주로서의 의미를 갖게 된다. 이런 점을 조선중기 박여량(朴汝樑)은 "하늘에 닿을 듯 높고 웅장하여 온 산을 굽어보고 있는 것이 마치 천자가 온 세상을 다스리는 형상과 같으니, 천왕봉이라 일컬어진 것이 이 때문이 아니겠는가."[11]라고 하여, 천왕봉을 천자에 비유하였다.

또 조선중기 송광연(宋光淵)도 "백두산 남쪽 지역은 이 산의 조종의 자손 아닌 것이 없다."[12]라고 하여, 지리산이 영남과 호남의 중간에 위치한 12고을을 품은 산의 범위를 넘어서, 남방을 모두 거느리는 산으로 설정하고 있다. 그리고 조선전기 이륙(李陸)은 마산·진해까지 모두 지리

---

10 최석기 외(2009), 『선인들의 지리산 유람록 3』, 보고사, 37~38면 참조.

11 최석기 외(2000), 『선인들의 지리산 유람록』, 돌베개, 161면 참조.

12 최석기 외(2008), 『용이 머리를 숙인 듯 꼬리를 치켜든 듯』, 보고사, 173면 참조.

산의 영역에 넣고 있다.[13]

　조선전기 김종직(金宗直)은 지리산이 중국에 있었다면 숭산(崇山)·태산(泰山)보다 천자가 먼저 올라 봉선제(封禪祭)를 지냈을 것이라 하였으며[14], 남효온(南孝溫)은 "대개 높고 큰 산은 움직이지 않고 그 자리에 있지만, 인간에게 주는 이로움은 이처럼 풍부하다. 이는 마치 성인이 의관을 정제하고 두 손을 잡은 채 앉아 제왕으로서의 정사를 행하지 않더라도, 재성보상(裁成輔相)의 도를 베풀어 백성을 도와주는 것과 같은 이치이다. 심하구나, 지리산이 성인의 도와 같음이여."라고 하여, 지리산의 상징성을 성인의 도에 비유하였다.[15]

　또 송광연(宋光淵)은 천왕봉에서 해가 지고 뜨는 것을 관찰할 수 있기 때문에 요(堯)임금 시대 사방을 하나씩 맡아 천문을 관측하던 희중(羲仲)·희숙(羲叔)·화중(和仲)·화숙(和叔)도 할 수 없는 일이라는 점을 들어, 우리나라 제일의 산일뿐만 아니라, 이 세상의 그 어떤 산이라도 이 산과 대등할 만한 산은 없을 것이라고 하였다.[16]

　김종직·남효온·송광연의 인식은 단순히 자연 지리적 안목으로만 지리산을 바라본 것이 아니라, 인간의 정신문화를 바탕으로 지리산을 인식한 것이다. 그래서 성인(聖人)의 덕에 비유되고, 천자(天子)가 하늘에 제사를 지내는 하늘과 가장 가까운 곳으로 인식되고, 요임금 시대의 태평지치를 이룩한 천문관측보다 더 낫기 때문에 세계에서 제일 위대한 산으로 여겨진 것이다.

13　상동, 20면 참조.
14　최석기 외(2000), 『선인들의 지리산 유람록』, 돌베개, 41면 참조.
15　최석기 외(2008), 『용이 머리를 숙인 듯 꼬리를 치켜든 듯』, 보고사, 33면 참조.
16　상동, 175면 참조.

이처럼 지리산은 강토의 중심이자 정신적 지주로 인식되었는데, 거기에 한 가지 더 깊은 뜻이 첨가된다. 곧 지리산이 명산으로 일컬어지는 이유를 명인(名人)과의 만남에서 찾는 인식이다.

① 연단술을 익힌 최문창(崔文昌:崔致遠), 고결한 한녹사(韓錄事:韓惟漢), 박식하고 단아한 점필재(佔畢齋:金宗直)·탁영(濯纓:金馹孫), 도학을 밝힌 일두(一蠹:鄭汝昌)·남명(南冥:曺植) 같은 여러 선생들이 연이어 승경을 찾아 이 산에서 노닐거나 깃들어 살았다. 그분들의 이름이 만고에 남아 이 산과 영원히 전해질 것이니, 어찌 이 산의 다행이 아니겠는가?[17]

② 옛날 최고운(崔孤雲:崔致遠)이 일찍이 선교(仙敎)와 불교(佛敎)에 출입하였는데, 화개(花開)의 빼어난 경치에 매료되어 쌍계사·신흥사·칠불암·불일암 등에 모두 유적을 남겼다. 이 때문에 지리산의 명승이 되어 시인과 유람객이 연이어 끊이질 않는다. …… 오직 고운(孤雲) 최치원(崔致遠)이 문장으로써 쌍계사에 이름을 떨쳤고, 문헌공(文獻公) 정여창(鄭汝昌)은 명현(名賢)으로서 화개동에 발자취를 남겼고, 남명(南冥) 조식(曺植)은 유일(隱逸)로서 덕산에 터를 잡았고, 덕계(德溪) 오건(吳健)은 유사(儒士)로서 산청에서 노닐었으며, 도탄(桃灘) 변사정(邊士貞)과 운제(雲堤) 노형필(盧亨弼)은 행의(行誼)로서 잠시 내령대와 외령대 및 마천 등지에서 시를 읊조렸다.[18]

①은 하익범(河益範)의 「유두류록(遊頭流錄)」, ②는 정석귀(丁錫龜)의 「두류산기(頭流山記)」에 보인다. 지리산이 명산이 된 것은 신라시대 최치원, 고려시대 한유한, 조선시대 김종직·정여창·조지서·김일손·조식·최영경·오건·변사정·노형필 등 빼어난 도학자·은자 등이 이 산에 깃들

---

17 최석기 외(2009), 『선인들의 지리산 유람록 3』, 보고사, 255면 참조.
18 상동, 259면 및 273면 참조.

어 살았기 때문이라는 인식이다.

이러한 인식은 당나라 때 유종원(柳宗元)이 "아름다움은 스스로 아름다워지지 않고 사람을 통해서 그 아름다움이 드러난다. 난정(蘭亭)이 왕우군(王右軍:王羲之)을 만나지 않았다면 맑은 여울과 긴 대나무가 빈산에 묻혀버렸을 것이다."[19]라고 한 말이나, 송나라 때 왕운(王惲)이 "산은 어진 이로써 일컬어지고, 경관은 사람을 통해 빼어나게 된다. 적벽(赤壁)은 칼로 자른 듯한 절벽 언덕에 불과하였는데, 소자(蘇子:蘇軾)가 2편의「적벽부(赤壁賦)」를 지음으로써 그 빼어남이 온 강산에 드러나게 되었다."[20]라고 한 것에서 근거를 찾을 수 있다.

이러한 논리를 적용하면, 지리산 자락에 수많은 명사들이 깃들어 살았기 때문에 지리산은 그런 명인을 통해 명산이 되었다고 할 수 있다. 지리산이 인간의 발길이 닿지 않은 산이었다면 신비롭게 채색되어 신이 사는, 그래서 인간이 범접할 수 없는 산으로 인식되었을 것이다. 마치 설산이 신의 영역이듯이.

이런 두 가지 상징적 인식 외에 또 하나 주목되는 것이 유몽인(柳夢寅)의 인식이다. 그는 천왕봉에 올라 느낀 생각을 다음과 같이 기록해 놓았다.

이제 천왕봉 꼭대기에 올라보니, 그 웅장하고 걸출한 것이 우리나라 모든 산의 으뜸이었다. 두류산은 살이 많고 뼈대가 적으니, 더욱 높고 크게 보이는 이유이다. 문장에 비유하면 굴원(屈原)의 글은 애처롭고,

---

19 柳宗元,『柳河東集』권26,「邕州馬退山茅亭記」. "夫美不自美 因人而彰 蘭亭也 不遭右軍 則淸湍脩竹 蕪沒于空山矣"

20 王惲,『秋澗集』「遊東山記」. "山以賢稱 境緣人勝 赤壁 斷岸也 蘇子再賦 而秀發江山"

이사(李斯)의 글은 웅장하고, 가의(賈誼)의 글은 분명하고, 사마상여(司馬相如)의 글은 풍부하고, 자운(子雲:揚雄)의 글은 현묘한데, 사마천(司馬遷)의 글이 이를 모두 겸비한 것과 같다. 또한 맹호연(孟浩然)의 시는 고상하고, 위응물(韋應物)의 시는 전아하고, 왕마힐(王摩詰:王維)의 시는 공교롭고, 가도(賈島)의 시는 청아하고, 피일휴(皮日休)의 시는 까다롭고, 이상은(李商隱)의 시는 기이한데, 두자미(杜子美:杜甫)의 시가 이를 모두 종합한 것과 같다. 지금 살이 많고 뼈대가 적다는 것으로 두류산을 하찮게 평한다면 이는 유사복(劉師服)이 한퇴지(韓退之:韓愈)의 문장을 똥 덩어리라고 기롱한 것과 같다. 이렇게 보는 것이 산을 안다고 할 수 있을 것이다.[21]

유몽인은 지리산을 문장에 있어서는 사마천(司馬遷), 시에 있어서는 두보(杜甫)의 경지에 비유하면서 우리나라 모든 산의 으뜸으로 평하고 있다. 그는 지리산이 살이 많고 뼈대가 적은 것이 오히려 더 높고 크게 보이는 이유라고 하였는데, 뼈대는 각각의 장점이라면 살이 많다는 것은 사마천의 문장이나 두보의 시처럼 모든 장점을 종합한 것을 의미한다. 지리산은 흔히 토산(土山)이라 하는데, 이런 토산의 상징성을 '겸비' 또는 '종합'으로 본 것이다. 이런 상징에 의해, 지리산은 어머니의 품 같은 산으로 인식되었고, 만백성을 모두 품어 편히 살게 해주는 어진 임금의 덕으로까지 비유된 것이다.

이러한 유몽인의 지리산에 대한 상징적 인식은, 남효온이 성인의 덕에 비유한 것과 맥이 닿아 있다. 그런데 그가 뼈대가 적고 살이 많은 점을 지리산의 특징으로 보면서 '겸비' 또는 '종합'으로 인식한 것은 매우 주목할 만하다. 각각의 개별적 장점이 아니라, 종합적인 측면에 초점을 맞추

---

21 최석기 외(2000), 『선인들의 지리산 유람록』, 돌베개, 199~200면 참조.

어 웅장하고 걸출하다고 평한 것은, 오늘날 우리가 말하는 융합의 정신
이다. 유몽인이 지리산에서 융합의 의미를 읽어냈다면, 우리는 그것을
재조명하여 갈등을 봉합하는 융합의 정신으로 되살려 내야 할 것이다.

　요컨대, 지리산은 국토의 중심으로 남방의 조종이며, 성인의 덕처럼
만물에 은택을 베푸는 정신적 지주이고, 최치원·한유한·정여창·조식·
최영경·오건·변사정 등 명인들이 깃들어 살아 고도의 정신문화를 간직한
산이고, 사마천·두보처럼 모든 장점을 종합하고 겸비한 융합의 산이다.

Ⅲ. 지리산유람록에 보이는 인문정신

1. 산수에서 구한 드높은 정신세계

　공자(孔子)는 산수에 대해 '지혜로운 자는 물을 좋아하고, 어진 자는
산을 좋아한다.[智者樂水 仁者樂山]'[22]라고 하여, 산·수를 인(仁)·지(智)
에 비유했다. 이는 자연을 인간의 덕에 비유한 유명한 일화로, 중국 미학
에서는 비덕(比德)이라 한다.

　공자가 말한 요산요수(樂山樂水)를 조선시대 학자들은 인·지를 체험
하고 즐기는 인지지락(仁智之樂) 또는 산수지락(山水之樂)이라 하였다.
곧 산수자연을 통해 인욕(人欲)을 제거하고 천리(天理)를 보전하는 즐거
움을 말한다.

　이런 정신을 계승한 것이 송대 주자(朱子)가 은거지인 무이구곡(武夷
九曲)을 노래한 「무이도가(武夷櫂歌)」이며, 이를 본받은 것이 조선시대

---

22 『論語』「雍也」 제23장.

도학자들이 만든 구곡문화(九曲文化)이다. 이런 산수관은 천리가 유행하는 산수를 통해 마음을 보존하고 기르며 본성을 함양하고자 하는 성리학적 사유를 대변한다.

그런데 이처럼 인간의 덕에 초점을 두기보다는, 자연의 아름다움을 만끽하면서 정신적 자유를 추구한 경우도 있다. 그 대표적인 예가 왕희지(王羲之)의 「난정집서(蘭亭集序)」에 나오는 다음과 같은 대목이다.

> 사죽관현(絲竹管絃)의 성대한 풍악은 없을지라도 술 한 잔에 시 한 수로 그윽한 성정을 펴기에 충분하였네.[暢敍幽情] 이 날 천기는 명랑하고 기운은 청명하며, 훈훈한 바람이 화창하였네. 우러러 큰 우주를 바라보고, 굽어 성대하게 싹트는 만물을 살펴보았네. 실컷 보고 마음대로 생각해[游目騁懷] 보고 듣는 즐거움을 만끽할 수 있었으니, 참으로 즐거워할 만하였네.[23]

여기서 '창서유정(暢敍幽情)'·'유목빙회(游目騁懷)'라고 한 것은, 가슴 속의 그윽한 생각을 펴고, 눈이 가는 대로 마음이 가는 대로 정신적 자유를 만끽하는 것이다. 이는 앞에서 언급한 비덕(比德)과는 다르기 때문에 중국미학에서는 이를 '창신(暢神)'이라 한다.

창신은 가을날 구름을 보고 정신이 날아오르듯, 봄날 봄바람을 쏘이고 생각이 호탕해지는 것과 같이, 마음이 활달해지고 정신이 기뻐지는 경지를 말한다. 이는 도가사상이 유행할 적에 나타난 것으로, 자연의 아름다움을 통해 인간의 정신을 창달(暢達)하는 것이다.[24]

---

23 王羲之, 「蘭亭集序」, "雖無絲竹管絃之盛 一觴一咏 亦足以暢敍幽情 是日也 天朗氣清 惠風和暢 仰觀宇宙之大 俯察品類之盛 所以游目騁懷 足以極視聽之娛 信可樂也"
24 凌繼堯, 『美學十五講』(北京大出版社, 2003), 第二講 「我見靑山多嫵媚」, 29~45면.

이상에서 살펴본 것처럼, 전통적으로 유교지식인들은 비덕(比德)과 창신(暢神) 두 가지로 대별되는 산수관을 가지고 있었다. 이런 자연관은 조선시대 유교지식인에게도 그대로 나타난다. 15세기 정여창(鄭汝昌)과 김일손(金馹孫)은 지리산을 두루 유람한 뒤 섬진강에 배를 띄우고 물을 구경하면서 인지지락을 만끽하였다.[25] 18세기 박래오(朴來吾)는 "여러 날 동안 유람하며 인지지락을 맛보았다."라고 술회하였으며[26], 동시대 하익범 역시 "단지 흐르는 시내와 높은 산의 기이한 경치만을 감상할 뿐, 동정(動靜)의 이치를 얻어서 내가 인지지락(仁智之樂)을 이룩함이 없었다면, 어찌 매우 부끄럽고 두려워할 만한 일이 아니겠는가."라고 하였다. 이는 지리산 유람의 궁극적 목적을 창신보다는 비덕에 두고 있음을 보여준다.

산수를 함께 논하지 않고 산만을 거론한 경우도 인지지락의 범주에 포함된다. 『시경』 소아(小雅) 「거할(車舝)」에 '높은 산을 우러르고, 큰 길을 걸어가네.[高山仰止 景行行止]'라고 하였는데, 주자는 이를 '높은 산이 우러를 만하다는 것을 알면 성인의 덕이 사모할 만한 것임을 아는 것이며, 큰 길이 행할 만한 줄 알면 대도(大道)가 인간이 경유할 만한 길임을 아는 것'이라고 해석하였다.[27] 즉 높은 산을 성인의 덕, 큰 길은 대도에 비유를 한 것이다. 높은 산이 성인의 덕으로 비유되는 것은 산이 인(仁)을 상징하기 때문이다.

또 맹자(孟子)는 "공자께서 동산(東山)에 올라 노(魯)나라를 작게 여기

---

25 최석기 외(2000), 『선인들의 지리산 유람록』, 돌베개, 96면 참조.

26 최석기 외(2009), 『선인들의 지리산 유람록 3』, 보고사, 83면 참조.

27 朱熹, 『詩傳大全』 小雅 「車舝」 小註 豊城朱氏. "高山仰止 景行行止 於六義 屬興 而斷章取義 則於行道進德之喩 尤切至 盖知高山之可仰 則知聖德之可慕矣 知景行之可行 則知大道之可由矣"

시고, 태산(泰山)에 올라 천하를 작게 여기셨다."[28]라고 하였는데, 이는 높은 산에 올라 높고 원대한 정신지향을 하는 것을 의미한다. 즉 온 천하를 두루 둘러볼 수 있는 넓은 시야를 확보해서 온 세상을 두루 평안히 할 수 있는 거대한 정신세계를 지향한 것이다. 이 맹자가 말한 공자의 등태산이소천하(登泰山而小天下) 의식은 천왕봉에 오른 유학자들에게서 공히 나타나니, 이는 단순히 시야를 확대하는 것을 의미하는 것이 아니고, 세상을 경륜할 수 있는 정신을 확보하는 것을 의미한다.

이상에서 언급한 것은 비덕(比德)에 속하는 정신세계이다. 그런데 조선시대 유교지식인들은 이런 의식만 가졌던 것은 아니다. 이들에게는 신선세계라고 믿는 지리산에 올라 정신을 마음껏 펴며 현실의 속박에서 벗어나 우주로 무한히 여행을 해보고 싶은 정신직 자유를 누리고 싶어 했다. 예컨대 김일손(金馹孫)이 천왕봉에 올라 정여창(鄭汝昌)에게 "어찌하면 그대와 더불어 악전(偓佺)의 무리를 맞이하여 기러기나 고니보다 높이 날며, 몸은 세상 밖에서 노닐고 눈은 우주의 근원까지 다가가 기(氣)가 생성되기 이전의 시점을 관찰할 수 있을까?"[29]라고 한 것이나, 유몽인(柳夢寅)이 천왕봉에서 이 세상에서 사는 덧없는 삶을 생각하면서 "저 안기생(安期生)·악전(偓佺)의 무리가 난새의 날개와 학의 등을 타고서 구만리 상공에 떠 아래를 바라볼 때, 이 산이 미세한 새털만도 못하리라는 것을 어찌 알겠는가."[30]라고 한 것이 이를 대변해 준다. 이는 현실세계를 초월하여 마음껏 자유로운 정신을 펴보고자 하는 것으로 창신(暢神)에 해당한다.

---

28 『맹자』「盡心 上」제24장. "孔子登東山而小魯 登太山而小天下"
29 최석기 외(2000), 『선인들의 지리산 유람록』, 돌베개, 84~85면 참조.
30 상동, 189면 참조.

박장원(朴長遠)은 천왕봉에서 달빛으로 물든 황홀한 정취를 만끽하면서 "피리 부는 악공이 사당 뒤편 일월대에 앉아 보허사(步虛詞)를 한 곡 경쾌하게 불자, 뼈 속이 서늘해지고 혼이 맑아지면서 두 어깨가 들썩이는 듯하였다."[31]라고 하여 자유롭고 활달한 정신을 한껏 뽐내었다. 또 정식(鄭栻)은 천왕봉에 올라 "공자가 태산에 올라 천하를 작게 여기신 마음이 들었을 뿐만 아니라, 추(鄒) 땅의 맹자께서 이른바 태산을 끼고서 북해를 뛰어넘는다고 한 기상과 장자(莊子)가 해와 달의 곁에 가서 우주를 껴안는다고 한 기개를 나도 거의 느낄 수 있었다."라고 하여, 활달한 기상을 유감없이 드러내었다. 이 역시 자유로운 정신지향을 의미하는 것으로 창신에 해당한다.

비덕(比德)에 속하는 인지지락, 등태산이소천하 의식, 높은 산을 성인의 덕에 비유한 것, 도의 대원(大源)이 하늘에서 나온다는 의식 등은 모두 유교지식인의 높은 정신적 지향을 상징한다. 그리고 창신에 해당하는 현실을 초탈하여 자유로운 정신을 지향한 것들은 탈속의 경계에서 맛보는 정신적 자유를 만끽한 것이라 하겠다.

2. 자연에 대한 외경과 문학적 상상력

조선전기 남효온(南孝溫)은 화개동 안쪽에 있었던 의신사(義神寺)에 이르러 그곳의 풍광을 보고서 "감나무가 대나무 숲 중간 중간에 섞여 있었는데, 햇빛이 홍시에 부서지고 있었다. 방앗간과 뒷간도 대숲 사이에 있었는데, 근래에 본 그 어떤 아름다운 풍경도 이에 비할 것이 없었다."[32]라고

31 최석기 외(2008), 『용이 머리를 숙인 듯 꼬리를 치켜든 듯』, 보고사, 128면 참조.
32 최석기 외(2000), 『선인들의 지리산 유람록』, 돌베개, 53면 참조.

기록해 놓았다.

　이처럼 지리산유람록에는 아름다운 자연의 경관에 매료되어 문학적 수사를 한껏 발휘한 것이 곳곳에 보인다. 특히 화개동 안쪽 삼신동의 경관이 빼어났던 신흥사(新興寺) 앞의 경치는 유람객의 마음을 사로잡기에 충분했고, 지리산 북쪽의 엄천(嚴川)에 있는 용유담의 신비한 바위들은 감탄을 자아내기에 충분하였다. 그런데 유람객들에게 가장 감동으로 다가온 비경은 역시 천왕봉에 올랐을 때의 경관과 일출장면이었다. 대부분의 유람객들은 천왕봉에서 사방을 조망하고 일출을 구경하면서 자연의 신비에 대해 외경심을 일으켰다.

　양대박(梁大樸)은 저물녘 제석봉에 올라 사방을 조망하면서 눈부시게 찬란한 가을 정경을 "마침 밤에 된서리가 내려 나뭇잎들이 한껏 붉게 물들고 구름이 뭉게뭉게 떠 있어, 원근의 지역이 진하게 보이기도 하고 엷게 보이기도 하였다. 마치 천만 겹의 수묵화를 그려놓은 병풍 같기도 하고, 3백 리나 펼쳐진 비단 휘장 같기도 하니 부유하도다."[33]라고 하였다. 그는 가을 지리산의 풍경을 천만 겹의 수묵화 병풍에 비유하여, 자연에 대한 외경심과 문학적 상상력을 유감없이 발휘했다.

　천왕봉에 올라 사방을 조망하고 아래를 굽어보면서 느낀 감정을 묘사한 것에도 문학적 상상력을 발휘하여 빼어나게 표현한 것이 많다. 그 가운데 몇 가지를 인용해 보기로 한다.

　　① 사방으로 저 멀리 눈길 닿는 데까지 바라보니, 여러 산들은 모두 개미집처럼 보였다.[34]

33　상동, 139면 참조.
34　상동, 84면 참조.

② 동쪽으로 바라보니 단성(丹城)의 집현산(集賢山), 의령의 자굴산
(闍崛山), 진주의 월아산(月牙山)이 서로 울룩불룩 이어지고 차례차례
부복하고 있는 듯하였다. 그 나머지 곳곳에 늘어선 작은 산들은 마치
큰 잔칫상 위에 놓여 있는 허다한 간장 종지 같았다.[35]

③ 대지의 여러 산들은 모두 개미집이나 지렁이의 집처럼 발아래에
조그맣게 보였다.[36]

①은 김일손(金馹孫)의 「두류산기행록(頭流山紀行錄)」, ②는 박래오(朴
來吾)의 「유두류록(遊頭流錄)」, ③은 남주헌(南周獻)의 「지리산행기(智異
山行記)」의 묘사이다. 천왕봉에서 아래로 보이는 작은 산봉우리들을 개
미집, 지렁이의 집, 간장 종지 등에 비유하여 지리산의 높이를 한층 더
높게 드러내고 있다.

자연에 대한 외경심과 문학적 상상력은 일출장면을 묘사한 데서 가장
잘 드러난다. 이 가운데 특히 빼어난 것 몇 가지만 제시하면 다음과 같다.

① 해가 떠오르려 하자 붉은 구름이 만 리에 뻗치고, 서광이 천 길이나
드리웠다. 해가 불끈 솟아오르니 여섯 마리 용이 떠받들고 나오는 듯하
였다. 천오(天吳: 바다의 신)는 달아나 숨고 해약(海若: 바다의 신)은 깊
숙이 숨어버렸다. 자라는 놀라 뛰어오르고 파도는 거세게 솟구쳤다.[37]

② 해가 솟아오를수록 구름 기운은 점차 흩어졌다. 온 하늘 아래는
찬란한 빛이 밝게 퍼져, 마치 임금이 임어할 때 등불이 찬란하고 궁궐이
삼엄하며, 오색구름이 영롱하고 온갖 관리들이 옹립해 호위하며, 아랫사
람들이 제자리에 서 있어서 사람들로 하여금 감히 거만하지 않고 공경하

---

35 최석기 외(2009), 『선인들의 지리산 유람록 4』, 보고사, 50면 참조.

36 상동, 223면 참조.

37 최석기 외(2000), 『선인들의 지리산 유람록』, 돌베개, 142면 참조.

는 마음을 일으키게 하는 것과 같았다.[38]

③ 두 식경쯤 앉아 있자, 붉은 구리쟁반 같은 해가 바다 속을 비추며 떠올랐다가 다시 일그러지며 들어갔으니, 파도가 삼켰다가 토했다가 했기 때문이다. 한참 시간이 흐르자 비로소 둥실 하늘로 떠올랐는데, 천연 그대로의 한 송이 연꽃 같았다.[39]

④ 잠시 후 진홍색이었다가 적색으로 변하고, 다시 적색이 변하여 자색이 되었다. 환히 빛나고 일렁거려서 이름 하거나 형상할 수 없었다. 나머지 햇무리가 동쪽에서 북쪽으로, 또 동쪽에서 남쪽으로 퍼졌다. 양쪽 아래가 점점 길어지더니 고리처럼 서로 합했다. 그 아래 하얀 기운이 또 그것을 둘렀다. 상서로운 구름이 어지러이 돌면서 요동쳤는데, 비낀 것은 수도(隧道: 터널)와 같고, 선 것은 아독(牙纛: 장수의 깃발)과 같았다. 때론 우산 덮개처럼 흔들리고, 때론 장막처럼 감쌌다. 그 모습이 마치 은으로 만든 누대와 금으로 장식한 대궐에 모난 지붕이 빽빽하게 늘어선 것 같기도 하고, 천자가 타는 수레의 깃발과 뒤따르는 수레들이 정연하게 호위하며 이어지는 듯하기도 하였는데, 모두 한 곳을 향해 모였다. 조금 뒤 하나의 불덩이가 먼저 올라오더니 수많은 불꽃이 연이어 타올랐다. 광채가 강렬하고 밝아 길게 늘어선 모습이 마치 불을 밝힌 성[火城]과 같았다. 그 성의 중간이 열리더니 둥근 해가 솟아나왔다. 아래로는 은쟁반이 그 해를 받치고 있었는데, 너무 광활하고 썰렁하여 광채가 없는 듯하였다. 떠오른 해의 모양은 돌미륵 부도탑처럼 길쭉한 대머리였다. 그 모양이 점차 낮아지고 평평해지더니 와불(臥佛)이나 긴 배처럼 길쭉해졌다. 다시 합쳐져서 동이·술독·바리때·징·북의 형상으로 바뀌었다. 모나기도 하고 둥글기도 하여 일정함이 없으며, 길어졌다 넓어졌다 하는 것이 순식간에 일어나 바로 볼 수 없었다.[40]

---

38 상동, 164면 참조.

39 최석기 외(2009), 『선인들의 지리산 유람록 3』, 보고사, 223면 참조.

40 朴致馥, 『晩醒集』 권7, 「南遊記行」.

①은 양대박(梁大樸)의 「두류산기행록(頭流山紀行錄)」, ②는 박여량(朴汝樑)의 「두류산일록(頭流山日錄)」, ③은 남주헌(南周獻)의 「지리산행기(智異山行記)」, ④는 박치복(朴致馥)의 「남유기행(南遊記行)」에 묘사한 것이다.

양대박은 일출장면을 여섯 마리 용이 떠받들고 나오는 듯하다고 표현하였으며, 박여량은 임금이 임어할 때의 장엄한 광경에 비유하였다. 남주헌은 떠오르는 해를 천연 그대로의 한 송이 연꽃에 비유했고, 박치복은 순간의 모습들을 다양하면서도 섬세하게 그려내고 있다.

박치복의 일출장면 묘사는 문학적 수사의 극치에 해당할 뿐만 아니라, 오늘날의 문인들도 그려낼 수 없는 문학적 상상력의 절정이라 하겠다. 오늘날 우리는 일출광경을 보고서 이렇게 그려낼 수 있는 사람이 거의 없다. 일반인들은 그저 탄성이나 지를 뿐이니, 인문학적 수사가 예전 분들에 비해 한없이 천박해진 것이다.

3. 자아에 대한 성찰

지리산유람록에는 자아에 대해 성찰하는 기록이 곳곳에 발견된다. 이는 심성수양을 중시하는 조선시대 도학자들의 정신을 반영한 것이다.

김일손(金馹孫)은 산행을 하면서 처음에는 발걸음이 무거웠는데, 날이 거듭될수록 두 다리가 점점 가뿐해짐을 느꼈다고 하면서, 모든 일이 습관들이기 나름임을 알게 되었다고 기록해 놓았다.[41] 남주헌(南周獻)도 "산행에 비유하자면, 처음에는 걸음이 무거운 듯하지만, 시간이 오래 지나자 걷는 것에 익숙해질 수 있었으니, 세상의 모든 일은 익숙해지는

---

41 최석기 외(2000), 『선인들의 지리산 유람록』, 돌베개, 91면 참조.

데에 달려있을 뿐임을 비로소 깨달았다.”[42]고 하여, 습관들이는 것의 중요성을 말하고 있다.

조식은 청학동·신흥사 등지에선 신선이 된 듯하였는데, 정수역(旌樹驛:현 하동군 옥종면) 역참(驛站)의 비좁은 방안에서 여러 명이 등을 구부리고 새우잠을 자고 난 뒤에, 습관이 잠깐 사이에도 낮은 데로 치닫는 것을 깨닫고서 다음과 같이 말하였다.

> 여기서 평소의 처지에 만족한다 하더라도, 수양하는 바가 높지 않으면 안 되고 거처하는 곳이 작고 초라해서는 안 된다는 사실을 알 수 있다. 또한 사람이 선하게 되는 것도 습관으로 말미암고, 악하게 되는 것도 습관으로 인한 것을 알 수 있다. 위로 향하는 것도 이 사람이 하는 것이고, 아래로 치닫는 것도 같은 이 사람이 하는 것이니, 단지 한번 발을 들어 어디로 향하느냐에 달려 있을 따름이다.[43]

조식은 습관을 들이는 것이 중요하다는 점을 강조하면서, 습관이 평소 선을 향하고 높은 데를 지향해 계속 길들여나가야 한다는 점을 역설하고 있다. 습관 또는 관습은 일상의 실천을 통해 이루어지니, 지식을 스스로 실천하는 것을 중시했던 성리학적 수양론으로 볼 때, 습관은 덕성을 함양하는 실천의 중요 덕목이 아닐 수 없다.

조식은 이런 관점에서 산길을 오를 때의 어려움과 내려올 때의 수월함을 통해 "처음 위쪽으로 오를 적에는 한 걸음 한 걸음을 내딛기가 힘들더니, 아래쪽으로 내려올 때에는 발만 들어도 몸이 저절로 쏠려 내려갔다.

---

42 최석기 외(2009), 『선인들의 지리산 유람록 3』, 보고사, 228면 참조.
43 상동, 122면 참조.

그러니 어찌 선을 좇는 것은 산을 오르는 것처럼 어렵고, 악을 따르는 것은 무너져 내리는 것처럼 쉬운 일이 아니겠는가?"[44]라고 하였다. 산행을 하면서 이런 생각을 하는 사람은 아마 거의 없을 것이다. 역사 속에서도 이런 사람을 찾기가 어렵다. 16세기 사화기에 도덕성 제고를 그 누구보다 강조하며 실천을 중시한 조식은 일상에서 한 가지 행동, 한 가지 생각을 할 때마다 성찰을 하였기에 이런 생각을 할 수 있었던 것이다.

이런 자아에 대한 성찰은, 남명학파 학자들에게서 연이어 나타난다. 조식의 고사를 익히 알고 있던 함양 출신 박여량(朴汝樑)은 비탈길을 내려갈 때 "악을 따르는 것은 산에서 내려오는 것처럼 쉽다는 말을 두려워하지 않을 수 있겠는가."라고 하여, 조식과 같은 인식을 하고 있다. 하익범(河益範)도 "처음 오를 적에는 한 걸음 떼어놓는 것조차 어렵더니, 내리막길에 이르러서는 발을 들기가 무섭게 몸이 저절로 물 흐르듯 내려가 순식간에 쌍계사에 당도하였다. 내가 여러 벗들에게 말하기를 '선과 악을 따르는 비유가 어찌 이 때문이 아니겠는가. 스스로를 경계할 만하지 않은가.'라고 하였다."[45]라고 하였다.

박여량과 하익범은 조식의 자아성찰을 그대로 본받고 있다. 이런 점에서 경상우도 남명학파는 도덕적 심성수양에 대한 인식이 타 지역 학자들보다 중시되고 있음을 확인할 수 있다. 자아 성찰을 통해 덕성을 함양하고, 그런 실천을 통해 일상화하여 습관으로 길들이고, 그런 습관을 통해 의도하지 않더라도 도덕적 행동을 하는 지식인상을 우리는 발견할 수 있다.

---

44 상동, 113면 참조.
45 최석기 외(2009), 『선인들의 지리산 유람록 3』, 보고사, 249면 참조.

지리산유람록에는 매 잡는 사람들의 처지를 보면서 그들의 어려움을
측은히 여기는 기록도 보이지만, 매가 욕심을 부리다 잡히는 것을 통해
인간의 이욕(利欲)을 경계하는 내용도 보인다. 양대박은 "아! 매는 허공을
나는 새로 기이한 재주를 아끼지 않고 오만하게 먹이를 찾아다니는 놈이
다. 그러다 끝내 덫에 걸려 고삐에 매이는 신세를 면치 못한다. 명예를
탐하고 이익을 좋아하는 자가 이를 본다면 조금은 경계가 될 것이다."[46] 라
고 하였으며, 박여량은 "아! 움막을 엮고 덫을 설치하여 만 리 구름 속을
나는 매를 엿보니, 높고 낮은 형세로 말하자면 현격한 차이가 나는 듯하
지만, 매가 끝내 덫에 걸림을 면치 못하는 것은 욕심이 있기 때문이다.
무릇 천하의 만물 가운데 욕심을 가진 놈은 제압되지 않는 것이 없으니,
사람이 만물의 영장이 됨을 어찌 돌이켜보지 않으랴?"[47] 라고 하였다.

이는 모두 매가 먹이에 욕심을 가지기 때문에 잡힌다는 사실을 통해,
인간의 욕망을 경계한 것이다. 이처럼 산을 유람하지만 사물에 응접하는
순간에도 자아성찰을 하면서 경계하고 있는 것도 지리산유람록에서 발
견되는 중요한 인문정신이다.

4. 유적지에서 느끼는 역사 인식

지리산을 유람하는 지식인들은 역사 유적지나 선인들의 발자취를 만
나면, 역사를 회고하며 선인들을 추모하였다. 하봉(下峯)을 거쳐 상봉인
천왕봉(天王峯)으로 오른 사람들은 소년대(少年臺) · 영랑재(永郞站)에서
신라시대 화랑들의 심신수련을 떠올렸고, 화개동 신흥사 · 의신사 계곡

---

46 최석기 외(2000), 『선인들의 지리산 유람록』, 돌베개, 138면 참조.
47 상동, 159면 참조.

을 유람하는 사람들은 1470년 화개현 골짜기로 숨어든 도적 장영기(張永
己)를 떠올리며 역사를 회고하였다. 이런 경우는 역사적 현장에서 지난
일을 회고하는 것이 일반적 성향이다.

그런데 조식(曺植)은 악양 한유한(韓惟漢)의 유적지, 화개 정여창(鄭汝
昌)의 유적지, 옥종 조지서(趙之瑞)의 유적지에서 그들의 불우(不遇)와 역
사적 비극을 떠올리며 부도덕한 정권의 폭거에 강개한 마음을 드러냈다.
조식은 이 세 군자를 높은 산이나 큰 내에 비하면, '십 층의 봉우리 끝에
옥을 하나 더 올려놓고, 천 이랑 넓은 수면에 달이 하나 비친 격'이라고
하여, 유람을 하면서 이들의 자취를 만난 것에 큰 의미를 부여하였다.[48]

조식은 이런 자신의 유람관을 '산을 보고 물을 보고, 그리고 고인을
보고 그들이 살던 세상을 보았다.[看山看水 看人看世]'라고 하였다. 곧 아
름다운 산수를 유람하면서 그것을 완상하는 데서 그치지 않고, 그 산수
속에 깃들어 산 사람들을 상상해 보고, 또 그들이 살던 세상을 보아야
진정한 산수 유람이 된다는 시각이다.

이런 유람관은 그의 재전 문인 박여량의 경우에도 그대로 나타나고
있다. 박여량은 천왕봉에 올라 동남쪽으로 조식이 살던 덕산을 바라보며
'천 길 봉우리 위에 또 천 길 봉우리를 바라보는 것'으로 칭송하였다.[49]
선인의 유적지를 바라보고 추모하며 회상에 잠기는 것은 유람에 있어
빼놓을 수 없는 묘미인데, 특히 도덕적 실천을 통해 천인벽립(千仞壁立)
의 기상을 우뚝 세운 조식의 유적지는 유람객들에게 성지 순례와 유사한
감흥을 불러일으키게 하였다.

---

48 최석기 외(2000), 『선인들의 지리산 유람록』, 돌베개, 121~122면 참조.
49 상동, 164면 참조.

유람객이 유적지를 만났을 경우, 역사적 사실만을 기록하고 인물이나 사건에 대해 평을 하지 않은 경우가 대부분이다. 그런데 雙磎寺 앞의 '쌍계석문(雙磎石門)' 4자에 대해서는 다양한 논평이 있어 자못 흥미롭다. 그리고 雙磎寺·불일암·신흥사 등지에는 최치원의 유적 및 설화가 많이 전하는데, 이 경우도 최치원이라는 인물 및 글씨에 논평을 한 경우가 있어 주목된다.

최치원은 우리나라 문학의 비조(鼻祖)로서, 유학자이면서 불가(佛家)·선가(仙家)에 몸을 의탁하여 '유선(儒仙)'으로 일컬어진 인물이다. 최치원은 죽지 않고 신선이 되어 지금도 살아있다는 전설이 화개동에 전해지고 있어서 신비감을 더한다.

김종직(金宗直)은 세석에서 雙磎寺를 바라보며 불우하여 속세를 등진 사람으로 보았고[50], 김일손(金馹孫)은 입산할 수밖에 없는 시대상을 통해 '세상을 피한 은군자'로 보았다.[51] 박여량(朴汝樑)은 유선으로 표현하였고[52], 송광연(宋光淵)은 불우한 지식인으로 평하였다.[53] 이처럼 최치원에 대한 평은 대체로 부정적 인식보다는 '불우한 지식인', '세상을 피한 은군자', '유선(儒仙)' 등으로 나타난다.

최치원에 대한 인물평 외에도 雙磎寺 입구 석문에 있는 '쌍계석문' 4자에 대한 평도 다양하다. 김일손은 아동이 습자한 것 같다[54]고 매우 낮게 평하였다. 그러나 최치원의 글씨에 대해 전문적으로 공부를 한 유몽인(柳

---

50   상동, 38면 참조.

51   상동, 93~94면 참조.

52   상동, 169면 참조.

53   최석기 외(2008), 『용이 머리를 숙인 듯 꼬리를 치켜든 듯』, 보고사, 166면 참조.

54   최석기 외(2000), 『선인들의 지리산 유람록』, 돌베개, 93면 참조.

夢寅)은 세간의 비대(肥大)하고 유연(柔軟)한 서체(書體)와는 달리 수척(瘦
瘠)하고 강경(强硬)하다는 점을 들어 기이한 필체라고 극찬하였다. 그리
고 김일손이 아동의 습자와 같은 수준이라고 한 것을 두고서, 글씨를
전혀 모르는 사람이라고 혹평하였다.[55] 한편 성여신(成汝信)은 글자의 크
기가 사슴의 정강이만 하다[56]고 평하였고, 조위한(趙緯韓)은 용과 이무기
가 뒤엉켜 승천하는 듯이 장엄하고, 칼과 창을 비스듬히 잡고 서 있는
듯하다고 하였다.[57]

　　천왕봉 성모사(聖母祠)의 성모상(聖母像)에는 칼자국이 있었는데, 이
에 대해 이륙(李陸)의 「유지리산록(遊智異山錄)」에는 세인의 말을 빌려
"왜구들이 궁지에 몰리자 천왕성모가 자기들을 돕지 않는다고 여겨 그
분함을 참지 못하고서 정수리에 칼질을 하였다."라고 하였다.[58] 조선후
기 남주헌(南周獻)은 성모상의 정수리에 난 칼자국을 보고서, 이성계가
인월(引月)에서 왜구를 물리치자 왜구가 분풀이를 한 것이라고 하였다.[59]
또 정석귀(丁錫龜)는 "이 신선이 사는 곳이 침략을 당했으니, 어느 날에
싹 쓸어 없애리. 섬 오랑캐가 창궐하였으니 그 치욕을 설욕할 자가 누구
인가. 비록 공자가 태산에 오른 뜻을 가지고 있더라도, 어찌 유자산(庾子
山:庾信)이 잃어버린 고향 땅 강남을 슬퍼한 생각이 없겠는가."[60]라고 하
였다.

　　이런 경우는 민족의식이 강하게 투영된 역사인식이다. 특히 정석귀의

55　상동, 194면 참조.

56　상동, 225면 참조.

57　최석기 외(2008), 『용이 머리를 숙인 듯 꼬리를 치켜든 듯』, 보고사, 59면 참조.

58　상동, 13면 참조.

59　최석기 외(2009), 『선인들의 지리산 유람록 3』, 보고사, 221면 참조.

60　상동, 274면 참조.

경우는 등태산이소천하 의식을 전제로 하면서도, 민족강토에 대한 애정을 강렬하게 드러내고 있다.

5. 국토산하에 대한 지리적 식견

김종직(金宗直)의 「유두류록(遊頭流錄)」은 후대 유산록(遊山錄)의 전형(典型)이 되었다. 그는 『동국여지승람』을 편찬한 지리에 해박한 학자였기에 천왕봉에 올라 산줄기가 북쪽에서 뻗어내려 반야봉(般若峯)이 되고, 다시 동쪽으로 2백 리를 뻗어 천왕봉(天王峯)이 된 점을 거론한 뒤, 사방을 조망하면서 각 방면의 산을 열거하였다.[61]

조식(曺植)은 쌍계사 방면을 유람하고 돌아오는 길에 삼가식현(三呵息峴)에 올라 동남쪽 해안을 바라보면서 다음과 같이 말하였다.

> 그 사이에 마치 혈맥이 뒤엉켜 있는 듯한 것은 강과 포구가 서로 이어진 것이다. 우리나라의 산과 강의 견고함은 위(魏)나라가 보배로 여긴 정도를 넘어, 넓은 바다에 접해 있고 1백 치(雉)의 성에 웅거해 있다. 그런데도 오히려 백성들은 보잘것없는 섬나라 오랑캐에게 거듭 곤란을 당하고 있으니, 어찌 그 옛날 길쌈하던 과부의 근심을 하지 않겠는가.[62]

위(魏)나라가 보배로 여겼다는 말은 『통감절요』 권1에 보이는 고사를 인용한 것으로, 전국시대 초 위 문후(魏文侯:魏斯)가 죽고 아들 무후(武侯: 魏擊)가 즉위하여 서하(西河:冀州 서쪽)에서 배를 타고 내려가다가 중류에

---

61 상동, 34~35면 참조.
62 상동, 120면 참조.

이르러 장수 오기(吳起)를 보며 말하기를 "아름답도다! 산하의 견고함이 여. 이것이 위나라의 보배이다."라고 하자, 오기가 말하기를 "나라의 보배는 임금의 덕에 있는 것이지, 산하의 형세가 험한 데 있지 않습니다."라고 하였다. 조식은 남해안의 지형지세가 적을 충분히 방어할 수 있는 좋은 형세라고 본 것이다.

'길쌈하는 과부의 근심'은 분수에 지나친 근심을 뜻하는 말로, 길쌈하는 과부가 실이 모자라지는 않을까를 걱정해야 하는데, 주(周)나라 왕실이 망할까를 걱정했다는 고사에서 나온 것이다. 즉 조식이 사(士)의 신분으로 분수에 지나친 근심을 하고 있다는 것이다.

조식의 이러한 말은 실로 초야에 묻혀 지내는 사인의 신분이었지만, 현실에 쓸모 있는 학문을 한 그의 경세적 안목을 엿보기에 충분하다. 실제로 충무공 이순신 같은 장수가 이런 남해안의 지형지세를 잘 이용하여 중과부적의 군사로 왜적을 물리쳤으니, 조식은 그런 점을 벌써 꿰뚫어 보고 있었던 것이다.

조선 중기 박여량(朴汝樑)은 지리산이 백두산에서 뻗어내려 마천령(磨天嶺)·철령(鐵嶺)·팔령(八嶺)·죽령(竹嶺) 등으로 이어지면서 흘러내린 백두대간을 거론하면서, 두류산이라고 부르게 된 의미를 강조하였다.[63] 국토의 골격인 백두대간에 대한 명확한 인식을 한 것이다.

19세기 박치복(朴致馥)은 중국 서쪽의 산맥이 의무려산(醫無閭山)·불함산(不咸山)으로 뻗어오다 백두산이 되었다는 점을 언급한 뒤, 백두산으로부터 마천령·황룡산(黃龍山)·금강산·오대산·태백산·죽령·덕유산으로 흘러 지리산이 된 것을 상세히 거론하였다.[64] 이 역시 두류산을 동북아

---

63 상동, 161면 참조.

시아의 큰 산맥 안에서 어떤 위치에 있는지를 살핀 것으로 지리적 안목을 보여준다.

유몽인(柳夢寅)은 젊어서부터 팔도의 명산을 두루 유람하였고, 중국의 산수도 세 번이나 유람한 풍부한 자연 지리적 안목을 바탕으로, 지리산이 우리나라 모든 산의 으뜸이라고 평하였다.[65] 유몽인은 당시 그 누구보다 지리적 안목이 밝았던 인물인데, 그는 지리산을 우리나라 모든 산의 으뜸으로 평하였다. 물론 유몽인은 백두산에 오르지는 못하였다. 그러나 그는 산을 산 그자체로만 보지 않고 인간과 교섭하며 인간세계에 어떤 영향을 줄 수 있는지를 중시하여 우리나라 모든 산의 으뜸으로 평한 것이다. 백두산이 인간에게 줄 수 있는 영향은 상징성이 큰 반면, 지리산은 실제적으로 인간의 현실생활에 큰 혜택을 주고 있으니, 관점을 달리 하면 유몽인의 이러한 평가는 주목할 만한 것이다.

이는 모두 작자의 지리적 식견에서 나온 것으로, 조선시대 유교지식인들이 백두산으로부터 지리산으로 이어지는 백두대간에 대한 지리적 식견이 높았음을 말해준다.

조선전기 남효온(南孝溫)은 천왕봉에서 사방의 산을 열거하고 주변의 아홉 고을을 거론한 뒤, 지리산에서 생산되는 과일·약재·나물·짐승·나무 등을 열거하면서 인간에게 주는 이로움을 말하고 있다.[66] 조선후기 정석귀(丁錫龜)는 조선 최고의 지리학자인데 산세·물줄기·마을·사찰 등을 상세히 열거하면서 그 고을에서 사는 사람들의 산업과 생계에 대해 기록해 놓았다.[67] 또 조선중기 오두인(吳斗寅)은 자신이 유람한 경로의

---

64 朴致馥, 『晚醒集』 권7, 「南遊記行」.

65 최석기 외(2000), 『선인들의 지리산 유람록』, 돌베개, 199면 참조.

66 최석기 외(2008), 『용이 머리를 숙인 듯 꼬리를 치켜든 듯』, 보고사, 31~33면 참조.

거리를 어디서 어디까지는 몇 리라고 상세히 기록해 놓았다.[68] 이러한 인식은 인문지리와 자연지리에 대한 시견이 종합적으로 반영된 것이라 하겠다.

6. 종교·민속에 대한 비판과 기록

지리산에는 유교·불교·도교 및 민속신앙에 관한 유적이 공존하고 있었다. 이러한 다양한 문화가 공존한 사실은 다른 장에서 논의하기로 하고, 이 자리는 지리산유람록을 통해 인문학을 논하는 것이므로 유람록에 나타난 선인들의 인문정신을 살피는 것으로 한정할 수밖에 없다. 지리산유람록은 대부분 조선시대 유교지식인들의 저작이기 때문에 여기서는 이들이 불교·도교 및 민속신앙에 대해 어떤 인식을 보이고 있는지를 중심으로 논의하고자 한다.

조선전기 사림파의 종장이었던 김종직(金宗直)은 불교에 대해 부정적 생각을 가졌음에도 불구하고, 선열암(先涅庵)에서 정진하던 비구가 종적을 감춘 이야기, 독녀암(獨女巖)의 전설, 삼반석(三盤石)의 고사 등을 상세히 기록해 놓고 있다.[69] 그러나 영신사(靈神寺) 가섭상(迦葉像)의 오른팔 흉터를 두고 겁화(劫火)에 그을린 것으로 조금 더 타면 미륵세상이 온다고 하는 승려의 말에, 돌에 난 흔적이 본래 그런 것인데 황당하고 괴이한 말로 어리석은 백성을 속여 내세의 이익을 구하는 자들로 하여금 보시하게 하니 참으로 가증스럽다고 하였다.[70] 이를 보면, 김종직은 불

---

67 최석기 외(2009), 『선인들의 지리산 유람록 3』, 보고사, 262~272면 참조.

68 최석기 외(2008), 『용이 머리를 숙인 듯 꼬리를 치켜든 듯』, 보고사, 149면 참조.

69 최석기 외(2000), 『선인들의 지리산 유람록』, 돌베개, 25~26면 참조.

교의 혹세무민에 대해 단호하게 배척한 것을 알 수 있다.

조선중기 성여신(成汝信)도 법계사(法界寺)에 복을 구하는 사람들이 줄
을 지어 오르내리는 것을 목격하고서 다음과 같이 노래하였다.

> 법당 안에 어떤 물건 있던가,
> 서남쪽 벽면에 석불이 앉아 있네.
> 문득 수없이 복을 비는 사람 나타나,
> 갓을 벗고 합장하고 연신 절을 하네.
> 원근의 사람들 남녀노소 할 것 없이,
> 곡식을 퍼가지고 비단을 싸가지고,
> 끊임없이 꾸역꾸역 이 절로 찾아오네.
> 먼저 온 사람은 내려가고,
> 뒤에 오는 사람은 올라오며,
> 뜰을 채우고 길을 메워 끊일 때 없네.
> 심하구나! 혹세무민하는 말,
> 어리석은 백성들을 다투어 빠져들게 하누나.[71]

성여신은 조식의 문인으로 젊어서 단속사(斷俗寺)에서 거접(居接)할
적에 서산대사가 『삼가귀감(三家龜鑑)』을 간행했는데, 유가(儒家)의 글
을 맨 뒤에 수록한 것을 보고 책판을 모두 끌어다 불태울 정도로 의기가
남달랐던 인물이다. 즉 그는 조선전기 사림파의 정신을 철저하게 견지하
고 있던 사인이었으니, 혹세무민하는 불교에 대해 강경한 비판을 한 것
은 이상할 것이 없다.

---

70 상동, 38면 참조.
71 상동, 378면 참조.

이처럼 유교지식인들은 불교의 혹세무민에 대해 매우 비판적이었다. 그러나 윤회설이나 황당한 말로 혹세무민하는 것이 아닌 경우, 전설이나 생활상 등을 상세하게 기록해 놓기도 하였다. 남효온(南孝溫)은 지리산을 유람하면서 승려들과 불교에 대해 토론하기도 하였는데, 현 산청군 삼장면 내원사 위쪽에 있던 보암(普庵)의 주지 도순(道淳)에 대해 "도순은 문자를 배우지 않고 도를 닦아 불법을 깨친 것이 정밀하지 못하였다. 그런데도 그는 '나밖에는 아무도 없다.'고 스스로 말하면서, 불경을 외거나 염불하는 것을 그만두고 늘 음경(陰莖)을 드러내놓고 생활하였다."[72]라고 기록해 놓았다. 이러한 사실 기록은 당시 지리산에 독특한 수행을 하는 승려가 있었음을 보여준다. 또 그는 화개동 의신사(義神寺)의 의신조사(義神祖師)가 수도한 설화를 승려로부터 듣고 상세히 기록해 놓기도 하였다.[73]

조선중기 조위한(趙緯韓)이 쌍계사 등지를 유람할 적에 쌍계사·신흥사 승려들이 나와 영접하였다. 그때 조위한은 신흥사에 주석하고 있던 각성(覺性)이 고승임을 알아차리고 그들의 모습을 상세히 기록해 놓았는데[74], 이를 보면 17세기 전반 신흥사의 모습과 각성이라는 승려가 어떤 사람인지를 연상할 수 있다.

18세기 전반 쌍계사 위의 불일암(佛日庵)을 유람한 신명구(申命耉)·정식(鄭栻) 등의 기록에는 묵언(默言)을 하면서 참선 중인 승려의 모습을 자세히 묘사해 놓았다. 신명구는 1720년 4월 9일 불일암에 올랐는데, 수행 중인 승려의 모습을 다음과 같이 기록해 놓았다.

72 최석기 외(2000), 『선인들의 지리산 유람록』, 돌베개, 50면 참조.

73 상동, 53면 참조.

74 최석기 외(2008), 『용이 머리를 숙인 듯 꼬리를 치켜든 듯』, 보고사, 59~64면 참조.

절간 문이 반쯤 열려 있었고, 절간 마당은 적적하여 암자에 거처하는 승려가 없다고 생각했다. 문을 열고 들어가 보니, 선정에 잠긴 두 승려가 있었다. 가사를 입었고, 벽을 향해 가부좌를 틀고 앉아 있었다. 손님을 보고도 일어나지 않았고, 물어보아도 응답하지 않았다. 다른 승려들이 모두 말하기를 "이들은 묵언공부 중입니다. 순찰사가 오실지라도 이들은 그렇게 할 것입니다."라고 하였다. 솔잎으로 만든 죽 한 단지가 방 뒤쪽에 놓여 있었는데, 정오에만 한 그릇을 먹는다고 했다.[75]

하루에 솔잎으로 만든 죽 한 그릇만 먹고 온종일 선정에 들어 있는 승려의 모습이 눈에 선하도록 묘사되어 있다. 몇 년 뒤인 1724년 8월 20일 불일암을 찾은 진주에 살던 정식도 참선 중인 승려를 보았는데, 그는 아예 승려들과 함께 사흘 동안 자지도 않고 참선을 하였다. 그는 당시의 상황을 상세히 기록해 놓기도 하였다.[76]

지리산유람록에는 도가(道家)의 신선(神仙) 또는 도사(道士)에 관한 전설도 심심찮게 보인다. 김일손(金馹孫)은 1489년 4월 신흥사 료장로(了長老)로부터 최치원이 죽지 않고 청학동에 살아 있다는 일화를 전해 듣고서, 터무니없는 이야기지만 기록해 둘 만하다고 여겨 기록해 놓았다.[77] 1611년 4월 신흥사를 찾은 유몽인(柳夢寅)도 김일손이 들은 것과 유사한 내용을 기록해 놓았다.[78] 최치원이 살아있다는 것에 대해, 유몽인은 유학자적 관점에서 믿을 수 없는 이야기로 치부하면서도, 그가 신선이 되기에 충분하다는 점과 삼신동이 신선이 살 만한 곳임을 인정하고 있다.

---

75 상동, 206면 참조.
76 상동, 237~238면 참조.
77 최석기 외(2000), 『선인들의 지리산 유람록』, 돌베개, 92면 참조.
78 상동, 193면 참조.

지리산에는 신선이 되기를 구하는 도사(道士)들도 상당수 있었다. 양대박(梁大樸)은 천왕봉을 유람하고 하산하다가 제서당(帝釋堂)에서 잠시 쉬었다. 그때 도사를 만난 것을 기록해 놓았는데,[79] 자신들이 도사를 만난 것을 진(秦)나라 때 노오(盧敖)가 신선 약사(若士)를 만난 것, 위진(魏晋) 시대 혜강(嵇康)이 신선 왕렬(王烈)을 만난 것에 비유하고 있다.

그러나 유교지식인들의 지리산유람록에는 도사에 관한 언급이 거의 보이지 않고, 유선(儒仙) 최치원을 그리워하는 내용이 주를 이룬다. 이는 유학의 현실주의정신을 근본으로 하면서 때로 불화와 갈등을 해소하거나 탈속적 정서를 맛보며 정신적 자유를 누리고 싶을 때 찾는 선취(仙趣)에 해당한다. 따라서 연단술(煉丹術)을 익혀 양생(養生)을 하는 도사와는 구별되는 것이다.

조선전기 이륙(李陸)은 천왕봉 성모(聖母)에게 기도하는 민간신앙에 대해 "산 인근의 사람들은 모두 천왕성모를 신령(神靈)으로 여겨, 질병이 있으면 반드시 성모에게 기도한다. 산 속에 있는 여러 절에서도 사당을 세우고 성모에게 제사하지 않는 데가 없다. 산에 오르는 사람들도 서로 엄중히 경계하여, 육류 음식을 싸 가지고 갈 수 없다."라고 기록해 놓았다.[80] 이는 지리산 인근의 민속신앙을 평면적으로 기록한 것이므로 혹세무민에 대한 비판이 없다.

그러나 조선시대 유교지식인들은 무속에 대해서도 혹세무민한다는 점을 들어 가차없이 비판하였다. 예컨대 천왕봉 성모를 산신령으로 여겨 날이 개이게 해달라고 제사를 지내는 행위는 합당한 것이지만, 무당처럼

---

79 상동. 144면 참조.

80 최석기 외(2008),『용이 머리를 숙인 듯 꼬리를 치켜든 듯』, 보고사, 15~16면 참조.

성모에게 화복(禍福)을 비는 것은 혹세무민으로 여겨 비판하였다.

양대박(梁大樸)은 천왕봉 성모에 대한 승려의 말을 듣고서 "그대의 말은 혹세무민하기에 족하니, 무당들이 몰려드는 것도 당연하겠군."이라하였다.[81] 도사나 승려들에게 비교적 관대했던 양대박도 혹세무민하는 말에 대해서는 단호한 입장을 보이고 있다.

박여량(朴汝樑)은 천왕봉 성모사에서 유숙할 적에 성모상을 혐오하여 거적으로 덮은 뒤 하룻밤을 묵었다. 그는 임진왜란이 끝난 뒤의 어수선한 시대에 혹세무민하는 무당과 승려가 번성하고 있는 점을 지적하면서 비판하였다.[82] 동시대 유몽인(柳夢寅) 역시 비판적이었다. 그는 성모사·백무당·용유담을 무당의 3대 소굴로 지적하면서 이들의 혹세무민에 대해 강하게 비판하고 있다.[83] 1680년 8월 25일 천왕봉에 오른 송광연(宋光淵)도 성모사를 보고 민간에서 귀신을 숭상하는 습속이 심하다고 비판하였다.[84]

이처럼 유교지식인들은 무속에 대해 한결같이 혹세무민하는 것으로 여겨 단호하게 비판하였다. 그런데 1790년 4월 18일 백무동을 유람한 경북 칠곡에 살던 이동항(李東沆)은 무속이 쇠잔한 모습을 보고 오히려 관청의 가혹한 착취를 지적하면서 "당주(堂主)가 그 쌀·돈·베·비단을 거둬들여 일정량을 관아에 바치고도 오히려 남음이 있었다. 따라서 궁벽한 골짜기에 살아도 생계가 어렵지 않았다. 그런데 10여 년 전부터 이 산에 오르는 무당들이 예전보다 줄었는데, 관아의 독촉은 여전하고, 게다가 아가위·오미자·잣·표고버섯 등 전에 없던 공출을 해마다 내도록 독

81 최석기 외(2000), 『선인들의 지리산 유람록』, 돌베개, 141면 참조.
82 상동, 161~162면 참조.
83 상동, 187~188면 참조.
84 최석기 외(2008), 『용이 머리를 숙인 듯 꼬리를 치켜 든 듯』, 보고사, 173면 참조.

촉하였다. 그리므로 당주가 편안히 살 수 없게 되자 당옥(堂屋)도 무너져서 누추해졌다."[85]라고 하였다. 이동항도 무당들의 혹세무민에 대해서는 당연히 비판적이었을 것이다. 그러나 그는 무당들마저 관아의 착취에 쇠잔해진 모습을 보고서 세태를 개탄하고 있다.

7. 민간의 생활에 대한 인식

지리산유람록에는 민간의 생활상을 기록해 놓은 것도 다수 발견된다. 조선전기 이륙(李陸)은 "향기로운 산나물과 진귀한 과일이 다른 산보다 많아 이 산 주위 수십 고을 사람들은 그 혜택으로 살아간다."[86]라고 하였으며, 조선후기 하익범(河益範)도 "맛있고 특이한 나물과 영험한 약재와 좋은 재목들이 다른 산보다 풍성하여 지리산 가까이의 수십 고을이 모두 그 이익을 누린다."[87]라고 하여, 지리산에서 풍부한 물산이 생산되어 백성들이 그 혜택을 받고 산다는 점에 주목하기도 하였다.

또 1884년 지리산을 유람한 김종순(金鍾順)은 "깊은 산속의 사람들은 토굴과 다름없는 곳에 거주하고, 산에서 나는 나물과 과실을 먹고 산다. 산에 가득한 것은 모두 상수리나무로, 가을이면 상수리가 골짜기에 가득하여 어린아이도 양식거리를 주울 수 있다. 어른들은 나무를 베어내고 화전을 일구어 감자를 심어서 생계가 절로 넉넉하니, 이곳은 진정 곤궁한 선비가 세상을 피해 살 곳이다."[88]라고 하였다.

이처럼 지리산은 풍부한 물산이 나기 때문에 곤궁한 백성들이 깃들어

---

85 최석기 외(2009), 『선인들의 지리산 유람록 3』, 보고사, 142~143면 참조.
86 최석기 외(2000), 『선인들의 지리산 유람록』, 돌베개, 18면 참조.
87 최석기 외(2009), 『선인들의 지리산 유람록 3』, 보고사, 236면 참조.
88 金鍾順, 『直軒續集』 권2, 「頭流山中聞見記」.

살 만한 곳인데, 관아의 부역, 가혹한 세금 등의 학정에 의해 백성들은 궁핍함을 면치 못하였다. 유람객들은 이런 생활상을 목격하고서, 목민관은 백성의 실정을 제대로 안 것에 안도하며 민생을 소생시킬 방안을 생각하였고, 초야의 선비들은 학정을 비판하거나 어려움에 처한 민간의 삶을 긍휼히 여겼다.

김종직(金宗直)은 지리산 주능선에 움막을 지어놓고 매를 잡기 위해 고생을 하는 백성들의 실상을 목격하고서 "나라에 진헌하는 것은 한두 마리에 불과한데, 노리갯감으로 충당하기 위해 해진 옷을 입고 겨우 밥 한 술 뜨는 사람들에게 밤낮으로 눈보라를 무릅쓰고 천 길 봉우리 위에서 엎드려 있게 하니, 어진 마음을 지닌 사람은 차마 하지 못할 일이다."[89]라고 기록하였다.

유몽인(柳夢寅)도 "그들은 눈보라를 무릅쓰고 추위와 굶주림을 참으며 이곳에서 생을 마치니, 어찌 단지 관청의 위엄이 두려워서 그러는 것일 뿐이랴. 또한 대부분 이익을 꾀하여 삶을 가볍게 여기기 때문이리라. 아, 소반 위의 진귀한 음식 한 입도 안 되지만, 백성의 온갖 고통 이와 같은 줄 누가 알겠는가?"[90]라고 하였으며, 송광연(宋光淵)도 "이들은 사방에 그물을 설치해 놓고 바람과 눈을 맞으며 굶주림과 추위를 참고서 밤낮으로 천 길 산봉우리에 위에 엎드려 산다. 대개 관아의 관원들이 급하게 매를 공납하라고 하기 때문에 감히 안일하게 지내니 못하니, 그 또한 애처로울 따름이다."[91]라고 하였다.

김종직·유몽인·송광연은 모두 현직 수령으로 있을 때 지리산을 유람

---

89 최석기 외(2000), 『선인들의 지리산 유람록』, 돌베개, 37면 참조.

90 상동, 190면 참조.

91 최석기 외(2008), 『용이 머리를 숙인 듯 꼬리를 치켜든 듯』, 보고사, 172면 참조.

하였는데, 목민관으로서 백성들의 곤궁한 삶을 그냥 지나치지 않고 걱정한 것이다. 그러나 후세 재야 학자들은 매를 잡는 사람들을 동정하기보다는 매가 먹이에 욕심을 갖기 때문에 잡힌다는 점을 들어 인욕을 경계하는 데 초점을 맞추고 있다.

현직 수령 시절 지리산을 유람한 김종직은 잣의 작황이 좋지 못한 것을 눈으로 보고서 백성들의 실상을 알게 되어 다행이라고 하였다.[92] 그러나 후대 관료로서 지리산에 오른 사람들은 이런 의식을 드러내 보인 경우가 매우 적다.

김일손(金馹孫)은 관청에서 은어를 잡기 위해 쌍계사 승려들에게 조피나무 껍질과 잎을 채취해 오라고 독촉한다는 말을 전해 듣고 "오대산의 주민들이 이정(吏正:里長)의 포학함에 시달린다고 들었는데, 쌍계사의 승려도 또한 물고기 잡는 물건을 관아에 바쳐야 하는 지경에 이르렀으니, 산속에 사는 것도 편치 못하구나."[93]라고 하여, 아전들의 횡포에 대해 개탄하였다.

김도수(金道洙)는 구례현에 이르렀을 때 순찰사의 행차로 분주한 모습을 보고서 "아, 우리 백성의 고통과 신음은 오로지 고관대작이 발톱으로 할퀴고 이빨로 물어뜯는 데에서 연유하니, 지금 저기 달려오는 자는 과연 발톱과 어금니가 없는 사람일까."[94]라고 하였다. 이는 고관대작들의 무도와 횡포를 비판하면서 백성들의 처지를 가엽게 여긴 것이다.

이동항(李東沆)은 마천의 군자사(君子寺)에 이르러 산 속에 사는 백성들이 공납하는 벌꿀 및 각종 공물의 수량이 수십 년 전부터 해마다 증가

---

92 최석기 외(2000), 『선인들의 지리산 유람록』, 돌베개, 28면 참조.

93 상동, 94면 참조.

94 최석기 외(2008), 『용이 머리를 숙인 듯 꼬리를 치켜든 듯』, 보고사, 299면 참조.

하여 도망친 자들이 과반이나 된다고 하는 말을 듣고서, 관리들의 착취로 인한 민생의 어려움을 안타까워하였다.[95]

공물 및 관리들의 착취 외에도 부역으로 시달리는 것 또한 지리산 속에 살던 백성들의 고통이었다. 조식(曺植)은 신흥사에 이르렀을 때 부역에 시달리는 백성을 보았고, 승려들도 부역이 과중하다는 말을 듣고서 "정사는 번거롭고 세금은 과중하니 백성들이 뿔뿔이 흩어져 아버지와 자식이 함께 살지 못하고 있다."[96]라고 하여 민생의 고통을 탄식하였으며, 양대박(梁大樸)도 군자사에 이르러 유람객들이 빈번이 찾아오고 관청의 부역이 심하여 승려들이 줄어들고 절이 쇠잔하게 되었다는 말을 듣고서 가혹한 정치의 폐단을 비판하였다.[97]

1744년 9월 5일 쌍계사를 찾은 황도익(黃道翼)은 훼손된 건물이 많아 사찰의 규모를 갖추지 못한 모습을 보고서 과다한 부역으로 인해 민생이 안정되지 못한 점을 지적하였고[98], 1807년 3월 천왕봉에 오른 하익범(河益範)은 경상감사 윤광안(尹光顔)의 행차로 진주·함양·하동의 군인이 1년 동안 1만 명이나 동원되어 길을 낸 것을 보고서 백성을 길러주는 목민관의 일이 아니라고 비판하였다.[99]

이상에서 살펴본 것처럼 지리산에는 풍부한 물산이 나기 때문에 곤궁한 백성들이 깃들어 자급할 만한 곳인데, 관아의 과중한 세금과 부역으로 인하여 백성들이 안온하게 살지 못하고 고통을 받고 있는 실정을 고

95 최석기 외(2009), 『선인들의 지리산 유람록 3』, 보고사, 137~138면 참조.
96 최석기 외(2000), 『선인들의 지리산 유람록』, 돌베개, 116면 참조.
97 상동, 134면 참조.
98 최석기 외(2008), 『용이 머리를 숙인 듯 꼬리를 치켜든 듯』, 보고사, 262면 참조.
99 최석기 외(2009), 『선인들의 지리산 유람록 3』, 보고사, 242면 참조.

발하고 비판하는 의식이 잘 드러나 있다.

8. 생태와 식생(植生)에 대한 고찰

지리산유람록에는 지리산의 식생(植生)에 대해서도 매우 귀중한 정보가 담겨 있다. 그 가운데 나무에 대해 언급한 것이 가장 많고, 그 다음은 화초(花草)·과실(果實)·약초(藥草) 등에 대한 것이며, 물고기에 대한 기록도 있어 주목된다. 나무에 대해 언급한 것은 나무의 종류, 고지대에서 생장한 나무의 모습, 표고에 따른 나무의 분포 등이다.

조선전기 이륙(李陸)은 지리산의 표고에 따른 수종(樹種)을, 아래에는 감나무와 밤나무, 중간에는 괴(槐)나무, 상층부에는 삼(杉)나무와 구상나무[檜]가 많은데 절반은 말라죽어 고사목을 이루고 있으며, 주능선에는 철쭉뿐이라고 기록하고 있다.[100] 이처럼 지리산의 수종을 4단계로 나누어 분포를 설명하고 있는 경우는 거의 없다. 이런 점에서 이륙은 지리산의 식생에 대해 섬세하게 관찰하였다고 하겠다.

김종직(金宗直)은 하봉(下峯) 근처에서 조망한 식생에 대해 "멀리 바라보니 잡목은 없고, 모두 삼나무·구상나무·소나무·녹나무[枏]였는데, 말라 죽어서 뼈대만 남아 있는 것이 3분의 1이나 되었다. 그 사이에 간간이 단풍나무가 섞여 있어서 마치 그림 같았다. 산등성이에 있는 나무는 바람과 운무에 시달려 가지와 줄기가 모두 왼편으로 휘어져 흰 머리카락이 바람에 나부끼는 듯하였다."[101]라고 기록하고 있다.

역시 상층부에는 삼나무·구상나무 등이 분포하고 있으며 고사목이

---

100 최석기 외(2000), 『선인들의 지리산 유람록』, 돌베개, 18면 참조.
101 상동, 28면 참조.

많다는 것을 알려준다. 또 그는 촛대봉 근처를 지나며 마가목(馬價木)이 많다고 기록했으며, 세석평전에는 단풍나무가 길을 막고 있는데 줄기는 문설주처럼 서 있고 가지는 문지방처럼 휘어져 있다고 하였다.[102]

남효온(南孝溫)은 천왕봉의 식생에 대해 "구름에 덮이고 바람에 깎여 나무는 온전한 가지가 없고 풀은 푸른 잎이 없었다."[103]라고 하였으며, 김일손(金馹孫)은 천왕봉 바로 밑에서 "온 산에 다른 목재는 없고 삼나무나 구상나무 같은 나무만 있었다."[104]라고 하였다. 박여량(朴汝樑)은 천왕봉부터 하봉까지의 식생에 대해 "다른 나무는 없고 단지 구상나무·잣나무 및 붉은 단풍나무만 보이고, 사이사이 마가목이 섞여 있었다."[105]라고 하였다.

송광연(宋光淵)은 제석봉 근처에 정공등(丁公藤)이 많은데 바로 김종직이 마가목이라고 한 것이라고 하였다.[106] 하익범(河益範)은 천왕봉에서 세석(細石)으로 내려갔는데, 제석봉 근처에는 소나무·구상나무·철쭉이나 있는데 모두 키가 크지 않고 울퉁불퉁하고 구부정하였다고 하였으며, 연하봉과 촛대봉 사이에는 지팡이를 만들 만한 명아주가 많이 나 있고 소나무·황경나무·구상나무·잣나무들이 풍상에 시달려 앙상한 골격만 남은 채 서리처럼 하얗게 되었다고 하였다.[107]

이처럼 대부분의 지리산유람록에는 주능선 부근의 수종 및 생태에 대해 기록하고 있다. 그것은 평소 보지 못한 기이한 모습이기 때문일 것이다.

---

102 상동, 36면 참조.
103 상동, 51면 참조.
104 상동, 83면 참조.
105 상동, 165면 참조.
106 최석기 외(2008), 『용이 머리를 숙인 듯 꼬리를 치켜든 듯』, 보고사, 176면 참조.
107 최석기 외(2009), 『선인들의 지리산 유람록 3』, 보고사, 244면 참조.

주능선의 나무가 기이한 형태를 하고 있는 것에 대해, 유몽인(柳夢寅)은 "사나운 바람에 나무들이 모두 구부정하였다. 나뭇가지는 산 쪽으로 휘어 있고 이끼가 나무에 덮여 있어, 더부룩한 모양이 마치 사람이 머리를 풀어헤치고 서 있는 것 같았다. 껍질과 잎만 있는 소나무·잣나무는 속이 텅 빈 채 가지가 사방으로 뻗어 있고, 가지 끝은 아래로 휘어져 땅을 찌르고 있었다. 산이 높을수록 나무는 더욱 작달막하였다"[108]라고 하여, 그 형상을 상세히 묘사하고 있다.

나무를 기록한 것 외에 화초·약초·과일 등에 대해 기록한 경우도 종종 보인다. 김종직은 하봉에 올라 '청이당(淸夷堂) 아래는 오미자 넝쿨이 빽빽하게 숲을 이루고 있었는데, 하봉 근처에는 멧두릅과 당귀만 보일 뿐이었다.'[109]라고 하여, 고저에 따른 과실 또는 약초의 분포를 말하고 있다. 박여량(朴汝樑)은 하봉에서 쑥밭재로 내려오는 길에 오미자가 많이 보였다고 하였다.[110] 이런 기록은, 오미자가 하봉 아래 지역에 많이 분포하고 있음을 알려준다.

박래오(朴來吾)는 천왕봉 부근에는 일년생 잡초가 길을 덮을 정도로 나있는데, 그 가운데는 백지(白芷)·마제초(馬蹄草) 등 몇 종의 약초도 있었다고 기록하였다.[111]

유몽인(柳夢寅)은 백장사(百丈寺)에서 불등화(佛燈花)를 보고 연꽃만큼 크고 모란꽃처럼 붉으며 나무는 두어 길쯤 됨 직하다고 하였으며, 춘백화(春栢花)를 보고서 붉은 꽃받침이 산에서 나는 찻잎처럼 생겼고 크기는

---

108 최석기 외(2000), 『선인들의 지리산 유람록』, 돌베개, 186면 참조.
109 상동, 29면 참조.
110 상동, 168면 참조.
111 최석기 외(2009), 『선인들의 지리산 유람록 3』, 보고사, 33면 참조.

본바닥만하다고 하였다.[112]

한편 유몽인은 지금의 뱀사골 정룡암(頂龍庵) 앞의 대암(臺巖) 밑 깊은 못에 사는 가사어(袈裟魚)에 대해 "그 연못에 사는 물고기를 가사어라 부르는데, 조각조각 붙은 다랑이 논, 혹은 한 조각씩 기워 만든 가사 같은 모양의 비늘이 있다고 하였다. 이 세상에 다시없는 물고기로, 오직 이 못에서만 알을 낳고 새끼를 기른다고 한다."[113]라고 하였다. 물고기에 대한 기록은 흔치 않은데, 유몽인은 특이한 물고기이기 때문에 기록해 놓은 듯하다.

이상에서 살펴보았듯이, 지리산유람록 속에는 지리산의 자연 생태와 식생에 관한 많은 정보를 담고 있는데, 특히 나무·풀·과실·약초·물고기 등 민간에서 쉽게 접할 수 없는 것들에 대해 기록한 것이 많다.

Ⅳ. 맺음말

길은 인간이 만든 것이고, 인간이 만들어가는 것이다. 전자는 걸어온 길이고, 후자는 걸어가야 할 길이다. 전자는 축적된 문화라면, 후자는 추구해야 할 목표이다.

인문학의 위기는 오늘날만의 특이한 현상은 아니다. 구한말 5백 년 동안 믿고 의지했던 유교의 도가 무너질 때, 전통학문을 고수했던 학자들은 하늘이 무너지는 것 같은 충격을 받았다. 인문학의 위기가 아니라, 인륜의 위기였고 문명의 위기였다.

---

112 최석기 외(2000), 『선인들의 지리산 유람록』, 돌베개, 180면 참조.
113 상동, 181~182면 참조.

그러나 이념이 지배하고, 도덕이 지배하고, 인륜이 지배하던 시대는
끝났다. 인문학이 지배하던 시대가 끝났기 때문에 인문학자들은 위기로
여기는 것인지 모른다. 인문학이 끝난 시대에 무엇을 어떻게 할 것인가
를 생각해야 한다. 그런데 아직도 구시대의 틀에서 벗어나지 못하고 인
순고식하는 사람들이 많다. 혹자는 시대의 조류에 맞는 인문학을 찾고자
소통·융합 등을 내세운다. 그러나 이런 거대 담론 속에서 인문학의 길은
쉽게 보이지 않는다.

그러면 어떻게 할 것인가? 내 집 앞에서부터 길을 개척해 나가야 한
다. 그리하여 동네의 골목길을 만들고, 마을과 마을을 연결하는 통로를
만들고, 산에 오르는 길을 만들고, 강을 건너는 길을 만들어야 한다. 자
기 집 앞의 길을 개척하지 않고 고속도로만 생각하는 것은 너무 고원하
여 길을 찾을 수 없다. 그래서 우리는 지리산에서 그 길을 찾고자 한다.

지리산에는 수많은 길이 있다. 그 길은 조식(曺植)이 추구하던 천왕봉
을 통해 천도(天道)에 오르는 길도 있고, 후인들이 조식을 찾아 입덕문
(入德門)을 통해 덕으로 들어가는 길도 있고, 도의 큰 근원을 찾아 대원
사(大源寺) 계곡으로 오르던 길도 있다. 이제 우리도 선인들처럼 그런
길을 개척해 나가야 한다. 그 길이 바로 우리가 오늘 살펴본 선인들의
지리산 유람록 속에 고스란히 들어 있다.

선인들이 산수에서 구한 드높은 정신세계는 현대인들에게 양약(良藥)
처럼 소중한 것이다. 산수를 통해 인간의 본성을 기르는 인지지락(仁智之
樂), 높은 정신을 지향하는 등태산이소천하(登泰山而小天下) 의식, 도의
큰 근원을 찾아 나서는 심원(尋源)의 정신 등은 현대인들이 반드시 배워야
할 덕목이다. 우리는 자연경관이 좋은 곳을 걷는 길을 선호하여 제주도
올레길을 최고의 길로만 알고, 외국인들이 수행하던 길을 선망하여 구도

자의 마음이 전혀 없이 산티아고 순례길을 걷고자 한다. 그러나 구도자의 마음이 없이는 아무리 아름답고 의미 있는 길을 걸어도 소득이 없을 것이다. 우리 가까이에는 그보다 더 소중한 지리산의 이러한 길이 있는데 아직 그 가치를 발견하지 못하고 있으니, 그저 안타까울 따름이다.

또 자연에 대한 외경과 문학적 상상력도 현대인들의 마음과 필치로는 도저히 그려낼 수 없는 것들이다. 왜 그런가? 현대인들은 자연을 경외하는 마음이 없기 때문이다. 산수를 유람하면서 인간의 본성을 관찰하지 못하기 때문이다. 산수를 유람하면서 자아에 대한 성찰을 하지 않기 때문이다. 선인들이 걸어갔던 길을 통해 이를 회복하는 것이 오늘날 인문학이 나아갈 길이다.

우리나리는 국토박물관이라고 한다. 그래서 문화유적시 납사가 유행하기도 하였다. 아는 것만큼 보인다는 유명한 말이 세간에 회자되기도 하였다. 그러나 우리는 여전히 문화유산에 대한 상식이 결코 높지 않다. 등산객이 그렇게 많아졌지만 조선시대 지식인들이 산수에서 구한 드높은 정신세계를 아는 사람은 극히 드물다. 문화유산에 대한 인식도 마찬가지이다. 왜 그런가? 조식(曺植)의 말처럼 겉만 보고 그 속에 들어 있는 인간과 그들이 살던 세상을 보는 눈이 없기 때문이다. 피상이 아닌 산수속에 깃들어 산 사람들의 마음을 읽어야 하고, 그들이 살던 세상의 진실을 보도록 하는 데에 인문학이 나아가야 할 길이 있다.

지리적 관점으로 지리산을 보는 안목도 조선시대 지식인만 못하다. 그들은 지리산을 국토의 중심이며 남방의 조종(祖宗)으로 보았고, 성인의 덕에 비유하였고, 천자의 위용(威容)으로 형상했다. 지리산은 경상도·전라도·충청도 등 한반도 남쪽 지방을 모두 진압하는 진산(鎭山)이다. 그런데 이뿐만이 아니다. 유몽인(柳夢寅)의 지적처럼 지리산은 모든 장점을 겸비하여 종합하고 있는, 그러니까 공자처럼 인류의 정신문화를 집대성(集大成)한 상징성을 보여주고 있는 산이다. 여기에 오늘날 인문학이 지향해야 할 융합의 길이 보인다.

조선시대 유교지식인들이 불교와 무속의 혹세무민에 대해 엄격하게 비판하면서도 승려들의 수행이나 정진하는 모습에 대해서는 소상히 기록해 놓았다. 이를 통해, 사회적 비판의식과 아울러 공생(共生)하고 공감(共感)하는 정신을 배울 수 있다. 또한 지리산이 민간에게 주는 혜택과 민간의 생활상을 기록한 것에서, 관리들의 착취로 인한 과중한 세금과 부역이 민생을 파탄으로 몰고 간 실상을 확인할 수 있다. 이를 보면, 인문학은 민중의 삶에 대한 핍진한 이해를 바탕으로 하지 않으면 안 된다. 오늘날 인문학의 시각이 어디를 지향해야 하는지를 알게 해 준다.

자연(自然)은 저절로 그러한 것으로, 인위적으로 손을 댄 것이 아니다. 그 속에는 섭리(攝理)가 있기에 전통시대 사람들은 그 이치를 거역하지 않고 순응하면서 살아가려 했다. 『중용』에 '하늘이 부여한 본성을 해치지 않고 순응하는 삶을 도라고 한다.[率性之謂道]'라고 한 것은, 하늘이 명한 타고 난 본성을 해치지 않고 그대로 순응하며 사는 것이 인간이 걸어가야 할 참된 길임을 말한 것이다. 그래서 『중용』에서는 마음대로 벗어날 수 있는 것이라면 그것은 진정한 길이 아니라고 하였다. 무슨 말인가? 자연의 이치를 거역하지 말라는 것이다. 그렇다면 지리산의 생태와 식생은 우리가 보존해야 할 자연일 뿐만 아니라, 우리가 지키고 따라야 할 이치이기도 한 것이다. 이 역시 우리가 추구해야 할 인문학의 길이다.

이 글은 『남도문화연구』 제18집(순천대학교 지리산권문화연구원, 2010)에 실린 「지리산유람록을 통해본 인문학의 길 찾기」를 수정 보완한 것이다.

제4장

15~16세기 사대부들의 지리산유람과 사의식

Ⅰ. 머리말

조선시대 지리산유람은 사인(士人)이라면 누구나 꼭 한번 해보고 싶은 새로운 세계로의 여행이었다. 그래서인지 조선시대 사람들이 지리산을 유람하고 남긴 유산시(遊山詩)·유산기(遊山記)는 상당히 많이 발견된다. 지리산을 유람한 사인들은 대부분 몇 편의 시는 지었을 것으로 추정되는데, 유산시를 통해 작가의식을 밝히는 것은 어려운 일이므로 이 글에서는 유람록만을 검토대상으로 한다.

조선시대 생산된 지리산 유람록·유산기는 약 100여 편 정도 발견된다.[1] 이 가운데 기행문학으로서의 구체적 서술체계를 갖추어 기록한 일기(日記)·일록(日錄) 형식의 유람록은 약 80편 정도이고, 나머지는 간략하게 노정(路程)이나 소회(所懷)를 기록해 놓은 유기(遊記)이다. 이 글은 사인들의 유람을 통한 사의식을 살피는 데 목적이 있으므로, 작품의 형식에

---

[1] 지금까지 발견한 것은 1463년에 유람한 李陸의 유람록부터 1941년에 유람한 梁會甲의 유람록까지 모두 101편인데, 실제로는 이보다 더 많을 것으로 추정된다.

관계없이 모두 포함해 논의하기로 한다.

조선시대 생산된 지리산유람록을 창작 시기별로 나누어 보면 15세기 6편, 16세기 5편, 17세기 14편, 18세기 19편, 19세기 34편, 20세기 23편으로 총 101편이다. 작자를 살펴보면 승려 석응윤(釋應允)을 제외하고는 모두 사인(士人)이거나 현직 관료들이다. 이 글은 사의식(士意識)에 주목하기 때문에 승려의 작품은 제외한다. 이 100여 편의 지리산유람록에 나타난 사의식을 살피기 위해서는, 우선 시대별로 구분한 뒤, 사인과 관인(官人), 출신 지역, 사상적 성향, 정치적 파장 등을 참작하여 종합적으로 고찰해야 할 것이다. 그러나 이를 한꺼번에 다 논의할 수 없기 때문에 15~16세기 지리산유람록으로 범위를 한정하기로 한다.

15세기부터 16세기까지 창작된 지리산유람록은 총 11편, 작자는 10인이다. 작자는 모두 사대부들인데, 그 가운데는 사인도 있고, 현직 관인도 있다. 불우한 사(士)와 현달한 대부(大夫), 빈한한 가문의 사(士)와 벌열 가문의 사는 분명 의식에 차이가 있을 것이다. 그러나 사대부정치 시대에는 나가면 대부가 되고 물러나면 사의 신분으로 되돌아 왔기 때문에 사인과 관인을 구별해 사의식은 살피는 것은 큰 의미가 없다고 판단된다. 또한 이 11편의 작자를 보면 유산 당시 김종직만 관인이었고, 나머지는 모두 사인의 신분이었다. 김종직도 현달한 관인이 아니기 때문에 모두 사의 범주에서 논의해도 큰 무리가 없을 것으로 본다.

그 동안 학계에서는 유람록 문학에 대한 고찰 및 조선전기 지리산유람록에 대한 개별연구가 진행되었다.[2] 이 글은 이런 연구 성과를 바탕으로

---

2 이혜순 외(1997), 11~128면. 정우락(1994), 최석기(1995)(1999)(2000), 이정희(1995), 홍성욱(1999), 정용수(2000), 박언정(2004).

하되, 15~16세기에 생산된 총 9편의 지리산유람록을 통해 사의식을 고
찰하는 데 주목적을 둔다. 따라서 이와 관련되지 않은 다양한 문제에
대해서는 논의에서 제외하였다. 또한 이 시기 생산된 11편의 지리산유람
록 가운데 김종직·조식 등의 유람록에 대해서는 개별 연구 성과가 있지
만, 11편 전체를 비교 검토하면서 사의식을 추출한 것은 없기 때문에
이 점에 초점을 맞추어 논의를 전개하기로 하겠다. 논의과정에서 비교를
위해 17세기 이후의 지리산유람록을 종종 인용하기도 하였다.

Ⅱ. 조선전기 지리산유람록 개관

15~16세기 사인들이 지리산을 유람하고 남긴 유람록은 총 11편으로,
이를 간략히 정리하면 다음과 같다.

작자	작품명	유람 기간	동행	주목적지
李 陸 (1438~1498)	遊智異山錄	1463.08.?? ~08.25	미상	천왕봉, 화개동
〃	智異山記	〃	〃	〃
金宗直 (1431~1492)	遊頭流錄	1472.08.14. ~08.19	俞好仁, 曺偉 등	천왕봉
南孝溫 (1454~1494)	智異山日課	1487.09.27. ~10.13	승려 義文, 一冏 등	지리산 종주
〃	遊天王峯記	1487.09.30	〃	〃
金馹孫 (1464~1498)	頭流紀行錄	1498.04.11. ~04.26	鄭汝昌 등	천왕봉, 화개동
曹 植 (1501~1572)	遊頭流錄	1558.04.10. ~04.26	金泓, 李公亮, 李希顏, 李楨 등	화개동

邊士貞 (1529~1596)	遊頭流錄	1580.04.05. ~04.11	丁熿, 金千鎰 등	천왕봉, 화개동
河受一 (1553~1612)	遊靑巖西嶽記	1578.04		청암
〃	遊德山獐項洞 盤石記	1583.08.18		덕산 장항동
梁大樸 (1544~1592)	頭流山紀行錄	1586.09.02. ~09.13	吳積, 梁吉甫 등	천왕봉

이 시기에 생산된 지리산유람록은 모두 11편이지만, 작자는 총 8인이다. 이륙(李陸)은 지리산의 동쪽·남쪽 방면의 명승을 두루 둘러보고서 2편의 유람록을 남겼다. 이륙은 한양 출신으로 1459년 생원·진사 시험에 모두 합격한 뒤, 1462년 영남을 유람하고 지리산 단속사에 들어가 3년 동안 독서하였다. 그는 1463년 음력 8월 단속사에서 출발하여 약 보름 동안 지리산을 유람하였다.

그가 남긴「지리산기(智異山記)」는 일록(日錄)으로 발전하기 전 단계의 유기류(遊記類)에 속하는 글로, 자신이 유람한 것을 개괄해 놓은 기록이다. 그리고「지리산일과(智異山日課)」는 천왕봉·반야봉·영신사·쌍계사·불일암·단속사·법계사·오대사(五臺寺)·안양사(安養寺)·묵계사(黙契寺)·우산(牛山)·방어산(防禦山)·의림사(義林寺)·두춘도(杜椿島)·금강사(金剛社) 등의 항목을 정해 그곳의 특징을 개별적으로 기록한 뒤, 자신이 유람한 시기와 경로를 간략히 기록하고 나서 유산(遊山)의 의미를 적어 놓은 것으로, 주요 유람 장소를 항목별로 분류해 기록하는 방식의 글이다.

이「지리산일과」의 항목 중에는 지금의 창원시에 속한 곳도 들어 있는데, 이는 그가 1462년 영남을 두루 유람할 적에 본 것을 기록한 것으로 보인다. 그러나 이런 곳까지「지리산일과」라는 제목의 글 속에 포함시

킨 것을 보면, 그곳까지 지리산의 영역에 속한 것으로 보는 의식이 담겨
있다. 이는 지리산의 범주를 어떻게 보느냐 하는 시각을 논의할 때 의미
있는 내용이다. 또한 이륙의 지리산유람록은 조선시대 가장 먼저 생산된
것이라는 점에서 의의가 크다.

그 다음에 나온 것이 김종직(金宗直)의 「유두류록(遊頭流錄)」이다. 김
종직은 함양군수로 재직하던 1472년 음력 8월 보름을 전후해서 6일 동
안 문인 유호인(俞好仁)·조위(曺偉) 등과 함께 독녀암을 거쳐 하봉과 중
봉을 경유해 천왕봉에 올랐다가 세석을 거쳐 백무동으로 하산하였는데,
유람동기·일정·총평 등을 모두 갖추어 작성함으로써 후대 유람록의 전
범이 되었다. 이 점에서 김종직의 「유두류록」은 그 의의가 크다.

김종직은 성종 연간의 신진사림을 대표하는 인물이다. 그는 29세 때인
1458년 문과에 급제하여 홍문관 부수찬 등을 역임한 뒤, 40세 때인 1470
년 함양군수로 부임하였다. 그는 그곳에서 주자가 지남강군(知南康軍)으
로 나갔을 때 백록동서원(白鹿洞書院)을 복원하여 지방교육을 진흥하였
듯이, 함양(咸陽)의 자제들을 모아 교육시킴으로써 함양을 문헌의 고장
으로 만들었다. 그의 문인 중 전국적 지명도를 가진 정여창(鄭汝昌)·유호
인·조위 등이 함양 출신인 점을 보면, 그의 영향이 지대했음을 짐작할
수 있다.

김종직의 유람록에는 성종 연간 신진사림으로서의 사의식이 잘 드러
나 있다. 김종직의 「유두류록」이 창작된 뒤, 그의 문인 김일손(金馹孫)은
「두류산기행록(頭流山紀行錄)」을, 남효온(南孝溫)은 「지리산일과(智異山
日課)」·「유천왕봉기(遊天王峯記)」를 지었다. 이 가운데 김일손의 「두류
산기행록」은 스승 김종직의 「유두류록」을 이어 쓴 것으로, 일명 「속두
류록(續頭流錄)」이라고도 한다.

남효온은 지리산유람을 한 뒤 2편의 유람록을 남겼는데, 「지리산일과」는 일록(日錄) 형식의 유람록이며, 「유천왕봉기」는 유람 도중 천왕봉에 올랐을 때 보고 느낀 감회를 별도로 기록한 것이다. 남효온은 김종직의 문인으로, 25세 때 유학(幼學)으로서 단종(端宗)의 어머니인 현덕왕후(顯德王后)의 복위(復位)를 포함한 8가지 시국에 관한 상소를 올렸다가, 세조의 측근인 임사홍(任士洪) 등에게 미움을 받고 평생 강호에 묻혀 산 인물이다.

남효온은 시와 술로써 비분강개한 마음을 토로하여 사람들이 '광생(狂生)'으로 지목하기도 하였다. 그는 전국의 산수를 떠돌며 유람하였는데, 34세 때 지리산을 유람하였다. 그의 지리산유람록에는 현실세계의 불화를 해소하기 위해 현실과 동떨어진 선계(仙界)에서 유희(遊戲)하는 사의식이 엿보인다.

김일손은 1489년 음력 4월 정여창과 함께 16일 동안 지리산을 유람하고 「두류산기행록」을 남겼다. 김일손은 청도(淸道)에서 태어나 김종직의 문하에서 수학하였으며, 도학으로 이름 난 김굉필(金宏弼)·정여창과 절친하게 지냈다. 그는 1486년 문과에 급제하여 홍문관 정자로 근무하다 부모봉양을 이유로 진주향교의 학관(學官)으로 내려왔고, 1488년 병을 핑계로 사직한 뒤 고향에 은거하였다. 그 때 함양으로 정여창을 찾아가 함께 지리산을 유람하였다.

김일손과 정여창은 당대 신진사림을 대표하는 인물이었으니, 그들이 산을 유람하면서 느끼는 의식에도 그런 성향이 잘 드러나리라 본다. 요컨대 이들의 유람록에는 김종직 등의 유람록에서 확인할 수 있듯이, 신진사림으로서의 사의식이 잘 드러나 있다.

이상이 15세기에 나타난 지리산유람록들인데, 이륙을 제외하면 작가가 모두가 영남 출신의 사림파에 속한 인물들이다. 김종직의 유람은 영남 사람으로서 영남에서 가장 높은 산에 올라 높은 세계를 지향하고자 하는 정신에 의한 것으로 보이며, 남효온·김일손의 유람은 김종직의 영향이 크게 작용한 것으로 보인다. 이륙은 김종직 등과 동시대를 살았지만 동일한 선상에서 논의하기는 어려운 인물이므로, 이들의 사의식에도 약간의 차이가 있을 것으로 보인다. 이를 보면 15세기 지리산 유람은 김종직과 그의 문도들에 의해 새롭게 기획된 여행으로, 신진사림의 의식을 보여주는 것이다.

김종직·김일손·남효온이 지리산을 유람한 뒤 약 70년 가까이 지리산 유람록은 나타나지 않는다. 그 이유를 딱히 말할 수는 없지만, 유산의 동기와 목적을 찾지 못했기 때문이 아닌가 싶다. 당시 지식인들은 지리산을 현실과 동떨어진 승려·도사 및 무속인들이 사는 곳으로 인식하였고, 또 높은 정신세계를 지향하는 의식도 아직 무르익지 않았기 때문에 의도적으로 지리산 유람을 기획하여 등산을 하고 그 감회를 기록으로 남긴 사람이 없었다고 보인다.

그 다음 시대적 상황을 고려해 볼 필요가 있다. 성종 연간의 신진사림들은 무오사화·갑자사화로 화를 당하였다. 그리고 도학정치가 시작되어 새로운 시대가 열렸으나, 오래지 않고 훈구파의 반격으로 1519년 기묘사화가 일어나 사림파는 전례 없는 큰 화를 당하여 사기가 크게 위축되었다. 이후 사림은 정계 진출을 포기하고 향리에 은거하여 학문에 침잠하는 분위기가 고조되었다.

권간과 외척이 정권을 농단하는 암울한 시기에 재야 사림들이 답답함을 풀기 위해 명산을 유람하였을 법도 한데, 16세기 전반기에는 의외로 앞 시대 명산을 유람하던 풍조가 나타나지 않는다. 그것은 유람을 할

만큼의 정신적 여유가 없었기 때문이기도 하겠지만, 기묘사화 이후 사림
피 지식인들이 자신의 정체성과 존재방식을 찾기에 여념이 없었기 때문
일 수도 있다.

그러다 조광조(趙光祖) 다음 세대들이 중년층으로 성장하는 16세기 중
반에 이르면 지리산 유람록이 다시 나타나기 시작하는데, 1558년에 지어
진 조식(曺植)의 「유두류록(遊頭流錄)」이 그 대표적인 작품이다.[3] 조식이
남긴 유람록을 보면, 진주목사 김홍(金泓)을 비롯하여 이공량(李公亮)·이
희안(李希顔)·이정(李楨) 등 당대 진주 인근의 명사 수십 명이 함께 한
성대한 유람이었다. 독자적인 유람 동기나 목적의식을 갖고 유람을 한
것은 아니지만, 조식은 조선을 대표하는 도학자로서의 의식성향을 잘
드러내고 있어, 16세기 사의식을 살피기에는 더 없이 좋은 자료이다.

조식은 1558년 음력 4월에 쌍계사 방면을 유람하였다. 쌍계사 방면은
청학동(靑鶴洞)과 삼신동(三神洞)으로 대표되는 신선세계를 의미하기 때
문에 이들은 일상의 현실에서 벗어나 선계(仙界)를 찾아 흉금을 탕척(蕩滌)
하는 것을 목표로 했을 것이다. 조식은 유람록 말미에 자신이 지리산 속에
들어가 살고자 하는 심경을 그려놓았는데, 이 유람을 다녀온 3년 뒤 그는
천왕봉이 보이는 덕산(德山)으로 들어가 그곳에서 만년을 보냈다.

조식의 유람록이 나온 뒤에도 한동안 지리산유람록은 나타나지 않는
다. 그의 문도들이 스승을 본받아 지리산을 즐겨 올랐을 법도 한데, 전혀
보이지 않는다. 그것은 아마도 선조의 즉위와 함께 척신정치가 막을 내
리고 사림정치가 열리다 보니, 재야의 학자들이 현실문제에 분주해 산을

---

3 16세기 중반에 지어진 지리산유람록은 曺植의 「遊頭流錄」뿐이다. 그러나 이 시기에
   李滉의 문인 黃俊良도 1545년 4월 지리산을 유람하고 장편시 「遊頭流山紀行篇」 및
   10여 편의 시를 남겼다.

유람할 여유를 갖지 못했기 때문이 아닌가 한다.

조식의 문인 또는 재전문인으로서 지리산을 유람하고 기록을 남긴 사람은 광해 연간에 나타나는데, 대표적인 인물이 함양 출신 박여량(朴汝樑)과 진주 출신 성여신(成汝信)·박민(朴敏)이다. 성여신은 조식의 문인이고, 박여량은 조식의 문인 정인홍(鄭仁弘)의 문인이며, 박민은 조식의 문인 최영경(崔永慶)·정인홍·정구(鄭逑) 등에게 배운 재전문인에 해당하는 인물이다.

선조 연간에 지리산을 유람하고 기록을 남긴 사람은 전라도 유생 변사정(邊士貞)과 양대박(梁大樸)이다. 변사정은 전라도 남원 사람으로 26세 때 운봉(雲峯) 도탄(桃灘) 가에 정사를 짓고 은거하였다. 그는 이항(李恒)의 문하에서 수학하고, 함양 출신 노진(盧禛)에게도 배웠으며, 김천일(金千鎰)·기대승(奇大升)·박광옥(朴光玉)·정염(丁焰)·양대박(梁大樸) 등과 교유하였다. 1583년 학행으로 천거되어 참봉을 지냈다. 임진왜란 때는 남원에서 의병을 일으켜 창원·함안 등지에서 왜적을 무찔렀으며, 1593년 진주성 제2차 전투 때 군량미 수백 석을 운반하여 지원하였다.

변사정은 도탄에 은거하던 1586년 음력 9월 정염·김천일·양사형(梁士衡)·하맹보(河孟寶) 등과 7일 동안 지리산을 유람하였다. 이들의 유람은 정염(丁焰)의 제안으로 이루어졌는데, 재야 사인들이 회포를 풀기 위한 것이었다. 이 유람록은 일록(日錄)의 형식으로 기술하였지만, 내용이 소략하고 경관에 대한 묘사나 느낀 감회를 드러낸 것이 거의 없는 평면적 서술로 되어 있어 사의식을 살피기에는 한계가 많다.

그 뒤 변사정의 후배인 동향의 양대박이 지리산을 유람하고 유람록을 남겼다. 그는 정사룡(鄭士龍)에게 수학하였으며, 남원에 살고 있었다. 18세 때 지리산을 처음으로 유람하였고, 23세 때인 1565년 신심원(申深遠)

등과 함께 천왕봉을 유람하였으며, 38세 때인 1580년 지리산을 다시 유람하였고, 1586년 오적(吳積) 등과 함께 지리산을 유람하고 「두류산기행록(頭流山紀行錄)」을 남겼다. 그는 임진왜란이 일어나자 의병을 일으켜 왜적과 싸우다가 1592년 7월 7일 진중에서 사망하였다.

양대박은 현실세계에서 뜻을 얻지 못하여 은거하던 중 지리산을 유람하였기 때문에 당시의 정치적 상황과 맞물린 그의 사의식을 엿볼 수 있을 것으로 기대된다.

하수일(河受一)은 진주 수곡 출신이며, 조식의 문인 하항(河沆)에게 수학하여 남명의 재전 문인에 해당하는 인물이다. 그는 1591년 문과에 급제하여 형조 정랑 등을 지냈다. 하수일은 지리산의 자락에 있는 하동군 청암의 서악(西嶽)과 대원사 계곡의 장항동(獐項洞)을 유람하고 유람기를 남겼는데, 사의식이 잘 나타나 있지 않다.

Ⅲ. 지리산유람의 목적과 방향

조선시대 사인들이 지리산을 유람하게 된 동기는 대체로 두 가지로 볼 수 있다. 하나는 공자가(孔子)가 태산(泰山)에 올라 천하를 작게 여긴 등태산이소천하(登泰山而小天下) 의식을 본받아 정신세계를 높게 지향하는 것이며, 하나는 청학동(靑鶴洞)·삼신동(三神洞) 등 선계에서 노닐며 탈속적 정취를 즐기기 위함이다. 전자는 흉금을 펴고 정신을 상쾌하게 하며 시야를 확대하여 정신적 지향을 높게 가지는 것을 목적으로 하며, 후자는 이상과 현실이 괴리되었을 때 불화를 달래기 위한 수단으로 흉금을 탕척하여 속세의 티끌을 씻어내고 정신적 자유를 맛보는 것을 목적으로 한다.

이처럼 전자는 높은 정신적 지향을, 후자는 깨끗한 탈속적 선취(仙趣)를 맛보기 위한 것이므로, 그 목적에 따라 찾아가는 곳도 나누어진다. 전자는 천왕봉(天王峯)에 오르는 것을 목표로 하고, 후자는 청학동·삼신동을 찾는 것을 목표로 한다.

지리산유람록을 분석해 보면, 대체로 천왕봉을 오르는 경우와 청학동을 찾는 경우로 구분된다. 그런데 본고에서 검토대상으로 하는 15~16세기유람록은 그처럼 확연하게 구별되지 않는다. 이 시기 유람 가운데 조식은 쌍계사 방면만을 유람하였는데, 그것은 자신의 독자적 의도에 의한 것이 아니고 여럿이 함께 한 여정이었기 때문이다. 그 나머지 사람들은 모두 천왕봉에 올랐으며, 김종직을 제외하고는 모두 삼신동·청학동을 함께 유람하였다. 이 점이 후인들의 유람과 변별되는 특징이다. 후인들 중에 이 양자를 모두 유람한 사람이 간혹 있지만, 둘 중에 하나만을 택해 유람하는 경우가 훨씬 더 많다.

전자의 경우, 김종직의 유람록에 보이는 것처럼 천왕봉에서 해돋이를 구경하고 사방을 조망한 뒤 '가슴속이 탁 트이고 시야가 넓어짐을 느낀다.'는 정신적 상쾌함을 드러낸 경우가 많다. 그러나 현실세계에서 뜻을 얻지 못한 성여신(成汝信)은 천왕봉에서 북쪽으로 한양을 바라보며 임금과의 만남을 상징적으로 드러냈으며[4], 정치권에서 물러나려 했던 유몽인(柳夢寅)은 천왕봉에 올라 항아리 속에서 태어났다 죽는 초파리 같은 인생의 덧없음을 느끼기도 하였다.[5]

---

4 成汝信, 『浮査集』 권2, 「遊頭流山詩」 "北望五雲中 中有蓬萊之宮闕 分宅占丁戊 後白岳前木覓 美人兮美人兮 不知爲朝雲爲暮雨 使我思之心惻惻"

5 柳夢寅, 『於于集』 권6, 「遊頭流山錄」. "嗚呼 浮世可憐哉 醯鷄衆生 起滅於甕裏 攬而

후자의 경우, 현실과의 갈등이 별로 없는 오두인(吳斗寅)처럼 신선세계를 노닐며 상쾌함을 맛보기 위해 유람하거나[6], 조식(曺植)처럼 여러 사람들과 산수를 구경하며 노닐기 위해 유람하기도 하지만, 현실에서의 불평한 심경을 해소하기 위해 유람한 경우가 많다. 예컨대 성여신은 현실에서의 불화가 극에 달하자 '신선을 배우는 사람이 되겠다.'고 읊조리며 진선(眞仙)을 찾아 선유(仙遊)를 하였다.[7]

화개동(花開洞)에는 삼신동·청학동이 있다. 이곳에는 우리나라 선가(仙家)의 비조인 최치원(崔致遠)과 관련된 유적과 전설이 많다. 신라 말 난세에 불우하여 지리산에 들어와 신선이 되었다는 최치원은 '최선(崔仙)' 또는 '유선(儒仙)'으로 불리며 후대 불우한 지식인의 정신적 귀의처가 되었다. 성여신은 극대화된 불화를 달랠 길이 없자 불일암에 올라 '고운(孤雲)을 부름이여, 진결(眞訣)을 묻노라'라고 읊조렸으며[8], 김지백(金之白)은 화개동을 최치원이 노닐고 청학이 살던 신선세계로 인식하였다.[9] 이들은 모두 최치원을 신선으로 여기며, 그 세계에 들어가길 원했다.

이처럼 조선시대 사인들의 지리산유람은 대체로 이 두 가지 목적에 따라 유산의 방향도 정해졌는데, 종종 이 둘을 겸한 경우도 있다. 그런데 15~16세기 유람록을 보면 양자를 겸한 경우가 더 많은 것이 특징인데,

---

將之 曾不盈一掬 而彼竊竊焉自私焉 是也非也 歡也戚也者 豈不大可噱乎哉"

6 吳斗寅, 『陽谷集』 권3, 「頭流山記」 참조.

7 成汝信, 『浮査集』 권5, 「方丈山仙遊日記」, "我是寰中人 初非物外人 秋風動高興 將作學仙人 …… 一身已潦倒 百計入長嗟 拂袖尋眞路 佳期喜不差"

8 上同. "喚孤雲兮問眞訣"

9 金之伯, 『澹虛齋集』 권3, 「遊頭流山記」, "崔學士孤雲 亦嘗棲遲憩息乎此 其奇踪之歷歷者 於雙溪寺特著 自雙溪可十里許 有所謂靑鶴洞 舊有赤頂靑翅者 遊焉 而今不來有年 岸竇只有空巢在 …… 果有石門 四大字刻 在洞口雙石面 鐵劃不泐 依然若昨日事 可想崔仙面目"

이는 이 양자에 대한 인식이 뚜렷하게 분화되지 않은 것을 반영한다.

조선시대 천왕봉에 오르는 것을 목표로 한 경우, 유산 코스는 다음과 같다.

- A코스 : 백무동 → 하동바위 → 제석당〈장터목 근처〉 → 천왕봉
- B코스 : 중산리 → 법계사 → 천왕봉
- C코스 : 함양군 휴천면, 산청군 금서면 → 쑥밭재 → 하봉 → 중봉 → 천왕봉
- D코스 : 삼신동 또는 백무동 - 세석 → 제석당 → 천왕봉
- E코스 : 대원사 → 중봉 → 천왕봉
- F코스 : 중산리 → 장터목 → 천왕봉

이 가운데 A·B·C코스로 등산하는 것이 가장 많은데, A코스로 등산한 사람은 양대박(梁大樸)·박여량(朴汝樑)·박장원(朴長遠) 등이고, B코스로 등산한 사람은 이륙(李陸)·김일손(金馹孫)·정식(鄭栻)·박래오(朴來吾)·안치권(安致權)·강병주(姜柄周)·송병순(宋秉珣) 등이며, C코스로 등산한 사람은 김종직(金宗直)·변사정(邊士貞)·유몽인(柳夢寅) 등이다. D코스로 등산한 사람은 송광연(宋光淵)·김문학(金文學)·송병선(宋秉璿)·정덕영(鄭德永) 등이며, E코스로 등산한 사람은 조선후기의 허유(許愈)·정재규(鄭載圭) 등이고, F코스로 등산한 사람은 유문룡(柳汶龍)·하익범(河益範) 등이다. 이를 보면 E코스와 F코스는 후기에 개척되었으며, 조선중기 이전에는 주로 A·B·C 세 코스로 천왕봉에 올랐던 것을 알 수 있다.

하산코스는 등산했던 길로 되돌아오는 경우와 다른 코스를 택해 하산하는 경우가 있다. 이륙과 유몽인은 천왕봉 → 세석 → 영신암 → 의신사 → 신흥사 → 쌍계사로 하산하여 다른 코스를 택했는데, 이는 천왕봉과

청학동을 모두 목표로 한 경우이다. 반대로 청학동·삼신동 등을 먼저 둘러보고 대성동 골짜기를 거쳐 D코스로 등산한 경우도 있는데, 이 역시 두 가지 목표를 모두 가진 경우이다. 그러나 등산했던 코스로 하산한 경우가 더 많이 나타난다. 이는 유람의 목적이 어느 한쪽에 분명히 있음을 보여준다.

청학동·삼신동의 신선세계를 목표로 한 경우, 칠불암·의신사 위쪽으로 더 올라간 사람은 흔치 않고, 대부분 이 곳을 유람하는 데서 그치고 있다. 이 방면을 유람한 사람으로는 조식(曺植)·성여신(成汝信)·박민(朴敏)·조위한(趙緯韓)·양경우(梁慶遇)·오두인(吳斗寅)·송광연(宋光淵)·정식(鄭栻)·황도익(黃道翼)·이주대(李柱大)·김문학(金文學)·하익범(河益範)·유문룡(柳汶龍)·노광무(盧光懋)·송병선(宋秉璿)·김성렬(金成烈)·김택술(金澤述)·하겸진(河謙鎭)·양회갑(梁會甲) 등이 있다.

Ⅳ. 지리산유람록을 통해 본 사의식

1. 불교·무속에 대한 비판

조선시대는 사대부가 정치의 주체로 등장한 이른바 사대부정치 시대이다. 조선전기 사대부들은 성리학으로 정신적 무장을 하여, 불교·무속 등으로 타락한 사회의 풍상을 쇄신하려 하였다. 사인들은 기본적으로 이런 이념을 가지고 있었기에 대부분 불교에 대해 부정적인 시각을 갖고 있다. 특히 조선전기 사림파는 훈구파보다 높은 도덕성을 확보하려 하였으며, 도덕적 실천에 대한 인식이 그 전의 지식인들에 비해 훨씬 각별했다. 그리고 16세기 이후 도학자들은 자신의 정체성을 더욱 선명히 하여 숭정학(崇正學)·벽이단(闢異端)의 기치를 높이 내걸었다.

우선 이들의 무속(巫俗)에 대한 인식을 살펴보기로 한다. 지리산의 무속신앙은 백무동에서 제석당을 거쳐 천왕봉 성모사로 이어지는 성모(聖母)를 섬기는 신앙이 대표적이라 할 수 있다. 천왕봉의 성모가 어떤 신인지에 대해서는 여러 가지 설이 있는데, 그 가운데 하나가 딸을 아흔 아홉 명 낳아 조선무속의 어머니가 되었다는 설이다. 요컨대 성모는 조선무속신앙의 원조라는 것이다.

그렇다면 천왕봉 성모에 대해, 이 시기 지리산을 유람한 유교지식인들은 어떤 의식을 보이고 있을까? 이륙과 변사정은 평을 남기지 않아 그들의 의식이 어떠했는지를 가늠할 수 없다. 또 조식은 천왕봉에 오르지 않았기 때문에 제외하고, 나머지 김종직·남효온·김일손·양대박의 의식을 살펴보기로 한다.

김종직(金宗直)은 천왕봉에 올라 날씨가 불순해서 사방을 조망할 수 없게 되자, 성모에게 술을 따르고 제문을 지어 고유(告由)했다. 그는 성모를 석가의 어머니인 마야부인(摩耶夫人)으로 보는 속설을 부정하고, 이승휴(李承休)의 『제왕운기(帝王韻紀)』에 나오는 설을 인용해 고려 태조의 어머니인 위숙왕후(威肅王后)로 보았다. 그러나 그는 이 설에 대해서도 고려 사람들이 자기 나라 임금의 계통을 신성시하기 위해 지어낸 것이라 여겨 신빙하지 않았다. 그렇지만 그는 날이 개이기를 간절히 바라는 마음에 성모에게 제사를 지냈다.[10] 이 경우는 성모를 산신으로 보는

---

10 金宗直, 『佔畢齋集』 文集 권2, 「遊頭流錄」, "余冠帶盥洗 捫石磴入廟 以酒果告于聖母曰……酹已 共坐神位前 酒數行而罷……又問聖母 世謂之何神也 曰 釋迦之母摩耶夫人也 噫 有是哉 西竺與東震 猶隔千百世界 迦維國婦[婦: 규장각 소장 별책 『유두류록』에는 '夫'로 되어 있다.]人 焉得爲玆土之神 余嘗讀李承休帝王韻記 聖母命詵師 註云 今智異天王 乃指高麗太祖之妣威肅王后也 高麗人習聞仙桃聖母之說 欲神其君之系 創

시각이 전제되어 있다. 그러니까 산신에게 날이 개게 해달라고 기청제(祈晴祭)를 지낸 것이다.

반면 그의 문인 김일손(金馹孫)과 정여창(鄭汝昌)은 제사를 지내는 문제에 대해 신중한 태도를 보인다. 김일손은 당나라 때 한유(韓愈)가 중국 남악(南嶽)인 형산(衡山)의 신에게 날씨의 쾌청을 빈 고사를 인용하며 성모에게 기도하려고 제문까지 지었다. 그때 정여창은 "세상 사람들은 모두 마야부인이라 하는데 그대는 위숙왕후라고 확신하니, 세상 사람들의 의심을 면치 못할까 두렵다."라고 하면서 제사를 말렸다. 그러자 김일손은 "명산대천의 신에게 제사지내는 예를 따라 산신령으로 보면 되지 않는가?"라고 반문을 하였고, 정여창은 "국가에서 산신령에게 제사하지 않고 성모(聖母)나 가섭(迦葉)에게 기우제를 지내고 있는데 그대가 성모를 산신령으로 여겨 제사지내면 국법에 어긋난다."라고 반론을 폈다. 이에 김일손도 어쩔 수 없어 제사를 그만두고 말았다.[11]

여기서 김종직·김일손과 정여창의 사의식이 확연히 다른 것을 확인할 수 있다. 김종직과 김일손은 성모에게 제사지내는 것에 대해 산신령에게 제사를 지내는 것이므로 별다른 문제가 없다고 여겼다. 그러나 정여창은 유학자로서의 본분에 따른 인식을 분명히 하여, 국가에서 지리산 산신에게 제사를 지내지 않는데, 개인이 사적으로 산신에게 제사를 지내는 것은 국법에 어긋난다는 점을 지적하였다. 사림파의 사의식이 한층

爲是談 承休信之 筆之韻記 此亦不可徵 矧緇流妄誕幻惑之言乎 且旣謂之摩耶 而污衊
以國師 其褻慢不敬 孰甚焉 此不可不辨"

11 金馹孫, 『濯纓集』 권5, 「頭流紀行錄」. "文旣成且酹 伯勗曰 世方以爲摩耶夫人 而子明
其威肅王后 恐未免世人之疑 不如已之 余曰 且除威肅摩耶 而山靈可酹 伯勗曰 曾謂
泰山不如林放乎 且國家行香 不於山靈 而每於聖母或迦葉 子將奈何 余曰 然則頭流之
靈 不享矣 棄山鎭而瀆淫祀 是則秩宗者之過也 遂止"

선명해진 모습을 보여준다.

후대 사람들 중에는 김종직이 성모에게 제사한 것을 흠으로 여기며 유학자로서의 사의식이 부족했음을 지적하는 사람도 있다. 그러나 조선 후기로 내려오면 개인이 날이 개이게 해달라고 산신령에게 제사를 지내는 것은 큰 문제가 없다고 여겨 산신에게 제사지내는 것을 혐의로 여기지 않았다.

한편 남효온(南孝溫)은 '천왕봉 성모는 마야부인으로 이 산의 산신령이 되어 세상의 화복(禍福)을 주관한다.'는 승려의 말을 듣고서, '문헌상의 근거가 없는 요원한 말'이라고 대수롭지 않게 여기며 무시하였다.[12] 양대박(梁大樸)은 '성모상은 마야부인으로 두류산 제일봉의 주인이 되었으니 업신여겨서는 안 된다.'고 하는 승려의 말에 대해, '그대의 말은 혹세무민하기에 족하다.'고 하여 부정했으며, 무당의 사당이 있던 백무동의 백무당(百巫堂)을 지나면서는 '잡신들이 모셔져 있고 무당들이 모이는 곳이므로 얼른 떠나야 할 곳'으로 여겼다.[13] 이를 보면, 이들도 유자로서의 사의식이 분명했음을 알 수 있다.

다음은 불교(佛敎)에 대한 비판의식을 살펴보기로 한다. 김종직(金宗直)은 천왕봉의 성모가 석가의 어머니 마야부인이라고 하는 설에 대해, '인도는 우리나라에서 수만 리나 떨어진 곳인데 어떻게 이곳까지 올 수

---

12 南孝溫, 『秋江集』 권6, 「智異山日課」, "見所謂天王者 僧曰 此釋伽母摩倻夫人爲此山 神 禍福當世 將來代生彌勒佛者 其言一何邈遠而無文據"

13 梁大樸, 『淸溪集』 권4, 「頭流山紀行錄」, "又山行十餘里 到白門堂-或云百巫堂- 堂卽 路旁蘂祠 林魑山魅之所依也 越巫吳覡之所聚也 擊缶圖書夜 鷺翿無冬夏 堂中繪像 眩 怪難狀 可唾不可留也 促飯着屐 不顧而出 …… 屋內有架 架上設聖母像 卽釋迦佛母摩 倻夫人也 僧云 夫人自言飛過東方萬八千土 願爲頭流第一峯主云 故設像而祀 歷千百 年 可敬不可褻也 余大笑曰 汝言足以惑世 宜乎巫覡之奔波也"

있겠는가?'라는 관점에서 믿을 수 없는 설이라고 일축해 버린다. 또 영신암(靈神庵) 뒤의 가섭상(伽葉像) 오른팔에 불에 탄 듯한 흉터가 있는 것을 두고, 승려들이 '겁화(劫火)에 탄 것으로 조금 더 타면 미륵세상이 온다.'고 하자, '돌에 난 흔적이 본래 그런 것'이라고 하며, '황당하고 괴이한 혹세무민하는 말'이라고 가증스럽게 여겼다.[14] 이런 것들을 보면, 김종직은 불교에 대해 매우 부정적인 인식을 하고 있는 것을 알 수 있다.

남효온도 가섭상에 대해, 세속에서 영험이 있다고 하는 말을 부정하며 하나의 돌덩이일 뿐이라고 하였다. 또 의신사(義神寺)에서 의신조사(義神祖師)의 설화를 듣고 허풍이 심하다고 하였으며, 화엄사를 유람하면서 송나라 인종(仁宗)이 황후를 위해 극륜사(極輪寺)를 지었다는 승려가 들려준 창건설화에 대해서도 믿을 만한 것이 못된다고 일축해 버렸다. 또 승려들과 대화를 하면서 느낀 소감을 '허무맹랑한 말을 마구 하면서 윤회설을 고집하였다.'고 하였다.[15]

이를 보면 남효온은 승려들과 선(禪)에 대해 토론을 하기도 하였지만, 유학자로서의 사의식은 변치 않고 있으며, 불교와 승려들에 대해 부정적으로 인식하고 있었음을 알 수 있다.

김일손(金馹孫)은 장터목 근처에 있던 향적사(香積寺)에서 절을 중건하기 위해 쌓아 둔 목재를 보고 "백성들이 사교(邪敎)에 탐닉하는 것이

---

14 金宗直, 『佔畢齋集』 文集 권2, 「遊頭流錄」. "噫 有是哉 西竺與東震 猶隔千百世界 迦維國婦人 焉得爲玆土之神……其右肱有瘢 似燃燒 亦云劫火所焚 稍加焚 則爲彌勒世 夫石痕本如是 而乃以荒怪之語誑愚民 使邀來世利益者 爭施錢布 誠可憎也"

15 南孝溫, 『秋江集』 권4, 「智異山日課」. "更與語 妄說參差 固執回輪之科 …… 庵後有伽葉殿 世俗所謂有靈驗者 余詳視之 一石頑然 …… 殿內 有金佛一軀 西側室 有僧像一軀 余問此何人 僧曰 此義神祖師也 …… 其言甚庬 …… 僧云 宋仁宗皇帝愛妃薨逝 夢告於仁宗曰 妾入高麗國智異山南花嚴寺洞地獄 願爲妾作冥福 帝愴然作極倫寺 其言無文據 未足信也"

우리들이 정도(正道)를 믿는 것과 다르구나."라고 탄식한 것을 보면[16], 그 역시 불교를 사교로 보고 유교를 정도로 보는 인식이 확고하다. 그러나 도학군자로 이름 난 정여창(鄭汝昌)이 사의식을 선명히 하여 행사에 근신한 것에 비하면, 김종직·김일손은 정여창에 비해 유학자로서의 자기정체성 확립에 미진한 점이 발견된다.

양대박(梁大樸)은 불교에 대해 지적한 말이 없지만, 성모상을 두고 혹세무민하는 말이라고 한 것을 보면[17], 그 역시 유학자로서의 사의식은 동일했을 것으로 보인다. 다만 그는 16세기 도학자들에 비해 비교적 유연한 사고를 하고 있다. 그는 지리산을 신선들과 고승들이 모여 사는 은일의 세계로 인식하여 늘 그리워하였으며, 백무동 입구의 군자사(君子寺)의 승려들이 부역에 시달리는 것을 목격하고 이를 안타깝게 생각할 정도로 우호적이었던 것[18]이 이를 입증한다.

조식(曺植)의 문인 성여신(成汝信)은 22세 때 단속사(斷俗寺)에서 과거 공부를 할 적에 『삼가귀감』을 출간하면서 유가(儒家)를 맨 뒤에 둔 것에 분개하여 책판을 불사르는 과격한 행동을 보였고, 조식의 재전 문인 박여량(朴汝樑)도 유생으로서 승려가 된 사람을 보고 '성씨를 버리고 집안을 돌보지 않으니 매우 미혹된 자들이다.'라고 비판적인 태도를 보였다.[19]

---

16 金馹孫, 『濯纓執』 권5, 「頭流紀行錄」. "香積傍 有大木數百章積焉 問僧何爲 僧曰 老子 行乞於湖南諸州 漕致蟾津 寸寸而輪 欲新此寺 已六年矣 余曰 吾儒之於學宮 其未[未: 「속두류록」에는 '末'로 되어 있다.]矣 釋氏之敎 覃自西域 愚夫愚婦 奉之軼於文宣王 民之耽邪 不如信正之篤矣"

17 梁大樸, 『淸溪執』 권4, 「頭流山紀行錄」. "僧云 夫人自言飛過東方萬八千土 願爲頭流 第一峯主云 故設像而祀 歷千百年 可敬不可褻也 余大笑曰 汝言足以惑世 宜乎巫覡之 奔波也"

18 上同. "豈以其雄呑溟海 建標天地 群仙所居 龍象所會者歟 …… 噫 苛政所及至此耶 山 間乞食之流 與編列同科 則剝膚之苦 雖禽獸不得免矣 咨嗟良久"

이처럼 16세기 사화를 거치면서 사의식이 본명해진 사인들에게서는 불교를 배척하는 성향이 뚜렷하게 나타난다. 특히 16세기 중반 승려 보우(普雨)가 궁중에 출입하면서 사림파 지식인들은 불교를 더욱 비판적으로 인식하였다. 조식의 경우는 박학하고 개방적인 학문을 추구하여 불교를 신랄하게 비판하지는 않았다. 그러나 그 역시 실천을 위주로 하는 도학자였기 때문에 불교는 실지(實地)가 없다고 비판하였다.[20]

2. 경세제민의 현실인식

다음은 이 시기 사인들이 지리산을 유람하면서 백성들이나 승려들이 부역(賦役)에 시달리고 공물(貢物)을 헌납하기 위해 고역(苦役)을 하고 있는 참상을 목격하고서, 경세제민의 이상을 드러내고 있는 점에 대해 살펴보기로 하겠다.

조선시대 사인들은 사화와 당쟁의 와중에서 출사를 포기하고 초야에서 학문에 전념한 경우가 많다. 그러나 그들이 현실을 외면한 것은 아니었다. 그들은 불합리한 현실을 보면 나라와 백성을 걱정하였다. 때로는 불우하여 낙척(落拓)한 사인들이 갈등이 없는 탈속적인 세계를 그리워하기도 하였지만, 사인의 본분을 잊지 않고 본연의 자세를 늘 환기하였다.

김종직(金宗直)은 유람을 하다가 나무에 잣이 많이 달리지 않은 것을 보고서 백성들이 공물로 바칠 수량을 걱정하였으며, 산등성이에 움막을 지어 놓고 매를 사냥하는 사람들의 참혹한 실상을 보고서 노리갯감으로

---

19 朴汝樑, 『感樹齋集』 권6, 「頭流山日錄」, "又兄弟爲僧 以絕其姓而莫之恤 可謂惑之甚者也"

20 曹植, 『南冥集』 권2, 「乙卯辭職疏」, "佛氏所謂眞定者 只是存此心而已 其爲上達天理則儒釋一也 但施之人事者 無脚踏地 故吾家不學之矣"

충당하기 위해 밤낮으로 눈보라를 맞으며 고생하게 한다고 애민정신을 드러냈다.[21]

남효온(南孝溫)은 산수를 떠돌고 있던 탓인지 경세제민의 사의식을 별로 드러내지 않고 있다. 그러나 김일손(金馹孫)은 쌍계사 승려들이 공물에 시달리는 것을 목격하고 "오대산(五臺山: 하동군 옥종면)의 주민들이 이정(里正:里長)의 포학에 시달린다고 들었는데, 쌍계사의 승려들도 물고기를 잡는 물건을 관아에 바쳐야 하는 지경에 이르렀으니, 산 속에 사는 것도 편치 못하구나."라고 하여, 민생의 괴로움을 통탄하며 정치력의 부재를 비판했다.[22] 또 그는 좌방사(坐方寺)에 들렀을 때 깊숙한 골짜기까지 들어와 농지를 개간하는 사람들을 보고서 "백성들의 생활을 넉넉하게 하고 그들을 교화시킬 방도를 생각해야 할 것이다."라고 경세제민의 의식을 드러냈으며, 산간의 주민들이 잣·밤 등의 공물을 충당할 수 없어 다른 지역에 가서 사다가 관청에 내는 폐단을 목격하고서 우려를 금치 못하였다.[23]

조식(曺植)은 민생의 피폐함을 집권층의 부패에 있다고 보아 쇄신할 것을 국왕에게 강력히 상소하기도 하였는데, 그런 의식이 그의 유람록에

---

21 金宗直, 『佔畢齋集』文集 권2, 「遊頭流錄」. "海松尤多 土人 每秋採之 以充貢額 今歲 無一樹帶殼 苟取盈 則吾民奈何 守令適見之 是則幸也……見溪上草廠數間 周以柴柵 有土炕 乃內廂捕鷹幕也 余自永郎岾至此 見岡巒處處設捕鷹之具 不可勝記 秋氣未高 時無採捕者 鷹準 雲漢間物也 安知峻絶之地 有執械豊蔀而伺者 見餌而貪 猝爲羅網所 絓 條鏃所制 亦可以儆人矣 且夫進獻 不過一二連 而謀充戱玩 使鶉衣啜殘者 日夜耐 風雪 跧伏於千仞峯頭 有仁心者 所不忍也"

22 金馹孫, 『濯纓集』 권5, 「頭流紀行錄」. "余亦顰蹙久之 五臺之民 旣不免里正之暴 雙磎 僧 又將供毒魚之物 山林亦不安矣"

23 上同. "寺前栗樹 皆爲斧斤斫倒 問僧胡然 僧曰 民有欲田之者 禁亦不能 余歎曰 太山長 谷 耕墾亦及 國家民旣庶矣 當思所以富而敎之也……每歲官督海松 民常轉貿於産鄉以 充貢云 凡事耳聞 不如眼見者類此"

도 잘 드러나 있다.

> 쌍계사와 신응사(神凝寺) 두 절은 모두 두류산 깊숙한 곳에 있어, 푸른 산봉우리가 하늘을 찌르고 흰 구름이 산 문턱에 걸려 있다. 그래서 인가가 드물듯 한데 이곳까지 관청의 부역이 미쳐, 식량을 싸들고 부역하러 오가는 사람들이 줄을 이었다. 주민들이 부역에 시달리다 보니, 모두 흩어져 떠나는 지경에 이르렀다. 이 절의 승려가 나에게 청하기를, 고을 목사에게 부역을 조금 줄여 달라는 내용의 편지를 써 달라고 하였다. 그들이 하소연할 데가 없음을 안타깝게 생각해서 편지를 써주었다. 산에 사는 승려의 형편도 이러하니, 산골 백성들의 사정을 알 수 있겠다. 정사는 번거롭고 세금은 과중하니, 백성들이 뿔뿔이 흩어져 아버지와 자식이 함께 살지 못하고 있다.[24]

번거로운 정사와 과중한 세금에 백성들이 흩어진 현실을 직시하는 사의식이 엿보인다. 조식은 이런 생각을 하며, 자신들이 한가롭게 유람하는 것에 대해 유감을 표명하였다.

양대박(梁大樸)의 경우에도 비슷한 의식이 보인다. 그는 백무동 입구의 군자사(君子寺)에 이르러 절이 무너지고 경내가 적막한 것을 보고 승려에게 묻자, 그 절의 승려는 사대부들이 지리산을 유람할 적에 시중을 들고 관청의 부역에 시달리다 보니 중들이 뿔뿔이 흩어져 거의 폐사가 되었다고 하였다. 그 승려의 말을 듣고 양대박은 "아! 가혹한 정치의 폐단이 이 지경까지 이르렀는가? 산 속에 걸식하는 승려들도 백성들과 마찬가지

---

24 曺植, 『南冥集』권2, 「遊頭流錄」. "雙磎·神凝兩寺 皆在頭流心腹 碧嶺挿天 白雲鎖門 疑若人煙罕到 而猶不廢公家之役 贏粮聚徒 去來相續 皆至散去 寺僧乞簡於州牧 以舒 一分 等憐其無告 裁簡與之 山僧如此 村氓可知矣 政煩賦重 民卒流亡 父子不相保"

로 부역에 시달리니, 살을 깎는 듯한 고통은 금수라도 면치 못할 것이다."
라고 하며 탄식하였다.[25] 양대박이 유람한 때는 사림정치가 이루어진 시
대였는데도 민생의 삶은 여전히 나아지지 않고 있었음을 보여준다.

조선시대 사인들이 지리산을 유람하면서 잠시 신선세계에 몰입하는
경향을 보이기도 하지만, 그들은 자신의 본분을 저버리지 않고 곧 사의
식을 되찾는다. 이를 단적으로 보여주는 경우가 조식의 문인 성여신(成
汝信)에게서 나타난다. 성여신은 출사를 하지 못한 불우에다 당시 집권
층과 노선을 달리 함으로써 불화가 극대화되어 선계를 유람하며 신선이
되고 싶어 한다. 그러나 그는 「방장산선유일기(方丈山仙遊日記)」 말미에
다음과 같이 기록해 놓았다.

사(士)의 한 몸은 경세제민을 그 계책으로 삼고, 사(士)의 한 마음은
남과 함께 선을 행하고자 하는 것으로 뜻을 삼는다. 그렇지 않다면 산
에는 어찌 들어갈 수 없겠으며, 신선은 어찌 배울 수 없겠는가? 명도
선생(明道先生:程顥)의 유산시(遊山詩)에 "옷소매의 티끌을 삼일 동안
끊었다가, 남여 타고 머리 돌려 돌아가려 하노라. 평생토록 경세제민
뜻을 두지 않았다면, 한가히 노니는데 어찌 산을 나가랴."라고 하였으
니, 이는 산에 들어갈 수 없음을 말한 것이다. 회암 선생(晦庵先生:朱
熹)의 감흥시(感興詩)에 "유유히 떠나 신선이 되길 배워서, 세상을 버
리고 구름 속에 노닐거나. 선약 담은 숟가락 입에 한번 들어가면, 훤한
대낮에도 날개가 돋는다네. 세속을 벗어나긴 어렵지 않으나, 구차하게
사는 삶이 어찌 편안하리."라고 하였으니, 이는 신선을 배우는 것이 불

25 梁大樸, 『淸溪集』 권4, 「頭流山紀行錄」. "兩箇老僧出迎門外 陰廊半頹 佛殿寥落 殊非
昔日之君子寺也 余怪而訊之 有僧蹙頞日 遊人織路 官役如山 僧安得不殘 寺焉能依舊
哉 因屈指數其官役之所侵 而備述其所以焉……噫 苛政所及至此耶 山間乞食之流 與
編列同科 則剝膚之苦 雖禽獸不得免矣 吾嗟良久"

가함을 말한 것이다. 그렇다면 지금 우리들의 선유(仙遊)는 이름은 비록 '선(仙)'이지만, 실제는 '선(仙)'이 아닌 것이다.[26]

성여신은 사(士)의 본분을 홀로 자신만을 선하게 하는 독선기신(獨善其身)이 아닌 세상을 경륜하여 백성을 구제하는 경세제민(經世濟民)과 천하 사람들과 함께 선을 행하는 겸선천하(兼善天下)로 규정하고 있다. 『맹자』에 "곤궁하여 벼슬길에 나아가지 못하면 자신을 선하게 하고, 현달하여 벼슬길에 나아가면 천하 사람들과 선을 함께 한다."라고 하였는데, 성여신은 이를 보다 적극적으로 받아들여 사인의 이상과 포부를 드러낸 것이다.

그리하여 그는 뜻을 얻지 못한 사인일지라도 현실에 등을 돌리고 산속에 들어가 신선이 되는 것은 바람직하지 못한 것으로 여기고 있다. 그래서 그의 선유(仙遊)는 명목만 선유였을 뿐 실제로는 선(仙)이 아니었다고 결론을 내리고 있다. 이것이 바로 조선시대 사대부의 기본적인 사의식이다. 성여신처럼 자신의 입장을 뚜렷하게 드러내지 않았더라도 이런 사의식이 모두에게 깔려 있다고 보인다.

이처럼 15~16세기 사인들의 유람록에는 승려나 민간의 과중한 조세와 부역, 그리고 실정을 고려하지 않은 공물의 부과 등에 대한 민생의 고충을 직시하고 이를 구제하려는 경세제민의 사의식을 잘 드러내고 있다. 이것이 이 시대 지리산유람록에 나타나는 하나의 특징이다.

---

26 成汝信, 『浮査集』 권5, 「方丈山仙遊日記」. "士之一身 經濟其策 士之一心 兼善其志 不然 山何可不入 仙何可不學 明道先生遊山詩曰 衿裾三日絶塵埃 欲上藍輿首更回 不是平生經濟志 等閒爭肯出山來 此言入山之不能也 晦庵先生感興詩曰 飄飄學仙侶 遺世在雲間 刀圭一入口 白日生羽翰 脫屣諒非難 偷生詎能安 此言學仙之不可也 然則今我仙遊 名雖仙也 實非仙也"

3. 역사에 대한 회고와 논평

조선시대 사대부들의 지리산유람록에는 역사 유적지에서 옛날을 돌아보며 역사를 회고하는 기록이 자주 등장하는데, 이 시기의 유람록에도 그런 의식이 종종 보인다.

김종직(金宗直)은 영신봉(靈神峯)에서 쌍계사 방면을 바라보며 신라시대 최치원의 불우를 탄식했고, 고려시대 이인로(李仁老)가 청학동을 끝내 찾지 못한 일을 떠올렸으며, 조선시대 경상우도 병마절도사 이극균(李克均)이 지리산에 숨은 도적 장영기(張永己)와 싸웠던 역사적 사실을 회상하였다. 또한 그는 천왕봉 성모상(聖母像)과 영신사(靈神寺) 가섭상(迦葉像)에 난 흠집이 '고려 말 황산(荒山)에서 이성계(李成桂)에게 패한 왜구가 달아나면서 낸 칼사국'이라는 말을 듣고서, 왜구의 잔혹함에 치를 떨기도 하였다.

이처럼 김종직의 경우는 자신이 직접 유람하지 않은 곳에 대해서도 그쪽 방면을 바라보면서 그곳에 깃든 역사적 사실을 떠올리며 그 시대와 그 인물을 상상하였다. 이와 같은 역사인식은 역사에 대한 회고에 그치지 않고, 그런 역사적 사실을 통해 현실을 돌아보는 그의 시대정신으로 나타나기도 한다.

남효온(南孝溫)은 칠불사에서 옥보고(玉寶高)의 전설을 접하고 그 내용을 기록해 놓았고, 화엄사에서 사사자삼층석탑(四獅子三層石塔)에 얽힌 설화를 듣고 상세히 기록해 놓았으며, 쌍계사에서 최치원과 관련된 일화를 역시 상세히 기록해 놓았다.

김일손(金馹孫)은 단속사 입구에 있는 최치원 글씨라고 전하는 '광제암문(廣濟嵒門)', 단속사 경내의 최치원이 머물던 치원당(致遠堂), 절에 보

관하고 있던 고문서, 고려 학사 권적(權適)이 지은 오대산 수정사기(五臺
山水精寺記), 영신사에 걸린 비해당(匪懈堂)이 그린 가섭상, 신흥사에서
들은 신선 최치원에 관한 전설, 쌍계사의 최치원 유적 등을 비교적 상세
히 기록해 놓았다.

양대박(梁大樸)은 운봉 황산(荒山)의 비전(碑殿)에서 고려 말의 왜구
침입과 이성계의 공적을 떠올렸고, 백무동의 하동바위에 이르러서 하동
군수가 천왕봉에 오르다가 이곳에 이르러 힘이 다해 통곡했다는 이야기
를 듣고서 비루하게 여기기도 하였다.

이런 경우는 역사를 회고하는 데에서 그친 경우로 논평이 없어 작가의
의식을 살필 수 없지만, 간혹 논평을 곁들인 경우도 있다. 그 가운데
하나가 쌍계사에서 최치원의 유적을 만나 인물이나 글씨에 대해 평을
남긴 것이다. 조선시대 사인들이 쌍계사를 유람하게 되면 최치원이라는
인물을 만나게 된다. 최치원은 유학자지만 만년에 불가와 선가에 몸을
의탁하였고, 신선과 관련된 수많은 전설을 남긴 인물이다. 특히 지리산
쌍계사·청학동·삼신동 등지에는 그가 신선이 되어 살아있다는 전설이
후대까지 전해졌다.

이 시기 쌍계사를 유람한 사람 가운데 이륙(李陸)·변사정(邊士貞)·조
식(曺植)은 최치원에 대해 평을 하지 않았고, 김종직(金宗直)·양대박(梁
大樸)은 쌍계사를 유람하지 않았다. 그러므로 남효온(南孝溫)·김일손(金
馹孫)의 경우만 살펴볼 수밖에 없다.

남효온은 쌍계사의 진감선사비(眞鑑禪師碑)를 보고서 '최치원이 그의
도를 칭찬한 것이 너무 심하다.'고 비판하였다.[27] 김일손은 최치원에 대

---

27 南孝溫, 『秋江集』 권6, 「智異山日課」. "文昌譽其道泰甚"

해 조선시대에 태어났더라면 나라를 빛낼 문필을 잡고 태평성대를 노래
했을 것이며 자신은 그의 문인이 되었을 것이라고 칭송하였지만, 처신
에 대해서는 선사와 부처를 위해 글짓기를 좋아하였다고 은근히 비난하
였다.[28]

이황(李滉)은 쌍계사를 유람하지 않았지만, 최치원에 대해 부처에 아
첨한 사람으로 폄하해 문묘종사가 불가하다고 하였다.[29] 이는 16세기 도
학자의 시각으로 최치원을 평한 것이다. 그러나 쌍계사를 유람한 대부분
의 사인들은 최치원의 불우에 초점을 맞추어 불행(不幸)으로 평하며 유
선(儒仙)으로 보았다. 남효온·김일손도 이런 시각을 갖고 있다. 이 점
역시 16세기 이후 도학자의 사의식이 성종 연간 신진사림의 사의식과
달라진 점이다.

유람 도중 유적을 만나 역사를 회고하는 것은 유람록에 흔히 나타나는
데, 감회에 젖는다는 내용이 대부분이고, 뚜렷한 의식을 드러내는 경우
는 흔치 않다. 그런데 조식(曺植)은 특별한 역사의식을 보이고 있어 주목
된다. 그는 유람을 하면서 산수의 아름다움을 보는 데서 그치지 않고,
그 산수에 남아 있는 흔적을 통해 역사를 회고하며 그 사람을 생각하고
세상을 들여다보았다. 그는 악양 삽암(鍤巖)에서 고려시대 이곳에 은거
한 한유한(韓惟漢)을 생각했고, 화개(花開)를 지나면서 그곳에 은거했던
정여창(鄭汝昌)을 떠올렸으며, 하동 옥종(玉宗) 정수역(旌樹驛)을 지나면

---

28 金馹孫, 『濯纓集』 권5, 「頭流紀行錄」. "使某生於孤雲之時 當執杖屨而從 不使孤雲踽
    踽與學佛者爲徒 使孤雲生於今日 亦必居可爲之地 摛華國之文 賁飾太平 某亦得以奉
    筆硯於門下矣 摩挲苔蘚 多少感慨 第讀其詞偶儷 而好爲禪佛作文 何也"

29 李滉, 『退溪集』 권30, 「答金而精」. "崔孤雲乃全身是侫佛之人 濫廁祀列 彼其神 豈敢
    受享乎"

서 그곳에 살았던 조지서(趙之瑞)를 생각했는데, 쌍계사에서 최치원 유적을 둘러보고는 글씨에 대해 평을 했을 뿐, 최치원과 그의 시대를 회고하지는 않았다.

조식은 한유한·정여창·조지서를 '군자(君子)'로 지칭하며 다음과 같이 기록하고 있다.

> 높은 산 큰 내를 보고 오면서 얻은 바가 없는 것은 아니었다. 그러나 한유한·정여창·조지서 세 군자를 높은 산과 큰 내에 비교한다면, 십 층이나 되는 높은 봉우리 끝에 옥을 하나 더 올려놓고, 천 이랑이나 되는 넓은 수면에 달이 하나 비치는 격이다. 3백 리 길 바다와 산을 유람하였지만, 오늘 하루 동안에 세 군자의 자취를 다 보았다. 물만 보고 산만 보다가 그 속에 살던 사람을 보고 그 세상을 보니, 산 속에서 10일 동안 품었던 좋은 생각들이 하루 사이에 언짢은 생각으로 바뀌어 버렸다. 훗날 정권을 잡는 사람이 이 길로 와 본다면 어떤 마음이 들지 모르겠다.[30]

조식은 산수 유람을 하면서 산수를 구경하는 것보다 그 속에서 떳떳하게 살았던 사람을 만나게 된 것에 더 큰 의미를 부여하고 있다. 그는 '군자'를 '높은 산 위의 옥'이나 '넓은 수면 위의 달'과 같은 존재로 보았다. 결국 산수의 아름다움보다 향기 나는 군자의 아름다움에 더 큰 의의를 둔 것이다.

이런 그의 산수 유람관을 한 마디로 말하면 '간산간수 간인간세(看山看水 看人看世)'라 할 수 있다. 곧 산과 물을 구경하며 답답함을 푸는 데

---

[30] 上同. "看來高山大川 非無所得 而比韓鄭趙三君子於高山大川 更於十層峯頭冠一玉也 千頃水面 生一月也 海山三百里 獲見三君子之跡於一日之間 看水看山 看人看世 山中 十日好懷 翻成一日不好懷 後之秉鈞者 來此一路 不知何以爲心耶"

서 그치지 않고, 그 산수 속에 깃든 역사를 회고하며 그 시대의 인간과 사회를 생각하는 것이다. 이처럼 산수에 남아 있는 역사적 유적을 통해 옛 사람을 그리워하고, 그들의 불우를 안타까워하고, 그 시대의 사회상을 회고하는 것이 조선시대 사인들의 유람록에 나타나는 또 하나의 사의식이다.

4. 자아성찰과 심성수양

조선시대는 성리학이 크게 발달한 시기이다. 그러나 성종·중종 연간은 성리학에 대한 이해가 아직 부족하여 '소학군자(小學君子)'로 일컬어지는 학자들이 도덕적 실천을 중심 과제로 삼음으로써 『소학(小學)』이 중시되었다. 『소학』은 주자가 만든 소학교에 입학한 아동을 위한 교재로 기본적인 인간자세 확립을 주 내용으로 하고 있는 책이다. 그러니까 조선전기에 『소학』이 유행한 것은 사대부 시대에 부화한 지식이나 추구하는 인간이 아닌 도덕적이고 실천적인 새로운 인간형을 추구하는 사회풍상을 대변하는 것이다.

그러다 16세기 이황(李滉)·조식(曺植)·이항(李恒) 등에 이르러 『대학(大學)』이 모든 학문의 근간으로 인식됨으로써 『소학』과 『대학』이 학문의 중심으로 부상하였다. 이황이 갓 즉위한 선조(宣祖)에게 올린 「성학십도(聖學十圖)」가 이를 극명히 보여준다. 이는 한 마디로 성인이 되는 학문을 정연하게 정리하여 올린 것이다.

조식은 성리학이 한창 피어나던 시기에 격물치지(格物致知)의 진리탐구는 송대 현인들이 그 대강을 밝혀 놓았기 때문에 굳이 더 탐구하지 않아도 된다고 생각해, '그 진리를 통해 자신의 심성을 어떻게 수양할

것인가?' 하는 수양론에 학문의 초점을 맞추었다. 그리하여 그는 마음이
동하기 이전의 함양(涵養), 마음이 동하고 난 뒤의 성찰(省察), 마음에서
일어나는 사욕을 곧바로 물리치는 극기복례(克己復禮)의 극치(克治), 이
세 가지를 삼단계의 수양론으로 제시하여 공부의 핵심으로 파악하였다.
그는 『주역』「곤괘(坤卦)」 문언(文言)의 '경이직내 의이방외(敬以直內 義
以方外)'를 재해석하여 '안으로 마음을 밝히는 것은 경(敬)이고, 밖으로
일을 결단하는 것은 의(義)이다.[內明者敬 外斷者義]'라는 경의사상(敬義
思想)을 정립하여 공부의 척도로 삼았다.

이처럼 그는 도덕적 수양을 통해 자신을 바르게 세우고, 그것을 통해
사회의 기강과 도덕을 부지하는 것을 자신의 임무로 여겼다. 이런 생각
을 확고하게 가지고 있던 조식은 유람을 하면서도 자아에 대한 성찰을
조금도 늦추지 않았다. 그는 불일폭포로 유람할 때, 가파른 비탈길을
오르고 내리면서 느낀 감회를 다음과 같이 서술하였다.

> 당초 위쪽으로 오를 적에는 한 발자국을 내디디면 다시 한 발자국을
> 내딛기가 어렵더니, 아래쪽으로 달려 내려올 때에는 단지 발만 들어도
> 몸이 저절로 흘러 내려가는 형세였다. 이것이 어찌 선을 좇는 것은 산
> 을 오르는 것과 같고, 악을 좇는 것은 무너져 내리는 것과 같은 일이
> 아니겠는가?[31]

조식은 산을 오르고 내리면서 한순간 마음을 단속하지 않으면 악으로
빠지기 쉽다는 것을 새삼 느낀 것이다. '선을 따르기가 산을 오르는 것처

---

31 曺植, 『南冥集』 권2, 「遊頭流錄」, "初登上面 一步更難一步 及趨下面 徒自擧足 而身
自流下 豈非從善如登 從惡如崩者乎"

럼 어렵다.[從善如登山]'는 말은『국어(國語)』「주어(周語)」에 나오는 말
인데, 이 말을 심성수양의 한 방편으로 삼은 것이다.

또 그는 하동 옥종 정수역(旌樹驛)의 좁은 방에서 여럿이 함께 자면서
'사람의 습성(習性)은 주의하지 않으면 눈 깜빡할 사이에 낮은 데로 치닫
는다.'라고 하며, 습성을 높게 기를 것을 길게 언급해 놓았다.[32] 또 유람
도중 일행에게 "명산에 들어 온 자치고 그 누군들 마음을 씻지 않겠으며,
누군들 자신을 소인이라 하길 달가워하겠는가. 그러나 군자는 군자가
되고 소인은 소인이 되고 마니, 한번 햇볕을 쬐는 정도로는 아무런 도움
이 되지 않음을 여기서 알 수 있네."라고 하여, 한 순간의 선한 마음으로
는 확고한 도덕성을 기를 수 없으니 부단히 자아를 성찰해 심성을 길러
나갈 것을 주문하였다.[33] 사화기를 살면서 그 무엇보다 도덕성 제고를
중시하여 무너지는 기강을 바로잡고자 한 것이다.

후에 이황은 조식의 「유두류록(遊頭流錄)」을 읽어 보고서 '정신이 번
쩍 들게 하였다.'고 칭찬하며 다음과 같이 말했다.

조 남명의 「유두류록」 중에서, 그가 승경(勝景)을 두루 찾아다니며
구경한 것 외에 일에 따라 뜻을 붙여 놓은 것을 보건대, 분개하고 격앙
하는 말이 많아 다른 사람으로 하여금 정신이 번쩍 들게 하여 그 사람

---

32 上同. "夜就郵店 一室僅如斗大 佝僂而入 房不展脚 壁不蔽風 方初怫然如不自容 既而
四人抵頂交枕 甘寢度夜 可見習狃之性 俄頃而便趨於下也 前一人也 後一人也 前入青
鶴洞 若登閬風 猶以爲不足 又入神凝洞 方似上瑤池 猶以爲不足 又欲跨漢入靑霄 控
鶴沖空 便不欲下就塵寰 後之屈身於坏螻之間 又將甘分然 雖是素位而安 可見所養之
不可不高 所處之不可下也 亦見爲善由有習也 爲惡由有狃也 向上猶是人也 趨下亦
猶是人也 只在一擧足之間而已"

33 上同. "又以警人曰 入名山者 誰不洗濯其心 肯自謂曰小人乎 畢竟君子爲君子 小人爲
小人 可見一曝之無益也"

됨을 상상해 볼 수 있게 한다. 그 가운데 '하루 동안 햇볕을 쪼이는 것
은 아무런 도움이 없다'고 한 말이나, '위로 향하고 아래로 달려가는 것
은 단지 한번 발을 드는 사이에 달려 있을 따름이다'라고 한 말은 모두
지론(至論)이다. 그리고 이른바 '명철(明哲)의 행(幸)·불행(不幸)이 어
찌 운명이 아니겠는가?'라고 한 말은, 참으로 천고 영웅의 탄식을 불러
일으키고 지하의 귀신을 울릴 수 있는 말이다.[34]

15~16세기 사인들의 유람록 가운데 조식의 경우처럼 자아를 성찰하
며 심성수양을 논한 것은 찾아보기 어렵다. 이는 16세기 도학이 크게
대두되면서 나타난 새로운 사의식을 반영한 것이다. 후대 그의 문도들에
게는 이런 풍조가 산수를 유람하는 하나의 전형으로 자리 잡는다. 이
점은 앞 시대 김종직·김일손·남효온 등 사림파의 유람록에는 나타나지
않는 것이라는 점에서 사의식의 변화를 확인할 수 있다. 요컨대 사화기
의 도학자가 보여준 첨예한 인식이라 하겠다.

5. 국토산하에 대한 인식

지리산은 우리나라 남방의 중앙에 위치하여 영남과 호남을 모두 진압
하는 진산(鎭山)이다. 지리산은 대체로 세 가지 이름을 갖고 있는데, 지
리산(智異山)·방장산(方丈山)·두류산(頭流山)이 그것이다. 지리산은 한
자 표기가 다양하게 나타나는 것으로 보아 우리말을 한자를 빌어 표기한
것이고, 방장산은 삼신산(三神山)의 하나인 신선의 산을 의미하며, 두류

---

34 李滉, 『退溪集』 권43, 「書曹南冥遊頭流錄後」. "曹南冥遊頭流錄 觀其遊歷探討之外
隨事寓意 多感憤激昂之辭 使人凜凜 猶可想見其爲人 其日一曝之無益 日向上趨下 只
在一擧足之間 皆至論也 而所謂明哲之幸不幸等語 眞可以發千古英雄之歎 而泣鬼神
於冥冥中矣"

산은 백두산에서 흘러내린 산이라는 뜻에서 붙여진 이름이다.

신라시대부터 지리산(智異山)이라는 용어가 쓰이다가 조선시대에 이르면 두류산이라는 용어가 눈에 띄게 많이 나타난다. 조선시대 사인들의 지리산유람록을 보면, 약 10분의 7쯤은 '두류산'이라는 용어를 쓰고 있어, '지리산'보다 '두류산'을 더 선호한 것을 알 수 있다. 사인들이 '두류산'이라는 용어를 선호한 것은 우리나라 국토에 대한 인식이 확고해진 것을 의미한다. 『동국여지승람』의 편찬에 참여해 국토 지리에 대한 풍부한 지식을 가지고 있던 김종직이 '지리산'을 쓰지 않고 '두류산'이라 쓴 것이 그런 인식을 보여준다.

이륙의 「지리산일과」에는 천왕봉·반야봉·단속사·쌍계사 등을 기록하면서 멀리 떨어진 마산·진해의 의림사(義林寺)·두춘도(杜椿島)까지 언급하였다. 이는 그가 영남을 유람하면서 그곳을 두루 구경했기 때문이라고 추정해 볼 수 있지만, 꼭 그런 것뿐만은 아닌 듯하다. 김종직은 밀양 사람인데, '나는 영남에서 태어나 자랐다. 두류산은 내 고향의 산이다.'라고 하였다. 밀양에 사는 사람이 지리산을 자신의 고향의 산으로 인식한 것이니, 지리산의 범주를 한반도 남쪽 전부로 생각한 것이다. 그러니 이륙이 마산·진해까지 거론한 것은 이곳까지 모두 지리산의 영역에 포함시킨 것으로 이해할 수 있다.

김종직은 '지리산이 중국에 있었다면 태산(泰山)이나 숭산(崇山)보다 천자가 먼저 올라 봉선제(封禪祭)를 지내고 상제(上帝)에게 옥첩(玉牒)을 올렸을 것이다.'라고 하여, 지리산을 중국의 태산보다 더 높게 인식하였다.[35] 그는 천왕봉에 올라 백두대간이 뻗어내려 천왕봉이 된 산맥을 확인

---

35 金宗直, 『佔畢齋集』 文集 권2, 「遊頭流錄」. "嗚呼 以頭流崇高雄勝 在中原之地 必先

하고 사방의 산과 남해바다를 열거한 뒤, 천왕봉이 조종(祖宗)이 됨을
은근히 드러냈다.

남효온은 「유천왕봉기(遊天王峯記)」에서 지리산이 백두대간에서 뻗어
내린 형세 및 사방의 산과 고을을 열거하고, 이 산에서 온갖 과일과 약재
가 나는 점을 언급한 뒤, 다음과 같이 말하고 있다.

> 대개 높고 큰 산은 움직이지 않고 그 자리에 있지만 인간에게 주는
> 이로움은 이처럼 풍부하다. 이는 마치 성인이 의관을 정제하고 두 손을
> 잡은 채 앉아 제왕으로서의 정사를 행하지 않더라도, 재성보상(裁成輔
> 相)의 도를 베풀어 백성을 도와주는 것과 같은 이치이다. 심하구나! 지
> 리산이 성인의 도와 같음이여.[36]

재성보상(財成輔相)은 『주역』에 보이는 말로, 옛날 성왕이 백성을 보
살피는 방법을 말한 것이다. 그 내용은 지나친 것을 재단해 억제하고
모자란 것을 보충해 도와서 천지의 조화가 이루어지도록 한다는 말이다.

남효온은 지리산이 인간에게 주는 유익함을 두고서 성인(聖人)의 도에
비유하고 있다. 언제부턴가 지리산은 우리 국토 남단의 중심부에 위치한
가장 높은 산으로 '임금과 같은 존재'로 인식되는데, 남효온의 유람록에
처음으로 제왕(帝王)·성인으로 표현되고 있다. 이는 간과할 수 없는 중
요한 의미를 지닌 것이니, 지리산은 조선전기 사대부 지식층에 의해 성
인 또는 성왕으로 그 이미지가 상징화된 것 것이다.

　　嵩岱 天子登封金泥玉牒之檢 升中于上帝"

36　南孝溫, 『秋江集』 권4, 「遊天王峯記」. "盖高山大巖 雖不見其運動 而公利及物如是
　　比如聖人垂衣拱手 雖未見帝力之我加 而設爲裁成輔相之道 以左右人也 甚矣 玆山之
　　有似於聖人也"

김일손·변사정·양대박은 국토의 산하에 대해 특별한 언급을 한 것이 없다. 조식은 쌍계사를 유람하고 돌아오는 길에 악양(岳陽)에서 하동으로 내려가지 않고 삼가식현(三呵息峴)을 경유해 횡천으로 갔는데, 삼가식현 고개에 올라 다음과 같이 국토산하를 묘사하였다.

> 우리는 사방을 두루 훑어보았다. 동남쪽으로 푸르스름하게 가장 높이 솟아 있는 것은 남해(南海)의 끝에 있는 산이고, 정 동쪽에 파도가 연이어 물결치는 듯한 것은 하동(河東)과 곤양(昆陽)의 산들이다. 또한 동쪽에 먹구름처럼 아득히 하늘 높이 솟아 있는 것은 사천(泗川)의 와룡산(臥龍山)이다. 그 사이에 마치 혈맥이 뒤엉켜 있는 듯한 것은 강과 포구가 서로 이어진 것이었다. 우리나라 산과 강의 견고함은 전국시대 위(魏)나라 무후(武侯)가 자기 나라 지형의 견고한 형세를 보배로 여긴 정도보다 훨씬 더 험하여, 넓은 바다에 접해 있고, 100치(雉: 성가퀴)의 성(城)에 웅거해 있다. 그런데도 오히려 백성들은 보잘 것 없는 섬 오랑캐에게 거듭 곤란을 당하고 있으니, 어찌 그 옛날 길쌈하던 과부의 근심을 하지 않겠는가.[37]

'위나라 무후가 자기 나라 지형의 견고한 형세를 보배로 여겼다.'는 말은 『통감절요』권1에 보이는 내용으로, 전국시대 초 위 문후(魏文侯:魏斯)가 죽고 아들 무후(武侯:魏擊)가 즉위하여 서하(西河:冀州 서쪽)에서 배를 타고 내려가다가 중류에 이르러 장수 오기(吳起)를 보며 말하기를 "아름답도다! 산하의 견고함이여. 이것이 위나라의 보배이다."라고 하

---

37 曹植, 『南冥集』 권2, 「遊頭流錄」. "相與四顧流觀 東南面着翠最高者 南海之殿也 正東之彌漫蟠伏 波相似者 河東·昆陽之山也 又東之隱隱嵩天如黑雲者 泗川之臥龍山也 其間如血脉之交貫錯綜者 江河海浦之經絡去來者也 山河之固 不啻魏國之寶 臨萬頃之海 據百雉之城 猶爲島夷小醜 重困着生 寧不爲嫠緯之憂乎"

자, 오기가 말하기를 "나라의 보배는 임금의 덕에 있는 것이지, 산하의 형세가 험한 데 있지 않습니다."라고 한 고사이다. 조식은 남해안의 지형지세가 적을 충분히 방어할 수 있는 좋은 형세라고 말한 것이다. '길쌈하는 과부의 근심'은 분수에 지나친 근심을 뜻하는 말로, 길쌈하는 과부가 실이 모자라지는 않을까를 걱정해야 하는데, 주(周)나라 왕실이 망할까를 걱정했다는 고사에서 나온 것이다. 즉 조식이 사(士)의 신분으로 분수에 지나친 근심을 하고 있다는 것이다.

조식은 지리산 줄기가 남해로 뻗어 이리저리 얽혀서 보장(保障)의 형세를 이루고 있는 점에 주목하며, 여러 차례 왜구의 침입으로 연안의 백성들이 피해를 당하는 점을 우려하고 있다. 그는 명종·선조에게 올린 상소문에서도 왜적의 침입에 대비하지 못하는 현실과 대책을 진달하였다.

15~16세기 사인들의 지리산유람록에 나타나는 국토산하에 대한 인식 가운데 남효온이 지리산을 제왕(帝王)·성인(聖人)에 비유한 것은 의미심장한 발언이다. 그리고 조식이 지리산 줄기가 남해 바다로 뻗어 혈맥처럼 엉킨 나라의 보장임을 언급한 것도 국토산하에 대한 새로운 사의식이라 하겠다.

V. 맺음말

예나 지금이나 명산을 찾아 유람하는 것은 크게 두 가지 목적을 갖는다. 하나는 공자가 태산에 올라 천하를 작게 여긴 것처럼 높은 곳에 올라 안목을 넓히고 정신을 드높게 고양시키기 위함이며, 하나는 답답한 현실을 떠나 흉금을 탕척해 상쾌한 기분을 맛보기 위함이다. 조선시대 사인

들의 지리산 유람도 대체로 이 두 가지 목적에 의해 이루어졌는데, 지리
산이 갖는 특성상 천왕봉으로 대표되는 드높은 학자의 정신세계와 청학
동으로 대표되는 신선세계로 구체적 성격을 드러낸다. 15~16세기 지리
산을 유람한 사인들의 유람록을 통해 살펴본 사의식을 간단히 요약하면
다음과 같다.

이륙은 지리산을 유람하면서 천왕봉의 성모사(聖母祠), 영신암의 가
섭대(伽葉臺), 쌍계사 등지의 최치원 유적이나 전설에 대해 이렇다 할
평을 하지 않았다. 다만 그는 「유지리산록(遊智異山錄)」 말미에 자신이
지리산을 유람한 소회를 총평형식으로 기술하였는데, 지리산을 보는 관
점의 문제를 주로 거론하면서 '공자가 동산(東山)에 올라 노(魯)나라를
작다 여기고, 태산(泰山)에 올라 천하를 작게 여겼다.'고 한 의미를 이해
하게 되었다는 점만을 언급하였다.

이를 보면, 이륙은 높은 정신적 지향과 넓은 세상을 바라보는 시야의
확대를 지리산 유람의 소득으로 여겼음을 알 수 있다. 이 외에는 사인으
로서의 현실인식이나 사물을 접하면서 느낀 사의식은 거의 보이지 않는
다. 이런 점에서 그의 의식은 김종직 등 성종 연간 신진사림들의 의식과
확연히 구별된다.

변사정은 유람한 경위를 간략히 소개하는 데서 그치고 있어 그의 사의
식을 엿볼 수 없다. 그는 20대부터 지리산에 은거한 처사였는데 학문적
성취는 그리 대단하지 않았지만, 남원 일대에서는 이름이 난 인물이었
다. 임진왜란이 일어나자 노령에도 불구하고 의병을 일으킨 것을 보면
사인으로서의 현실인식이 분명했던 듯하다. 다만 유람록이 소략한 데다
자신의 의식을 드러내지 않고 있어 그의 사의식을 살펴볼 수가 없다.

15~16세기에 생산된 지리산유람록 가운데 사의식을 살필 수 있는 것

은 김종직·남효온·김일손·조식·양대박의 유람록뿐이다. 필자는 이 다섯 사람의 유람록에 나타나는 사의식을 정리하여 불교·무속에 대한 비판, 경세제민의 현실인식, 역사에 대한 회고, 자아성찰 및 심성수양, 국토산하에 대한 인식으로 나누어 보았다. 이 다섯 가지 외에도 또 다른 성향이 있겠지만, 필자는 이 다섯 가지를 두드러진 사의식으로 보았다.

대체로 김종직·남효온·김일손은 이 다섯 가지 가운데 자아성찰을 제외하고는 모두 나타난다. 그런데 김일손과 함께 유람한 정여창은 김종직·김일손보다 더 명확한 사의식을 보이고 있어 도학군자다운 면모를 드러내고 있다.

조식의 경우 다섯 가지 사의식이 모두 나타나는데, 특히 역사에 대한 회고와 자아성찰에 대한 의식이 앞 시대 신진사림과는 확연히 다르다. 이는 16세기 수양론에 치중한 도학을 학문의 본령으로 삼은 도학자의 사의식을 반영한 것이라 하겠다. 조식은 박학·개방의 학문성향을 추구한 인물답게 최치원에 대해 비판을 하지 않았지만, 동시대 도학자 중에 이황과 같은 학자는 학문의 순정을 중시하여 최치원이 불교에 물들었다고 비판하였다.

양대박의 경우, 불교·무속에 대한 비판과 경세제민의 현실인식만이 보일 뿐이다. 그는 정여창·조식 등 영남의 도학자들과는 다른 성향을 보이는데, 이 시기 영남·호남의 사인들의 사의식에 차이가 있음을 보여준다.

경세제민의 현실인식은 이 시기 사인들에게서 집중적으로 나타나는 반면, 17세기 이후 조정에서 파견된 관료들에게서는 드물게 보인다. 따라서 이 점도 이 시기 사인들에게서 나타나는 특징적인 사의식이라 할 수 있다. 이는 15~16세기 사림파의 성향을 보여주는 것이라 하겠다.

유람록은 단순한 산수 유람을 기록한 기행록의 수준을 넘어 사인들의 정신세계가 무르녹아 있다. 예컨대 조식의 유람록에 보이는 수양론적 성찰, 양대박의 유람록에 보이는 일출 장면의 묘사 등은 우리 문학사의 귀중한 보고라 할 수 있다. 또 유람록에는 유람기록이나 정경묘사가 섬세하며, 산수와 인간의 조화를 추구하는 사유, 상상력을 통한 작가의 의식세계, 산수자연에 대한 미의식 등이 잘 나타나 있다. 앞으로 이런 점도 구체적으로 살피는 작업이 필요하리라 본다.

이 글은 『선인들의 지리산 유람록』(돌베개, 2000)에 실린 「조선시대 사대부들의 지리산유람과 사의식」을 수정 보완한 것이다.

제5장

16~17세기 사대부들의 지리산유람과 성향

I. 머리말

조선후기 실학자 성호(星湖) 이익(李瀷)은『논어』의 '요산요수(樂山樂水)'[1]에 대해 "산은 정적이기 때문에 만물을 포용하여 낳고 길러 준다. 물은 동적이기 때문에 쉬지 않고 두루 흘러가는데, 물은 산에서 나온다."[2]고 풀이하였다. 여기서 '만물을 포용하여 낳고 길러 준다.'고 한 것은 바로 인(仁)을 말한다. 그리고 물이 두루 흘러가며 대지를 적셔 주는 것은 인(仁)을 온 세상에 펴는 것이니, 바로 지(智)에 해당한다.

이익이 '산은 만물을 포용하여 낳고 길러 준다.'고 한 해석은 사물을 바라보는 눈이 얼마나 실제적인가를 알게 해준다. 또 물이 쉬지 않고 흘러가며 두루 대지를 적셔 주기 때문에 물을 지혜에 연관시키지만 그 펴는 덕은 다름 아닌 인(仁)이라는 것이니, '물은 산에서 나온다.'고 한 해석은 산수를 빌어 인간의 덕성을 비유하는 데 매우 유효하다.

---

1 『논어』「雍也」에 "子日 知(智)者樂水 仁者樂山 知者動 仁者靜 知者樂 仁者壽"라고 하였다.
2 李瀷,『星湖僿說』권22,「樂山樂水」에 보인다.

이처럼 예전의 학자들은 산수를 통해 깊은 철학적 사유를 하였고, 그 덕을 배우고 실천하려 하였다. 이 글에서는 이런 실마리를 바탕으로, 조선 시대 지식인들이 지리산을 유람하면서 어떤 인식을 하고 있는지 그들의 의식 성향을 살펴보고자 한다. 이 글은 16세기~17세기 사이, 즉 조선중기에 생산된 지리산유람록을 분석하여 작가의 산수를 바라보는 의식 성향을 살피는 데 목적을 둔다.

지금까지 알려진 지리산유람록 중에서 16세기 후반에 생산된 작품은 5편, 17세기 전반에 생산된 작품은 7편, 17세기 후반에 생산된 작품은 7편이다. 이 가운데 일정이나 행로만을 간략하게 기록하거나 지리산의 특정한 구역을 유람하고 기록하여 지리산을 유람한 작가의 의식 성향을 살필 수 없는 자료, 예컨대 16세기 후반 하수일(河受一)의 「유청암서악기(遊靑巖西嶽記)」·「유덕산장항동반석기(遊德山獐項洞盤石記)」, 17세기 전반 조겸(趙珠)의 「유두류산기(遊頭流山記)」, 17세기 후반 허목(許穆)의 「지리산청학동기(智異山靑鶴洞記)」·「지리산기(智異山記)」 및 정협(鄭悏)의 「유두류록(遊頭流錄)」 등을 제외하면 13편이 남는다. 이 글에서는 이 13편의 지리산유람록을 분석하는 것으로 범위를 한정하기로 한다.

이 13편의 지리산유람록을 작가의식별로 분류하여 그 성향을 고찰하는 것도 의미가 있겠으나, 본고에서는 그런 방법을 택하지 않고 시기별로 작가의 의식이 어떻게 나타나는지를 살피는 데 주안점을 두고자 한다. 이런 시도는 작가의식이 시대사조나 그 시대의 정치적 상황과 매우 밀접하게 관련되어 있어 그 양상을 용이하게 파악할 수 있기 때문이다. 이 글에서 세기별로 분류하지 않고 왕조별로 분류한 것도 이런 이유 때문이다.

본고에서는 사화(士禍)를 당한 뒤 사림(士林)이 재야에서 학문에 침잠

하던 명종(明宗) 연간에 지어진 조식(曺植)의 유람록은 별도로 다루고,
사림이 정치 일선에 나아가 붕당과 당쟁이 일어나던 선조(宣祖)·광해(光
海) 연간의 유람록을 한데 묶어 살펴보고, 인조반정 이후의 유람록을 또
한 시기로 나누어 살펴보고자 한다. 이런 분류방법에 문제가 있다고 생
각되지만, 세기별로 나누거나 작가의식의 성향별로 나누어 고찰하는 것
보다는 더 의미가 있다고 여겨져 이런 방법을 택하게 되었다.

또한 본고에서는 개별 작품의 분석보다는 조선중기(16세기~17세기)에
창작된 지리산유람록 전체를 검토 대상으로 삼고, 각 유람록에 나타난
작가의식의 특징적인 면모만을 간추려 시대별로 어떤 성향을 보이고 있
는지를 개괄하는 데 목적을 두었다. 따라서 평면적으로 나열된 인상을
줄 수도 있겠으나, 거의 연구되지 않은 이 시기의 유람록을 일별하는
데는 일정한 의미가 있을 것이다.

Ⅱ. 16~17세기 지리산유람록의 창작 배경

1990년대 들어 선인들이 국토산하를 유람하고 남긴 유산기(遊山記)·
유산록(遊山錄)에 대한 연구가 활기를 띠어 상당한 성과물을 내었다. 그
가운데 『조선중기의 유산기 문학』[3]은 그간의 개별적·단편적 연구 수준을
넘어 조선중기까지의 유산기 문학을 총체적인 시각으로 조망했다는 점에
서 값진 성과였다.[4] 기왕의 연구에서 밝혀진 것[5]처럼 유산기·유산록은

---

3 이 연구는 이화여자대학교 이혜순·정하영·호승희·김경미 교수 등에 의해 공동으로
  이루어져 1997년 집문당에서 출판되었다.
4 이 연구는 제목이 '조선 중기의 유산기 문학'이지만, 15세기 후반기에 본격적으로 나

'유람 동기 → 날짜별 유람 기록 → 유람 총평'으로 이루어진 바, 유기(遊記)에서 분화한 일기(日記)·일록(日錄) 형식의 기행문학이라 할 수 있다.

본고에서 지칭하는 유람록은 이런 양식적 특성을 가진 유산기·유산록을 말하며, 일록(日錄)의 형식을 갖추지 않고 유람한 느낌만을 간단히 기록한 유기류(遊記類)는 포함시키지 않는다.

이러한 양식으로 지어진 15세기 후반기의 지리산유람록으로는 이륙(李陸)의 「지리산기(智異山記)」(1463년)와 김종직(金宗直)의 「유두류록(遊頭流錄)」(1472년)과 남효온(南孝溫)의 「지리산일과(智異山日課)」(1487년)와 김일손(金馹孫)의 「두류기행록(頭流紀行錄)」(1489년) 등 4편이 있다.[6] 이 가운데 시기적으로는 이륙의 「지리산기」가 가장 이르지만, 조선시대 유산록의 전형을 이루며 후대에 지대한 영향을 끼친 것은 김종직의 「유두류록」이다.

김종직은 그의 문하에서 김굉필(金宏弼)·정여창(鄭汝昌) 등 도학군자가 다수 배출된 영남 사림파의 정신적 지주였다. 그는 지리산을 '고향의 산'으로 인식하며, 천왕봉에 올라 보름달과 해돋이를 구경하고 사방을 조망하며 흉금을 크게 펴 보고자 하였다. 그리하여 그는 유람 도중 현실적 갈등과 모순이 없는 무릉도원을 희구하였으며, 최치원이 난세에 알아주는 이를 만나지 못해 세상을 등진 것을 안타까워하였다.

또한 그는 사림으로서의 도덕적 긴장을 늦추지 않고 유람 도중 공물의

타나는 작품을 모두 포괄하고 있어 실제로는 조선 전기부터 중기(효종조)까지를 망라하고 있다. 이 책에서 다룬 작품은 60여 편이다.

5 이혜순 외(1997), 『조선 중기의 유산기 문학』, 집문당.
   호승희(1995), 「조선 전기 유산록 연구」, 『한국한문학연구』 제18집, 한국한문학회.

6 이 외에 李陸의 「遊記智異錄」과 南孝溫의 「遊天王峯記」가 있으나, 2편 모두 유산록의 양식에 맞지 않는 글이다.

문제점 및 매 잡는 일 등을 통해 민생의 어려움을 걱정하였고, 승려들의 혹세무민적 속설에 대해 비판적 태도를 취하였다. 그리고 천왕봉에서 사방을 조망하며 각지의 이름 난 산을 열거하는 국토산하에 대한 애정을 드러냈으며, 왜구의 침입으로 국토가 유린당한 역사를 상기시키며 국가의 안녕을 생각하였다.

그는 유람을 결산하면서 '가슴이 탁 트이고 시야가 넓어지게 되었다.'는 점을 언급하였고, 지리산이 중국의 숭산(嵩山)이나 대산(垈山:泰山)보다 더 빼어나다는 긍지를 드러내기도 하였다. 이는 15세기 후반 신진사림의 의식성향을 단적으로 보여주는 것이다.

김종직의 「유두류록」이 나온 뒤, 그의 문인 남효온(南孝溫)·김일손(金馹孫)·정여창(鄭汝昌) 등이 연이어 지리산을 유람하였는데, 지금 남아 있는 유람록으로는 남효온의 「지리산일과」·「유천왕봉기」와 김일손의 「두류기행록」 등이 있다. 이들 가운데 남효온의 경우는 자아와 괴리된 현실에 등을 돌린 측면이 있지만, 김일손의 유람록은 김종직의 「유두류록」을 이어 쓴 것으로 영남사림의 대표적인 인물답게 그 의식성향이 잘 드러나 있다.

이처럼 조선전기의 지리산유람록은 작가 층이 주로 영남 사림들이었고, 작품 속에는 이들이 처한 입장과 당대 현실에 대한 인식이 표출되어 있다. 이들이 지리산을 유람한 뒤 무오사화·갑자사화가 일어나 모두 화를 당하였고, 연이어 일어난 기묘사화로 사림은 크게 위축되었다. 이후 사림은 정계 진출을 포기하고 향리에 은거하여 학문에 침잠 하는 분위기가 고조되었다. 권간(權奸)과 외척(外戚)이 정권을 농단하는 시기에 재야의 사림들이 답답함을 풀기 위해 명산을 유람하였을 법한데, 16세기 전반기에는 의외로 앞 시대 유람의 풍조가 나타나지 않는다.

그 이유를 몇 가지 생각해 보면, 첫째 기묘사화 이전에는 조광조(趙光祖) 등 30~40대 사림과 인사들이 중앙정계에 진출하여 도학정치를 구현하려 하였기 때문에 유람을 할 겨를이 없었을 것이고, 둘째 기묘사화로 모두 화를 당했기 때문에 작가 층이 일시 없어졌고, 셋째 기묘사화 이후 다음 세대 20~30대 학자들은 성리학에 깊이 침잠하는 분위기가 지속되었기 때문에 유람을 할 정신적 여유가 없었을 것이다.

그러다 조광조 다음 세대들이 중년층으로 성장하는 16세기 중반에 이르면 유람록이 다시 나타나기 시작하는데, 주세붕(周世鵬)의 「우청량산록(遊淸涼山錄)」(1544년)과 이황(李滉)의 「유소백산록(遊小白山錄)」(1549년)과 조식(曺植)의 「유두류록(遊頭流錄)」(1558년) 등이 그것이다.[7] 16세기는 사림이 정계 진출을 포기하고 재야에서 학문에 침잠하던 시기였다. 그들은 자기 지역의 명산 밑에 은거하여 성리학을 깊이 연구하고 드높은 정신을 추구하였다.

이 시기 영남·호남 각지에 이름난 학자들이 나타났으니, 소백산 밑에 살던 이황, 지리산 밑에 살던 조식, 전라도 태인(泰仁) 보림산(寶林山) 밑에 살던 이항(李恒) 등이 그들이다. 이들은 유산(遊山)을 학문의 연장선상에서 보아 심성을 수양하고 정신을 드높이는 것으로 생각하였다. 16세기 중·후반부터 17세기 전반에 나타나는 유람록은 이들에 의해 지어지기 시작하여, 그들의 문인 내지 재전 문인들에게 이어졌다.

한편 16세기 후반기에는 정치적 상황이 바뀌어 윤원형(尹元衡)의 외척정치가 끝나고 사림정치 시대가 열린다. 그러나 사림정치는 곧 분열

---

7 퇴계 이황의 문인 黃俊良(1517~1563)도 1545년 4월 지리산을 유람하고 「遊頭流山紀行篇」이라는 장편 시를 지었는데, 유산록을 남기지는 않았다.

되기 시작하여 동인·서인으로 분당되고, 동인은 다시 남인·북인으로
갈라져 선조·광해 연간은 사림의 정치적 부침이 어느 때보다도 심한 시
기였다. 따라서 집권층과 성향을 달리하여 정치적으로 소외된 쪽에서
현실과의 갈등을 해소하기 위해 지리산을 찾는 일이 성행하였다. 이들
은 주로 영남과 호남 지역에 살던 사족이거나 이 지역에 수령으로 내려
온 관리들이었다.

그러나 인조반정 이후 이런 분위기는 다시 반전되어 정치적으로 몰락
한 북인 계열 쪽에서는 지리산유람록이 거의 나타나지 않는다. 전라도에
은거하던 재야인사와 기호지방에서 수령으로 내려온 서인계 관료들에
의해 유람록이 지어졌다. 인조반정 이후 주로 북인계였던 경상우도 지역
의 사족들은 정치적으로 대부분 몰락하여 상당수 서인이나 남인으로 바
뀌었고, 또 학문적으로도 침체 국면에 빠진다.

이들이 지리산을 유람하지 않았을 리 없지만, 정치적으로 몰락하고
학문적으로 침체된 분위기 속에서 의식 있는 작가들이 없어 유람록이
창작되지 못한 듯하다. 그러다 18세기에 이르러서야 경상우도 지역 문인
들의 유람록이 나타난다.[8]

16세기부터 17세기 사이에 창작된 주요한 지리산유람록은 다음과 같다.

○ 16세기 후반
- 曹　植(1501~1572)　　遊頭流錄(『南冥集』)　　1558년 작 24면
- 邊士貞(1529~1596)　　遊頭流錄(『桃灘集』)　　1580년 작　4면
- 梁大樸(1544~1592)　　頭流山紀行錄(『靑溪集』)　1586년 작 25면

8　대표적인 것으로 申命耈(1666~1742)의 「遊頭流日錄」·「遊頭流續錄」, 鄭栻(1683~
　1746)의 「頭流錄」·「靑鶴洞錄」 등이 있다.

○ 17세기 전반

- 朴汝樑(1554~1611)   頭流山日錄(『感樹齋文集』)   1610년 작 28면
- 柳夢寅(1559~1623)   遊頭流山錄(『於于集』)   1611년 작 29면
- 朴　敏(1566~1630)   頭流山仙遊記(『凌虛集』)   1616년 작 3면
- 成汝信(1546~1631)   方丈山仙遊日記(『浮査集』)   1616년 작 31면
- 趙緯韓(1558~1649)   遊頭流山錄(『玄谷集』)   1618년 작 13면
- 梁慶遇(1568~ ?)   歷盡沿海郡縣仍入頭流賞雙溪新興紀行錄
  (『霽湖集』)   1618년 작 20면

○ 17세기 후반

- 朴長遠(1612~1671)   遊頭流山記(『久堂集』)   1643년 작 12면
- 吳斗寅(1624~1689)   頭流山記(『陽谷集』)   1651년 작 12면
- 金之白(1623~1671)   遊頭流山記(澹虛齋集』)   1655년 작 6면
- 宋光淵(1638~1695)   頭流錄(『泛虛亭集』)   1680년 작 14면

　　이 13편 가운데도 변사정·박민·김지백 등의 유람록은 분량이 적은
데다 단조롭게 일정을 나열하고 있어서 작가의 의식을 단편적으로밖에
살필 수 없다. 또한 10여 쪽 분량의 작품들도 일정에 따른 평범한 서술이
대부분이어서 작가의 의식을 구체적으로 드러낸 경우가 적다. 더구나
양경우의 유람록은 전라남도 해안 지방 및 쌍계사 지역을 유람한 기록이
기 때문에 지리산과 관련된 부분은 6쪽 정도밖에 되지 않는다. 따라서
이들 유람록을 모두 검토 대상으로 삼기는 하였지만 작가의식을 선명하
게 드러내지 못한 측면이 있다.

　　위 유람록 가운데 분량도 많고 서술도 구체적이어서 비교적 문학성이
높은 작품은 조식·양대박·박여량·유몽인·성여신·송광연 등의 유람록
6편을 꼽을 정도이다. 그러나 이 가운데 연구된 것은 조식과 성여신의

유람록뿐이고[9], 나머지는 아직 학계에 보고된 적이 없다.

　유람록이 창작된 연도를 기준으로 세기별로 나누어 보면 위와 같이 분류된다. 그러나 조식의 유람록은 사림(士林)이 사화를 당한 뒤 재야에서 학문에 침잠하던 시기의 작품이므로 선조 연간인 1580년대에 지어진 변사정·양대박 등의 유람록과는 시대상황이나 의식성향이 확연히 구별된다.

　명종 연간의 유람록이 조식의 유람록 1편뿐이지만 이 시기의 작가의식을 단적으로 보여주기에 본고에서는 별도의 장으로 다루었다. 또한 변사정·양대박의 유람록은 조식의 유람록과 20~30년밖에 차이가 나지 않지만, 1610년대 지어진 박여량·유몽인 등의 유람록과 유사한 시대 배경에서 나온 것이므로 세기별로 나누지 않고 한데 묶어 살펴보았다. 그리고 인조반정 이후의 유람록은 정치적 상황이 완전히 변한 시기이므로 별도로 구분하여 논하였다.

Ⅲ. 명종 연간 조식(曺植)의 유람록에 보이는 도학적 성향

　남명(南冥) 조식(曺植)은 21세 때 문과 시험에 낙방한 뒤, 산사에서 독서하다가 『성리대전』에 실린 원유(元儒) 허형(許衡)의 설을 보고서 위기지학에 힘쓰게 된다. 그는 20대 후반 부친의 삼년상을 마친 뒤 처가가 있는 김해로 내려가 산해정사(山海精舍)에서 약 15년 동안 성리학에 침잠하였다.

9　曺植의 유람록에 대한 연구는 10여 편 정도의 논문이 있고, 成汝信의 유람록에 대한 연구는 최석기의 「浮査 成汝信의 지리산유람과 仙趣傾向」(『한국한시연구』 제7집, 한국한시학회, 1999) 1편뿐이다.

　그리고 그는 45세 때 모친상을 당하여 고향인 삼가현(三嘉縣) 선영에
장사를 지낸 뒤, 자신이 태어난 삼가 토동(兎洞)으로 이주하여 뇌룡사(雷
龍舍)에서 학문에 잠심하며 후학을 가르쳤다. 그리고 61세 때 지리산 천
왕봉이 바라보이는 덕산(德山)으로 들어가 산천재(山天齋)에서 세상을
뜰 때까지 심신을 수양하며 살았다.

　조식의 사유체계는 이황이 주자학(朱子學)으로 경도된 것과는 달리,
송·원대의 성리설을 폭넓게 수용하고 노장사상이나 불교의 설까지도 필
요하다면 일정 부분 취하는 광박한 학문정신을 지향하였다.

　남명사상은『소학』을 통한 하학적 실천 위에『대학』을 근간으로 하면
서『근사록』·『심경』·『성리대전』을 보조 재료로 채택하는 성리학에 기
반을 두고 있으며, 그 가운데서도 형이상학적 이치를 궁리하는 쪽으로
나아가지 않고 철저히 심성수양을 통한 도덕성 제고의 수양론에 바탕을
두고 있다.[10] 이에 기초하여 그는 학문의 양대 지표로 경(敬)과 의(義)를
내세웠으며, '내명자경 외단자의(內明者敬 外斷者義)'라는 문구를 새긴
경의검(敬義劍)과 성성자(惺惺子)라는 방울을 항상 몸에 지니고 다니며
자신을 성찰하고 극치(克治)하였다.

　조식은 이런 학문정신을 가지고 있었기에, 진주목사 김홍(金泓)을 비
롯하여 이공량(李公亮)·이희안(李希顔)·이정(李楨) 등 당대 진주 인근의
명사들이 모두 참가한 성대한 유람을 하면서도 이와 같은 정신적 긴장을
조금도 늦추지 않았다. 조식이「유두류록」을 쓴 유람은 58세 때인 1558
년 4월 10일부터 4월 26일까지 17일 동안이었으며, 코스는 사천만(泗川

10　최석기(1999),「남명사상의 본질과 특색」,『한국의 철학』제27집, 경북대학교 퇴계연
　　구소, 43~86면 참조.

灣)에서 배를 타고 곤양(昆陽) 앞 바다를 거쳐 섬진강을 거슬러 올라 쌍
계사·불일암·신응사 등지를 둘러보고 육로로 돌아오는 유람이었다.

그의 유람동기는 기분을 상쾌하게 하는 것이었다. 그러나 그는 유람
을 하면서 산수의 아름다움을 보는 데서 그치지 않고, 그 산수에 남아
있는 흔적을 통해 역사를 회고하며 사람을 보고 세상을 보았다. 조식은
악양(岳陽)에서 고려 시대 개성에서 이곳으로 내려와 은거한 한유한(韓
惟漢)을 생각했고, 화개(花開)를 지나면서 그곳에 은거하여 독서했던 정
여창(鄭汝昌)을 떠올렸고, 옥종(玉宗) 정수역(旌樹驛)을 지나면서 그곳에
살았던 조지서(趙之瑞)를 생각했다. 그는 한유한·정여창·조지서에 대
해 '군자(君子)'로 지칭하면서 다음과 같이 기록하고 있다.

> 높은 산과 큰 시내를 보고 오면서 얻은 바가 없는 것은 아니었다. 그러
> 나 한유한(韓惟漢)·정여창(鄭汝昌)·조지서(趙之瑞) 세 군자를 높은 산
> 과 큰 시내에 비교한다면, 십 층이나 되는 높은 봉우리 끝에 옥을 하나
> 더 올려놓고, 천 이랑이나 되는 넓은 수면에 달이 하나 비치는 격이다.
> 3백 리 길 바다와 산을 유람하였지만, 오늘 하루 동안에 세 군자의 자취를
> 다 보았다. 물만 보고 산만 보다가 그 속에 살던 사람을 보고 그 세상을
> 보니, 산 속에서 10일 동안 품었던 좋은 생각들이 하루 사이에 언짢은
> 생각으로 바뀌어 버렸다. 훗날 정권을 잡는 사람이 이 길로 와 본다면
> 어떤 마음이 들지 모르겠다.[11]

---

11 曺植, 『南冥集』 권2, 「遊頭流錄」. "看來高山大川 非無所得 而比韓鄭趙三君子於高山
大川 更於十層峯頭冠一玉也 千頃水面 生一月也 海山三百里 獲見三君子之跡於一日
之間 看水看山 看人看世 山中十日好懷 翻成一日不好懷 後之秉鈞者 來此一路 不知
何以爲心耶"

조식은 산수 유람을 하면서 산수를 구경하는 것보다 그 속에서 떳떳하게 살았던 사람을 만나게 된 것에 더 큰 의미를 부여히고 있다. 그는 '군자'를 '높은 산 위의 옥'이나 '넓은 수면 위의 달'과 같은 존재로 보았다. 결국 산수의 아름다움보다 향기 나는 군자의 아름다움에 더 큰 의의를 둔 것이다. 이런 그의 유람관을 한 마디로 말하면 '간산간수 간인간세(看山看水 看人看世)'라 할 수 있다. 조식은 이런 관점으로 기분을 상쾌하게 하는 산수 유람에서 그치지 않고, 역사를 회고하고 인간과 사회를 생각하는 정신자세를 곧추 세웠다.

또한 조식은 산수 유람을 하면서도 심성에 대한 성찰을 조금도 늦추지 않았다. 그의 학문은 수양론에 입각하여 철저한 실천을 위주로 한 바, 이런 학문정신이 그의 유람록 속에 그대로 드러나 있다. 아래에 그 몇 가지 사례를 들어본다.

① 처음 위쪽으로 오를 적에는 한 걸음 한 걸음 내딛기가 힘들더니, 아래쪽으로 내려 올 때에는 단지 발만 들어도 몸이 저절로 쏠려 내려갔다. 그러니 어찌 선을 좇는 것은 산을 오르는 것처럼 어렵고, 악을 따르는 것은 무너져 내리는 것처럼 쉬운 일이 아니겠는가?[12]

② 밤이 되어 우점(郵店:驛站)으로 들어갔는데 겨우 말[斗] 만한 크기의 방이 하나뿐이었다. 허리를 구부리고 방에 들어갔지만 다리를 펼 수 없었고, 벽은 바람도 막지 못하였다. 처음에는 답답하여 견딜 수 없을 것 같았으나, 잠시 후 네 사람이 머리를 맞대고 서로 베고서 단잠에 빠져 밤을 보냈다. 이를 두고 보면, 사람의 습관이란 잠깐 사이에도 낮은 데로 치닫는 것을 알 수 있다.[13]

---

12 상동. "初登上面 一步更難一步 及趨下面 徒自擧足 而身自流下 豈非從善如登 從惡如崩者乎"

③ 그리고 일행에게 경각시키기를 "명산에 들어 온 자치고 그 누군들 마음을 씻지 않겠으며, 누군들 자신을 소인이라 하길 달가워하겠는가. 그러나 군자는 군자가 되고 소인은 소인이 되고 마니, 한번 햇볕을 쬐는 정도로는 아무런 도움이 되지 않음을 여기서 알 수 있네."라고 하였다.[14]

①은 불일폭포를 구경하고 내려올 때의 자아성찰을 기록해 놓은 것이다. '선을 좇는 것은 산을 오르는 것처럼 어렵다'는 구절은『국어(國語)』에 보이는 말인데, 조식은 이 말을 실천적 차원에서 문인들에게 매우 강조하였다.[15] ②에서 '습관이란 잠깐 사이에도 낮은 데로 치닫는다.'고 한 말은 선을 실천하려는 높고 굳건한 정신자세를 조금도 느슨하게 하지 않으려 한 조식의 천인벽립의 기상이 드러난 말이다. 그래서 그는 ③에서처럼 '한번 햇볕을 쬐는 정도로는 아무런 도움이 되지 않는다.'는 점을 강조하며 잠시도 긴장을 늦추어서는 안 된다는 점을 강조하고 있다.

이황은 조식의 이「유두류록」을 읽고 '정신을 번쩍 들게 하였다.'고 칭찬을 아끼지 않았다. 이황은 이 가운데서도 ①·③의 대목에 대해 지론(至論)으로 논평하였으며, 정여창·조지서 등 명현이 억울하게 화를 당한 것에 대해 조식이 '명철(明哲)의 행(幸)·불행(不幸)이 어찌 운명이 아니겠는가.'라고 한 말을 '천고 영웅의 탄식을 불러일으키고 지하의 귀신을 울릴 수 있는 말'이라고 극찬하였다.[16]

---

13 상동. "夜就郵店 一室僅如斗大 佝僂而入 房不展脚 壁不蔽風 方初怫然如不自容 旣而四人抵頂交枕 甘寢度夜 可見習狃之性 俄頃而便趨於下也"

14 상동. "又以警人曰 入名山者 誰不洗濯其心 肯自謂曰小人乎 畢竟君子爲君子 小人爲小人 可見一曝之無益也"

15 南冥 문하에서 '소학군자'로 일컬어진 河沆과 하항의 문인 河受一에게 이 말은 傳法文字처럼 전해졌다.

16 李滉,『退溪集』권43,「書曺南冥遊頭流錄後」.

이상에서 살펴본 것처럼 조식의 「유두류록」에는 명종 연간 사림들이 재야에서 성리학에 침잠하던 시기에 도학자로서의 자아성찰과 심성수양, 그리고 역사를 회고하며 의리와 지절(志節)을 다짐하는 사의식이 잘 드러나 있다. 이는 이 시기 영남 사인의 사의식을 단적으로 드러낸 것이라 할 수 있으며, 이 시기 유람록에 보이는 특징적인 면모라고 하겠다.

Ⅳ. 선조·광해 연간의 유람록에 보이는 성향

1. 변사정(邊士貞)·양대박(梁大樸)의 은일의식

변사정(邊士貞)의 자는 중간(仲幹), 호는 도탄(桃灘), 본관은 장연(長淵)이다. 전라도 고흥에서 태어났다. 일찍 부모를 여의고 백부를 따라 한양에 가 살다가, 20대 때 처가가 있는 남원으로 이주하였다. 변사정은 함양에 살던 노진(盧禛)과 전라도 태인(泰仁)에 살던 이항(李恒)에게 배웠고, 기대승(奇大升)·김천일(金千鎰) 등과 교유했다. 그는 1555년 세상사에 마음을 끊고 지리산 백장사 근처 도탄(桃灘) 가에 터를 잡고 은거하였다. 임진왜란이 일어나자, 변사정은 의병을 모집하여 의병장으로서 상주·선산 등지에 진을 치고 호서(湖西)로 들어가는 적의 진로를 막았다.

그의 유람은 1580년 4월 5일부터 11일까지 7일간이었고, 동행한 사람은 정염(丁焰)·김천일(金千鎰)·양사형(楊士衡)·하맹보(河孟寶) 등이었다. 유람 일정은 도탄에서 출발하여 환희령(歡喜嶺) → 월락동(月落洞)·황혼동(黃昏洞:뱀사골) → 영원암(靈源庵:영원사) → 장정동(長亭洞:백무동) → 용유담(龍游潭) → 두류암(頭流庵) → 천왕봉 → 의신사(義神寺) → 신흥사(神興寺) → 칠불암(七佛庵) → 쌍계사 코스였다.

변사정의「유두류록」은 유람의 동기 및 날짜별 유람 기록은 있지만, 유람 총평이 없고 견문이나 소감을 단조롭게 기술하고 있어 문학성이 떨어진다. 변사정의 유람 동기는 정염의 제의에 의해 삼신산의 하나인 지리산의 진면목을 구경하는 일이었다.[17] 그러나 천왕봉에 올라서도 '정신이 상쾌해졌다'고만 기록하였을 뿐 섬세한 묘사가 없어 아쉽다.

양대박(梁大樸)의 자는 사진(士眞), 호는 청계도인(靑溪道人), 본관은 남원이다. 목사를 지낸 양의(梁艤)의 아들이자, 양경우(梁慶遇)의 아버지이다. 양대박은 남원군 아영면 청계리에 살았으며, 정사룡(鄭士龍)의 문하에서 수학하고 변사정 등을 종유(從遊)하였다. 양대박은 시로 이름이 나 1572년 정유길(鄭惟吉)의 추천으로 제술관이 되어 의주(義州)에 가서 중국 사신을 맞이하였다. 그 후 그는 남원군 아영면 청계리에 정사를 짓고 살았다. 임진왜란이 일어나자, 사재를 털어 의병을 모집해서 고경명(高敬命)과 회합하였으며, 의병활동에 헌신하다가 1592년 전주의 군중에서 생을 마감하였다.

양대박은 18세 때 쌍계사 방면을 유람하였고, 1565년 인월(引月)에서 천왕봉에 올라 영신사(靈神寺)까지 유람하였으며, 1580년 연곡사(鷰谷寺)를 유람하였다. 그리고 1586년 9월 2일부터 13일까지 오적(吳積)·양길보(楊吉甫)·양광조(梁光祖) 등과 함께 다시 천왕봉을 유람하고「두류산기행록(頭流山紀行錄)」을 남겼다.

그의 유람동기는 신선들과 고승들이 모여 사는 지리산에 들어가 은거 자락하고 싶은 생각에서였다. 일찍 시로 이름이 났던 그가 뜻을 펴지

---

17 邊士貞,『桃灘集』권1,「遊頭流錄」, "君晦日 頭流 乃三山之一也 而先輩名碩游觀 已著 於詠記中 然吾儕若一番遊賞 則韓鄭之錄 可徵 而況見錄 不如躬探眞形 則今與二三同志 縱游頭流 以償夙債"

못함으로써 현실과의 부조화가 깊어졌기 때문일 것이다.

그의 유람일정은 청계리에서 출발하여 운봉현(雲峯縣) → 황산 비전(荒山碑殿) → 백장사(百丈寺) → 실상사(實相寺) → 군자사(君子寺) → 용유담(龍游潭) → 군자사 → 의촌(義村) → 백무동 → 하동바위 → 제석당 터 → 천왕봉 → 제석신당(帝釋新堂) → 군자사 → 용유담 → 엄천리(嚴川里) → 목동(木洞 : 현 함양군 휴천면) → 팔량원(八良院) → 황산 비전 → 청계리 코스였다.

양대박은 성리학에 침잠한 도학자는 아니다. 일행이 천왕봉 성모사(聖母祠)에서 하룻밤 묵을 때 모두들 추워 벌벌 떠는데, 그는 '열어구(列禦寇)의 수레를 몰 수 있다면 또한 춥더라도 좋지 않겠는가.'라고 생각하였다.[18] 열어구는 중국 고대의 신선으로 찬바람을 몰고 다녔다고 한다. 곧 그 자신도 열어구처럼 세속을 떠난 신선이 되고 싶었던 것이다.

또 하산할 적에 제석당(帝釋堂)에서 도사(道士) 두 명을 만나 선취(仙趣)를 토론하였는데, 그들의 말이 세상 사람들의 말과 전혀 다르다고 하면서 '노오(盧敖)가 약사(若士)를 만난 것이나 혜강(嵇康)이 왕렬(王烈)을 만난 경우'에 비유하였다.[19] 약사와 왕렬은 신선이고, 노오와 혜강은 신선사상을 좋아하던 사람들이다. 즉 그는 신선을 좋아하는 정도에서 만족하지 않고 신선처럼 살고 싶어했던 것이다.

그러나 양대박은 현실을 등진 신선이 아니고 현실에 몸담고 있는 사인(士人)이었다. 그는 군자사의 승려가 '유람객들이 연이어 찾아오고 관청

18 梁大樸, 『靑溪集』권4, 「頭流山紀行錄」, "長風吟壑 靈籟股空 板壁摧破 寒氣逼人 童僕皆股戰 余命將榾柮 徹夜燒之 禦寇之車輿可馭 不亦冷然善乎"

19 상동. "春澗遇麻衣者 二人 相與商量物外 討論仙趣 又有聞笙詩數篇 頗極淸越 殊非煙火食語 豈盧敖之於若士 嵇康之於王烈 將以眞訣授之 而春澗骨腥不能也 惜乎"

의 부역이 많아 절이 퇴락 하게 되었다.'고 푸념하는 말을 듣고서, "아! 가혹한 정치의 폐단이 이 지경까지 이르렀는가? 산 속에서 걸식하는 승려들도 백성들과 마찬가지로 부역에 시달리니, 살을 깎는 듯한 고통은 금수라도 면치 못할 것이다."라고 하여[20], 현실정치에 대한 비판의식을 드러내었다.

또 무당들의 당집이 즐비한 백무동에 이르러서는 "사당 안에는 초상이 걸려 있었는데, 이루 말할 수 없이 희한하고 괴이하다. 이곳은 얼른 떠나야지 오래 머무를 수 없는 곳이다."[21]라고 하여, 무속(巫俗)에 대해서도 매우 비판적인 인식을 보이고 있다.

양대박은 문학적 재능이 뛰어났던 만큼, 그의 「두류산기행록」은 문학성이 매우 돋보인다. 일례로 천왕봉에서 일출 장면을 묘사한 대목을 들어본다.

한참 동안 앉아 기다리니, 밝은 빛이 점점 선명해졌다. 붉은 기운이 하늘에 비추자, 동방이 밝아지기 시작했다. 해가 떠오르려 하자 붉은 구름이 만 리에 뻗치고, 서광이 천 길이나 드리웠다. 해가 불끈 솟아오르니 여섯 마리 용이 떠받들고 나오는 듯하였다. 천오(天吳)[22]는 달아나 숨고, 해약(海若)[23]은 깊숙이 숨어 버렸다. 자라는 놀라 뛰어오르고, 파도는 거세게 솟구쳤다. 해가 하늘에 솟자, 온 세상이 환해졌다. 작은 바다의 미세한 티끌이나 터럭도 낱낱이 헤아릴 수 있게 되어, 깊숙이 숨어

---

20 상동. "有僧蹙頞曰 遊人織路 官役如山 僧安得不殘 寺焉能依舊哉 因屈指數其官役之所侵 而備述其所以焉 春澗曰 汝毒之乎 吾將告于莅事者 而減汝役 可乎 僧扣頭不已 噫 苛政所及至此耶 山間乞食之流 與編列同科 則剝膚之苦 雖禽獸不得免矣 吝嗟良久"
21 상동. "堂中繪像 眩怪難狀 可唾不可留也"
22 바다의 신을 말함.
23 바다의 신을 말함.

사악한 짓을 하는 무리들이 그 안에서 농간을 부릴 수 없었다.[24]

이는 양대박이 일출장면을 묘사한 기록 중 일부분인데, 그가 일출장면을 묘사한 문학적 수사는 그 누구의 유람록과 비교해도 전혀 손색이 없을 정도로 섬세하고 화려하다.

이상에서 살펴보았듯이, 변사정과 양대박의 지리산유람록에는 은일의식이 짙게 배어 있다. 이들은 모두 현실세계에서 뜻을 얻지 못하자, 산수에 은거하여 자신을 깨끗이 하며 고사(高士)로서 살고자 하는 성향을 드러내고 있다. 특히 양대박의 유람록에는 현실과의 불화를 달래기 위해 신선을 지향하는 의식이 깔려 있다.

2. 박여량(朴汝樑)의 유산여독서(遊山如讀書)

박여량(朴汝樑)의 자는 공간(公幹), 호는 감수재(感樹齋), 본관은 삼척이다. 경상도 함양 출신으로 어려서 노상(盧祥)에게 배웠고, 뒤에 조식의 문인 정인홍(鄭仁弘)에게 수학하였다.[25] 1600년 별시 문과에 급제하여 예문관 검열, 세자시강원 문학 등을 역임하였다. 임진왜란 때 곽재우(郭再祐)가 의병을 일으켰다는 말을 듣고서 격문을 돌려 지원하였고, 정유재란 때 황석산(黃石山)으로 들어가 왜적과 싸웠다.

박여량의 지리산유람은 1610년 9월 2일부터 8일까지 7일 동안이었고,

---

24 梁大樸, 『靑溪集』 권4, 「頭流山紀行錄」, "遂堅坐移時 昕光漸近 彩暈射天 扶桑明滅 鼇極欲動 紅雲萬里 瑞光千丈 陽烏騰鶱 而六龍擎出也 天吳奔竄 而海若潛藏也 黿鼉 驚躍 而波浪沸湧也 纔到天衢 六合洞然 裨海間纖塵細髮 一一可數 而幽陰邪怪 莫能奸其間矣"

25 李相弼(1998), 「남명학파의 형성과 전개」, 고려대 박사학위논문.

동행한 사람은 함양·안의 지역의 사인(士人) 박명부(朴明榑)·정경운(鄭慶雲) 등이었다. 유람일정은 함양 → 목동(木洞) → 용유담 → 군자사 → 백모당(白母堂) → 하동바위 → 제석당 → 향적사(香積寺) → 천왕봉 → 증봉(甑峯) → 소년대(少年臺) → 상류암(上流菴) → 쑥밭재 → 방곡촌(方谷村:산청군 금서면 방곡리) → 함양 코스였다.

박여량은 사헌부 지평으로 재직하다가 병으로 사직하고 고향으로 돌아와 있을 때 지리산을 유람하였다. 그의 유람 동기는 복잡한 정치현실을 떠나 답답한 마음을 풀고 싶었던 것인 듯하다.

박여량의 유람관은 유람을 독서처럼 여긴 데에 그 특징이 있다. 그는 예전에 유람했던 곳을 지나다가 처음에는 기억이 흐릿하지만 중간에 되살아나고 나중에 또렷해지는 체험을 하면서 "옛 사람이 산을 유람하는 것은 글을 읽는 것과 같다고 말한 것이 이 때문인가 보다. 글을 읽을 적에 처음에는 다 기억할 수 없고, 거듭해서 여러 번 읽은 뒤에야 앞에서 잊었던 것이 떠오르고 전에 기억했던 것이 확실해지며, 오래도록 읽은 뒤에야 본래 내가 가지고 있는 것처럼 되니, 산을 유람하는 것과 글을 읽는 것이 동일하다는 것은 같은 이치이다."[26]라고 하였다.

또한 그는 산을 오를 때 『맹자』의 '높은 곳에 오르려면 반드시 낮은 데로부터 시작한다.'는 말을 떠올렸고, 매가 덫에 걸리는 것을 두고 욕심을 가져서는 안 된다는 점을 생각하였고, 하산할 때에는 '악을 따르는 것은 산을 내려오는 것처럼 쉽다.'는 말[27]을 되새기는 등 유람을 하면서

---

26 朴汝樑, 『感樹齋集』 권6, 「頭流山日錄」. "古人所謂遊山如讀書者 謂以是耶 夫讀書初覽 不可盡記 至於一再三四過而後 前之所忘者 覺焉 所記者 實焉 久久而後 若固有之 遊山讀書 同一揆矣"

27 이 말은 曺植의 「유두류록」에도 보인다.

자신을 끝없이 성찰하였다.

그리고 그는 조식의 후예답게 천왕봉에 올라 남쪽으로 덕산(德山)을 바라보며 조식을 '천 길 위에서 다시 천 길을 바라보는 느낌'이라고 하였다.[28] 조식을 천왕봉 위에 또 하나의 천왕봉으로 여긴 것이다.

박여량은 현실문제에 대해서도 예리한 사의식을 드러내었다. 그는 제석봉 밑에 새로 지은 제석신당을 보고서 민간의 미혹함을 비판했으며, 천왕봉 성모사에 안치된 성모상(聖母像)이 보기 싫어 거적으로 그 상을 덮은 뒤에 성모사로 들어가 유숙했으며, 임진왜란 뒤 무당과 승려들이 번성하는 데도 나라에서 금지하지 못하는 것을 탄식하면서 그 폐해를 걱정하였다.[29]

그는 유람을 총평하면서 자신이 유람을 무사히 마치게 된 이유 두 가지를 들었다. 하나는 평소 걷는 연습을 하였기 때문이고, 하나는 천왕봉에 오르겠다는 뜻을 세웠기 때문이라 하였다. 전자는 『논어』 첫머리의 '습(習)'을 실천한 것으로, 후자는 『맹자』의 '지(志)가 지극한 것이고, 기(氣)는 그 다음이다.'라는 말에서 지(志)를 세운 것으로 보았다.

이처럼 그의 유람록에는 유산(遊山)을 학문의 연장선상에서 생각하는 '유산여독서(遊山如讀書)'의 의식이 자리하고 있는데, 이는 조식의 수양

---

28 朴汝樑, 『感樹齋集』 권6, 「頭流山日錄」. "峯之東南 長谷百里許 有洞曰德山 有水曰德川 南冥曺先生所卜築也 墓與祠皆在于此 祠之額曰德川 今上所賜也 方在千仞峰頭而 想像先生肥遯氣象 千仞峯頭 又望千仞峯也"

29 朴汝樑, 『感樹齋集』 권6, 「頭流山日錄」. "老嫗么麽之力 能使人感之 而作一鉅役於咄嗟之間 人心之易惑難解 良可歎矣"
"堂有神像 以石爲之 儼然在北壁下 以物蔽之 後打坐"
"以其僧刹而言 則金臺·無住·頭流之外 靈源·兜率·上流·大乘 則古所無也 以其神舍而言之 則白母·帝釋·天王諸堂 皆務侈前作 而龍王·西天 新所設也 逃役之輩 祈福之氓 日以雲集 粒米狼戾峯壑之間 而國家不能禁 誠可歎也"

론적 정신세계가 후대에 면면히 이어지고 있음을 잘 드러내 주는 성향이
라 하겠다.

3. 유몽인(柳夢寅)의 국토산하에 대한 인식

유몽인(柳夢寅)의 자는 응문(應文), 호는 어우당(於于堂)·묵호자(默好
子), 본관은 고흥이다. 유몽인은 1559년 11월 한양에서 태어나, 성혼(成
渾)과 신호(申濩)의 문하에서 수학하였다. 24세 때 사마시에 합격하였고,
1589년 문과에 장원급제하여 이듬해 예문관 검열이 되었다. 이후 사간원
정원 및 홍문관 수찬 등을 역임하였으며, 임진왜란 때 왕을 호종하였다.

임진왜란 때에는 명나라 제독 이여송(李如松) 등을 응접하였고, 세자
를 배종하여 남쪽 지방을 순무하였다. 뒤에 이이첨(李爾瞻) 일파의 탄핵
을 받고 벼슬에서 물러났다가, 다시 기용되어 대사간 및 대제학을 지냈
다. 1617년 인목대비 폐비론이 일어났을 때, 수의(收議)에 가담하지 않았
다는 이유로 탄핵을 받고 파출되어 여러 곳을 떠돌며 지내다, 인조반정
뒤 광해군의 복위 계획에 가담했다는 무고로 처형되었다.

유몽인의 지리산유람은 1611년 3월 29일부터 4월 8일까지 9일 동안이
었으며, 동행한 사람은 순천부사로 있던 유영순(柳永詢)과 김화(金澕)·
신상연(申尙淵)·신제(申濟) 등이었다. 유람일정은 남원부 관아 → 재간
당(在澗堂) → 황산 비전(荒山碑殿) → 백장사(百丈寺) → 정룡암(頂龍菴) →
월락동(月落洞)·황혼동(黃昏洞) → 갈월령(葛越嶺) → 영원암(靈源菴) →
군자사 → 용유담 → 마적암(馬跡庵) → 두류암(頭流菴) → 청이당(淸夷堂)
→ 영랑대(永郎臺) → 소년대(少年臺) → 천왕봉 → 향적암(香積庵) → 영
신암(靈神庵) → 의신사(義神寺) → 홍류동(紅流洞) → 신흥사(新興寺) →

쌍계사 → 불일암 → 화개동 → 남원 남창(南倉) → 숙성령(肅星嶺) → 남원부 관아 코스였다.

유몽인도 광해군 초기의 치열한 당쟁 구도 속에서 벼슬에서 물러나 은거하려는 생각을 갖고 있었다. 그러나 뜻대로 되지 않아 남원부사로 부임하게 되었고, 그 해 지리산을 유람하고 「유두류산록(遊頭流山錄)」을 남겼다. 그의 유람 동기는 전국의 유명산을 두루 구경할 정도로 산수 유람을 좋아하는 성품에서 기인한 듯하다.

그의 유람록에도 사대부로서의 현실인식이 잘 나타나 있다. 귀신을 숭상하는 풍습이 만연하여 성모사(聖母祠)·백모당(白母堂)·용유담(龍游潭) 등 지리산 곳곳이 무당들의 소굴이 되었다고 분개하였으며[30], 매를 잡는 사람들의 움막을 보고서 백성들의 고통을 생각하였으며[31], 황산 비전(荒山 碑殿)에서 태조가 왜적을 물리친 역사를 상기시켰으며[32], 천왕봉에서 노량 해협(露梁海峽)을 바라보며 이순신의 우국충정을 생각하였다.[33]

그러나 유몽인의 「유두류산록」에 보이는 백미는 종결 부분에 지리산을 형상한 대목이다. 그는 전쟁을 몸소 겪으면서 전국을 직접 답사한 관리로서 국토산하에 대해 해박한 지식을 가지고 있었다. 그는 "돈·곡

---

30 柳夢寅,『於于集』後集 권6,「遊頭流山錄」. "故聖母祠·白母堂·龍遊潭 爲巫覡之三窟 誠可憤也"

31 상동. "冒風雪耐凍餓 了死生於此者 豈徒官威是惕 抑多射利而輕生者 旴 孰知盤中之 珍 不滿一嚼 而生民之萬苦千艱 有如是哉"

32 상동. "昔麗朝末 倭將阿只拔都 擧大衆寇嶺南 所向無堅壘 其國有緯書曰 到荒山敗死 山陰有黃山 以此避其路 間道趨雲峯 時我太祖康獻大王 徼荒山之隘 大敗之 至今故老 指石窠 謂建旗古跡 盖提單師 敵難當之賊 以肇我無疆之基 豈但天命人謀兩得之 度其 地勢 正扼湖嶺咽喉 夫控隘得便 乃兵家寡敵衆之道也 頃者 丁酉之亂 楊元輩不知截此 路 欲守南原城 其致挫衄 豈非失地利而然乎"

33 상동. "望南海露梁而悲李舜臣之死國"

식·갑옷·무기 등을 깊이 아는 것은 머리 허연 서생이 요리할 바가 아니다."라고 하면서, 벼슬을 그만두고 지리산에 은거해 지리지(地理誌)를 쓰고 싶어 했다.[34]

그는 지리산을 유람하기 전에 전국의 명산을 거의 유람하였기 때문에 우리나라 산 가운데 금강산을 가장 빼어난 산으로 보고 지리산은 대단찮게 생각하였다. 그러나 천왕봉에 올라 보고서는, 지리산의 웅장하고 걸출한 것이 우리나라 모든 산의 으뜸이라고 하였다. 그리고 그 이유로 '지리산은 살이 많고 뼈대가 적다.'는 점을 들었다.[35] 그리하여 그는 지리산을 다음과 같이 비유하였다.

> 문장에 비유하면 굴원(屈原)의 글은 애처롭고, 이사(李斯)의 글은 웅장하고, 가의(賈誼)의 글은 밝고, 사마상여(司馬相如)의 글은 풍부하고, 양자운(揚子雲:揚雄)의 글은 현학적인데 사마천(司馬遷)의 글이 이를 모두 겸비한 것과 같다. 또한 맹호연(孟浩然)의 시는 고상하고, 위응물(韋應物)의 시는 전아하고, 왕마힐(王摩詰:王維)의 시는 공교롭고, 가도(賈島)의 시는 청아하고, 피일휴(皮日休)의 시는 까다롭고, 이상은(李商隱)의 시는 기이한데 두자미(杜子美:杜甫)의 시가 이를 모두 통합한 것과 같다. 지금 살이 많고 뼈대가 적다는 것으로 두류산을 하찮게 평한다면 이는 유사복(劉師服)이 똥 덩이로 한퇴지(韓退之:韓愈)의 문장을 기롱한 것과 같다. 이렇게 보는 것이, 산을 안다고 할 수 있을 것이다.[36]

---

34 상동. "深知錢穀甲兵 非白首書生所料理 朝夕解腰間長組 以遂吾初服 苟借一間方丈 於泓靜蕭氋之境 豈獨高興舊貫 可志我輿地哉"

35 상동. "頭流雖曰名山 覽盡東方 以楓嶽爲集大成 則觀海難爲水 特視爲一拳石耳 及今 登天王第一峯 而後其知雄偉傑特 爲東方衆嶽之祖 其多肉少骨 乃所以益其高大"

36 상동. "比之文章 屈原哀 李斯壯 賈誼明 相如富 子雲玄 而司馬遷兼之 浩然高 應物雅 摩詰工 賈島清 日休險 商隱奇 而杜子美統之 今以多肉少骨少頭流 則是劉師服以糞壤

유몽인은 지리산을 문장에 있어서는 『사기』를 지은 사마천(司馬遷)에 비유하고, 시에 있어서는 시성(詩聖)으로 불리는 두보(杜甫)의 경지에 비유하였다. 그는 지리산이 '살이 많고 뼈대가 적은' 점을 오히려 중시했다. 또한 그는 지리산을 '백두산에서 시작하여 4천 리나 뻗어 온 아름답고 혼융한 기상이 남해에 이르러 엉켜 모이고 우뚝 일어난 산'으로 평가하면서, 주위의 12개 고을을 어깨·등·배·허리·무릎·발에 각 고을을 비유하였다.

지리산의 다른 이름인 '두류산(頭流山)'이 '백두산(白頭山)에서 흘러내린 산'이라는 인식은 조선시대 지식인들에게서 나타나는 일반적인 생각이었지만, 유몽인처럼 지리산을 평가한 사람은 찾아볼 수 없다.

백두산 근처까지 가서 백두산을 바라본 그가 왜 지리산을 '우리나라 모든 산의 으뜸'이라고 하면서 시·문의 최고봉인 두보·사마천과 같다고 평했을까? 백두산은 우리 국토의 발원지로 하늘과 맞닿아 있다. 반면 지리산은 그 줄기가 뻗어 내려 국토의 골격을 이루고 나서 우뚝하게 맺힌 산이다. 따라서 백두산은 천상의 세계에 가깝다면 지리산은 지상의 세계에 있다.

유몽인은 국토를 두루 답사한 안목으로, 백두산은 천상의 세계에 닿아 있는 민족의 발원지이고, 지리산은 지상의 세계를 다스리는 임금과 같은 존재로 인식한 것은 아닐까? 박여량(朴汝樑)이 지리산 천왕봉을 '천자가 온 세상을 다스리는 형상'으로 본 것처럼 유몽인도 지리산을 지상의 세계를 다스리는 천자의 형상으로 인식한 듯하다.

譏韓退之也 是可謂知山也哉"

4. 성여신(成汝信)·박민(朴敏)의 유선적(儒仙的) 선취(仙趣)

성여신(成汝信)의 자는 공실(公實), 호는 부사(浮査), 본관은 창녕이다. 성여신의 집안은 고조 때 거창에서 진주로 이주한 사족으로 조부 대부터 출사를 포기하고 강호에 은거한 영남 사림파의 일원이었다.

성여신은 정탁(鄭琢)·이정(李楨)·조식(曺植)에게 수학하였는데, 이정과 조식의 영향을 많이 받았다. 그는 20대 초반 과거에 낙방한 뒤, 진주 경내의 응석사(凝石寺)·단속사(斷俗寺)·쌍계사 등지에서 경서·성리서·역사서를 부지런히 읽었으며, 곽재우(郭再祐)·이대기(李大期)·이대약(李大約) 등과 학문을 강마하였다.

임진왜란 때에는 인근에 진을 치고 있던 전라도 출신 의병장 김덕령(金德齡)과 군사를 논의하였고, 정유재란 때에는 곽재우가 진을 치고 있는 화왕산성(火旺山城)으로 들어가 함께 군사를 의논하였다.

한편 성여신은 조식의 문인으로서 덕천서원(德川書院)을 중건하는 일에 동참하였으며, 최영경(崔永慶)이 무고를 받고 옥에 갇혀 죽자, 그를 신원하는 데 적극적으로 참여하였다. 또한 임진왜란으로 무너진 예속(禮俗)을 회복하는 데에도 앞장섰다. 이처럼 그는 사인(士人)으로서의 본분을 충실히 수행하였다.

성여신은 전란을 겪은 뒤 선친의 당부를 저버릴 수 없어 과거에 다시 응시하여 생원·진사시에 모두 합격하였다. 그리고 68세 때 문과 시험에 응시하기 위해 상경하였다가, 세도가 어지러운 것을 보고 과거를 포기한 채 낙향하였다. 이 당시의 정국은 정인홍(鄭仁弘)·이이첨(李爾瞻) 등의 대북정권이 강경책을 써서 영창대군(永昌大君)을 죽이고 인목대비(仁穆大妃)를 폐위하는 정치적 격변기였다.

성여신은 종전에 남명학파의 영수격인 정인홍과 뜻을 같이 하여 아들을 그에게 보내 학업을 연마하게 하기도 하였지만, 영창대군을 죽이고 인목대비를 폐위하는 사건을 계기로 정온(鄭蘊)·곽재우(郭再祐) 등과 같은 입장을 취함으로써 이른바 중북(中北)의 노선을 지지하였다. 그는 과거에 합격하지 못한 불우에다가 이런 정치적 노선의 갈등으로 인하여 불화가 극대화되었고, 만년에 신선세계를 유람하며 선계에 몰입하는 경향을 보인다.

성여신은 여러 차례 지리산을 유람하였는데, 「방장산선유일기(方丈山仙遊日記)」를 쓴 유람은 1616년 9월 24일부터 10월 8일까지 15일 동안이었으며, 동행한 사람은 정대순(鄭大淳)·강민효(姜敏孝)·박민(朴敏)·이중훈(李重訓)·문홍운(文弘運)·성박(成鑮)·성순(成鐏)·강이원(姜以源)·하응일(河應一) 등이었다.

유람일정은 그가 살던 진주 월아산 밑의 부사정(浮査亭)에서 출발하여 구암(龜巖) → 수곡(樹谷) → 황현(黃峴) → 횡포(橫浦) → 하동 → 삽암(鍤巖) → 도탄(陶灘) → 쌍계사 → 불일암 → 향로봉(香爐峰) → 쌍계사 → 신응사 → 가정촌(柯亭村) → 도탄 → 하동 → 우현(牛峴) → 횡포 → 황현 → 동곡(桐谷) → 원당(元堂) → 곤명(昆明) → 부사정 코스였다.

유람 동기는 현실과의 괴리에서 오는 갈등을 해소하기 위한 선계유람이었다. 그래서 성여신은 이 유람을 '선유(仙遊)'라 하였고, 동행한 여덟 사람을 '팔선(八仙)'[37]이라 불렀다.

성여신은 유람 도중 "나는 이 세상의 사람, 애초 물외인(物外人)이 아

---

37 八仙은 浮査少仙 성여신, 玉峯醉仙 정대순, 鳳臺飛仙 강민효, 同庭謫仙 이중훈, 凌虛步仙 박민, 梅村浪仙 문홍운, 竹林酒仙 성박, 赤壁詩仙 성순이다.

니었네. 가을바람에 높은 흥취 얼어나니, 신선을 배우는 사람 되리라."[38]
라고 하여, 자신은 지금까지 현실세계에서 살아온 사인(士人)이지만 이
제는 신선을 배우는 사람이 되겠다고 읊조리고 있다.

그리하여 그는 유람 도중 신선세계 매료된다. 쌍계사에 이르러서는
"선원(仙源)으로 가고 싶은데 어느 곳일까, 향로봉 위에서 고운(孤雲:崔致
遠)을 부르리라."[39]라고 하였으며, 71세의 고령에도 불구하고 불일폭포
옆의 향로봉 고령대(古靈臺)에 올라 "홍애(洪崖)를 왼쪽으로 함이여, 부구
(浮丘)를 오른쪽으로 하도다. 고운을 부름이여, 진결(眞訣)을 묻노라."[40]
라고 읊조리며 선유사(仙遊辭)를 지었다. 그는 극대화 된 불화를 달래기
위해 현실과 일정하게 떨어진 신선의 세계를 찾고 싶었던 것이다.

그러나 성여신의 선유는 현실세계를 등지고 신선의 세계로 들어가는
것이 아니었다. 그는 선유를 마치고 돌아오는 길에 "평생 경세제민의
포부를 품지 않았다면, 나는 학을 타고 난새를 곁말로 할 수 있었으리."[41]
라고 읊었고, 유람을 총평하는 말미에 "사(士)의 일신은 경세제민을 그의
계책으로 하고, 사(士)의 일심(一心)은 겸선(兼善)을 그의 뜻으로 한다.
그렇지 않다면 산에 어찌 들어갈 수 없겠으며, 신선을 어찌 배우지 않을
수 있겠는가."[42]라고 하여, 사인의 본분이 경세제민 및 남과 선을 함께
하는 데 있음을 분명히 하였다.

이를 통해 볼 때, 그의 선유는 현실세계에서의 갈등을 해소하고 활달한

---

38 成汝信, 『浮査集』 권5, 「方丈山仙遊日記」. "我是寰中人 初非物外人 秋風動高興 將作
    學仙人"
39 상동. "欲泝仙源何處是 香爐峯上喚孤雲"
40 상동. "左洪崖兮右浮丘 喚孤雲兮問眞訣"
41 상동. "平生倘不懷經濟 鶴可駕兮鸞可驂"
42 상동. "士之一身 經濟其策 士之一心 兼善其志 不然山何可不入 仙何可不學"

정신을 회복하기 위한 것으로, 현실에 등을 돌리고 선가(仙家)에 귀의한
것이 아니다. 어디까지나 맺힘을 풀림으로 바꾸어주는 청량제와 같은 것
이었다. 그러기에 그는 끝까지 유학자로서의 사의식을 저버리지 않았다.
자신의 이상이 현실과 괴리되면서 그 갈등을 해소하기 위해 선유를 즐겼지
만, 사인로서의 본분을 저버리지 않은 것이다. 이런 점에서 그의 선취는
유학자의 본분을 잃지 않은 선유, 다시 말해 '유선적 선취'라고 하겠다.

박민(朴敏)의 자는 행원(行遠), 호는 능허(凌虛), 본관은 태안이다. 진
주 나동에 살았으며, 정구(鄭逑)의 문하에서 수학하였다. 박민은 성여신
보다 20세 연하지만 성여신이 만년에 벗하며 친하게 지낸 인물이다. 그
의「두류산선유기(頭流山仙遊記)」는 1616년 9월 성여신과 함께 쌍계사
방면을 유람하고 쓴 것으로, 성여신의 유람록에 비해 양적·질적으로 매
우 미흡하다. 그의 유람록은 날짜별 기록을 하지 않고 유람한 뒤 소감을
간략하게 피력해 놓은 것인데, 성여신이 자세하게 기록했으므로 자신의
감상만을 적어 둔 듯하다. 그의 유람록에 나타난 사의식은 성여신의 경
우와 유사하기 때문에 구체적인 언급은 생략하기로 한다.

5. 조위한(趙緯韓)·양경우(梁慶遇)의 선계유람

조위한(趙緯韓)의 자는 지세(持世), 호는 현곡(玄谷), 본관은 한양이다.
조위한은 임진왜란 때 김덕령(金德齡)을 따라 종군하였다. 1601년 사마
시에 합격하였고, 1609년 증광시 문과에 갑과로 급제하여 사헌부 감찰
등을 지냈다.

조위한은 1613년 김제남(金悌男)의 옥사에 연루되어 구금되었다가 풀
려나 남원에 우거하고 있었다. 이 때는 대북정권이 영창대군을 죽이고

인목대비를 폐비시키던 시기였다. 그는 인조반정 뒤에 다시 등용되어
사헌부 집의 등을 거쳐 공조 참판에 이르렀다.

조위한의 지리산유람은 1618년 4월 11일부터 17일까지 7일 동안이었
으며, 동행한 사람은 동생 조찬한(趙纘韓)·방원량(房元亮)·양자발(梁子
發) 등이었다. 유람일정은 남원 성촌(省村) → 구례 → 화개동 → 쌍계사
→ 불일암 → 신흥사 → 화개동 → 구례 → 남원 성촌 코스였다.

조위한의 지리산유람의 동기는 삼신산의 하나인 지리산에 올라 흉금
을 시원하게 하는 일이었다. 그의 유람록은 유람 전말을 평면적으로 기
록한 것이어서 사의식이나 현실인식이 거의 보이지 않는다. 단지 신흥사
앞 시냇가의 반석 위에 앉아 우화이등선(羽化而登仙)하는 기분을 느끼거
나, 불일암에 올라 속세를 떠난 느낌을 맛보는 정도의 소감만이 기록되
어 있을 뿐이다.[43]

양경우(梁慶遇)의 자는 자점(子點), 호는 제호(霽湖), 본관은 남원이다.
양경우는 남원군 아영면 청계리에서 양대박(梁大樸)의 맏아들로 태어났
다. 임진왜란이 일어나자 부친 양대박이 의병을 일으켰는데, 그도 종군
하여 부친을 도왔다. 1597년 문과에 급제하였고, 1616년 문과 중시(重試)
에 다시 급제하였다.

그는 내직으로 교서관 교리 등을 지냈고, 외직으로는 죽산현감(竹山縣
監)·연산현감(連山縣監) 등을 지냈다. 양경우는 인조반정 뒤에 다시 등
용되었으나, 이이첨에게 아첨했다는 서인들의 탄핵을 받고 1624년 3월
파직되었다.[44] 그리고 오래지 않아 졸하였다.

---

43 趙緯韓, 『玄谷集』권14, 「遊頭流山錄」, "遂乘輿入寺 坐於寺前高臺 臺臨廣淵 大可容
舟 戌削奇峰 環列如屛 靈飇習習 爽氣來侵 怳然如在瑤臺月殿之上 不自覺其羽化而登
仙也"

양경우의 「역진연해군현잉입두류상雙계신흥기행록(歷盡沿海郡縣仍入頭流賞雙溪新興紀行錄)」은 그가 장성현간(長城縣監)으로 재지할 때 쓴 것으로, 전라도 영암·진도·강진·장흥·보성·흥양·낙안·순천·광양 등지를 돌아보고 화개 쌍계사 방면을 유람한 기록이다. 유람기간은 1618년 윤4월 15일부터 5월 15일까지 한 달 동안이었지만, 실제로 쌍계사 방면을 유람한 것은 5월 10일부터 12일까지 3일 동안이었다. 동행한 사람은 조위한(趙緯韓)·조찬한(趙纘韓)·양형우(梁亨遇) 등이었다. 쌍계사 방면 유람 일정은 화개 → 쌍계사 → 불일암 → 쌍계사 → 신흥사 → 화개 코스였다.

양경우가 지리산을 유람하게 된 동기는 선계를 유람하고 싶었기 때문이다. 그는 불일암에 올랐을 때의 느낌을 "천 봉우리 만 골짜기의 기이한 나무들과 바위들이 구름이 걷혔다 가렸다 하는 사이에서 나타났다 숨었다 하였다. 정신과 몸이 처연해지고 아득해졌으며, 황홀한 마음에 신옹(神翁)·우객(羽客)을 만난 듯하니, 참으로 이곳은 선계였다."[45]라고 기술하였으니, 곧 그가 지리산유람을 통해 맛보고자 한 경계이다.

그는 3일 동안의 유람을 아쉬워하며 발길을 돌렸는데, 유람을 총평하는 자리에서 "떠나려면 벼슬을 버리고 세상일을 그만두고서 흰 구름이 서린 곳에서 죽을 각오를 해야 한다. 나막신에 죽장을 짚고 이 산의 봉우리와 골짜기를 두루 찾아다니며 내 뜻을 이루고 싶다."[46]라고 하여, 산림에 묻혀 은거하려는 뜻을 나타냈다.

---

44 李月英(1995), 「梁慶遇의 霽湖詩話」, 『霽湖詩話』, 한국문화사.

45 梁慶遇, 『霽湖集』 권11, 「歷盡沿海郡縣仍入頭流賞雙溪新興紀行錄」. "千峯萬壑 怪樹奇巖 或隱或現於雲霞卷舒之間 悽神凜骨 悄愴幽邃 怳然與神翁羽客相遇 眞仙界也"

46 상동. "行當投綏謝事 送死白雲之邊 棕鞋竹杖 遍尋此山之峯壑 以畢余志焉"

V. 인조반정 이후 유람록에 보이는 성향

1. 박장원(朴長遠)·오두인(吳斗寅)의 탕척흉금

박장원(朴長遠)의 자는 중구(仲久), 호는 구당(久堂), 본관은 고령이다. 1627년 생원시에 합격하였고, 1636년 문과에 급제하였다. 1639년 예문관 검열을 시작으로 벼슬길에 나아가 사간원 정언 등을 역임하였다. 1653년 남인의 탄핵으로 유배되었다가 이듬해 풀려났다. 1658년 강원도 관찰사가 되었고, 뒤에 이조 판서 등을 지냈다.

박장원이 지리산을 유람하고 「유두류산기(遊頭流山記)」를 쓴 것은 1640년 안의현감(安義縣監)으로 재직할 때였다. 유람기간은 8월 20일부터 26일까지 7일 동안이었으며, 동행한 사람은 사근역 찰방(沙斤驛察訪) 이초로(李楚老) 및 양원(梁榞)·신찬연(申纘延) 등이었다. 유람일정은 안의 관아→사근역→엄천리→용유담→군자사→백무당→하동바위→제석당→천왕봉→제석당→백무당→안국사→금대암(金臺庵)→사근역→안의 코스였다.

그가 지리산을 유람하게 동기는 남방의 으뜸인 두류산에 올라 안목을 넓히고 흉금을 탕척하고 싶었기 때문이다. 그는 지리산에 대해 맑은 기운이 있고, 신령스런 흔적이 있고, 웅장한 형세가 있고, 볼거리가 풍부하다고 열거하였다.[47]

박장원은 서인계의 젊은 관료로서 일찍이 문과에 급제하여 뜻을 펼 수 있었기 때문에 현실세계와의 갈등이 별로 없었다. 그러므로 그의 유

---

47 朴長遠, 『久堂集』 권5, 「遊頭流山記」. "山之周圍 盤據湖嶺九郡 其淸淑之氣 靈異之跡 體勢之雄 觀遊之富 雖巧歷 指不勝屈焉"

람록에는 현실비판이나 은일의식이 거의 나타나지 않는다. 단지 백무당의 음사(淫祠)에 대해 비난하는 사의식이 보일 뿐이다.[48] 반면 그의 유람록에는 산수의 아름다움에 대해 읊조린 시가 여러 편 삽입되어 있다.

오두인(吳斗寅)의 자는 원징(元徵), 호는 양곡(陽谷), 본관은 해주이다. 이조 판서를 지낸 오상(吳翔)의 아들이다. 1648년 진사시에 합격하였고, 이듬해 문과에 장원 급제하였다. 사헌부 지평 등 요직을 두루 거친 뒤, 1683년 공조 판서에 올랐다. 1689년 형조 판서로 있을 때 기사환국이 일어나 서인이 실각하자, 벼슬길에 나아가지 않았다. 그리고 인현왕후(仁顯王后)의 폐위에 반대하여 상소를 올렸다가 국문을 받고 유배 도중 경기도 파주에서 졸하였다.

오두인의 지리산유람은 1651년 11월 1일부터 6일까지 7일 동안이었고, 동행한 사람은 진주 목사 이상일(李尙逸), 소촌 찰방(召村察訪) 김정(金釘), 하동군수 이진필(李震秘), 곤양소모장(昆陽召募將) 김집(金緝) 등이었다. 유람일정은 진주→ 황현(黃峴) → 옥계사(玉溪寺) → 삼아현(三牙縣) → 악양→ 화개→ 쌍계사→ 불일암→ 쌍계사→ 신흥사→ 기담(妓潭) → 능인사(能仁寺) → 은정대(隱井臺) → 수국현(水國峴) → 남대사(南臺寺) → 신계리(新溪里) → 덕산(德山) 덕천서원(德川書院) → 입덕문(入德門) → 소남(召南) → 진주 코스였다.

당시 오두인은 경상우도 지역의 재해를 살피기 위해 조정에서 파견된 관리였다. 그의 유람동기는 흉금을 상쾌하게 펴 보는 일이었다. 그리하여 그는 화개동에 들어서면서 벌써 흉금이 상쾌함을 느낀다고 하였다.[49]

---

48 상동. "乃策馬而行十里 抵百巫堂 堂是淫祠 巫覡所會處也"
49 吳斗寅, 『陽谷集』 권3, 「頭流山記」. "洞天深嚴淸絶 入山未半 自不覺胸次之爽然"

또한 불일암에 올랐다 내려오면서 정신이 상쾌함을 배나 느낀다고 하였다.[50] 오두인은 그의 부친 오상이 1632년 쌍계사·신흥사 등지를 유람하였고, 숙부 오숙(吳翻)도 1647년 경상도 관찰사로서 이 지역을 유람한 적이 있어, 집안에 전해지는 이야기를 듣고 이곳을 유람하고 싶었던 것을 이 기회에 결행한 것이다.

2. 김지백(金之白)의 선계몰입

김지백(金之白)의 자는 자성(子成), 호는 담허재(澹虛齋), 본관은 부안이다. 부친 김윤(金沇)은 1617년 사마시에 합격하였으나, 당시 대북 정권이 인목대비를 유폐시킨 사건이 일어나자 과거를 포기하고 산수에 묻혀 지냈다. 김지백도 1648년 생원시에 합격한 뒤, 과거를 포기하고 남원에 은거하여 학문에 전념하였다. 그는 김집(金集)의 문인으로 송시열·송준길 등과 도의로 교유하였으며, 존명배청(尊明排淸) 사상을 강하게 가지고 있던 서인계의 학자였다. 그의 사상은 5대손 김수민(金壽民)에게까지 이어져 존주의리(尊周義理) 사상의 극치를 이루었다.

김지백이 지리산을 유람한 기간은 1655년 10월 8일부터 11일까지 4일 동안이었으며, 동행한 사람은 서국익(徐國益)·이자원(李子遠)·한여한(韓汝韓)·노운경(盧雲卿)·서대숙(徐大叔) 등이었다. 유람일정은 남원 → 연곡사 → 화개 → 쌍계사 → 불일암 → 쌍계사 → 신흥사 → 화개 → 남원 코스였다.

김지백의 유람록은 날짜를 기록해 놓지 않았지만, 숙박한 곳을 기록해 놓아 실제로는 날짜별 기록이라 할 수 있다. 김지백이 지리산을 유람

---

50 상동. "下至靑鶴洞下流 水石轉奇 倍覺神爽"

하게 된 동기는 '신선이 사는 곳'을 유람하기 위해서였다. 이러한 그의 선계유람은 기본적으로 현실세계와의 불화가 전제되어 있다. 1637년 인조가 삼전도(三田渡)에서 청 태종(淸太宗)에게 항복한 굴욕적인 사건을 계기로 세상에 나아가기를 단념한 데에 그 원인이 있었다. 이로 인해 그는 배청존명 의식이 밑바탕에 깔려 있었다.

김지백은 지리산을 신선이 사는 산으로 본다. 그리고 그 증거로 최고 운(崔孤雲:崔致遠)이 깃들어 살고, 청학이 노니는 점을 들었다.[51] 김지백은 쌍계사 앞의 쌍계석문에 이르러 최치원이 쓴 '쌍계석문(雙溪石門)' 네 글자를 보고, '쇠처럼 강한 획이 마모되지 않다.[鐵劃不泐]'고 평하면서 최치원의 진면목을 상상해 볼 수 있다고 하였다.

김지백은 최치원을 '최선(崔仙)'이라 지칭했다.[52] 그는 송시열과 도의로 교유한 철저한 주자학자임에도 불구하고 신선세계를 노닐고 싶어 하며 최치원을 신선으로 부른 것은, 도의가 무너진 현실세계를 떠나고 싶었기 때문일 것이다.

김지백은 칠불암에서 옥부대(玉釜臺:운상원)로 올랐다가 능선을 따라 홍류동(紅流洞)으로 내려오면서 느낀 감정을 아래와 같이 기록해 놓았다.

바람을 몰고 학을 타고서 신선세계로 오르는 듯한 기분이었다. 천하

---

51 金之白, 『澹虛齋集』 권3, 「遊頭流山記」. "其南近海 尤淸淑氣積而不散 蜿蜒扶輿而磅礴 可信神仙所宅 崔學士孤雲 亦嘗棲遲憩息乎此 其奇踪之歷歷者 於雙溪寺 特著 自雙溪寺可十里許 有所謂靑鶴洞 舊有赤頂靑翅者 遊焉"

52 이는 성여신이 최치원을 '儒仙'으로 지칭한 것과 다르다. '儒仙'은 최치원의 근본은 儒者이지만 현실 세계에서 그 뜻을 펼 수 없어 신선 세계 의탁했다는 의미를 갖는 반면, '崔仙'은 최치원의 儒者的 性格보다는 신선적 성격에 비중을 두어 평가한 것으로 이해할 수 있다.

의 명승을 구경했다고 하는 사람이 있을지라도 나는 그에게 양보하고
싶지 않다. 아, 사람이 이 세상에 태어나는 것은 조그마한 눈에놀이와
같을 뿐이다. 이 속세를 떠나 항아리 속의 초파리와 같은 신세가 되지
않을 자가 얼마나 있겠는가? 예전 산에 오르고 물가에 나가 한 줄기
시냇물과 한 무더기 산봉우리를 보고서 그 빼어난 경관에 저절로 감탄
을 금치 못했었는데, 이곳에 와 보니 30년 전의 신세가 헛된 것임을 비
로소 깨닫겠다.[53]

도가 무너진 세상에 등을 돌릴 경우, 대체로 두 가지 성향을 띠게 된
다. 하나는 학문에 몰입하여 도를 부지하려고 하는 경향이고, 하나는
물외를 노닐며 현실세계를 잊으려 하는 경향이다. 이 모두 은일의식을
가지고 있지만, 전자는 자정(自靖)을 통해 학문과 도덕을 곧추세우려 하
며 현실에 대한 비판의식을 갖는 반면, 후자는 그것조차도 부질없는 것
으로 여겨 현실과 동떨어진 세계를 희구한다.

김지백의 경우 처음에는 전자를 택했을 것이지만, 나중에는 후자 쪽으
로 기운 듯하다. 그리하여 그는 백년도 눈 깜박하는 순간에 지나지 않는
데, 스스로를 고상하게 하여 세상을 슬퍼하는 뜻을 가졌었다[54]고 후회하
였다.

3. 송광연(宋光淵)의 국토산하에 대한 인식

송광연(宋光淵)의 자는 도심(道深), 호는 범허정(泛虛亭), 본관은 여산

---

53 金之白, 『澹虛齋集』 권3, 「遊頭流山記」. "冷然如馭風而羽化 雖謂之得天下勝觀 吾不
     多讓 噫 人生天地 藐爾一蠛蠓耳 脫却塵臼 能不爲瓮裏之醯鷄者 有幾人耶 向來登山
     臨水 得一涓流一丘垤 輒嘗自多其勝賞 到此始覺卅年前身世爲虛了耳"
54 상동. "不過爲百年間一瞬息 猶且自高而有悲世之志"

(礪山)이다. 1654년 진사시에 합격하였고, 1666년 문과에 급제하여 사간원 정언 등을 지냈다. 남인이 집권한 1670년대에는 강원도 강릉과 겸기도 고양에 은거하기도 하였다. 1680년 경신환국 이후 다시 등용되어 황해도 관찰사 등을 역임하였다.

송광연은 1678년 순창군수로 재직하던 시기에 지리산을 유람하였다. 그의 유람기간은 1680년 8월 20일부터 27일까지 8일 동안이었고, 동행한 사람은 순천부사 이익태(李益泰)와 곡성현감 이만징(李萬徵) 등이었다. 유람일정은 순창(淳昌) → 구례 → 화개 → 쌍계사 → 불일암 → 쌍계사 → 신흥사 → 기담(妓潭) → 칠불사 → 냉정(冷井) → 영신사 터 → 제석당 → 향적사 → 천왕봉 → 제석당 → 백모당 → 군자사 → 백장사 → 인월 → 황산 → 운봉 → 남원 → 순창 코스였다. 그의 유람동기도 삼신산의 하나로 일컬어지는 방장산을 유람하여 흉금을 펴 보기 위해서였다.

그러나 송광연의 유람록에는 박장원·오두인의 경우와 다른 역사에 대한 회고와 현실인식이 엿보인다. 그는 쌍계사에서 최치원의 영정을 보고 그의 불우를 생각했으며[55], 천왕봉에서 백제와 신라의 구허(舊墟)를 바라보며 흥망의 운수를 생각했으며, 노량해협을 바라보며 이순신의 절의(節義)를 되새겼으며[56], 천왕봉 성모사에서 백성들의 풍속이 귀신을 숭상하는 것에 대해 개탄하였다.[57]

한편 그는 천왕봉에 올라 "백두산 이남은 이 산의 조종자손(祖宗子孫)

55　宋光淵.『泛虛亭集』권7,「頭流錄」."所謂影子堂 有孤雲像 英彩尚亦動人 以孤雲之人物 才調不偶於中國 又不容於東土 韜晦於僧釋之道 徜徉於山水之窟 以終其身 有是哉 時之難遇也"

56　상동."望羅濟舊墟 而論廢興之數 指露梁戰場 而弔節義之魂 擧杯相屬 感慨係之矣"

57　상동."至今兩南之民 求福者 奉以爲淫祠 奔走上下 晝夜無休息 遂使去天盈尺之地 至成通衢大道 甚矣 民俗之尚鬼也"

아닌 것이 없다. 우리나라의 명산대천 가운데 어느 곳도 이 산의 지엽(枝葉) 아닌 것이 없다"[58]라고 하면서 사방을 조망하며 각 지역의 산을 열거하였다. 그리고 마지막에 "이로 말미암아 보건대, 지리산은 우리나라의 첫 번째 산일뿐만 아니라, 천하의 아무리 큰 산일지라도 이 산과 대등할 만한 산은 없을 것이다. 만약 공자께서 이 산에 오르셨다면 천하가 크게 보이지 않았을 것이다."[59]라고 하여, 우리 국토의 영산(靈山)에 대한 자긍의식을 한껏 드러내었다.

송광연의 유람록에는 유몽인의 유람록에서와 마찬가지로 역사에 대한 회고와 현실인식, 그리고 지리산에 대한 자긍의식이 돋보인다. 이들의 지리산에 대한 상징적 형상화는 임진왜란과 병자호란을 겪은 뒤 국토산하에 대한 애정과 개아(個我)의 발견이라는 측면에서 높이 평가된다. 이런 의식은 조선후기 유람록에 잘 보이지 않는 이 시기 지식인들의 인식이다.

VI. 맺음말

이상에서 살펴보았듯이, 조선중기 지리산유람록에는 단순히 산수 유람을 통한 느낌이나 자연경관을 묘사하는 데서 그치지 않고, 시대상황이나 개인의 처지에 따른 사의식이 그대로 투영되어 있다.

명종 연간에 지어진 조식의 유람록에는 단순한 산수 유람이 아니라 산수에 깃든 인간과 세상을 들여다보는 현실인식과 자아를 성찰하고 심

---

58 상동. "白頭二南 莫非此山之祖宗子孫 凡我東土之名山大川 何莫非此山之枝葉"

59 상동. "由是觀之 非但東國之爲第一山 雖以天下之大 無可等列於此山者 若使尼父登臨 則天下不足大也"

성을 수양하는 도학적 정신세계가 핵심을 이룬다.

선조·광해 연간에 지어진 유람록에는 그들이 처한 상황에 따라 의식성향이 다르게 나타나는 바, 변사정·양대박의 경우는 은일의식이 강하고, 박여량의 경우는 유람을 학문의 연장선상에서 생각하는 남명학파의 실천적 학문성향이 나타나며, 유몽인의 경우는 국토산하에 대한 인식이 유난히 돋보인다. 또한 조위한·양경우의 유람록에는 선계를 유람하며 흉금을 탕척하고자 하는 의식이 주류를 이루고, 성여신·박민의 유람록에는 현실세계에서 극대화된 불화를 해소하기 위한 선계유람의 선취(仙趣)가 강하게 나타난다.

이 시기의 유람록은 영남의 문인들과 호남 남원 인근에 살던 문인들 및 이들 지역에 수령으로 내려와 있던 관료들에 의해 지어졌다. 호남의 작가들은 선조 말 광해 연간에 대체로 뜻을 얻지 못한 불우한 사류(士類)들이고, 영남의 작가들은 광해 연간 집권층의 노선에서 이탈한 인물이거나 재야 사인들이 주를 이룬다.

인조반정 이후의 유람록에는 정치적으로 실세한 경상우도 지역의 문인들에게서는 나타나지 않고, 영남·호남에 수령이나 사명을 받들고 내려온 관료들과 호남에 은거하고 있던 사인들에 의해 지어졌다. 박장원이나 오두인의 유람록에는 흉금을 시원하게 펴 보기 위한 것 이외에는 별다른 내용이 보이지 않는다. 그 이유는 이들이 뜻을 얻은 젊은 관료로서 현실과의 불화가 별로 없었기 때문이다. 반면 송광연의 경우는 처지가 달랐다. 그는 서인계 관료로서 남인이 집권한 시기에 순창의 수령으로 내려와 있었다. 그는 천왕봉에 올라 사방을 둘러보며 역사를 회고했고, 민생의 어려운 현실을 걱정했으며, 지리산에 대한 자긍심을 높게 가졌다. 한편 병자호란 뒤 존명배청(尊明排淸) 사상을 강하게 가지고 있던 김지백의 유람록에는 도의(道義)가 무너진 세상에 등을 돌리고 선계에서 노닐고 싶어 하는 성향이 두드러지게 나타난다.

15세기 말 김종직은 지리산을 '고향의 산'으로 인식하였고, 김일손은 지리산을 고사(高士)들이 사는 은거지로 여겼으며, 16세기 후반 조식은 지리산을 어지러운 세상에 깊숙이 은거할 곳으로 여겼다.[60] 이들은 지리산을 우뚝하고 고고한 정신세계를 이룩할 수 있는 은거지로 생각하고 있다. 그러나 선조·광해 연간의 유람록에는 다른 양상이 나타난다. 양대박은 신선과 고승들이 모여 사는 천지간에 우뚝한 산으로 생각하였으며, 박여량도 방장산이 곧 지리산이라고 확신하며 선경으로 여겼고, 유몽인도 삼신산의 하나인 지리산을 유람하고 싶다고 하였다. 성여신·박민도 지리산을 선계로 인식했고, 양경우는 지리산을 선구(仙區)로 보았고, 송광연 역시 지리산을 삼신산의 하나인 선산(仙山)으로 보았다.[61]

이처럼 이 시기에는 지리산이 삼신산의 하나인 방장산, 곧 선계로 널리 인식되고 있다. 그 이유는 무엇일까? 중종·명종 연간은 몇 차례의 사화로 사림이 도덕적 긴장을 늦추지 않고 있었고, 또 사상계에서도 성리학이 발흥하여 꽃피는 시기였기 때문에 신선사상이 개입할 여지가 별로 없었다. 그러나 사림정치가 시작되는 선조 연간부터는 분당과 당쟁으로 인한 정치적 부침이 이어지면서 현실세계에 회의를 느끼게 되었고, 불우한 사류들은 모순된 현실을 떠나 신선세계에서 노닐며 갈등을 해소

---

60 조식은 「유두류록」을 쓰기 전에 무려 11번이나 지리산을 유람하였다. 그가 이처럼 지리산을 즐겨 찾은 이유는 명산의 한 귀퉁이를 빌어 자신이나 온전히 하며 살고 싶었기 때문이다.

61 물론 조선 전기에도 지리산을 方丈山으로 보아 신선이 사는 곳으로 인식하긴 했지만, 신선 세계를 찾는 데 목적을 두기보다는 김종직의 경우처럼 명산에 올라 흥금을 펴 보려는 의식이 더 컸다.

하고 정신적 자유를 추구하려 하였다. 이런 까닭에 선조·광해 연간의 유람록에는 선취경향이 두드러지게 나타난다.

따라서 이 시기의 지리산유람은 크게 두 가지 목적과 성향을 갖는다. 하나는 천왕봉에 올라 흉금을 크게 펴 보고 시야를 확대하는 공자의 등태산이소천하(登泰山而小天下) 의식을 맛보기 위한 것이고, 하나는 신선세계를 찾아 답답한 불화를 풀기 위함이었다. 전자의 경우는 천왕봉에 오르는 것이 목표였고, 후자는 쌍계사 방면의 청학동과 삼신동을 찾는 것이 목적이었다.

그에 따라 유람 코스도 두 가지로 대별된다. 천왕봉을 목표로 한 경우는 백무동에서 하동바위를 거쳐 제석당을 지나 천왕봉에 오르는 코스거나 함양군 휴천면 근처에서 오르기 시작하여 쑥밭재→ 하봉→ 중봉을 거쳐 천왕봉에 올랐다가 백무동으로 내려가거나 영신사를 거쳐 대성동 의신사로 내려가는 코스였다. 반면 쌍계사 방면은 쌍계사→ 불일암(청학동)→ 상계사→ 신흥사 등지를 유람하는 경우가 대부분이다.

이 글은 16~17세기에 창작된 지리산유람록 전체를 검토 대상으로 삼고 작가들의 의식 성향에 초점을 맞추어 살피다 보니, 작품 하나하나를 정밀하게 분석하지 못한 흠이 있다. 이 점은 앞으로의 과제로 남겨 둔다.

이 글은 『한국한문학연구』 제26집(한국한문학회, 2000)에 실린 「조선중기 사대부들의 지리산유람과 그 성향」을 수정 보완한 것이다.

제6장

남명학파의 지리산유람과 남명정신 계승

I. 머리말

남명(南冥) 조식(曺植, 1501~1572)은 16세기 성리학이 개화하던 시기의 도학자 중 한 사람으로 심성수양을 통한 실천 위주로 학문의 방향을 잡은 학자로서, 퇴계(退溪) 이황(李滉, 1501~1570)과 함께 영남의 양대 학맥을 형성한 인물이다.

남명은 궁리(窮理)에 관해서는 선현들의 책을 통해 의리를 강론해 밝히면 되고[1], 거경(居敬)을 통해 자신을 어떻게 수양할 것인가에 관심을 두었다. 따라서 그의 학문은 애초 이론적 탐구를 배제하고 심성을 수양하는 실천적인 방향으로 가닥을 잡았다. 또한 그의 수양론은 보다 근원적인 경(敬)만 내세우는 당시의 일반적 학풍과는 달리 의(義)를 경(敬)과 대등하게 내세운 것이 특징이다. 그는 이런 경의사상(敬義思想)에 기초해 경공부(敬工夫)를 통한 존양(存養), 의(義)를 척도로 하는 성찰(省察),

---

1 曺植, 『南冥集』(한국문집총간 제31책) 권2, 「戊辰封事」. "其所以爲窮理之地 則讀書 講明義理 應事 求其當否"

사욕의 기미를 살펴 즉석에서 물리치는 극치(克治), 이렇게 삼단계 수양론을 학문의 본령으로 삼았다.[2]

남명은 이런 학문정신으로 자기의 몸에 도를 구현하여 도덕적으로 완성된 인간상을 추구하였다. 그는 늘 경의검(敬義劍)과 성성자(惺惺子)를 몸에 지니고 다니며 혼몽한 마음을 깨우쳐 성성(惺惺)한 상태를 유지하려 하였으니, 이것이 바로 그를 실천주의자라고 부르는 이유이다. 그는 이처럼 자신을 온전히 수양하여 한 점 부끄러움도 없는 도덕성을 바탕으로 사회적 불의에도 당당하게 대응하려 하였다.

이런 그의 학문성향은 문인들에게 그대로 전해져 수양론 위주의 실천적 학문을 추구하며 형이상학적 성리설을 담론하지 않았다. 일례로 경의검을 물려받은 정인홍(鄭仁弘)은 그 칼을 턱 밑에 괴고 꿇어앉아 종신토록 자신의 혼몽한 마음을 물리치려 하였으며[3], 하항(河沆)은 『소학』「명륜(明倫)」의 '닭이 처음 울 때 잠자리에서 일어나 세수하고 머리를 빗고⋯⋯' 하는 등의 내용을 책 속에 있는 말로만 보지 않고 그대로 실천하고자 하였다.[4] 그리고 그들은 임진왜란이 일어나자 분연히 일어나 불의에 정면으로 대항하였다.

이 글에서는 위와 같은 남명의 학문정신이 남명학파[5]에 어떻게 계승

---

2 최석기(1995), 「南冥의 〈神明舍圖〉⋅〈神明舍銘〉에 대하여」, 『南冥學硏究』 제4집, 경상대 남명학연구소.

3 『宣祖修正實錄』 선조 6년 5월 경진일조. "仁弘 以劍拄頷下擊跍 終身如一日"

4 河沆, 『覺齋集』「行錄」. "當時諸斯文曰 小學中鷄初鳴咸盥等語 只見於黃卷上 未有行之者 覺齋則一切行之"

5 남명학파를 어떻게 규정할 것인가 하는 문제는 간단치 않다. 선조⋅광해 연간에 남명학파는 대체로 북인에 속했는데 1613년 영창대군 옥사 때 분열된 모습을 보이며, 인조반정으로 북인이 몰락한 후 자기 정체성을 찾지 못하고 남인이나 서인으로 편입되었다. 따라서 17세기 후반에 이르면 '남명학파'라고 일컬을 만큼 뚜렷하게 학파를 형성

되고 있는 있는가를 살피는 데 목적을 둔다. 다만 남명학파의 지리산 유람을 다 살필 수 없기 때문에, 남명학파의 범주에 드는 주요 인물들이 지리산을 유람하고 남긴 시·문 속에서 남명정신이 어떻게 계승되어 나타나는가를 고찰하는 것으로 연구범위를 한정한다.

II. 남명 조식과 지리산

1. 구도자의 대축지(大畜地), 지리산 덕산동

남명은 25세 때 『성리대전』을 읽다가 원유(元儒) 허형(許衡, 1209~1281)이 "이윤(伊尹)의 뜻에 마음을 두고 안사(顔子)의 학문을 배워, 벼슬길에 나아가면 큰일을 이룩하고 재야의 길을 택하면 자신을 지킴이 있어야 한다. 대장부는 이와 같이 해야 한다."[6]라고 한 말을 보고서, 학문의 대전환을 이루었다.

이윤은 탕(湯)임금을 도와 지치(至治)를 이룩한 인물이니 '이윤의 뜻'은 세상에 나아가 공업을 이룩하는 것이다. 안자는 공자의 제자 안회(顔回)로 누추한 동네에서 궁핍하게 살면서도 구도의 즐거움을 버리지 않은 사람이니 '안자의 학문'은 초야에 묻혀 도를 구하는 것이다.

여기서 우리는 남명이 이윤의 길이 아닌, 안회의 길을 택한 것을 알

하지 못했다. 이 글에서는 대체로 1600년대 이전 남명학파로 확실히 분류할 수 있는 남명의 문인 및 재전문인·삼전문인들, 그리고 1700년대 이후 주로 경상우도 지역에 거주하며 당시의 당색이나 연원에 얽매이지 않고 남명정신을 계승하려고 했던 인물들을 남명학파의 범주에 포함시켜 논의하기로 한다.

6 조식, 『남명집』 권4, 「行狀」. "志伊尹之志 學顔子之學 出則有爲 處則有守 丈夫當如此"

수 있다. 요컨대 세상에 나아가 살기 좋은 세상으로 만드는 것을 포기하고 도를 구해 자기 몸에 간직하는 길을 택한 것이다. 그것은 이윤처럼 공업을 이룩할 수 없는 현실의 정치적 상황 때문이다. 이후 남명은 안회처럼 구도자의 삶을 살기로 다짐에 다짐을 거듭하며 그 길을 걸어갔다.[7]

남명은 부친의 삼년상을 마친 뒤 한양으로 올라가지 않고 의령 자굴산(闍堀山)에서 독서하다가, 30세 때 처가가 있는 김해로 가서 약 15년간 성리학에 잠심하였다. 이때 그는 산처럼 높고 바다처럼 깊은 학문을 이루겠다는 뜻으로 정사의 이름을 '산해정(山海亭)'이라 하였다.

또 모친의 삼년상을 마친 뒤 48세 때부터는 고향인 삼가(三嘉) 토동(兎洞)에 새 집을 짓고 계부당(鷄伏堂)·뇌룡사(雷龍舍)라 명명하였다. 계부당은 닭이 알을 품고 있듯이 조용히 은거해 자신을 함양한다는 뜻이고, 뇌룡사는 시동(尸童)처럼 또는 연못처럼 깊숙이 은거해 도를 구함으로써 그 신비한 조화를 우레처럼 용처럼 드러낸다는 의미다. 이처럼 남명은 안회의 길을 택한 뒤, 더 깊숙이 은거하여 도를 구하려 하였다.

남명은 58세 때까지 지리산을 12번 유람하였는데[8], 그 중요한 이유는 은거지를 물색하기 위함이었다. 1558년 벗들과 쌍계사 방면을 유람하고 남긴 「우두류록(遊頭流錄)」 말미에 다음과 같은 말이 보인다.

---

7 조식의 『남명집』 권2의 「書李君原吉所贈心經後」에서 '안자처럼 되는 길이 바로 여기에 있다'고 하였으며, 「杏壇記」는 자신을 顔回에 비유해 지은 것이고, 「陋巷記」는 曾參이 안회의 삶을 기록하는 형식을 취하였지만 실제로는 남명 자신의 삶을 드러낸 것이다.

8 오이환 교수는 「南冥遺跡三洞辨證」(『南冥學硏究』 제10집, 경상대 남명학연구소, 2001)에서, 「유두류록」의 '入靑鶴神凝洞者三'을 청학동·신응동을 각각 3번씩 유람한 것으로 해석해 모두 15번 지리산을 유람하였다고 보았다. 그러나 필자는 청학동과 신응동은 모두 화개동에 있는 작은 동천으로 화개동을 유람하는 사람들은 이 두 곳을 동시에 탐방했기 때문에 이를 각각 3번씩 유람했다고 보는 것은 타당하지 않다고 생각한다.

이번 유람을 함께 한 사람들이, 내가 두류산을 자주 다녀 그 사정을 알 것이라 하여 나에게 이번 유람의 전말을 기록하도록 하였다. 나는 일찍이 이 산을 왕래한 적이 있었다. 덕산동(德山洞)으로 들어간 것이 세 번, 청학동(靑鶴洞)·신응동(神凝洞)으로 들어간 것이 세 번, 용유동(龍游洞)으로 들어간 것이 세 번, 백운동(白雲洞)으로 들어간 것이 한 번, 장항동(獐項洞)으로 들어간 것이 한 번이었다. 그러니 어찌 산수만을 탐하여 왕래한 것이라면 번거로운 산행을 꺼리지 않았겠는가? 평생 동안 품고 있던 계획인 화산(華山)의 한 모퉁이를 빌어 일생을 마칠 곳으로 삼으려 했던 것일 뿐이다.[9]

이 인용문 뒤에 "서성거리며 돌아보고 안타까워하다가 눈물을 흘리며 나온 것이 열 번이었다. … 몸을 보전하는 온갖 계책이 모두 어긋났으니, 이제는 방장산과의 맹세조차 저버렸구나."[10]라고 한 말을 보면, 남명은 오래 전부터 지리산 밑으로 들어가 더 깊이 은거하려 했음을 알 수 있다. 그러니까 남명은 58세 때까지 12번이나 지리산을 탐방하면서 은거지를 물색했던 것이다.

그러다 61세 때인 1561년 남명은 지리산 천왕봉이 보이는 덕산동으로 거처를 옮겼다. 그때 지은 「덕산복거(德山卜居)」라는 시를 보면, 남명이 그곳으로 이주한 이유가 선명히 드러나 있다. 이 시의 첫 머리에 "봄 산 어느 곳엔들 향기로운 풀이 없겠는가마는, 내가 이곳으로 이사를 온 이유는 단지 천왕봉이 상제가 사는 곳에 가까이 다가가 있음을 사랑하기

---

9 조식, 『남명집』 권2, 「遊頭流錄」. "諸君以余頻入頭流 因知山間事者也 令余記之 余嘗 往來玆山 曾入德山洞者三 入靑鶴·神凝洞者三 入龍遊洞者三 入白雲洞者一 入獐項洞 者一 豈直爲貪山貪水而往來不憚煩也 百年齋計 唯欲借得華山一半 以作終老之地已"

10 상동. "事與心違 知不得住 徘徊顧廬 涕洟而出 如是者 十矣……又曰 全身百計都爲謬 方丈於今已背盟"

때문이다.[春山底處無芳草 只愛天王近帝居]"라고 하였다. 곧 남명은 하늘에 닿아 있는 천왕봉을 사랑하여 덕산에 터를 잡고 이사를 한 것이다.

남명은 왜 거처를 옮길 정도로 천왕봉을 사랑한 것일까? 그것은 천왕봉이 하늘에 가까이 다가가 있기 때문이다. 하늘에 가까이 다가갔다는 말은 거의 하늘과 하나가 되었다는 말이다. 하늘과 하나가 되었다는 말은 천인합일(天人合一)을 뜻하는 것으로, 인도(人道)를 닦아 천도(天道)에 합한 『중용』의 사상을 의미한다.

『중용』에 '성(誠)은 하늘의 도이고, 자신을 성(誠)되게 만드는 것은 사람의 도이다.[誠者 天之道也 誠之者 人之道也]'라고 하였다. 성(誠)은 사람의 마음으로 말하면 진실로 가득 차서 조금도 망령됨이 없는 진실무망(眞實無妄)의 경지를 말하며, 우주자연으로 말하면 온전히 갖추어져 조금도 어긋남이 없는 자연의 섭리를 말한다. 그래서 성(誠)은 천도(天道)가 되는 것이다. 천도는 달리 말하면 자연의 이치[理]이다. 이 자연의 이치에 순응해 살아가는 것이 인간의 길이니, 이것이 바로 인도(人道)이다. 도(道)는 길이니, 인도는 인간이 마땅히 걸어가야 할 길이다.

이 진실무망의 성(誠)의 경지를 추구하기 위해 성리학의 수양론에서는 경공부(敬工夫)를 극구 강조한다. 남명은 이 천도에 다가가 있는 천왕봉을 통해 자신의 마음을 성(誠)의 경지로 끌어올리려 하였다. 그는 「두류작(頭流作)」이라는 시에서 "천 자나 되는 높은 회포 걸 곳이 없으니, 방장산 제일 높은 상상봉에 걸어 두리. 하늘엔 삼세의 기록이 보관되어 있을 테니, 훗날 내 이름 석 자를 그곳에서 직접 볼 수 있겠지."[11]라고

---

11 조식, 『남명집』 권1, 「頭流作」. "高懷千尺掛之難 方丈于頭上上竿 玉局三生須有籍 他年名字也身看"

하였다. 천도와 하나가 되고 싶은 마음을 천왕봉에 두고서 천인합일을
이루어 보겠다는 다짐을 한 것이다. 그리하여 그는 자신의 거처를 산천
재(山天齋)라 이름하고 자신을 더 새롭게 변화시키려 다짐하였다.[12]

2. 「유두류록(遊頭流錄)」에 나타난 남명의 정신세계

남명은 58세 때 쌍계사 방면을 유람하고 「유두류록」을 남겼다. 이 유
람록에는 남명의 정신세계가 그대로 드러나 있는데, 이를 몇 가지로 요
약해 보면 다음과 같다.

첫째, 천인벽립(千仞壁立)의 드높은 정신세계를 지향하고 있다. 남명
은 유람을 하면서 벗들에게 높은 정신세계를 깨우치거나 의(義)를 실천
할 것을 북돋았다. 남명 일행은 신응사(神凝寺)에 도착하자마자 시냇가
반석 위에 벌여 앉았는데, 그때의 일화를 남명은 다음과 같이 기록해
놓았다.

절에 도착하여 안으로 들어가지 않고 곧장 절 앞의 시냇가 반석으로
달려가 그 위에 벌여 앉았다. 그때 인숙(寅叔:李公亮의 字)과 강이(剛
而:李楨의 자)를 가장 높은 곳에 올려 앉히고는 "그대들은 위급한 상황
에 처하더라도 그 자리를 잃지 말게. 만약 그대들이 시냇물에 빠지기라
도 한다면 다시는 올라올 수 없을 것일세."라고 하니, 그들이 웃으며
말하기를 "바라건대 이 자리를 빼앗지나 마시게."라고 하였다.[13]

---

12 山天齋란 이름은 『주역』「大畜卦」에서 취한 것으로, 「대축괘」의 괘사에 "剛健 篤實
輝光 日新其德"이라 한 데에 의미가 있다. 곧 남명은 더 깊이 은거하여 자신을 더욱
강건하고 독실하게 수양하여 날마다 자신의 덕을 새롭게 변화시키고 하는 의지를
드러낸 것이다.

13 조식, 『남명집』권2, 「유두류록」. "到寺未暇入門 徑趨前溪盤石 列坐其上 獨推坐寅

시냇가 반석 위의 높은 자리에 앉은 벗들에게 어떤 상황에서도 그런 높은 자세를 잃지 말라는 남명의 충고는 우연한 말로 볼 수 없다. 평소 그와 같은 생각을 온축하고 있었기 때문에 저절로 우러나온 충고일 것이다. 이처럼 남명은 사물을 응접하면서 마음을 해이하게 갖지 않도록 늘 드높은 정신세계를 유지하려 하였다.

남명은 자신을 향상시키고 선으로 나아가기 위해서는 평소 높은 정신을 추구하는 쪽으로 자신의 습성을 길러 나가야 하고, 비천한 데 자신을 두지 말아야 함을 강조하였다. 유람을 마치고 돌아오는 길에 하동군 옥종면 정수역(旌樹驛) 역참의 비좁은 방에서 몸을 구부리고 곤하게 자는 벗들의 모습을 보면서, 다음과 같이 언급하고 있다.

　　앞에서도 그 사람이고 뒤에서도 그 사람인데, 전날 청학동에 들어가서는 마치 낭풍산(閬風山)에 올라 신선이 된 듯하였지만 오히려 부족하다고 여겼고, 신응동(新凝洞)에 들어가서는 요지(瑤池)에 올라 신선이 된 것 같았지만 도리어 부족하다 생각했었다. 그리고 은하수에 걸터앉아 하늘로 들어가거나 학을 부여잡고 공중으로 솟구치려고만 하였고, 다시는 인간세상으로 내려오지 않으려 하였다. 그러나 뒤에는 좁은 방에서 구부리고 자면서도 그것을 자신의 분수로 달게 받아들였다. 여기서 평소의 처지에 만족한다 하더라도 수양하는 바가 높지 않으면 안 되고 거처하는 곳이 작고 초라해서는 안 된다는 사실을 알 수 있다.[14]

叔·剛而於最高石頭曰 君等雖至於顛沛 毋失此地 若置身下流 則不得上矣 笑曰 請毋失此坐"

14 상동. "前一人也 後一人也 前入靑鶴洞 若登閬風 猶以爲不足 又入神凝洞 方似上瑤池 猶以爲不足 又欲跨漢入靑霄 控鶴沖空 便不欲下就塵寰 後之屈身於坏蟪之間 又將甘分然 雖是素位而安 可見所養之不可不高 所處之不可小下也"

낭풍산(閬風山)과 요지(瑤池)는 신선이 사는 곳이다. 신선세계를 노닐 적에는 높은 정신세계를 지향하다가 현실세계로 돌아와서는 처한 환경에 순응하는 인간의 심리에 주목한 것이다. 그래서 남명은 평소 드높은 정신세계를 지향하는 쪽으로 습성을 기를 것을 새삼 다짐하고 있다. 남명은 "명산에 들어온 자치고 누군들 마음을 씻지 않겠으며, 누군들 자신을 소인이라 하겠는가? 그러나 끝내 군자는 군자가 되고, 소인은 소인이 된다. 한 번 햇볕을 쬐는 정도로는 유익함이 없다는 것을 알 수 있다."[15] 라고 하여, 드높은 정신세계를 한순간도 느슨하게 하지 말고 부단히 지향해야 한다고 하였다.

둘째, 심성수양의 차원에서 자아성찰을 강조하고 있다. 남명은 쌍계사에서 불일폭포로 올랐다가 내려오는 동안 느낀 소감을 다음과 같이 기록해 놓았다.

> 당초 위쪽으로 오를 적에는 한 발자국을 내디디면 다시 한 발자국을 내딛기가 어렵더니, 아래쪽으로 달려 내려올 때에는 단지 발만 들어도 몸이 저절로 흘러 내려가는 형세였다. 이것이 어찌 선을 좇는 것은 산을 오르는 것과 같고, 악을 좇는 것은 무너져 내리는 것과 같은 일이 아니겠는가?[16]

남명은 한 발자국도 내딛기 어려운 비탈길을 오르면서 사람들이 선을 행하기 어려운 것이 이와 같다는 것을 느꼈고, 비탈길을 내려오면서 사람

---

15 상동. "入名山者 誰不洗濯其心. 肯自謂曰小人乎 畢竟君子爲君子 小人爲小人 可見一曝之無益也"

16 상동. "初登上面 一步更難一步 及趨下面 徒自擧足 而身自流下 豈非從善如登 從惡如崩者乎"

들이 악한 데로 빠지기가 이처럼 쉽겠다는 생각을 하였다. 이런 생각은 심성수양에 마음을 둔 구도자의 성찰이 없이는 불가능하다. '선을 따르기가 산을 오르는 것처럼 어렵다.[從善如登山]'는 말은 본디 『국어(國語)』 「주어(周語)」에 나오는 말인데, 남명의 언급으로 인하여 그의 문하에 하나의 전법문자(傳法文字)로 전해졌다.[17]

또 옥종 정수역 역참에서 잘 적에도 "또한 선하게 되는 것도 습성을 말미암고, 악하게 되는 것도 습성으로 인한 것임을 알 수 있다. 위로 향하는 것도 이 사람이 하는 것이고, 아래로 치닫는 것도 이 사람이 하는 것이니 단지 한 번 발을 들어 어디로 향하느냐에 달려 있을 따름이다."[18]라고 하여, 자아에 대한 성찰을 환기시키고 있다.

셋째, 역사를 회고하며 현실을 조명하고 있다. 남명은 배를 타고 섬진강을 거슬러 오르다 악양면에 있는 한유한(韓惟漢)의 유적지 삽암(鍤巖)에 들러 아래 인용문 가)와 같은 탄식을 하였고, 정여창(鄭汝昌)의 구거지에 들러서는 아래 인용문 나)와 같은 탄식을 하였으며, 옥종에 있던 조지서(趙之瑞) 부인 정씨(鄭氏)의 정려문에 이르러서는 아래 인용문 다)와 같은 언급을 하였다.

---

17 松亭 河受一은 남명 문하의 '小學君子'로 불린 覺齋 河沆의 조카이자 제자이다. 그의 문하에서 謙齋 河弘度가 배웠는데, 하수일은 하홍도에게 "닭이 울면 일어나 부지런히 선을 행하는 자는 舜의 무리라고 하였는데, 옛날 남명 선생께서 그 뜻을 깊이 터득하셨고, 우리 각재 선생은 남명 선생에게 직접 가르침을 받아 그 도를 들었다. …중략… 너희들은 내 문하에서 나왔으니, 큰 임무나 무거운 책임은 지지 못한다 할지라도 산에 오르는 것과 같은 노력은 깊이 이루어야 할 것이다."라고 하였다. 여기서 '산에 오르는 것과 같은 노력'이 바로 선을 따르려는 노력을 말한다.

18 조식, 『남명집』 권2, 「유두류록」. "亦見爲善由有習也 爲惡由有狃也 向上猶是人也 趨下亦猶是人也 只在一擧足之間而已"

가) 아, 나라가 망하려고 할 적에 어찌 어진 이를 좋아하는 일이 있을 수 있겠는가? 어진 이를 좋아하는 것이 착한 사람을 표창하는 정도에서 그친다면 또한 섭자고(葉子高)가 용을 좋아한 것[19]만도 못한 일이니, 나라가 어지러워지고 망하려는 형세에 아무런 도움이 되지 않는다. 문득 술을 가져오라고 하여 가득 부어 놓고 거듭 삽암을 위해 길이 탄식하였다.[20]

나) 선생은 천령(天嶺:함양) 출신의 유종(儒宗)이었다. 학문이 깊고 독실하여 우리나라 도학에 실마리를 열어 준 분이다. 처자를 이끌고 산 속으로 들어갔다가, 뒤에 내한(內翰:한림학사)을 거쳐 안의현감(安陰縣監)으로 나아갔다. 뒤에 교동주(喬桐主:연산군)에게 죽임을 당했다. 이 곳은 삽암(鈒岩)과 10리쯤 떨어진 곳이다. 밝은 철인(哲人)의 행(幸)·불행(不幸)이 어찌 운명이 아니랴?[21]

다) 저녁에 정수역(旌樹驛)에 도착했다. 객관 앞에 정씨(鄭氏)의 정문(旌門)이 세워져 있었다. 정씨는 승선(承宣:승지) 조지서(趙之瑞)의 아내이자, 문충공(文忠公) 정몽주(鄭夢周)의 현손녀이다. 승선은 의로운 사람이었다. …… 그는 연산군이 선왕의 업적을 제대로 계승하지 못할 것을 알고 10여 년을 물러나 살았지만, 오히려 화를 면치 못했다.[22]

한유한은 고려 최충헌의 무신집권기에 미관말직을 버리고 처자와 함

---

19 섭자고는 춘추시대 초나라 葉縣 수령이었던 沈諸梁을 가리킨다. 그는 용을 매우 좋아하여 자기 주변 곳곳에 용을 새겨 놓았는데, 용이 그 소문을 듣고 내려와 창문에 머리를 내밀고 마루에 꼬리를 걸치자, 기겁을 하여 달아났다고 한다.

20 조식, 『남명집』권2, 「유두류록」. "噫 國家將亡 焉有好賢之事乎 善善之好賢 又不如葉子高之好龍 無補於亂亡之勢 忽呼酒滿 重爲鈒岩長息也"

21 상동. "先生乃天嶺之儒宗也 學問淵篤 吾道有緖 挈妻子入山 由內翰出守安陰縣 爲喬桐主所殺 此去鈒岩十里地 明哲之幸不幸 豈非命耶"

22 상동. "夕到旌樹驛 舘前竪有鄭氏旌門 鄭氏 趙承宣之瑞之妻 文忠公鄭夢周之玄孫 承宣 義人也……知燕山不克負荷 退居十餘年 猶不得免"

께 지리산에 은거한 인물이며, 정여창은 연산군 때인 1498년 무오사화
에 연루되어 유배되었다 죽은 도학자이고, 조지서는 연산군의 사부를
지낸 뒤 벼슬을 그만두고 은거하였으나 1504년 갑자사화 때 화를 당한
인물이다. 남명은 유람을 하면서 이 세 사람을 만난 것에 큰 의미를 부여
하며, 다음과 같이 평가하였다.

> 높은 산과 큰 내를 보고 오면서 얻은 바가 없는 것은 아니었다. 그러
> 나 한유한(韓惟韓)·정여창(鄭汝昌)·조지서(趙之瑞) 세 군자를 높은 산
> 과 큰 내에 비교한다면, 십 층이나 되는 높은 봉우리 위에 다시 옥 하나
> 를 더 올려놓고, 천 이랑이나 되는 넓은 수면에 달이 하나 비치는 격이
> 다. 삼백 리 길 바다와 산을 유람하였지만, 오늘 하루 동안 세 군자의
> 자취를 다 보았다. 물을 보고 산만 보다가, 그 속에 살던 사람을 보고
> 그 세상을 보니, 산 속에서 열흘 동안 품었던 좋은 생각들이 하루 사이
> 에 언짢은 생각으로 바뀌었다. 뒷날 정권을 잡은 자가 이 길로 와 본다
> 면 어떤 마음이 들지 모르겠다.[23]

남명은 위 세 사람을 '군자(君子)'로 일컬었고, 그들의 삶을 '십층 봉우
리 위의 옥' 또는 '넓은 수면 위의 밝은 달'에 비유하였다. 즉 지조와 절개
를 지키거나 의롭게 살다간 역사적 인물들을 통해, 그 시대의 어지러움
과 군주의 무도함을 드러내면서 군자의 존재를 부각시켰다. 여기에 세도
를 부지하려는 남명의 정신이 들어 있다. 이처럼 남명은 산수의 아름다
움을 구경하며 흉금을 펴고 기분을 상쾌하게 하는 차원에서 그치지 않

---

23 상동. "看來高山大川 非無所得 而比韓鄭趙三君子於高山大川 更於十層峯頭冠一玉也
千頃水面生一月也 海山三百里 獲見三君子之迹於一日之間 看山看水 看人看世 山中
十日好懷 翻成一日不好懷 後之秉鈞者 來此一路 不知何以爲心耶"

고, 그 산수에 깃든 군자를 생각했고 그 시대를 돌아보았으며 자기 시대
를 비추어 보았다.

이런 그의 유람관은 한 마디로 '간산간수 간인간세(看山看水 看人看
世)'라 할 수 있으니, '산을 보고, 물을 보고, 그리고 그 산수 속에 살다간
고인을 보고, 그들이 살던 세상을 보다.'라는 말이다. 산수 속에서 고인
을 만나고, 다시 그들이 살던 세상을 회고하는 것, 그것이 바로 남명의
유람에 있어서 가장 큰 소득이었던 것이다. 고인을 만나고 그들이 살던
세상을 회고하는 일은 곧 자기시대를 비추어 보는 거울이다. 그러니 여
기서 또 우리는 남명의 시대정신을 읽을 수 있다.

퇴계는 남명의 「유두류록」을 보고 "그가 승경을 두루 찾아다니며 구
경한 것 외에 일에 따라 뜻을 붙여 놓은 것을 보건대, 분개하고 격앙하는
말이 많아 다른 사람으로 하여금 정신이 번쩍 들게 하니, 그 사람됨을
상상해 볼 수 있다. 그 가운데 '하루 동안 햇볕을 쪼이는 것은 아무런
도움이 없다.'고 한 말이나, '위로 향하고 아래로 달려가는 것은 단지
한번 발을 드는 사이에 달려 있을 따름이다.'라고 한 말은 모두 지극한
논의이다. 그리고 이른바 '명철의 행‧불행이 어찌 운명이 아니겠는가?'
라고 한 말은, 참으로 천고 영웅의 탄식을 불러일으키고 지하의 귀신을
울릴 수 있는 말이다."[24]라고 하여, 극찬을 아끼지 않았다.

---

24 李滉, 『退溪集』 권43, 「書曹南冥遊頭流錄後」, "觀其遊歷探討之外 隨事寓意 多感憤
激昂之辭 使人凜凜 猶可想見其爲人 其曰一曝之無益 日向上趨下 只在一擧足之間 皆
至論也 而所謂明哲之幸不幸等語 眞可以發千古英雄之歎 而泣鬼神於冥冥中矣"

Ⅲ. 남명학파의 지리산유람과 남명정신 계승

1. 지리산유람과 남명에 대한 앙모(仰慕)

1) 지리산유람 개관

남명의 문인들이 지리산을 유람한 기록은 쉽게 찾아볼 수 없다. 그것은 문인들이 한창 활동하던 선조·광해 연간은 사림정치가 실현되어 출사한 문도들이 많았고, 또 임진왜란으로 인해 유람할 여유를 갖기 어려웠던 측면도 있다. 남명 문인으로서 지리산을 유람한 사람은 문헌 기록상 3명이 확인된다. 단성(丹城)에 살던 이광우(李光友, 1529~1619)는 「배남명선생상두류산(陪南冥先生上頭流山)」이란 칠언절구 1수를 남겼고, 합천(陜川)에 살던 정인기(鄭仁耆, 1544~1617)는 「유두류산(遊頭流山)」이란 제목으로 오언절구 1수와 칠언절구 1수를 남겼으며, 진주에 살던 성여신(成汝信, 1546~1632)은 1616년 쌍계사 방면을 유람하고 「방장산선유일기(方丈山仙遊日記)」를 남겼고, 1623년에도 천왕봉을 유람한 뒤 장편 「유두류산시(遊頭流山詩)」를 남겼다.

1600년대에 활동한 남명의 재전·삼전 문인들로는, 박여량(朴汝樑)·박민(朴敏)·권집(權潗)·권도(權濤)·이시분(李時馪)·강대수(姜大遂)·정홍서(鄭弘緒)·허경윤(許景胤)·문후(文後)·한몽삼(韓夢參)·하홍도(河弘度) 등이 지리산을 유람하고 시문을 남겼다. 그리고 권도·문홍운(文弘運)·박민·성여신·성호정(成好正)·오장(吳長)·이흘(李屹)·임진부(林眞怤)·정위(鄭頠)·조겸(趙㻩)·조임도(趙任道)·하선(河璿)·하징(河憕)·하홍도(河弘度)·한몽삼(韓夢參)·허돈(許燉) 등이 쌍계사에 모여 수창한 시가 남아있는데, 이들이 과연 일시에 모였을까는 의문의 여지가 있다.[25]

박여량은 함양 출신으로 1600년 문과에 급제하여 예문관 검열 등을 역임한 인물로, 병으로 사직하고 낙향해 있을 때인 1610년 정경운(鄭慶雲) 등과 천왕봉을 유람하고 「두류산일록(頭流山日錄)」을 남겼다.

박민은 성여신과 함께 쌍계사 방면을 유람하고 「두류산선유기(頭流山仙遊記)」와 몇 편의 시를 남겼는데, 성여신의 경우와 마찬가지로 선취경향이 강하게 나타나 있다. 권집(權濈)은 1617년 이흘·김봉조(金奉祖)·조임도·권도·권극량(權克亮) 등과 지리산을 유람하였는데, 현존하는 문집에는 시의 제목만 전할 뿐이다.[26]

정홍서는 쌍계사 방면을 유람하고 남긴 시 5수가 전하고, 허경윤은 김해에 살며 한몽삼 등과 교유한 인물로 쌍계사·덕천서원 등지를 유람하고 「유두류산(遊頭流山)」이란 장편시를 남겼다. 권도는 「천왕봉」 등 5편의 시를 남겼고, 한몽삼·이시분은 쌍계사 방면을 유람하고 각각 1수의 시를 남겼다. 강대수는 「천왕봉」 등 몇 편의 시를 남겼고, 하홍도도 「유방장(遊方丈)」 등 몇 편의 시를 남겼다.

1700년대 지리산을 유람하고 시문을 남긴 인물로는, 신명구(申命耉)·박태무(朴泰茂)·하대명(河大明)·박래오(朴來吾)·이갑룡(李甲龍) 등이 있다.

신명구는 남명의 유풍을 사모해 덕산으로 이주해 살던 인물로, 1719년

---

25 위 17인이 수창한 『雙溪唱酬』가 權濤의 『東溪集』과 林眞怤의 『林谷集』에 동일하게 실려 있는데, '絶'·'月'을 韻字로 한 오언절구이다. 그러나 어느 문집에도 이들이 쌍계사에서 만나 수창을 했다는 기록은 없다. 韓夢參의 『釣隱集』에는 이 17인 가운데 권극량·성호정·하선을 제외한 14인이 쌍계사에서 만나 시를 지었다는 서문과 함께 한몽삼의 「雙溪酬唱韻」이라는 칠언절구 1수를 실어 놓았는데, 운자가 다르다. 또한 위 17인 가운데 오장은 鄭蘊을 구원하다가 1614년 兎山으로 유배되어 1617년 그곳에서 죽었다. 그렇다면 이들은 1614년 이전에 만났던 것인데, 이들 모두가 일시에 만나 시회를 하였는지는 확실히 고증하기 어렵다.

26 權濈, 『黙翁集』 권2, 「丁巳四月與蘆坡李丈屹 …… 遊頭流山諸作」.

부터 1720년 사이에 두 차례나 지리산을 유람하고 「유두류산일록(遊頭流日錄)」과 「유두류속록(遊頭流續錄)」을 남겼다. 진주에 살던 박태무는 박민의 증손으로 밀암(密庵) 이재(李栽)의 문하에 나아가 수학하였는데, 두 차례 지리산을 유람하고 「유두류산기행(遊頭流山記行)」·「중유두류(重遊頭流)」라는 제목으로 수십 편의 시를 남겼다.

하대명은 옥종에 살았는데 묵계를 경유해 불일암과 쌍계사 등지를 유람하고 「유두류록(遊頭流錄)」을 남겼으며, 박래오는 단성에 살았는데 천왕봉·쌍계사 등지를 유람하고 「유두류록(遊頭流錄)」을 남겼다. 단성에 살던 이갑룡은 하필청(河必淸)의 문인으로, 1754년 덕천서원에서 독서할 때 천왕봉을 유람하고 「유산록(遊山錄)」과 몇 편의 시를 남겼으며, 1769년에도 지리산을 유람하고 「세재황우재유두류(歲在黃牛再遊頭流)」 1수를 남겼다.

1800년대에는 전시대에 비해 지리산을 유람하고 쓴 기록이 많이 눈에 띈다. 전반기에는 안치권(安致權)·유문룡(柳汶龍)·하익범(河益範)·하봉운(河鳳運)·하달홍(河達弘) 등이, 후반기에는 박치복(朴致馥)·조성가(趙性家)·김인섭(金麟燮)·허유(許愈)·최숙민(崔琡民)·정재규(鄭載圭)·김진호(金鎭祜)·곽종석(郭鍾錫)·이도추(李道樞) 등이 지리산을 유람하고 시문을 남겼다.

함안에 살던 안치권은 1813년 덕산을 거쳐 천왕봉을 유람하고 「두류록(頭流錄)」과 몇 편의 시를 남겼다. 단성에 살던 유문룡은 천왕봉과 쌍계사를 유람하고 「유천왕봉기(遊天王峯記)」와 「유쌍계기(遊雙磎記)」를 남겼다. 진주에 살던 하익범은 1807년 천왕봉·쌍계사 등지를 유람하고 「유두류록(遊頭流錄)」을 남겼다. 하봉운은 하홍도의 문인 하세희(河世熙)의 5대손으로 진주에 살았는데, 1836년 천왕봉을 유람하고 「방장기유록

(方丈紀遊錄)」과 10여 편의 시를 남겼다. 옥종에 살던 하달홍은 유치명(柳致明)의 문인으로, 덕산·장항동(獐項洞) 등지를 유람하고「유덕산기(遊德山記)」·「장항동기(獐項洞記)」·「두류기(頭流記)」를 남겼다.

삼가(三嘉)에 살던 박치복은 유치명·허전(許傳)의 문인으로, 1877년 덕산 → 대원사 → 천왕봉 코스를 유람하고「남유기행(南遊記行)」및 몇 편의 시를 남겼다. 옥종에 살던 기정진(奇正鎭)의 문인 조성가는 1877년 천왕봉을 유람하고「두류록(頭流錄)」이란 제목으로 8수의 시를 남겼다. 단성에 살던 김인섭은 유치명·허전의 문하에서 수학하였는데, 천왕봉과 쌍계사 방면을 유람하고 수십 편의 시를 남겼다. 삼가에 살던 허유는 이진상(李震相)의 문인으로, 1877년 박치복 등과 함께 천왕봉을 유람하고「두류록(頭流錄)」을 남겼다.

옥종에 살던 기정진의 문인 최숙민은 천왕봉·쌍계사 등지를 유람하고 수십 편의 시를 남겼다. 삼가에 살던 기정진의 문인 정재규는 1887년 최숙민 등과 대원사를 거쳐 천왕봉을 유람하고「두류록(頭流錄)」을 남겼으며, 1896년에도 천왕봉을 유람하고 몇 수의 시를 남겼다. 단성에 살던 이진상·허전의 문인 김진호는 백운동(白雲洞) 등지를 유람하고 여러 편의 시를 남겼다. 단성에 살던 이진상·박치복의 문인 곽종석은 지리산을 두 차례 유람하고「두류기행(頭流記行)」·「후두류기행(後頭流記行)」이란 제목으로 수십 편의 시를 남겼다. 단성에 살던 허전의 문인 이도추도 천왕봉을 유람하고「천왕봉분운득래자(天王峯分韻得來字)」란 시 1수를 남겼다.

1900년대에는 이도복(李道復)·하겸진(河謙鎭)·허정로(許正魯)·하영규(河泳奎)·정덕영(鄭德永)·하종락(河鍾洛) 등이 지리산을 유람하고 시문을 남겼다. 단성에 살던 이도복은 송병선(宋秉璿)의 문인으로 천왕봉을 유람하고 「등천왕봉(登天王峯)」 1수를 남겼으며, 진주에 살던 하겸진은 곽종석의 문인으로 1935년 쌍계사 방면을 유람하고 「유두류록(遊頭流錄)」을 남겼다.

김해에 살던 허정로는 천왕봉을 유람하고 「상천왕봉(上天王峯)」 등 2편의 시를 남겼고, 진주에 살던 곽종석의 문인 하영규는 1905년 대원사 일대를 유람하고 「방장기행(方丈記行)」이란 제목으로 10여 편의 시를 남겼다. 진주에 살던 하겸진의 문인 정덕영은 1940년 천왕봉을 유람하고 「방장산유행기(方丈山遊行記)」와 10여 편의 시를 남겼다. 하겸진의 문인 하종락도 1964년 천왕봉을 유람하고 「두류산동유록(頭流山同遊錄)」을 남겼다.

2) 남명에 대한 앙모(仰慕)

남명이 살았던 덕산을 거쳐 천왕봉이나 대원사 방면으로 유람을 하던 사람들은 대부분 산천재·덕천서원 등지에 들러 남명에 대한 존경심을 보이고 있다. 단성에서 덕산으로 들어가다 보면 강가 벼랑길 바위에 '입덕문(入德門)'이란 각자가 있다. 이 입덕문은 남명이 붙인 이름으로, 정자(程子)가 『대학』을 초학자들이 덕으로 들어가는 문에 해당한다고 한 말에서 취해 명명한 것이다.

이곳은 남명이 은거한 덕산으로 들어가는 동구에 해당하기 때문에 후인들은 이곳에 이르러 각별한 느낌을 받았다. 그러니까 도학의 성지로 자신이 발을 들여놓는 느낌, 도덕의 세계로 들어가는 느낌 같은 감동을 받았다.

그리하여 덕산으로 들어가는 나그네들은 그냥 지나치지 않고 그 의미를 되새겼다. 예컨대 18세기 박태무(朴泰茂)는 이곳을 지나면서 "초년엔 길을 잃고 갈림길에 서서, 소경이 더듬거리듯 갈 곳을 잃었었지. 입덕문

앞에서 큰 잠을 깨고 난 뒤, 우리 도가 여기에 있다는 것을 알았네."[27]라
고 노래하였다. 이처럼 이곳은 후세에 '덕으로 들어가는 문'으로 인식되
었고, 그것은 곧 남명을 존모하는 마음을 나타내는 것이기도 하였다.

그리고 그 덕은 도학(道學)을 의미하는 것으로, 도학자 남명이 이룩한
정신세계를 지칭하는 것이기도 하였다. 19세기 말 곽종석(郭鍾錫)은 이
입덕문에 이르러 "입덕문 안에 곧게 난 한 가닥 길, 탁영대 아래 옥구슬
같은 맑은 물, 이 길로 하늘에 오르고 이 물에 자신을 비춰 볼 수 있으니,
이 사이에 어찌 굳이 문장이 흥하길 기대하리."[28]라고 하였다. '하늘'은
천왕봉을 의미하기도 하지만 천도(天道)를 의미하기도 한다. 탁영대 밑
의 맑은 물은 남명이 그랬던 것처럼 자신의 마음에 한 점 티끌도 없음을
상징한다고 할 수 있다. 곽종석은 이 입덕문을 남명이 자신을 수양해
이룩한 도학의 경지에 이르는 관문으로 본 것이다.

이 입덕문에서 1㎞쯤 가면 남명이 만년에 은거한 산천재(山天齋)가 나
온다. 1877년 이진상(李震相) 등과 함께 산천재에 들른 박치복(朴致馥)은
"우리 가문의 일월이 머리 위에 있으니, 혼미한 사거리 길이 불통이라
한하지 말라."[29]고 하여, 유학의 도가 쇠미해지고 있지만 '우리 가문의
일월' 곧 경(敬)·의(義)를 통해 어려운 시대를 극복해 나가려 다짐했다.

하겸진(河謙鎭)의 문인 정덕영(鄭德永)은 산천재에 이르러 "두류산 첩
첩 깊은 산중에, 선생께서 남기신 교화의 말씀. 우리 도가 바야흐로 끊어

---

27 朴泰茂, 『西溪集』 권1, 「遊頭流山記行」. "初年失路路多歧 摘填悵悵迷所之 入德門前
    醒大寐 也知吾道在於斯"

28 郭鍾錫, 『俛宇集』 권3, 「後頭流記行」. "入德門中條路直 濯纓臺下玉流澄 行可登天臨
    可鑑 此間何必待文興"

29 朴致馥, 『晩醒集』 권, 「丁丑八月與李上舍汝雷震相金持平聖夫作頭流行共宿山天齋」.
    "吾家日月臨頭上 莫恨昏衢路不通"

지려 하는데, 어느 누가 다시 그 울림을 이을까."[30]라고 노래하여, 남명의 높은 덕을 우러르는 한편 자기 시대의 절망적인 분위기를 탄식했다.

산천재에서 1㎞쯤 위쪽으로 덕천서원(德川書院)이 있다. 이곳은 남명의 위패가 모셔져 있는 곳으로, 대부분의 유람객들은 이곳에 들러 배알을 하고 갔다.

박래오(朴來吾)와 함께 유람했던 허노첨(許老瞻)[31]은 경의당(敬義堂)에서 유숙하며 "방장산을 찾아 걷고 또 걸어, 걸음이 입덕문 깊숙이 들어왔네. 오늘 다시 이곳에 오니, 공경하는 마음이 일어나누나."[32]라고 하였고, 박태무는 남명에게 배알하고서 "선생의 모습 우러러보니, 우뚝 솟은 천 길 절벽과 같고, 아득히 선생의 마음 생각하니, 홀로 빼어난 세모의 잣나무와 같네. 우리 도가 어느 주변에 붙었는지, 행단(杏壇)은 봄이 되어도 적막할 뿐. 방장산은 높고 덕천은 길게 흐르니, 선생의 교훈 영원히 끝이 없으리."[33]라고 하였다. 이들 모두 남명에 대한 무한한 존경심을 드러내고 있다.

남명에 대한 후인들의 존모는 도학이 쇠미해지는 후대로 내려올수록 더욱 간절히 나타난다. 술사 남사고(南師古)가 "올해는 소미성(少微星)이 빛을 잃었으니, 재앙이 처사에게 있을 것이다."라고 예언하였는데, 그해 남명이 졸하였다.

이를 두고 후대 박치복은 "하늘에는 소미성, 인간 세상에는 남명 선

---

30 鄭德永, 『韋堂遺稿』 권1, 「頭流山記行」. "頭流萬疊裏 夫子樹風聲 吾道方垂絶 何人復繼鳴"

31 老瞻은 字인데, 이름이 자세치 않다.

32 朴來吾, 『尼溪集』 권10, 「遊頭流錄」. "行行方丈尋 步入德門深 此日重來地 起余敬慕心"

33 朴泰茂, 『西溪集』 권1, 「遊頭流山記行」. "瞻仰先生像 巖巖千仞壁 緬想先生心 亭亭歲寒栢 吾道屬誰邊 杏壇春寂寞 方丈山高德川長 先生之風永無極"

생. 남명이 이 세상에 오시자, 소미성이 인간 세상에 있었는데, 소미성이 정기를 잃자, 남명 선생이 하늘로 돌아가셨네. 천상과 인간세상 지척같으니, 별인지 사람인지 나는 모르겠다. 천 길 우뚝한 푸르른 방장산, 겹겹의 골짝에서 모여드는 물줄기. 높은 산은 우러르고 맑은 물엔 갓끈을 씻을 수 있지만, 아, 나는 선생의 경지에 미칠 수 없네.[34]라고 하여, 남명이 이룩한 도학의 경지를 극도로 칭송하고 있다.

1700년대 이후로 넘어오면 남명의 학맥은 뚜렷한 자기 정체성을 갖지 못한다. 다시 말해 남명의 삼전 제자인 하홍도(河弘度) 이후로는 남명의 학통이라고 할 수 있는 학맥이 선명하게 전해지질 못하였다. 또 하홍도 이후로는 진주 인근 지역에 큰 학자가 나오지 않아 학문이 침체 국면에 접어들었다. 그리하여 경상좌도 지역의 퇴계학파인 이재(李栽)·이만부(李萬敷)·김성탁(金聖鐸) 및 근기남인으로 퇴계를 사숙한 이익(李瀷) 등과 교유를 갖거나 학문적으로 영향을 받기도 하였다. 그 대표적인 인물이 박태무(朴泰茂)이다.[35] 당초 북인이었던 남명학파의 인사들은 인조반정 이후 상당수 남인에 편입되었는데, 특히 근기남인 조경(趙絅)·허목(許穆)·이익(李瀷)·채제공(蔡濟恭)·이가환(李家煥) 등과 교유하며 자기 기반을 유지하려 하였다.

1800년대 경상우도 지역에는 퇴계학맥에 속하는 유치명(柳致明)·이진상(李震相)의 문인들 및 이익(李瀷)의 학통을 이은 허전(許傳)의 문인

---

34 朴致馥, 『晩醒集』 권3, 大東續樂府, 「少微星」, "天上少微星 人間曹南冥 南冥降海山 少微在人間 少微晦精象 南冥歸天上 天上人間如咫尺 星耶人耶吾不識 方丈山碧千仞 頭流水匯萬疊 高山可仰水可濯 我懷夫子嗟莫及"

35 李相弼(2000), 「남명학파의 남명사상 계승양상」, 『남명학연구』 제9집, 경상대 남명학연구소.

들, 그리고 전라도 학자 기정진(奇正鎭)의 문인들이 학계를 주도하였다. 유치명과 허전의 문인인 박치복(朴致馥)·김인섭(金麟燮), 이진상의 문인인 허유(許愈), 이진상과 허전의 문인인 김진호(金鎭祜), 이진상과 박치복의 문인인 곽종석(郭鍾錫), 곽종석의 문인인 하겸진(河謙鎭), 기정진의 문인인 조성가(趙性家)·최숙민(崔琡民)·정재규(鄭載圭) 등이 그 대표적인 학자들이다.

이 가운데 기정진의 문인들만 노론이고, 그 나머지는 모두 남인에 속한다. 그러나 이들은 당색에 구애되지 않고 교유하며 학문을 토론하였다.

이 시기에 나타나는 특징 가운데 하나가 당색을 초월하여 경상우도 지역의 학문에 대한 공감대가 형성되었다는 것이다. 그리하여 이 지역에서 새롭게 학문을 진작시킬 필요성을 느꼈고, 그 표상으로 남명이 새롭게 조명되었다.

정재규는 "남명 선생이 이윤(伊尹)의 뜻에 마음을 두거나 안자(顔子)의 학문을 배울 것을 진작시켜, 경의공부(敬義工夫)와 출처대절(出處大節)로 우뚝하게 백세의 스승이 되었다. 그래서 강우지역은 문헌의 고장이 되었다. 선생의 높은 덕을 우러르는 것은 온 나라 사람들이 마찬가지이다. 따라서 학업을 강론하며 유풍을 보는 것도 강우지역에 있어야 하니, 강우지역의 사림은 선생의 덕을 존모하고 선생의 도를 발명하는 것이 더욱 각별해야 할 것이다."[36]라고 하여, 강우지역에서 다시 남명학을 부흥시켜야 한다고 역설하였다.

곽종석도 "우리 강우지역은 우리 노선생(남명)께서 도를 창도하신 이

---

36 鄭載圭, 『老栢軒集』권32, 「偶記」. "有南冥先生者 作志伊學顔 敬義之工 出處之節 卓然爲百世之師 而江右爲文獻之鄕 高山景行 通國所同 講業觀風 宜在江右 則江右之士 所以尊慕先生之德 發明先生之道者 尤有別焉"

후로 보는 자는 감화되고 듣는 자는 분발해, 지금까지 집집마다 그 가르침을 가슴에 새기고 사람마다 그 뜻을 숭상하고 있다. 우리 지역 사람들이 도도한 시류(時流)에 휩쓸리지 않게 된 것은 선생께서 당일 남겨 주신 교훈 덕택이다."[37]라고 하여, 남명의 유풍이 면면이 이어지고 있음을 환기시켰다.

한편 김인섭은 「이선생찬(二先生贊)」을 지어 퇴계와 남명을 다 같이 우러르며 학문적 특징을 간결하게 표장했거니와[38], 곽종석도 「입덕문부(入德門賦)」에서 "옛날 사문이 망하기 전에, 강좌(江左)에는 도산(陶山) 선생을 하늘이 내셨고, 영우(嶺右)에는 남명 선생이 우뚝 서 계셨네. 나이도 같으신 데다 정신적으로 교유하셨네. 성대한 도도 같으셨고, 후덕한 덕도 같으셨네."[39]라고 하여, 남명과 퇴계를 나란히 추숭하였다.

위의 자료에서 보이듯이, 19세기에 이르면 자기 지역에 대한 공감대가 새롭게 확산되면서 당색보다는 '강우지역'이라는 명분이 더 중시되고, 그 사표로 남명에 대한 인식이 크게 제고되었다. 그리고 남인계열 학자들은 이익(李瀷)이 그랬던 것[40]처럼 퇴계와 남명을 동시에 숭모하는 인식이 확대되었다.

---

37 郭鍾錫, 『俛宇集』 권21, 「與曺仲昭」. "吾江右 自吾老先生倡道之後 見之者感化 聞之者奮興 以至于今 家服其敎 人尙其志 粗免爲滔滔之歸者 莫非先生當日賜也"

38 金麟燮, 『端磎集』 권22, 「二先生贊」. 退溪先生에 대해서는 "海東千載 挺生眞儒 潛心孔顔 服膺程朱 睠顧斯世 退居何求 憂中有樂 樂中有憂"라고 하였고, 南冥先生에 대해서는 "壁立萬仞 風振百代 敬義功深 方外直內 人倫之正 王道之中 學記有編 開示無窮"라고 하였다.

39 郭鍾錫, 『俛宇集』 권1, 「入德門賦」. "夫昔者斯文之未喪也 有若陶山夫子天降於江之左 南冥先生壁立乎嶺之右 年同庚交同神 道同盛德同厚"

40 李瀷, 『星湖僿說』, 天地門, 「東方人文」.

2. 남명정신 계승 양상

1) 천인벽립(千仞壁立)의 정신세계 지향

앞에서 살펴보았듯이, 남명은 자신을 하늘과 닿아 있는 천왕봉처럼 높은 경지로 끌어올리려 하였고, 유람을 하면서도 드높은 정신세계를 지향하였다. 이런 그의 정신은 후인들에 의해 천인벽립의 우뚝한 정신세계를 이룩한 분으로 추앙되었고, 후학들은 그런 정신을 이어받으려 하였다.

남명의 문인 정인기(鄭仁耆)의 「유두류산(遊頭流山)」이란 시에 "남쪽을 유람하여 바닷가에 미쳤고, 산을 유람하면서 방장산을 보았네. 우뚝한 천 길 봉우리여, 나도 어찌하면 고인(高人)이 우러르듯이 할까."[41]라고 하였다. 이 시에서 '고인(高人)'은 남명을 가리킬 것이니, 정인기는 천 길 천왕봉을 바라보며 자신도 스승처럼 천인벽립의 정신을 고취하려 한 것을 알 수 있다.

박태무(朴泰茂)는 산천재에서 다음과 같이 노래했다.

> 큰 종은 크게 치지 않으면, 洪鍾無大扣
> 천고토록 끝내 소리를 머금지. 千古竟含聲
> 청컨대 저 두류산을 보게나, 請看頭流山
> 저 산이 어찌 허공이 우는 것을 배웠던가. 山豈學天鳴[42]

이 시는 남명의 「제덕산계정주(題德山溪亭柱)」에 차운하여 지은 것인데, 시의 소재나 주제가 남명의 시와 흡사하다. 박태무는 남명을 통해

---

41 鄭仁耆, 『湖山聯芳集』上, 『文庵先生實紀』, 「遊頭流山」. "南遊涉海門 於山見方丈 屹然千仞岡 爭似高人仰"

42 朴泰茂, 『西溪集』권2, 「敬次南冥先生聲字韻」.

천석종과 같은 거대한 정신, 그리고 천왕봉과 같은 의연한 자세를 배웠
다. 그리하여 그는 두류산 정상에 오르기를 희망하며 "사람들은 오를
수 없다고 하지, 천 길 봉우리 창공에 닿아 있네. 중도에 지팡이를 돌리
지 말라, 오르고 또 오르면 정상에 이르리라."[43]라고 노래하였다.

한편 남명의 재전 문인 박여량(朴汝樑)은 1610년 9월 6일 천왕봉에 올
라 덕산을 바라보며 "천 길이나 되는 봉우리 위에서 선생의 크게 은둔하
신 기상을 상상해 보건대, 천 길 봉우리 위에서 또 천 길 봉우리를 바라
보는 격이다."[44]라고 하였다. 천왕봉 위에 또 하나의 천왕봉으로 남명을
그려낸 박여량의 남명에 대한 앙모는 매우 상징적이며 각별하다.

앞에서 언급했듯이 하늘과 맞닿아 있는 천왕봉은 곧 천(天)에 가까이
다가가는 것을 의미하며, 그것은 곧 천인합일(天人合一)을 의미한다. 따
라서 천왕봉에 오르는 것은 천도에 오르려는 구도자의 여정이 된다. 박
여량은 그 구도 여행을 하였다. 그러나 막상 천왕봉에 올라 보니, 하늘은
더욱 멀기만 하다. 그리하여 남명을 생각하니, 남명은 천왕봉 위에 다시
하나의 천왕봉이 포개진 것처럼 까마득하게 보였던 것이다.

박여량처럼 천왕봉에 오르는 것은 곧 남명의 천인벽립의 정신세계에
도달하고자 하는 구도정신을 반영한다. 그래서 남명을 사숙한 허경윤(許
景胤)은 "높고 높이 우뚝하게 서 계신 모습, 우러르면 더욱 높고 들어가
긴 더욱 단단하네.[巍巍壁立像 仰高堅莫鑽]"라고 노래하였다. 안회(顏回)
가 공자의 학문에 대해 탄식했듯이[45] 허경윤도 남명의 우뚝한 정신에 깊

---

43 朴泰茂, 『西溪集』 권1, 遊頭流山記行, 「望絶頂」. "人言不可上 千丈接靑空 中途莫回
杖 登登山自窮"

44 朴汝樑, 『感樹齋集』 권6, 「頭流山日錄」. "方在千仞峰頭 而想像先生肥遯氣象 千仞峯
頭 又望千仞峯也"

이 감복하며 따르려 하고 있다.

또한 김인섭(金麟燮)은 「알남명선생사퇴산천재유감(謁南冥先生祠退山天齋有感)」에서 다음과 같이 읊었다.

동쪽 담장에서 떨어져 있는 두어 칸 사당,　　　　數間祠廟隔牆東
가을 날 아들과 함께 봉심하고 우러렀네.　　　　秋日奉瞻與子同
오랜 훗날 후학의 감회 금할 길 없으니,　　　　曠古不勝後學感
오늘날 선생의 풍도를 그 누가 계승하나.　　　　至今誰繼先生風
참된 근원은 맑은 소매 밖에서 활발한데,　　　　眞源活潑淸襟外
바른 길은 아무리 둘러봐도 황량할 뿐.　　　　正路荒蕪入望中
지척의 천왕봉 우뚝한 것이 근심스럽지만,　　　　咫尺天王愁峻處
오르고 또 오르면 하늘과 통할 수 있으리.　　　　行行且到庶幾通[46]

여기서 말하는 '참된 근원'은 유학의 도이고, '바른 길'은 남명이 추구했던 학문일 것이다. 그래서 시인은 자기 시대를 개탄하는 데 그치지 않고, 천왕봉에 오르려 한다. 그것이 근심스럽긴 하지만, 오르고 또 올라 하늘에 이르려는 구도자의 자세를 다짐한다. 김인섭은 이런 마음을 실행에 옮겨 천왕봉에 올라 "있는 힘을 다해 끝까지 노력해서, 해거름에 비로소 천왕봉에 올랐네. 내 발로 올라 높은 곳에 이르니, 여기서는 위로 하늘과 통할 듯."[47]이라고 노래했다.

천왕봉에 올라 지은 박태무(朴泰茂)의 시 한 수를 더 보기로 하겠다.

45　『논어』「子罕」에 "顔淵喟然歎曰 仰之彌高 鑽之彌堅 瞻之在前 忽焉在後……"이라 하였다.

46　金麟燮, 『端磎集』권2, 「謁南冥先生祠退山天齋有感」.

47　金麟燮, 『端磎集』권2, 「登天王峯」. "努力工夫極 薄曛始到巓 自來高占地 此去上通天"

인간 세상 돌아보니 모든 것이 나직하여,	回首人寰萬品低
연·진·오·초나라가 모두 뱁새의 집과 같네.	燕秦吳楚一鷦栖
이제야 알겠구나, 앉아 있는 곳이 높아야,	是知坐處高然後
온갖 봉우리가 감히 견주지 못한다는 것을.	列嶽群峯不敢齊[48]

마지막 두 구는, 남명이 쌍계사 방면을 유람할 때 신응사(神凝寺) 앞 반석 위의 높은 자리에 이공량(李公亮)·이정(李楨)을 앉히고 그 자리를 잃지 말라고 충고한 것이나, 정수역(旌樹驛) 역참의 좁은 방에서 잘 때 '수양하는 바가 높지 않으면 안 된다.'고 한 말과 같은 맥락에 있다. 곧 남명이 추구했던 높은 정신세계를 박태무는 천왕봉 위에서 다시 실감한 것이다.

이상에서 살펴본 것처럼, 남명학파의 후학들은 지리산을 유람하며 남명이 추구했던 천인벽립의 정신세계를 지향하며 천왕봉에 올라 천도에 도달하려는 마음가짐을 보인다. 이는 바꾸어 말하면, 자신을 진실무망(眞實无妄)의 성(誠)의 경지로 끌어올리려는 구도자의 자세라 할 수 있다.

2) 심성수양의 자아성찰과 유산여독서(遊山如讀書)의 공부론

남명은 산수를 유람하면서도 응사접물할 때마다 자신의 내면을 부단히 성찰하여 심성을 수양하려는 자세를 견지하였다. 그리고 자신의 몸에 도를 실천하여 한 점 티끌도 마음에 남아 있지 않기를 추구했다. 이런 그의 학문정신은 남명학파 후학들에게도 그대로 이어져 내려온다. 박태무는 천왕봉을 향해 오르다가 석굴(石窟: 현 通天門)을 지나면서 다음과

---

48 朴泰茂, 『西溪集』 권1, 「登天王峯」.

같이 읊었다.

석굴로 난 석 장 남짓한 가파른 사다리,　　　　　　石竇危棧三丈餘
부여잡고 오르는데 얇은 얼음을 밟는 듯.　　　　　　躋攀凜若薄氷於
이 마음을 간직하고 그때그때 쓴다면,　　　　　　　若把是心隨處用
성현의 글에 부끄러움이 없을 수 있으리.　　　　　　可能無愧聖賢書[49]

　박태무는 통천문 위로 설치된 가파른 잔도(棧道)를 오르며 느꼈던 두
러운 마음을 '여리박빙(如履薄氷)'[50]에 비유하며, 그런 마음을 언제든지
어떤 경우든지 간직한다면 성현의 글에 부끄러움이 없는 사람이 될 수
있다고 노래했다. 곧 자신의 심성수양을 조금도 해이하게 하지 않으려는
학문정신이 드러나 있다.

　이와 관련된 남명의 '선을 따르기는 산을 오르는 것처럼 어렵다.[從先
如登]'고 한 말은, 후인들에게 하나의 일화로 전해져 왔다. 하익범(河益
範)은 불일암에 올랐다 내려온 뒤 "길이 매우 가팔라 처음 오를 때에는
한 걸음 내딛기가 어렵더니, 달려 내려올 적에는 단지 발만 들어도 몸이
저절로 아래로 치달려 순식간에 쌍계사에 이르렀다. 나는 벗들에게 '남
명 선생이 선을 따르기는 등산하는 것처럼 어렵고 악으로 빠지기는 산을
내려오는 것처럼 쉽다고 하신 말씀이, 어찌 이런 경우가 아니겠는가?
경계할 만하다'고 하였다."[51]라고 하면서, 남명을 정여창(鄭汝昌)과 함께

49　朴泰茂, 『西溪集』 권1, 遊頭流山記行, 「行過石竇」.
50　『시경』 小雅 「小旻」에 나오는 말로, 전전긍긍하며 두려워한다는 의미다.
51　河益範, 『士農窩文集』 권2, 「遊頭流錄」. "路極懸下 初登時 一步更難一步 及至趨下
　　徒自擧趾 而身自流下轉眄之頃 已到雙谿 余謂諸友曰 "從善從惡之喩 豈非以此歟 可
　　以儆哉"

도학자로 분류하였다.[52] 이처럼 남명의 말을 인용해 종선여등(從善如登)
을 언급한 일화는 박래오(朴來吾)의 유람록에도 보인다.[53]

　이와 같은 심성수양의 자아성찰은, 유산여독서(遊山如讀書)의 공부론
으로 전개된다.[54] 일찍이 남명의 재전 문인 박여량이 지리산을 유람하며
유산(遊山)을 독서(讀書)에 비유한 바 있거니와[55], 19세기 허유(許愈)는
다음과 같이 읊었다.

　　　우리들이 학문하는 것 산에 오르는 것과 같으니,　　吾人爲學類登山
　　　천 길 산꼭대기도 한 걸음 한 걸음 올라야 하네.　　千仞岡頭步步間
　　　대개 나무의 뿌리 깊으면 꽃이 번성하게 피나니,　　大抵根深花得燁
　　　얕은 웅덩이에 물결이 인다는 말은 듣지 못했네.　　未聞窪淺水能瀾[56]

　허유는 한 걸음 한 걸음씩 올라 정상에 도달하는 이치를 학문에 비유하
여 일상의 쉽고 가까운 것부터 차근차근 배워 나가야 함을 훈계하고 있다.

52　河益範은 「遊頭流錄」 말미에서 崔致遠을 修鍊으로, 韓惟漢을 高潔로, 金宗直·金馹
　　孫을 博雅로, 鄭汝昌·曺植을 道學으로 품평하면서 이런 분들이 지리산에 은거하거나
　　유람하였기 때문에 지리산은 다행히도 이 분들과 만고에 이름을 나란히 하게 되었다
　　고 하였다.

53　朴來吾, 『尼溪集』 권10, 「遊頭流錄」. "遂穿雲而行 行四五里 忽見亨從爲前導 從叔與
　　瞻友 樂從踵其後 自成一隊 偶然先發而勇往疾趍 其行如飛 後困頓之行 決難及之 余
　　與成之及亨從 互相扶持 艱關而進矣 遙望前行一隊 穩坐層壁之下待之者 已久矣 及至
　　余乃面折亨從曰 "所貴乎同行者 爲其危險相濟矣 君憑一時建步之勢 知進而不知止 使
　　他日從善趍義 如登此頂 則必居人先 不亦善乎 然而此習漸長 不可禁遏 則其於與人爲
　　善之道 遠矣遠矣"

54　遊山을 讀書에 비유한 것은 退溪의 「讀書如遊山」(『退溪集』 권3)에 처음 보이지만,
　　이를 공부론으로 체계화시킨 것은 19세기 강우지역의 학자들에게서 나타나는 특징으
　　로 보인다.

55　朴汝樑, 『感樹齋集』 권6, 「頭流山日錄」 참조.

56　許愈, 『后山集』 권2, 「次贈許英七」.

이런 인식은 특히 19세기 진주 인근의 대학자들에게서 자주 거론되고 있는 바, 남명이 역설한 하학상달의 학문정신과 그 맥을 같이 한다. 최숙민(崔琡民)도 「유산설증유태회양길(遊山說贈柳泰回陽吉)」에서 처음에는 황급한 마음으로 높고 가파른 비탈길[崎嶇]을 오르거나 깊고 그윽한 곳[幽邃]을 찾았지만, 나중에는 차분한 마음으로 근원을 거슬러 올라[溯流窮源] 마음에 합치되는 점이 있었다고 술회하면서 다음과 같이 말하였다.

산을 유람하는 것은 쓸모없이 한가로운 거친 일인데도 오히려 이와 같은데, 하물며 독서는 정밀한 사업이니 어찌 소란스럽고 분잡한 마음으로 급히 구할 수 있겠는가? 또한 생각건대, 내가 처음 이 산에 들어갈 때 이미 본 것이라고 여겨 그쳤다면 중간의 깊고 그윽한 경치는 볼 수 없었을 것이고, 깊고 그윽한 경치만 보고 그쳤다면 오늘 느끼는 아름다운 경지는 끝내 맛볼 수 없었을 것이네. 지금 그대의 독서가 내가 처음 이 산에 들어갈 때인지, 내가 깊고 그윽한 경치를 볼 때인지, 내가 오늘 느끼는 이 경지인지 나는 모르겠네. …… 반드시 남명 선생처럼 '죽은 소 갈비뼈 같은 두류산 골짝을 열 번이나 답파하였네.'[57]라고 하거나, '맨손으로 들어왔으니 무엇을 먹고살까?'[58]라고 노래하는 경지까지 이르러야 진면목을 보게 될 것이네.[59]

기구(崎嶇)한 것은 고원한 이치이고, 유수(幽邃)한 것은 깊고 오묘한

---

57 남명의 「遊頭流錄」에 보이는 '頭流十破死牛脅'이란 구를 줄여 쓴 것이다.
58 남명의 「德山卜居」 제3구의 '白手歸來何物食'을 줄여 쓴 것이다.
59 崔琡民, 『溪南集』 권22, 「遊山說贈柳泰回陽吉」. "夫遊山 是荒閒無用 粗底事 猶如此 況讀書 精底事業 豈可以紛擾雜亂之心 忙迫以求之哉 且念吾始入玆山也 謂之已見而 止 則中間幽邃 不可得見 見幽邃而止 則今日之佳境 終不可得也 吾不知子之書 爲吾之 始入玆山時耶 爲吾之見幽邃時耶 爲吾之今日玆山時耶 …… 十破牛脅·白手歸來 必如 南冥夫子 然後爲眞見也"

이치이다. 성급한 마음으로 고원하고 오묘한 이치만을 추구하는 병폐를
최숙민은 심각하게 우려한 듯하다. 그리하여 그런 학문태도를 지양하고,
차분한 마음으로 차근차근 나아가 근원에 도달하는 공부를 역설한 것이
다. 그러면서 남명의 유산(遊山)을 학문의 진원(眞源)에 도달한 경지로
평가하고 있다.

　한편 정재규(鄭載圭)도 유람록 말미에서 계곡을 거슬러 올라 물의 근
원을 만난 것과 능선을 따라 올라 상봉에 도달한 것을 거론하며 다음과
같은 독서론을 전개하였다.

　　선비가 수십 권의 책을 읽고 조금 지식과 견해가 있어 향리에 이름이
　　나는 경우는 개구리가 한 골짜기에서 우쭐대는 것과 같다. 그로 인해
　　스스로 기뻐한다면 이는 용추(龍湫)만 보거나 일중기(日中基)에 오른 정
　　도가 아니겠는가? 다행히 더 공부하여 읽지 않은 책 몇 권을 더 읽고,
　　알지 못하던 이치 몇 가지를 더 궁구하여 지식과 소견이 조금 넓어지면
　　스스로 잘난 척하여 나의 공부는 이미 끝났다고 하는 경우는 상류에 이르
　　거나 중봉에 오른 경우가 아니겠는가? 우러르면 더욱 높게 보이고, 뚫으
　　려 하면 더욱 단단하여 우뚝하게 서 있는 선생을 보고서 자신의 재주를
　　다해 따른 사람[60]이 참으로 공자를 배운 자이니, 이런 경우가 수원(水源)
　　에 도달하고 상봉 일월대(日月臺)에 오른 것이 아니겠는가?[61]

　정재규는 대원사(大源寺)에서 계곡을 따라 용추(龍湫)에 이른 경우, 다

60　이 말은 『논어』 「子罕」에 보이는 말로, 공자의 제자인 顔回를 가리킨다.
61　鄭載圭, 『老栢軒集』 권32, 「頭流錄」. "士也讀數十卷書 有一知半解 頗能見稱於鄕里
　　則便蛙擅一壑 因以自喜 此非觀龍湫而上日中基耶 幸進而讀未讀之書幾卷 窮未窮之
　　理幾件 知見稍廣 則侈然自大 便謂吾事已了 此非溯上流而登中峯者耶 仰之彌高 鑽之
　　彌堅 見所立之卓爾而竭吾才以從之者 是眞學孔子者也 此非窮源而上臺者耶"

시 올라 상류로 거슬러 올라간 경우, 더 나아가 근원에 도달한 경우, 그리고 능선을 오르면서 일중기(日中基)에 오른 경우, 중봉(中峯)에 오른 경우, 상봉 일월대(日月臺)에 오른 경우를 예로 들었다. 그는 물의 근원을 만난 것을 진경(眞境)에, 천왕봉에서 사방을 조망한 것을 대관(大觀)에 비유하여 그런 경지에 이르지 않았으면 큰일 날 뻔하였다고 술회하였다. 그러면서 큰 것을 보지 않으면 자신의 소견이 좁은 것을 모르기 때문에 공자를 배우려고 하면 태산에 오르지 않으면 안 된다는 점을 역설하였다.[62]

그러나 그는 태산도 주먹만한 돌이 무수히 쌓여 이루어진 것임을 전제하면서, "만약 아래에 처해 높은 것만 보고, 가까운 것은 버리고 고원한 것만 추구한다면 단지 소견만 커질 뿐, 도리어 진적(眞積)의 해가 될 것이다."[63]라고 하여, 착실히 진보하는 공부를 강조하였다. 즉 목표는 태산에 두되, 차근차근 체득해 가는 공부가 있어야 한다는 것이다. 그리하여 공자와 같이 태산의 경지에 오르기 위해서, 자신은 용추나 일중기 같은 낮은 단계부터 충분히 함양해 나갈 것이라고 다짐하고 있다.[64] 이 역시 남명의 하학상달의 학문과 같은 맥락으로 볼 수 있다.

이처럼 강우지역 남명학파의 유산(遊山)은 단순한 등산이 아니라, 도학자적 입장에서 자신의 마음을 성찰하여 선을 추구하거나, 학문적 차원으로 확대해 공부론으로 발전시킨 것이 특징이다.

---

62 상동. "其始至於龍湫也 以爲可樂 而竟日忘歸 及其溯上流 則其可樂 非龍湫之比 愛而不忍舍去 至於窮得肇開之源 而後方知眞境之在此 若不窮源 其殆矣 其始至於日中基也 已覺地位之高 而俯視群巒 及其上中峯 則遂以爲已至 至於上 得日月之臺 而後方知大觀之在此 若不上臺 其殆矣 …… 不見乎大 則不知其小 此河伯所以望海若歎也 然則欲學孔子 而不登泰山 奚以爲"

63 상동. "若處下而窺高 舍近而趨遠 則徒見之大 反爲眞積之害"

64 상동. "然則登泰山 奚爲 嗚呼 吾且涵泳於龍湫之間 優游於日中基之上歟"

3) 역사에 대한 회고

유산을 하면서 고인의 유적지에 들러 그 인물이나 시대를 회고하는 것은 조선시대 사대부들의 유람록에 흔히 보이는 일반적 경향이다. 예컨대 김종직·김일손·유몽인 등의 지리산 유람록에는 그런 언급이 곳곳에 눈에 띈다. 남명도 이들과 마찬가지로 유람을 하면서 역사를 회고하고 현실을 생각했다. 그러나 남명은 쌍계사 방면을 유람하면서 최치원에 대해서는 이렇다 할 평가를 하지 않은 채, 앞에서 언급했듯이 한유한·정여창·조지서에 대해서만 특별한 의미를 부여하였다. 이 점이 다른 사람들의 유람록에 보이는 것과 다른 시각이다.

남명이 위 세 사람을 '십 층 봉우리 위의 옥'으로 평가하며 정권의 무도함을 비판한 언급은 후세 사람들에게 역사인식을 새롭게 제고시켜 주었다. 그 가운데 하동에서 쌍계사 방면으로 유람할 때 만나게 되는 한유한·정여창의 유적지는 남명의 유람을 통해 답사 코스의 하나로 정착되다시피 했다. 남명학파의 후학들도 이 방면을 유람할 적에는 대체로 이곳에 들러 그들을 생각했고, 그들이 살던 무도한 시대를 탄식했다. 그것은 곧 부도덕하고 불의한 것에 대한 새로운 자각을 통해 사회 정의를 환기시킨 것으로 볼 수 있다.

18세기 박태무(朴泰茂)는 섬진강 도탄(陶灘) 가에 있는 정여창(鄭汝昌)의 유적지에 들러 다음과 같이 읊었다.

아, 일두 정 선생이시여,　　　　　　　　　猗歟鄭一蠹
후인의 우뚝한 이정표이시네.　　　　　　　巍卓後人程
우리나라의 큰 처사이셨고,　　　　　　　　東方大處士
남쪽 지방의 노숙한 선생이셨네.　　　　　　南國老先生

나아갈 땐 숙원을 품고 갔는데,　　　　　　　　舉輿齋宿願

소경처럼 더듬으며 어두운 길 탄식했네.　　　　擿埴歎冥行

길가다 도탄 물가 지나게 되어,　　　　　　　　行渡陶灘水

말을 멈추니 도리어 슬픈 생각뿐.　　　　　　　停驂却愴情[65]

　박태무는 도탄에 이르러 도학자 정여창과 그 시대를 회고하며, 그 분
의 불행과 그 시대의 무도함을 탄식하였다. '숙원'은 도학정치를 펴려는
정여창의 이상일 터이고, '어두운 길'은 그 시대의 혼란스러움일 것이다.
시인은 그런 회상을 하며 발길을 멈추고 슬픈 생각에 잠겨 있다. 남명의
탄식을 연상케 한다.

　박태무는 도탄에서 10리쯤 떨어진 한유한(韓惟漢)의 유적지인 삽암(鍤
巖)에 이르러서도 다음과 같이 읊었다.

길에는 벼슬아치들 분주히 오가고,　　　　　　路多高蓋騖

사람들은 각건 쓰고 은거하는 자 적네.　　　　人少角巾還

얼마나 있던가, 이 풍진 세상 밖에서,　　　　　幾箇風塵外

명예와 이익을 초탈해 우뚝했던 이들이.　　　　卓然名利間

맑고 참된 한 녹사여,　　　　　　　　　　　　清眞韓錄事

두류산에 깊숙이 숨었네.　　　　　　　　　　窈窕頭流山

담장을 넘은 자취 묻고 싶지만,　　　　　　　　欲問踰垣跡

빈 바위 저녁 햇살만 썰렁하구나.　　　　　　　虛巖夕日寒[66]

　한유한은 고려 무신집권기에 가족을 이끌고 지리산으로 내려와 은거

65　朴泰茂, 『西溪集』 권1, 「遊頭流山記行 － 陶灘感古」.

66　朴泰茂, 『西溪集』 권1, 「遊頭流山記行 － 鍤巖懷古」.

한 인물인데, 대비원 녹사(大悲院錄事)로 그를 부르는 사신이 오자, 담을 넘어 달아나 자취를 숨긴 인물이다. 한유한은 역사 속에 크게 알려지지 않은 인물이지만, 남명이 부도덕한 정권에 출사하지 않고 지조를 지킨 인물로 평가함으로써 출처(出處)의 대절(大節)을 보인 사람으로 후학들에게 새롭게 부각되었다. 그것은 곧 남명의 삶의 자세였고, 무도한 세상에 지절을 지키려는 인물들의 의지의 표현이기도 하였다. 박태무 역시 출사를 하지 않고 학문에 뜻을 둔 인물이었기에, 한유한을 '맑고 참된 사람'으로 표현하며 그의 지절을 숭상하였다.

19세기 김인섭(金麟燮)도 이 방면을 유람하며 박태무와 마찬가지로 정여창과 한유한의 유적지에 들러 비슷한 탄식을 하였고[67], 20세기 하겸진(河謙鎭)도 이곳에 이르러 남명의 탄식을 회고하며 자기 시대의 무도함을 드러내었다.[68] 또한 19세기 초 하익범(河益範)은 이곳에 이르러 "한녹사의 청수고절(清脩苦節)을 깊이 우러른 지 오래되었네. 이번 유람에 산수를 실컷 구경하였으니, 철인이 사시던 곳에서 남은 향기를 다시 맛본다면 참으로 남명선생께서 '십 층 봉우리 위에 옥 하나를 올려놓는 격이고, 천 이랑 물결 위에 달 하나가 뜨는 격이다.'라고 하신 것이 될 걸세."[69]라고

---

67 金麟燮, 『端磎集』 권2, 「過陶灘」. "文獻故居此地尋 遺黎指點水之濱 我道固然自有樂 彼讒罔極亦何心 風雨烟雲朝變夕 山河人物古猶今 斜陽立馬偏多感 四月花開草樹探", 「憩錘巖」 "韓錄事名百代高 麥秋江岸一望蒿 時平廊廟行其道 世亂山林亦足豪 巢許灡 箕長不返 唐虞日月更何遭 懷君未見空馳想 仙鶴飄飄上九皐"

68 河謙鎭, 『晦峯集』 권28, 「遊頭流錄」. "舟行一里 至岳陽江上 有錘巖者 韓錄事惟漢舊居也 惟漢見麗氏將亡 挈妻子來居 累徵不起 南冥先生重為錘巖太息者 此也 因作錘巖行一篇 又向陶灘 有鄭先生舊基 河東人士 追慕其德 作亭於德隱村 卜日上樑 而忽被觀察曹始永 論以浮雜 拿致拘囚 亭亦見壞 余於是 又不能不爲陶灘長息也"

69 河益範, 『士農窩文集』 권2, 「遊頭流錄」. "余曰 錄事之淸脩苦節 艷仰 久矣 今行旣飽山水 重挹遺芬於哲人攸居 則眞冥翁所謂十層峰頭冠一玉 千頃水面生一月者也"

하였다.

　이처럼 남명학파 후학들은 쌍계사 방면을 유람하면서 정여창·한유한의 유적지를 찾는 것이 보편화되었다. 또한 남명이 정여창·한유한·조지서를 만난 것에 대해 '십 층의 봉우리 위에 옥 하나를 올려놓고, 천 이랑 수면 위에 달이 하나 뜬 격이다.[十層峰頭冠一玉 千頃水面生一月]'라고 평가한 말은, 하익범의 말을 통해 알 수 있듯이 남명학파 후학들에게 금과옥조로 여겨지며 계승되었다. 일례로 정재규(鄭載圭)와 동행했던 김현옥(金顯玉)도 남명이 만년에 은거했던 산천재에 이르러, 남명이 위의 세 군자에 대해 평가한 말을 인용해 남명을 그런 경지에 비의하기도 하였다.[70]

　한편 박치복(朴致馥)은 지리산을 유람하며 바위에 새겨진 알 수 없는 이름들을 보면서, "나는 이런 것을 보며 생각건대, 전에 새겨 넣은 것은 모두 마모되어 그가 어떤 사람인지 모르는 것이 많았다. 그렇다면 이름을 새기는 것이 무슨 의미가 있겠는가? 남명 선생이 지리산은 한유한·정여창·조지서의 산이라고 평하였으니, 이 세 군자가 일찍이 바윗돌에다 이름을 남겼던가?"[71]라고 하여, 남명이 장부의 이름은 청사(靑史)에 전해지거나 사람들 입에 전해져야지 바위에 이름을 새겨 전하려는 것은 날아가는 새의 그림자만도 못하다고 한 평을 떠올렸다.[72]

　이처럼 남명이 유람을 하면서 역사를 회고하고 탄식했던 일화들은 강우지역 남명학파 후학들에게 꾸준히 전승되면서 역사인식을 새롭게 제

70　鄭載圭, 『老栢軒集』 권32, 「頭流錄」. "將向山天齋 齋南冥先生季年藏修之所也 豊五(金顯玉)賦一絶 以峯頭冠玉水面生月 擬之 用先生語 擬先生得之矣"

71　朴致馥, 『晚醒集』 권10, 「南遊記行」. "余因念 前刻者 皆磨滅 不知誰某之爲何人者 多 然則刻之 何益 南冥稱智異韓鄭趙之山也 三君子曷嘗留名於巖石哉"

72　曺植, 『南冥集』 권2, 「遊頭流錄」. "大丈夫名字 當如靑天白日 太史書諸冊 廣土銘諸口 區區入石於林莽之間 猩狸之居 求欲不朽 邈不如飛鳥之影 後世果鳥知何如鳥耶"

고하고, 자기 정체성을 각성하게 하였다.

Ⅳ. 맺음말

이 글은 남명학파 후학들이 지리산을 유람하면서 남명정신을 어떻게 계승하고 있는지를 위주로 살핀 것이다. 남명은 16세기 정치적 혼란기에 처사의 길을 택해 더 깊이 은거하려 하였는데, 그 마지막 대축지(大畜地)가 지리산 천왕봉이 바라보이는 덕산(德山)이었다. 남명은 지리산에 깊숙이 은거하여 하늘과 닿아 있는 천왕봉을 통해 천도(天道), 곧 진실무망의 성(誠)의 경지에 도달하려 하였다. 그리하여 자신을 철저히 수양해 의연히 서 있는 천왕봉과 같은 드높은 정신세계를 이룩하려 하였고, 천석종(千石鍾)과 같은 거대한 정신세계를 통해 세상 사람들에게 감화를 주고 세도(世道)를 부지하려 하였다.

기본적으로 이와 같은 학문정신을 견지했던 남명은 지리산을 유람하면서도 평소 드높은 정신세계를 추구해야 함을 강조하였고, 응사접물할 때마다 심성수양의 자아성찰을 역설하였으며, 한유한·정여창·조지서 등의 유적지에 이르러서는 그 인물과 시대를 회고하며 무도한 정권을 비판함으로써 현실인식을 새롭게 하였다.

이처럼 남명은 지리산과 불가분의 관계를 맺으며 자신의 학문과 정신세계를 완성하였는데, 이러한 정신은 남명학파 후학들에게도 면면이 전승되었다. 사림정치 시대가 열린 선조·광해 연간에 활동한 남명의 문인이나 재전 문인들은 출사하거나 임진왜란 등 국난으로 인해 지리산을 유람할 기회가 적었기 때문에, 이광우(李光友)·정인기(鄭仁耆) 등의 시

가 한두 편 보일 뿐 지리산을 유람하며 남명정신을 계승하고 있는 기록
은 찾아보기 어렵다. 다만 함양에 살던 박여량(朴汝樑)은 1610년 지리산
을 유람하고 유람록을 남겼는데 천왕봉 위에 또 하나의 천왕봉과 같은
존재로 남명의 정신세계를 우러렀다.

남명학파는 광해군 초기까지 정치적으로 단합된 모습을 보이지만,
1613년 영창대군의 옥사 때 정온(鄭蘊)의 전은설(全恩說)을 지지한 이른
바 중북(中北) 인사들이 대북정권과 노선을 달리하면서 분열된다. 이 가
운데 남명의 문인 성여신(成汝信)과 성구(鄭逑)의 문인 박민(朴敏) 등은
중북의 인사들로, 현실과의 불화를 달래기 위해 1616년 지리산을 유람한
뒤 유람록과 여러 편의 시를 남겼다. 그러나 이들은 극대화된 불화를
해소하기 위한 유람이어서 유람을 하고 남긴 시문 속에는 선취경향이
강하게 나타나고 있을 뿐, 남명정신을 계승하고 있는 측면은 희박하다.

한편 인조반정 이후 남명학파는 뚜렷한 자기 정체성을 갖지 못한 채,
학맥이 제대로 이어지지 못하였다. 이들은 북인이 몰락한 이후 가문을
유지하기 위해 남인이나 서인으로 당색을 바꾸었고, 학문적으로도 큰
학자가 나타나지 않음으로써 퇴계학파나 기호학파의 영향을 받게 되었
다. 그런 가운데서도 18세기 박태무(朴泰茂)·신명구(申命耉)·박래오(朴
來吾) 등 경상우도 지역의 학자들은 남명정신을 이어받고 있는 측면이
뚜렷이 나타난다.

19세기에는 경상우도 지역에 큰 학자들이 대거 출현하여 학문적으로
새로운 활기를 되찾는다. 당색으로 보면 퇴계학파 유치명·이진상의 문
인과 성호학파 허전의 문인인 남인계열 학자들 및 기정진의 문인인 노론
계열 학자들로 양분해 볼 수 있는데, 이들은 당색에 크게 구애받지 않고
교유하며 삶의 터전인 '강우지역'에 대한 인식을 새롭게 함으로써 이 지

역 학문을 진작시키려 하였다. 그리고 이들은 그 구심점에 남명을 둠으로써 남명과 같은 도덕적 실천과 드높은 정신세계를 추구하려 하였으며, 남인계열의 학자들 가운데는 남명과 퇴계를 동시에 존중하는 인식이 확대되었다.

남명학파 인물들이 지리산을 유람하고 남긴 시문 속에는 남명을 앙모하며 남명정신을 계승하려는 의식이 잘 드러나 있는데, 그 양상을 몇 가지로 나누어 보면 다음과 같다. 첫째, 지리산을 유람하면서 남명이 추구했던 천인벽립(千仞壁立)의 정신세계를 지향하고 있으며, 천왕봉에 올라 천도(天道)에 도달하려는 구도자적 자세를 갖는다. 둘째, 유산(遊山)을 하면서 남명의 '종선여등(從善如登)'과 같은 심성수양의 자아성찰을 하고 있으며, 나아가 '유산여독서(遊山如讀書)'의 공부론으로 확장시키고 있다. 셋째, 한유한(韓惟漢)·정여창(鄭汝昌) 등의 유적지에 이르러 남명처럼 철인의 삶과 무도한 정권에 대한 탄식을 하며 역사인식을 새롭게 환기시키고 있다.

이 글은 『장서각』 제6집(한국학중앙연구원, 2001)에 실린 「남명학파의 지리산유람과 남명정신 계승양상」을 수정 보완한 것이다.

제7장

최치원과 지리산

Ⅰ. 불우한 지식인, 최치원(崔致遠)

『삼국사기』에는 최치원이 어떤 인물로 형상화되어 있을까?『삼국사기』
권 제46 열전 제6에 입전된 인물은 강수(强首) · 최치원(崔致遠) · 설총(薛
聰) 등이다. 이들의 성향을 일별해 보면, 모두 유자(儒者)임을 알 수 있다.

첫머리 강수 열전에는, "네가 불도(佛道)를 배우려느냐? 유도(儒道)를
배우려느냐?"라는 아버지의 질문에, 강수는 서슴지 않고 "저는 이 세상
사람이니, 어찌 불도를 배우겠습니까? 저는 유도를 배우길 원합니다."
라는 일화가 실려 있다. 이처럼 어려서부터 유학자의 길을 택했던 강수
는 훌륭한 유학자가 되어 청사(靑史)에 이름을 남겼다.

강수 열전 다음에 최치원 열전이 실려 있다. 그 가운데 "최치원은 서쪽
으로 유학하여 소득이 많았고, 돌아와서 자기의 뜻을 실현하려 하였으
나, 말세를 당하여 의심과 시기를 많이 받아 용납되지 못하였다."라고
하였으며, 또 "최치원은 서쪽에서 대당(大唐)을 섬길 때부터 동쪽으로
고국에 돌아와서까지 모두 난세(亂世)를 만나, 행세하기가 자못 곤란하
고 걸핏하면 비난을 받았다. 스스로 불우(不遇)함을 한탄하고, 다시 벼슬

에 나아갈 뜻이 없었다."라고 하였다.

이 두 기사를 보면, 최치원 열전은 불우(不遇)에 초점이 맞추어져 있다. 불우는 어진 이가 자신을 알아주는 현명한 임금을 만나지 못한 것을 말한다. 그래서 이상과 현실의 부조화, 자아와 세계의 불화를 의미한다.

최치원은 당대 최고의 지식인이었다. 그는 당나라에 유학하여 첨단 지식을 배우고, 관직 생활을 통해 실무경험을 익히고서 고국에 돌아왔다. 그러나 권력을 가진 자들은 늘 이런 지식인을 용납하지 않는 법이다. 그러니 걸핏하면 의심과 시기와 비난을 면치 못했을 것이다.

그의 불우는 '난세 지식인의 불우'를 의미한다. 난세의 지식인에게 불우는 때로 불화(不和)가 되어 시와 술로써 세상을 깔보기도 하고, 현실을 떠나 산수 자연에 의탁해 세상사를 잊기도 한다. 그러나 최치원은 불화를 달래기 위해 술을 마시며 소요했다는 말은 보이지 않는다. 대신 최치원 열전에는 그의 불우에 대해 언급하고 나서, 산수를 방랑하며 정자를 짓고 송죽(松竹)을 심고서 서책으로 베개를 삼고 풍월을 읊조리며 살았다고 하였다.

이를 보면 최치원이 불화를 달래기 위해 택한 길은 산수(山水)였음을 알 수 있는데, 그는 솔과 대를 심어 지조를 드러내고, 서책을 읽고 자연을 노래하며 자신의 본질을 변치 않고 난세를 살다가 갔다.

Ⅱ. 최치원이 택한 은거지, 지리산(智異山)

최치원이 만년에 삶의 공간으로 택한 곳은 가야산(伽倻山)과 지리산(智異山)이다. 그는 가야산 해인사(海印寺)에 은거하다가 생을 마감한 것으로 열전에는 기록되어 있으니, 가야산이 그의 만년 은거지였음을 알 수 있다.

『삼국사기』 최치원 열전에는 '지리산 쌍계사에서 노닐었다.'고만 기록되어 있을 뿐, 그가 지리산에서 살았다는 말은 없다. 그런데 그에 관한 전설은 가야산보다 지리산에 더 많이 분포되어 있다. 지리산에 그의 유적이 많은 것은, 그가 이곳에서 오래 살았다는 것을 의미한다. 물론 신성성을 강조하기 위해 후대에 만들어진 것도 있겠지만, 그의 발자취가 곳곳에 닿았기 때문에 그런 전설이 만들어졌을 개연성이 높다. 그렇다면 그가 만년에 택한 삶의 공간은 가야산과 지리산 두 곳 모두가 된다.

> 쌍계사에는 신라 시대 최 고운(崔孤雲)의 유적이 많으며, 고운의 영정(影幀)도 있다. 세상에 전하기를 "고운이 도를 얻어 지금까지 가야산과 지리산을 오간다."라고 한다. 또 전하는 말에 "청학동(靑鶴洞) 안에는 석벽에 석문이 있는데, 쇠로 만든 큰 자물쇠로 잠가 놓았다."라고 한다. 사람들이 말하기를 "그 안에 고운의 비결서가 있는데 누군가 그 자물쇠를 건드리면 온 산이 울며 움직이고, 천둥이 치고 비가 내리는 기이한 일이 일어난다. 그러므로 아무도 감히 그 석벽을 건드리지 않는다. 그 석벽 아래는 만 길이나 되는 절벽이다."라고 한다.[1]

이는 이규경(李圭景)의 「청학동변증설(靑鶴洞辨證說)」에는 실려 있는 내용이다. 최치원이 가야산과 지리산을 수시로 오간다는 전설은 여러 곳에서 발견된다. 그 중에 불일폭포 밑의 동굴을 통해 최치원이 가야산과 지리산을 수시로 오간다는 전설은, 위 인용문의 후반부와 유사하다.

---

1 이규경, 『오주연문장전산고』 권35, 「청학동변증설」.

이는 무엇을 뜻하는 것일까? 최치원은 죽지 않고 후인들의 마음속에 영원히 살아있다는 것이고, 또 그의 삶의 공간이 가야산이면서 동시에 지리산이었음을 암시한다.

이와 같은 전설로 보면, 최치원이 가야산에 주로 살았는가, 지리산에 주로 살았는가를 구별하는 것은 큰 의미가 없다. 최치원은 지리산에 수많은 흔적과 이야기를 남겼다. 지리산에 남아 있는 최치원의 유적으로 이름난 곳을 열거하면 다음과 같다.

함양군에는 학사루(學士樓)가 있으며, 산청군에는 그의 시호를 따서 이름을 붙인 '문창대(文昌臺)'와 그의 호를 따서 동네 이름을 붙인 '고운동(孤雲洞)'이 있고, 그의 수필(手筆)로 전해지는 단성면 단속사지(斷俗寺址) 입구의 '광제암문(廣濟巖門)'이라는 각자가 있다.

하동군 쌍계사 앞에는 '쌍계석문(雙磎石門)'이라는 각자가 있고, 쌍계사에는 그가 짓고 직접 쓴 진감선사비(眞鑑禪師碑)가 있으며, 삼신동(三神洞) 입구 바위에는 '삼신동(三神洞)'이라는 각자가, 신흥사(新興寺) 앞 시내에는 '세이암(洗耳巖)'이라는 각자가 있다. 이 외에도 불일폭포로 오르는 중간에 최치원이 학을 불러 타고 갔다는 '환학대(喚鶴臺)'가 있고, 불일폭포 앞 언덕 바위에 '완폭대(翫瀑臺)'라는 각자가 남아 있다.

그런데 이를 유심히 보면, 함양군·산청군 일대의 유적 및 전설은 '학사루'·'문창대'·'고운동' 등에서 드러나듯 유학자로서의 이미지가 강하고, 하동군 화개면 일대에 남아 있는 전설은 '삼신동'·'세이암'·'환학대' 등에서 드러나듯 신선으로서의 이미지가 강하다.

함양군과 산청군은 정여창(鄭汝昌)·조식(曺植) 등 조선 전기 큰 유학자들이 배출된 곳으로 지리산 제일봉인 천왕봉과 결합되어 유학자의 높은 정신세계를 상징하는 이미지를 만들었고, 하동군 화개면 일대는 삼신산·

청학동 및 최치원의 전설이 합해 신선세계의 이미지가 굳어지게 되었다.

중국 고대로부터 지리산은 동해 너머 바다 속에 있는 삼신산(三神山)의 하나인 방장산(方丈山)으로 알려졌다. 방장산은 방호산(方壺山)이라고도 하는데, 신선이 사는 산의 이름이다. 당나라 때 두보의 시에 의하면, '방장산은 삼한 대방군(帶方郡:남원)에 있다.'고 하였으니, 지리산은 최치원이 살던 시대에 이미 중국 사람들에게 삼신산의 하나로 알려져 있었음을 알 수 있다.

그리고 이 산에는 신선이 타고 다니는 청학(靑鶴)이 산다는 전설이 오래 전부터 전래되었다. 쌍계사 위쪽 불일폭포 앞에는 청학봉(靑鶴峯)과 백학봉(白鶴峯)이 있으며, 그곳에 청학이 살았다고 한다. 이 전설은 지리산 골짜기가 워낙 깊어 세상과 떨어져 있고, 또 삼신산의 하나인 방장산이라는 이미지 때문에 생겨난 것으로 추정된다.

이를 종합해 보면, 최치원이 산수에 몸을 의탁하고 난 뒤, 지리산은 그의 삶의 무대였음을 부인할 수 없으며, 유학자의 은거 공간이라는 이미지와 함께 속세와 떨어진 신선세계로서의 공간적 이미지를 함께 갖고 있다.

Ⅲ. 최치원이 노닌 지리산 청학동(靑鶴洞)

지리산 화개동(花開洞)은 삼신산의 하나이며 청학이 사는 곳으로 인해 예전부터 신선세계로 알려졌는데, 최치원으로 인해 그 이미지가 더욱 굳어졌다. 고려시대 이인로(李仁老)는 화개동에 청학동이 있다는 말을 듣고 찾아왔다가 헛걸음을 하고 돌아갔다.

그의 『파한집(破閑集)』에 "노인들이 전하는 말에, '이 산 속에 청학동이 있는데, 길이 매우 좁아 사람이 겨우 통행할 만하다. 구부리고 기어서 몇 리쯤 가면 넓게 트인 마을이 나타난다. 사방이 모두 좋은 농토로 땅이 비옥하여 농사짓기에 알맞다. 청학이 그 곳에서만 서식하기 때문에 그 동네를 청학동이라 부른다. 옛날 속세를 등진 사람이 살던 곳으로, 무너진 집터가 아직도 가시덤불 속에 남아 있다.'고 한다."[2]라고 기록한 것을 보면, 화개동 어딘가에 청학이 사는 무릉도원(武陵桃源) 같은 곳이 있다고 전해지는 말이 있었음을 알 수 있다. 즉 속세와 떨어진 별천지(別天地)가 화개동에 있다는 말이 된다.

이인로는 청학동이 지리산 화개동에 있다는 말을 믿고 찾아왔다가 그 곳에 가보지 못하고 돌아갔지만, 그로 인해 청학동은 더욱 신비감을 더했고, 신선세계가 지리산에 있는 것으로 인식하는 데 일조했다. 그런데 지리산을 신선세계로 인식하게 된 데에는 이런 청학동보다 최치원이 남긴 흔적이 더 크게 작용한 것으로 보인다. 그 이유를 몇 가지로 정리해 보면 다음과 같다.

첫째, 후대 유학자들은 최치원이 남긴 각자(刻字)를 통해 화개동이 티끌세상[俗塵]과 격리된 때 묻지 않은 진인(眞人)의 세계임을 은연중 드러냄으로써 신선세계로서의 이미지를 증폭시켰다.

화개동에는 최치원의 글씨로 전해지는 각자가 여럿 있다. 쌍계사 입구에 '쌍계석문'이라는 큰 글씨가 있고, 불일폭포 앞에 '완폭대'라는 글씨가 있으며, 신흥사 입구 바위에 '삼신동'이라는 글씨가 있고, 신흥사 앞 시내에는 '세이암'이라는 글씨가 있다.

---

2 이인로, 『파한집』 권1.

'쌍계석문'은 두 줄기 시내가 합쳐지는 안쪽에 쌍계사가 있기 때문에 붙여진 이름인데, 석문은 그 안으로 들어가는 동구의 문이라는 뜻이다. 불교에서 문(門)은 속계(俗界)와 법계(法界)를 구별하는 의미를 갖는다. 그러니 최치원이 이 글씨를 새길 때의 심경은 속계와 선을 긋고 싶은 마음이었을 것이다. 그리고 그 문 안의 세계는 시비와 비난이 들리지 않는 청정한 세계임을 짐작할 수 있다.

또 '삼신동'은 화개동 안쪽에 신흥사(神興寺)·의신사(義神寺)·영신사(靈神寺)가 있어서 붙여진 이름이다. 세 절 모두 '(神)'이라는 글자가 들어가 신선세계로서의 이미지가 풍기며, 지리산이 삼신산의 하나라는 사실을 상기하면 그 이미지가 더욱 드러난다.

또 '세이암'은 중국 고대 허유(許由)가 요(堯)임금이 천자의 자리를 물러주겠다는 말을 듣고서 더러운 말을 들었다고 여겨 자신의 귀를 씻고 산 속 깊이 숨었다는 고사에서 연유한 것이지만, 최치원도 허유처럼 현실세계에 더 이상의 미련이 없음을 암시하는 의미가 담겨 있다. 그리고 그가 '삼신동'이라는 글자를 동구의 바위에 새겨 넣었다는 데에서 신흥사·의신사·영신사가 있는 신선세계로 들어갔음을 말해준다.

이런 그가 남긴 몇 개 각자의 의미는 최치원이 유가적 이상을 펼 수 없게 되자 신선세계로 들어갔음을 의미하고, 그런 각자를 새겨 놓음으로써 그곳이 그가 사는 신선세계임을 암묵적으로 보여준다.

둘째, 최치원이 화개동에 살며 남긴 것으로 전해지는 시에 화개동을 신선세계로 인식하는 사유가 다분히 표출되어 있으므로, 이곳이 신선세계임을 더욱 신뢰하게 하였다. 이 시는 최치원의 문집에 실려 있지 않고 이수광(李睟光)의 『지봉유설(芝峯類說)』(「문장부 6」)에만 수록된 것으로 보아 널리 알려지지 않은 듯하다. 이수광은 다음과 같이 전말을 기록하고 시를 인용해 놓았다.

　　지리산에 사는 한 늙은 중이 산의 석굴 속에서 기이한 책 여러 질을 얻었는데, 그 가운데 최치원이 쓴 시 1첩(帖) 16수가 있었다. 지금 그 중에 반은 잃어버렸다. 구례(求禮) 수령 민대륜(閔大倫)이 그것을 얻어 나에게 주었다. 내가 그 필적을 살펴보니, 참으로 최치원의 필적이었으며, 시 또한 기이하고 예스러웠다. 최치원이 지은 것을 의심할 나위가 없으니, 매우 진귀한 것이라 하겠다. 그 가운데 이런 시편들이 있다.

동국의 화개동,	東國花開洞
이 세상의 별천지.	壺中別有天
선인이 옥 베개를 건네주니,	仙人推玉枕
신세가 천년을 훌쩍 뛰어 넘네.	身世欻千年

만 골짜기에 우레 소리 일어나니,	万壑雷聲起
천 봉우리에 빗줄기 몰려오네.	千峯雨色新
산승은 세월을 잊어,	山僧忘歲月
나뭇잎 보고 봄을 알 뿐.	惟記葉間春

비 온 뒤 대나무 파릇파릇,	雨餘多竹色
자리를 옮기니 흰 구름 걷히네.	移坐白雲開
고요히 그대로 나를 잊으니,	寂寂仍忘我
솔바람 베갯머리에 불어오누나.	松風枕上來

봄이 오면 꽃이 대지에 가득,	春來花滿地
가을 가면 낙엽이 하늘에 나네.	秋去葉飛天
지극한 도는 문자를 떠난 것,	至道離文字
원래의 모습 눈앞에 있도다.	元來在目前

시냇가 달이 처음 뜨는 곳,	澗月初生處
솔바람도 불어오지 않는 때.	松風不動時
소쩍새 울음소리 들리니,	子規聲入耳
그윽한 흥취 절로 알겠네.	幽興自應知

산수간 흥취를 시로 읊조리니,	擬說林泉興
그 누가 이 기미를 알랴.	何人識此機
무심히 달빛을 바라보며,	無心見月色
묵묵히 앉아 돌아갈 줄 모르네.	黙然坐忘歸

은밀한 뜻 어찌 구구하게 말하리,	密旨何勞舌
맑은 강물에 달그림자 드리웠네.	江澄月影通
긴 바람이 만 골짜기서 일어,	長風生万壑
단풍 든 가을 산이 텅 비었네.	赤葉秋山空

소나무 위엔 푸른 넝쿨 얽히고,	松山靑蘿結
냇물 속엔 하얀 달이 떠가네.	澗中流白月
바위틈 퐁퐁 솟는 샘물 소리뿐,	石泉吼一聲
만 골짜기엔 새까맣게 눈이 내리네.	万壑多飛雪[3]

첫째 수를 보면, 최치원이 화개동에 들어와 신선술을 배웠다고 볼 수 있다. 또 '망아(忘我)'·'망귀(忘歸)'·'원래(元來)' 등의 시어를 보면, 본원과 하나가 된 진인(眞人)의 세계를 느낄 수 있다. 이 시편들은 속기(俗氣)가 전혀 없는 선취(仙趣)를 노래한 점에서, 최치원이 지리산에 들어와 신선세계에 귀의했음을 짐작케 한다.

---

3 이수광, 『지봉유설』, 「문장부6」.

이규경의 「지리산변증설」에는, 쌍계사 시내 석벽에 '고운(孤雲)'이라는 큰 각자가 있으며, 선조(宣祖) 때 한 승려가 석벽 틈에서 세상에 전하는 최치원의 필체와 동일한 필체로 쓴 위 시의 첫째 수가 쓰인 종이를 발견했다는 말을 기록해 놓고 있다. 위의 시가 최치원이 화개동에서 지은 것이라면, 최치원은 화개동을 신선세계로 인식하고 있고, 또 그곳에 사는 신선의 도움으로 그 자신도 신선이 되었음을 알 수 있다.

이규경의 「청학동변증설」에는, 이 뒤에 아래와 같은 박지화(朴枝華)의 「청학동(靑鶴洞)」이라는 시를 인용해 놓았다.

고운은 당에서 급제한 진사,	孤雲唐進士
애초 신선을 배우지 않았네.	初不學神仙
당시는 삼한이 각축하던 때,	蠻觸三韓日
온 세상엔 풍진이 가득했네.	風塵四海天
영웅의 마음 어찌 헤아릴 수 있으리,	英雄那可測
진결(眞訣)은 본디 전함이 없는 것.	眞訣本无傳
한 번 명산에 들어간 뒤로,	一入名山去
오백 년 동안 청풍이 이어지네.	淸風五百年[4]

「해동전도록(海東傳道錄)」에 의하면, 박지화는 승려 대주(大珠)에게서 선도(仙道)를 전해 받은 인물이다. 그는 최치원에 대해 애초 선도를 배우지 않았는데 어지러운 세상에 명산에 들어가 선도를 배운 것으로 표현하고 있다.

이를 종합해 보면, 최치원이 선도를 배워 신선이 되었다는 것은 별개의 문제로 보더라도, 그가 지리산을 속세와 떨어진 별천지인 신선세계로

---

4 이규경, 『오주연문장전산고』 권35, 「청학동변증설」.

인식함으로써 그 신비감을 더하게 했다는 것을 알 수 있다.

셋째, 최치원이 지리산에 신선으로 여전히 살고 있다는 전설이 더해져 화개동은 신선 최치원이 사는 곳으로 인식되었다. 그리고 청학은 신선이 타는 동물이므로, 신선세계임을 입증하는 신표가 되었다.

김일손은 지리산 화개동을 유람하고 남긴 「두류기행록(頭流紀行錄)」에 다음과 같은 전설을 기록해 놓았다.

> 26일조. 신흥사 앞의 외나무다리에 이르러 료장로(了長老)가 나에게 말하기를 "근세 퇴은(退隱) 스님이 신흥사에 살고 있었습니다. 어느 날 자신의 문도에게 '손님이 오실 것이니 깨끗이 소제하고 기다리라.'라고 하였는데, 잠시 후 한 사람이 등나무 넝쿨을 엮어 가슴걸이와 고삐를 한 흰말을 타고 외나무다리를 쏜살같이 건너오는데, 평지를 밟듯이 하여, 사람들이 모두 깜짝 놀랐다고 합니다. 그가 절에 도착하자, 스님이 방으로 맞아들여 밤새 이야기를 나누었는데, 무슨 말인지 알아들을 수 없었다고 합니다. 다음 날 아침 작별하고 떠나려 하니, 절에서 공부하고 있던 강씨(姜氏) 성의 젊은이가 그 기이한 손님을 신비롭게 여겨, 말의 재갈을 잡고 그를 따라 가려 하였습니다. 그 사람이 채찍을 휘두르며 떠나는 바람에 소매에서 책 한 권이 떨어졌는데, 젊은이가 황급히 그 책을 주웠습니다. 그 사람이 말하기를 '내 잘못으로 속세의 하찮은 사람에게 넘겨주고 말았구나. 소중히 여겨 잘 감춰두고 세상에 보이지 말라.'고 하였습니다. 그리고 말이 끝나자 급히 떠나 다시 외나무다리를 건너갔습니다. 강씨 젊은이는 지금 백발노인이지만 아직도 진양(晉陽) 땅에 살고 있습니다. 그 사실을 아는 사람들이 그 책을 보여 달라고 해도 절대로 보여주지 않는다고 합니다. 그 손님은 최 고운인데, 죽지 않고 청학동에 살아 있다고 합니다."라고 하였다.[5]

5 최석기 외(2000), 『선인들의 지리산 유람록』, 돌베개, 91~92면 참조.

이 전설은 최치원이 지리산 청학동에 신선으로 여전히 살아있다는 것을 실감나게 보여준다. 유몽인(柳夢寅)의 「유두류산록(遊頭流山錄)」에도 다음과 같은 일화가 전한다.

> 비결서에 "근년에 최 고운이 푸른 당나귀를 타고 독목교(獨木橋)를 지나는데 나는 듯하였다. 강씨(姜氏) 집의 젊은이가 고삐를 잡고 만류하였지만, 채찍을 휘둘러 돌아보지도 않고 가 버렸다."라고 하였다. 또 "고운은 죽지 않고 지금도 청학동에서 노닐고 있다. 청학동의 승려가 하루에 세 번이나 고운을 보았다."라고 하였다. 이런 이야기는 믿을 수 없다. 그러나 이 세상에 참다운 신선이 있다면, 고운이 신선이 되지 않았다고 어찌 장담할 수 있겠는가? 고운이 과연 신선이 되었다면 이곳을 버리고 어느 곳에서 노닐겠는가?[6]

유몽인이 말하는 비결서가 어떤 것인지는 모르겠으나, 최치원은 신선으로 청학동에 여전히 살아있다는 것이 흥미롭다. 유몽인은 이 세상에 만약 신선이 있다면 최치원이 신선이 되었을 가능성을 배제하지 않고 있으며, 또 우리나라에서 화개동이 신선이 살 만한 세계임을 부정하지 않았다.

이륙(李陸)의 「유지리산록(遊智異山錄)」에는 최치원이 지리산에서 신선으로 사는 모습을 매우 신비롭게 각색해 놓았다.

> 세상 사람들이 전하는 말에 "최 문창(崔文昌:崔致遠)이 이곳에서 책을 읽으면 신령스런 용이 그때마다 나와 그 소리를 들었고, 학도 그 소리에 맞춰 공중을 날며 춤을 추었다. 어떤 때는 최공이 허공에다 '한

---

6 상동, 193면 참조.

일자[—]'를 그려 다리로 삼아서 왕래하기도 하였다."라고 한다. 또 절
벽에 작은 구멍이 있는데, 구릿빛 물이 흘러나온다. 이 절 승려의 말에
"최공이 일찍이 이곳에 동필(銅筆)을 감추어 두었다."라고 한다.[7]

이 기록에는 신선이 타고 다닌다는 청학(靑鶴)뿐만 아니라, 신물(神物)
인 용(龍)도 등장한다. 이처럼 화개동은 신선이 된 최치원이 사는 신선세
계로 그 신비감이 더해졌다.

넷째, 최치원이 남긴 글씨가 속되지 않은 필체로 평가되어 더욱 신선
성(神聖性)을 돋보이게 하였다. 앞에서 언급한 '쌍계석문'·'삼신동'·'세
이암'의 글씨에 대해 후인들은 다양한 평을 하였는데, 최치원의 글씨라
고 전래되는 말에 대해 대부분 의심하지 않는다.

물론 그 가운데, '세이암'·'삼신동'·'완폭대' 등에 대해서는 '쌍계석문'
의 글씨체와 다르다는 감식안으로 최치원의 글씨가 아니라고 평한 경우
도 종종 있다. 그러나 '쌍계석문'에 대해서는 그 누구도 최치원의 글씨라
는 것에 대해 의심하지 않았다.

그 가운데 '쌍계석문'에 대한 평을 통해, 최치원의 글씨에 대한 후인들
의 안목과 시각이 어떤지를 살펴보기로 하겠다. 쌍계사 입구에 있는 '쌍
계(雙磎)'·'석문(石門)'이라는 큰 글씨에 대해 가장 먼저 본격적인 논평을
한 사람은 김일손(金馹孫)이다. 그는 지리산을 유람하고 쓴 「두류기행록
(頭流紀行錄)」에 다음과 같이 기록해 놓았다.

> 그 옆에 두 바위가 마주 서 있는데 '쌍계(雙磎)'·'석문(石門)'이라는
> 네 글자가 새겨져 있다. 단속사 입구에 있는 '광제암문(廣濟嵒門)'이란

---

7 최석기 외(2008), 『용이 머리를 숙인 듯 꼬리를 치켜든 듯』, 보고사, 17면 참조.

글자와 비교하건대, 크기는 훨씬 더 커서 말[斗]만 하지만, 글씨체는 그보다 못하여 아동이 습자(習字)한 것과 같다.[8]

김일손은 최치원의 이 글씨를 '아동이 습자한 것과 같다'고 하여, 매우 낮게 평하였다. 이에 대해 유몽인(柳夢寅)은 다음과 같이 품평하고 있다.

　　쌍계석문에 이르렀다. 최 고운의 필적이 바위에 새겨 있었는데, 글자의 획이 마모되지 않았다. 그 글씨를 보건대, 가늘면서도 굳세어 세상의 굵고 부드러운 서체와는 사뭇 다르니, 참으로 기이한 필체다. 김탁영(金濯纓:김일손)은 이 글씨를 아동이 글자를 익히는 수준이라고 평하였다. 탁영은 글을 잘 짓지만, 글씨에 대해서는 배우지 않은 듯하다. 〈중략〉 나는 어려서부터 최 고운의 필적이 예스럽고 굳센 것을 사랑하여 판본이나 탁본(拓本)의 글씨를 구해 감상하였다. 그러나 임진왜란을 겪으면서 집도 글씨도 모두 없어져 늘 한스럽게 여겼다. 내가 금오(金吾)의 문사랑(問事郞)이 되었을 적에 문건을 해서(楷書)로 쓰는데, 곁에 있던 금오장군(金吾將軍) 윤기빙(尹起聘)이 한참 들여다보더니 "그대는 일찍이 최 고운의 서법을 배웠소? 어찌 그리도 환골탈태를 잘 하시오."라고 했었다. 지금 진본(眞本)을 보니, 어찌 옛 사람을 위문하며 감회가 일어날 뿐이랴. 아울러 옛 일을 통해 슬픈 마음이 들었다.[9]

유몽인은 자신이 최치원의 서법(書法)을 전부터 익혔다는 점과 서체(書體)의 특징이 '획이 가늘고 굳세며 예스럽다'는 점을 들었다. 그리고 김일손의 품평에 대해 '글씨를 모르는 사람의 안목'이라고 폄하하였다. 조위한(趙緯韓)은 이 네 자에 대해 "네 개의 큰 글자가 장엄하여 용과

8　최석기 외(2000), 『선인들의 지리산 유람록』, 돌베개, 92~93면 참조.
9　상동, 194~195면 참조.

이무기가 뒤엉켜 승천하는 듯하고, 칼과 창을 비스듬히 잡고 서 있는
듯하다."라고 평하였으며, 양경우(梁慶遇)는 다음과 같이 논평했다.

> 바위 높이는 5~6장쯤 되는데, '쌍계석문(雙磎石門)'이라는 네 개의
> 큰 글자가 바위에 새겨 있었다. 바위 하나에 각각 두 글자씩 새겨 있는데,
> 필획이 정돈되어 있고 서체가 엄격하며 칼과 창이 교차한 듯하니, 참으
> 로 최고운의 친필이다. 찡하니 가슴이 뭉클하여 말에서 내려 우두커니
> 바라보았다. 대체로 당대의 명필로 모두 저수량(楮遂良)과 안진경(顏眞
> 卿)을 말하면서 최학사(崔學士)만 일컫는 말을 듣지 못했으니, 외국인이
> 기 때문이 아니었을까? 저수량은 논하지 않더라도 안진경의 마애비각본
> (摩崖碑刻本)을 본 적이 있는데, 결코 이 글씨에 미치지 못한다.[10]

조위한과 양경우가 모두 '칼과 창이 교차한 듯하다'는 평을 하고 있는
것은 그만큼 힘이 있고 굳세다는 의미이다. 그런데 양경우가 '안진경의
글씨보다 낫다'고 한 점은 주목해 볼 만하다. 양경우는 당나라 때 명필보
다 최치원의 글씨를 결코 낮게 평하지 않았다는 점에서 그 의미가 크다.

그 뒤 오두인(吳斗寅)도 '글자의 획이 매우 기이하고 예스럽다'고 하였
으며, 송광연(宋光淵)은 '필력이 서까래처럼 곧고 힘차다'고 평한 뒤, 김
일손이 '아동이 습자한 것 같다'고 폄하한 것에 대해, '무슨 소견으로 그
런 말을 했는지 이해할 수 없다'고 하였다.

김도수(金道洙)는 "네 개의 큰 글자는 자획이 기이하고 예스러우며,
마치 칼을 빗긴 듯 창을 세운 듯하다."라고 하였다. 김도수도 조위한·양경
우가 칼과 창이 교차한 듯하다고 평한 것과 유사한 평을 하고 있다.

---

10 최석기 외(2008), 『용이 머리를 숙인 듯 꼬리를 치켜든 듯』, 보고사, 85~86면 참조.

이처럼 '쌍계석문' 네 자에 대해, 김일손을 제외하고는 모두 '곧고 굳세고 힘차고 예스러운 글씨'라는 점을 강조하고 있다. 특히 유몽인은 최치원의 서체를 연구할 정도로 그의 글씨에 매료되어 있었다는 점과 이 네 자가 최치원 글씨의 진본이라는 점을 의미 있게 부각시켰다. 이런 평에 의해 최치원이 남긴 글씨는 세속에 물들지 않은 곧고 굳세고 힘차고 예스러운 이미지를 갖게 되었고, 그런 정신은 탈속적 공간과 결합되어 자연스럽게 신선세계의 이미지를 더하게 되었다.

Ⅳ. 최치원의 사상에 대한 논평

최치원의 사상을 어떻게 볼 것인가?

최치원에 대한 그간의 연구 성과는 정경주(鄭景柱) 교수의 지적처럼 크게 세 가지로 나누어 볼 수 있다. 첫째는 동국문종(東國文宗)으로서의 성취에 대한 평가의 문제이고, 둘째는 동국유종(東國儒宗)으로서의 문묘종사(文廟從祀)에 관한 타당성 문제이고, 셋째는 후대 유선(儒仙)으로 형상화되는 그의 정체성에 관한 문제이다. 여기서는 세 번째에 초점을 맞추어 그의 사상을 살펴보기로 한다.

최치원 열전을 보면, 김부식(金富軾)은 최치원의 본질이 유학자였다는 점, 난세에 불우낙척(不遇落拓)하여 현실을 떠나 산수에 몸을 의탁하였다는 점을 부각시켰을 뿐, 그의 정신세계를 모두 드러내지 않았다. 이는 고려 중기의 유학자 김부식의 시각으로 최치원을 평가한 것이다.

고금의 인물을 평한 것 가운데 후대의 시각으로만 전인을 평가한 경우가 많다. 최치원에 대한 역대의 평 가운데 특히 조선 중기 도학자적 시각으로 평한 것에서 이런 점이 두드러지게 나타난다. 최치원이 살던 시대에는 도학(道學)이 없었다. 그런데 16세기 도학자들은 도학의 잣대로 그를 평가하여 문묘에 종사하기 부적절한 인물이라고 하였다.

최치원의 사상은 그가 살던 시대 환경 속에서 이해해야 한다. 그가 살던 시대는 당나라 문화가 유행하던 시대이다. 당대는 위진남북조(魏晉南北朝)의 혼란기에 유행한 현학(玄學)의 영향이 남아 있고, 새롭게 일어난 불교의 선종(禪宗)이 유행하기 시작하였으며, 화려한 형식미를 추구하는 변려문(騈儷文)과 근체시(近體詩)의 발달에 따라 문학이 전성을 구가하던 시기이다. 시대의 사회상은 부화(浮華)하고 화려함을 숭상하였으며, 사상계는 유(儒)·불(佛)·선(仙)이 융합된 정신세계를 지향했다.

최치원이 쌍계사 진감선사비(眞鑑禪師碑)의 첫머리에 쓴 다음과 같은 말은 그의 정신세계를 단적으로 보여준다.

옥을 캐는 사람은 험준한 곤륜산(崑崙山)을 꺼리지 않고, 진주를 찾는 사람은 깊은 여룡(驪龍)의 굴을 기피하지 않는다. 그래야 그 빛이 오승(五乘)을 융합하는 불타의 지혜로운 횃불을 얻고, 그 맛이 육경(六經)에 배부른 선유(先儒)의 아름다운 반찬을 얻게 된다. 그래서 모든 사람들로 하여금 다투어 선에 들어가게 하고, 온 나라 사람들로 하여금 능히 인을 일으키게 한다. 그런데 배우는 자들이 혹 "불타와 공자의 가르침은 유파가 다르고 본체가 상이하다."라고 하면서, 마치 둥근 구멍에 모난 자루를 끼우는 것처럼 상호 모순되게 여겨 각자 한쪽만을 지키고 있다. 시험 삼아 이를 논해보리라. 시(詩)를 해설하는 자는 문(文)으로써 말을 해치지 말고, 말로써 뜻을 해치지 말라고 한다. 『예기』에 '말이 어찌 한 갈래뿐이랴? 각각 합당한 바가 있다'고 하였다. 그러므로 여봉(廬峰:廬山)의 혜원(慧遠) 선사는 논(論)을 지어 "석가여래와 주공(周公)·공자는, 출발점이 다르기는 하지만 귀착점은 한 곳이다. 지극

한 이치를 체득하는 데에 함께 응하지 못하는 것은, 물(物)이 두 가지
를 다 받아들일 수 없기 때문이다."라고 하였으며, 심약(沈約)도 "공자
는 그 단초를 드러냈고, 석가는 그 극치를 궁구하였다."라고 하였다.
이들은 대체(大體)를 아는 사람이라 할 만하니, 비로소 지극한 도를 함
께 이야기할 수 있겠다.[11]

　최치원은 결코 불교를 유교와 대척적인 것으로 인식하지 않고, 오히
려 상호 도움을 줄 수 있는 것으로 보고 있다. 그리고 대체를 보는 것이
중요하지, 지엽적인 것에 매달려서는 안 되다는 점을 역설하고 있다.
이것이 당시 사상계의 흐름이었다. 이는 융합의 정신세계이다. 당시의
정치적 풍토가 그랬고, 사상적 이념이 그러했다.

　최치원이 직접 지은 「난랑비서(鸞郞碑序)」에 실린 아래와 같은 말을
보면, 그가 유·불·선을 융합하는 사상을 소유한 인물을 단적으로 알
수 있다.

　　우리나라에 현묘한 도가 있으니 이를 풍류(風流)라 이른다. 그 가르침
　의 기원은 선사(仙史)에 자세히 실려 있거니와, 실로 이는 삼교(三敎)를
　포함하여 중생을 교화한다. 그리하여 그들이 집에 들어오면 효도하고
　나아가면 나라에 충성하는 것은 노사구(魯司寇:孔子)의 주지(主旨) 그대
　로이며, 또 그 무위(無爲)에 처하고 말이 없는 가르침을 행하는 것은
　주주사(周柱史:老子)의 종지 그대로이며, 모든 악한 일을 하지 않고 착한
　일만을 행함은 천축태자(竺乾太子:釋迦)의 교화 그대로이다.[12]

11　최석기 외(2000), 『선인들의 지리산 유람록』, 돌베개, 319~320면 참조.
12　최치원, 『고운집』, 「고운선생사적」 참조.

당대 최고의 지식인이었던 최치원은 이런 융합의 정신을 가지고 사회 통합을 꿈꾸었으며, 그런 선진문화를 이 땅에 뿌리내려 정신문화가 살아 있는 사회를 희구하였다. 이것이 당시 사상계의 동향이고, 최치원의 정신세계였다.

이처럼 최치원의 사상은 유교를 근본으로 하되 불교와 선도를 융합하는 것이 그의 사상적 기저라고 할 수 있다. 그런데 16세기 도학자들은 도학만을 정통으로 여김으로써 그를 이단시하였다.

V. 최치원을 어떻게 볼 것인가

우리는 최치원을 어떻게 볼 것인가?

해인사·쌍계사·함양읍에는 모두 '학사(學士)'가 붙은 최치원의 유적이 있다. 함양읍에 있는 학사루(學士樓)는 그가 함양군수를 지냈기 때문에 지은 것일 테고, 해인사·쌍계사에 있는 학사대(學士臺)·학사당(學士堂)은 그가 소요하던 곳이나 거처하던 집의 이름으로 붙인 것이다. 이 세 곳에 모두 '학사'라는 이름이 붙어 있다.

이를 보면 최치원은 불가의 절에 의탁해 살았지만, 삭발하여 승려가되지 않고 여전히 유학자로서의 자신의 정체성을 지키고 있었음을 알수 있다. 이는 그의 근본이 유학(儒學)에 있었음을 의미한다.

최치원은 유·불·선을 융합하는 정신세계를 가지고 있었지만, 그의 초기 포부는 유학으로 태평성대를 이룩하는 것이었다. 그가 당나라 태사시중(大師侍中)에게 올린 글에 "지금 저는 유문(儒門)의 말학으로서"라고 하였으며, 또 진감선사비에 "물러나 생각해 보니, 나는 지난날 중국에서 이름을 얻어 장구(章句) 사이에서 살지고 기름진 것을 맛보았다. 그러나 성인의 도에 흠뻑 취해보지는 못했으니, 깊은 우물 안의 깨어진 벽돌 사이에서 뛰노는 개구리처럼 부끄럽다. 하물며 불법의 진리는 문자를 떠난지라, 말은 붙일 만한 곳이 없는 데 있어서이랴."라고 한 것을 보면, 그의 사상적 기저는 유학이었음이 분명하다.

유학자는 현실주의자이다. 그러므로 현실세계에서 뜻을 얻지 못하면 김부식의 지적처럼 불우(不遇)하게 될 수밖에 없다. 불우하게 되면 산수(山水)를 찾아 불화를 달래기도 하고, 산수 사이에서 심성을 수양하며 자연을 벗해 소요하기도 한다. 그리고 그 불화가 클 경우, 아예 현실세계를 떠나 방외(方外)에 몸을 의탁하기도 하니, 마음은 유자였고 자취는 불가에 있었다[心儒跡佛]고 평가되는 김시습이 그런 인물이다.

그렇다면 최치원은 어떻게 평가할 수 있을까?

전인들의 평을 들어보기로 한다. 조선 전기 김일손(金馹孫)은 「두류기행록(頭流紀行錄)」에서 최치원을 다음과 같이 평했다.

그런데 유독 이 비석에 대해서는 끝없이 감회가 일어나니, 이 어찌 고운(孤雲)의 손길이 여전히 남아 있고, 고운이 산수 사이에 노닐던 그 마음이 백세 뒤의 내 마음에 와 닿기 때문이 아니랴. 내가 고운의 시대에 태어났더라면, 그의 지팡이와 신발을 들고서 모시고 다니며, 고운으로 하여금 외로이 떠돌며 불법을 배우는 자들과 어울리게 하지는 않았을 것이다. 고운이 오늘날 태어났더라면, 반드시 중요한 자리에 앉아 나라를 빛내는 문필을 잡고서 태평성대를 찬란하게 표현했을 것이며, 나 또한 그의 문하에서 붓과 벼루를 받들고 가르침을 받았을 것이다. 이끼 낀 비석을 어루만지며 감개한 마음을 금치 못했다. 다만 비문을 읽어보니, 문장이 변려문으로 되어 있고, 또 선사(禪師)나 부처를 위해 글짓기를 좋아하였다. 어째서 그랬을까? 아마도 그가 만당(晩唐) 때의 문풍을 배웠기 때문에 그 누습을 고치지 못한 것이 아닐까? 또한 숨어사는 사람들 속에 묻혀서 세상이 쇠퇴하는 것을 기롱하며, 시속(時俗)을 따라가면서 선사나 부처에 몸을 의탁하여 자신을 숨기려 한 것이 아닐까? 알 수 없는 일이다.[13]

김일손은 최치원이 자기 시대에 태어났으면 나라의 문필을 빛내는 중요한 자리에 앉아 태평성대를 노래했을 것이라고 상상하고 있다. 그의 문재(文才)를 높이 평한 것이다. 그리고 그가 입산한 것에 대해, 불가에 몸을 의탁해 자신을 숨기려 한 것으로 보았다. 즉 김일손은 세상을 피한 은군자로 본 것이다.

조선 전기 사림파의 종장 김종직(金宗直)은 지리산을 유람하고 쓴 「유두류록(遊頭流錄)」 말미에서 최치원을 다음과 같이 평하였다.

최 고운이 일찍이 이곳에서 노닐었는데 돌에 새긴 글씨가 남아 있다. 고운은 붙잡아 매어둘 수 없는 사람이었다. 기개를 자부하였지만 어지러운 세상을 만나, 중국에서 불우했을 뿐만 아니라 우리나라에서도 용납되지 못하자, 마침내 미련 없이 속세를 등졌다. 깊고 고요한 산 골짜기는 모두 그가 노닐던 곳이다. 그러니 세상 사람들이 그를 신선이라 불러도 부끄럼이 없으리라.[14]

김종직은 최치원의 불우를 지적하면서 그가 지리산 속에서 소요한 것을 미련 없이 속세를 등진 것으로 평했다. 그리고 그런 그의 삶은 세상

---

13 최석기 외(2000), 『선인들의 지리산 유람록』, 돌베개, 93~94면 참조.
14 상동, 38면 참조.

사람들이 '신선'으로 부르기에 충분하였다고 보고 있다. 세인들의 평은 신선(神仙)이지만, 그의 평은 불우에 있다. 곧 유학자로 본 것이다.

조선 중기 송광연(宋光淵)도 쌍계사 영자당(影子堂)에 안치된 최치원의 영정을 보고 "고운의 인물과 재주를 가지고서 중국에서도 알아주는 임금을 만나지 못하고, 우리나라에서도 받아들여지지 못해, 선가·불가의 도에 자취를 감추고서 산수에 묻혀 배회하다가 생을 마감했다. 때를 만나기 어려움이 이와 같구나!"라고 하여, 불우로 인해 산수에 자취를 숨긴 것으로 평하였다.

그런데 신명구(申命耉)는 이 영당의 초상을 보고 배례를 한 뒤 "마치 1천 년 전 신선의 풍채와 도인의 궤범을 보는 것 같다."라고 술회하였다. 신명구도 물론 김종직이나 송광연처럼 불우한 유학자로 인식하였을 것이다. 왜냐하면 그가 최치원을 '문창후(文昌侯)'로 표현하고 있기 때문이다. 그런데 그는 또 최치원에 대해 신선의 모습을 느낀 듯하다. 그러니까 그에게 최치원은 유학자이면서 신선으로 다가온 것이다.

이처럼 '유학자이면서 신선이 된 사람'이라는 이미지의 최치원을 흔히 '유선(儒仙)'이라 칭하였다. 조선 후기 홍만종(洪萬宗)은 『해동이적(海東異蹟)』에서 "고려 사람들은 최치원을 유선(儒仙)이라 불렀다. 대개 문장으로 이름이 있고 풍치(風致)가 빼어난 사람을 고금에 신선과 같은 유자[列仙之儒]라고 한다. 그러므로 그를 신선으로 보게 된 것이다."라고 하였다.

후대 사람들이 최치원을 '유선'으로 지칭한 것은 여러 곳에 보인다. 김극기(金克己)의 시 「월영대(月影臺)」, 이규보의 「당서불립최치원열전의(唐書不立崔致遠列傳議)」, 이색(李穡)의 시 「백운(白雲)」, 서거정(徐居正)의 시 「해운대행송유사문지동래(海雲臺行送柳斯文之東萊)」, 유호인(俞好

仁)의 시 「등동래해운대(登東萊海雲臺)」, 고경명(高敬明)의 시 「문호송관
박정자동선유해운대유감(聞護送官朴正字東善遊海雲臺有感)」 등에 연이어
나타난다.

그런데 '유선(儒仙)'이라는 말은 최치원에게만 쓰인 어휘는 아니다. 송
기수(宋騏壽)가 지은 이현보(李賢輔)의 만장(挽章)에 "중종 때 신하로 세
상에 보기 드문 어진 이, 공과 같은 사람이 바로 유선일세."라고 한 것과
권만(權萬)이 지은 이시선(李時善)의 만장에도 "하늘의 신선이 내려와 유
선이 된 지 오래, 구십 일 년 동안 인간 세상에 머물렀네."라고 한 것과
이광정(李光庭)이 창해비(滄海碑)에서 곽재우(郭再祐)를 '문무를 모두 갖
추 유선'이라고 말한 것을 보면, 최치원만을 유선으로 부른 것은 아님을
알 수 있다. 이런 경우의 '유선'은 대체로 신선처럼 고결하고 담박한 인
물임을 지칭한다.

'유선'이란 말은, 범범하게는 신선처럼 고결하고 담박한 인물을 지칭
하고, 구체적으로는 유학을 근본으로 하지만 세상을 초탈하고자 하는
정신적 지향을 한 사람을 일컫는다. 그런 인물유형의 가장 대표적이고
상징적인 존재가 우리 역사상 최치원이었기에, 그는 고려 시대부터 유학
자들에게 '유선'으로 불린 것이다.

박지원(朴趾源)은 「함양군학사루기(咸陽郡學士樓記)」에서 "『삼국사기』
에는 고운이 관직을 버리고 가야산에 들어가 어느 날 갓과 신을 숲 속에
버리고 사라져 죽은 곳을 알 수 없다고 하였다. 세인들이 그리하여 고운
이 선도를 터득해 신선이 되었다고 생각한다. 그러나 이는 고운을 아는
것이 아니다."라고 하면서, 최치원이 당나라와 신라의 조정에 쓰이질 못
해 뜻을 펼 수 없게 되자 세상을 피한 것임을 역설하였다. 즉 그가 신선이
된 것이 아니라, 현실에 발을 붙일 곳에 없어 산수에 몸을 숨겼을 뿐이라

는 것이다.

대체로 박지원과 같은 평은 김부식처럼 불우한 유학자에 주목하여 방외에 몸을 숨긴 것에 다름 아니라는 시각이다. 이는 최치원을 '유선'으로 보는 것조차 인정하지 않고, 유자로만 보고자 하는 관점이다.

조선 중기 성여신(成汝信)은 현실의 불화를 달래기 위해 신선 행세를 하며 지리산을 유람하였다. 그의 유람록이나 시를 보면 신선이나 다름없다. 그런데 그는 자신이 신선을 지향하는 사람이 아니라는 점을 「방장산 선유일기(方丈山仙遊日記)」에서 다음과 같이 말하고 있다.

> 산 속에 들어가서는 눈에 띄는 사람 모두 선인(仙人)이었고, 산 밖으로 나와서는 만나는 사람 모두 범인(凡人)이었다. 한 몸이 산으로 들어가고 나오느냐에 따라 선인과 범인으로 달리 보이니 …… 한 마음이 지향하는 바를 어찌 높게 기르지 않겠는가? 그러나 선비의 한 몸은 경세제민(經世濟民)을 그 계책으로 삼고, 선비의 한 마음은 남과 함께 선을 행하고자 하는 것으로 뜻을 삼는다. 그렇지 않다면 산에는 어찌 들어갈 수 없겠으며, 신선은 어찌 배울 수 없겠는가?[15]

성여신은 티끌의 속세보다는 청정한 선계를 지향하는 마음이 강렬했다. 그러나 그는 자신의 본문이 유학자임을 망각하지 않는다. 그래서 선계의 삶을 의미 있는 것으로만 보지 않는다. 왜냐하면 그것은 결신난륜(潔身亂倫)에 지나지 않기 때문이다. 즉 혼자 자신만을 깨끗이 하는 삶보다, 대중과 소통하며 함께 하는 삶에 가치를 둔 것이다. '선을 함께 행하고자 한다.'는 것이 바로 그것을 말한다.

---

15 상동, 237면 참조.

그래서 그는 자신이 지은 유람록에 신선세상을 희구하는 뜻의 '방장산'·'선유(仙遊)' 등이 있지만, 실제로 신선세계를 추구한 것이 아님을 분명히 밝혔다. 이는 조선 시대 유학자들의 정신세계지만, 그 정신은 최치원에게도 크게 다르지 않다고 생각된다.

조선 말기의 노상직(盧相稷)은 최치원이 불가·도가·선가를 비판한 말을 적시하면서 최치원이 원하던 바는 공자를 배우는 것이었고, 산 속에서 승려들과 함께 살았던 것은 고둔(高遯)의 방편이었다고 하였다. 곧 최치원은 뜻을 고상히 해 세상에서 숨었는데 그곳이 바로 불가나 선가였다는 것이다.

박지원·성여신·노상직 등의 최치원에 대한 평은 '유선(儒仙)'이 아니라 '학사(學士)'에 가깝다. 곧 최치원의 정체성을 유학자로 본 것이다. 이런 관점에서 보면 '유선'은 '유학자로서 난세를 피해 숨은 사람' 정도로 해석된다.

그렇다면 최치원이 「제가야산독서당(題伽倻山讀書堂)」이란 시에서 현실세계의 시비를 듣고 싶지 않다고 노래한 심경은 어떤 것일까? 유학자는 세상이 아무리 혼란스러워도 현실을 떠나는 것을 가치 있게 여기지 않는다. 그런데 그는 세상과의 단절을 선언했다. 이를 어떻게 이해할 것인가? 필자는 이를 역설이라 생각한다. 세상의 시비를 듣고 싶지 않다는 것은 세상을 완전히 등지겠다는 의미가 아니라, 세상과 일정하게 거리를 두겠다는 것이다. 단절이 아닌 거리두기를 선언한 것이다.

그렇게 보면, 최치원이 지리산에 은거하면서 수많은 발자취를 남긴 것, 그리고 신선이 되어 여전히 살아 있다는 것 등은 모두 혼란스런 세상과의 일정한 거리두기에 다름 아니다. 최치원이 그렇게 함으로써 그 후인들도 난세를 피해 자신의 몸을 숨길 방안으로 신선을 택했을 것이다.

지리산에 최치원과 관련된 신비한 전설은 대체로 이와 같은 데에서 생성된 세상과의 일정한 거리두기라고 생각한다. 그리고 신선세계로 인식된 지리산은 현실에서 저만치 떨어진 불화와 울분을 달래는 해소의 장이라고 생각한다.

이런 공간이 없다면 우리는 어디에서 청정심을 회복하겠는가? 그래서 지리산은 이상향이고 신선세계이며, 언제나 불우한 사람이 화평을 얻을 수 있는 안식의 공간이다. 우리 주변에 이런 공간이 있다는 것이 얼마나 다행스러운가.

이 글은 『한문화연구』 제2집(한국한자한문능력개발원, 2009)에 실린 「최치원과 지리산」을 수정 보완한 것이다.

제8장

황준량의 지리산 기행시

Ⅰ. 머리말

주자학을 이념으로 하였던 조선의 사대부들은 산수(山水)를 도를 구하는 장소로 생각하였다.[1] 그래서 그들은 독서를 하는 여가에 명산유람을 즐겼는데, 그 이유는 대체로 세 가지로 정리할 수 있다. 첫째 흉금을 탕척(蕩滌)하며 속진(俗塵)에서 잠시 벗어나고 싶어 한 것이고, 둘째 공자가 태산에 올라 천하를 작게 여겼다[登泰山而小天下]고 한 것처럼 시야를 넓히기 위함이고, 셋째 공자가 말한 산수를 통해 인지(仁智)를 터득하는 인지지락(仁智之樂)을 체험하기 위함이었다.

조선시대 사대부들이 가장 즐겨 유람한 산은 지리산과 금강산이다. 그래서 지리산과 금강산을 유람하고 쓴 유산기(遊山記)와 유산시(遊山詩)는 무수히 많다. 그 가운데 지리산을 유람하고 남긴 문학작품만 보더라도 시만 수천 편에 달하며, 유산기도 1백여 편이 넘는다.

본고는 지리산 유산시 가운데 16세기 영남 출신 금계(錦溪) 황준량(黃

1　林薰, 『葛川集』 권3, 「書俞子玉遊頭流錄後」. "山水者 天地間一無情之物 而厚重周流 實有資於仁智之樂矣 是以 世之求道者 不特於堯舜孔氏 而未嘗不之此焉"

俊良, 1517~1563)이 지리산을 유람하고 남긴 시를 통해 그의 정신세계를 살피는 것을 목적으로 한다. 지리산 기행시에는 장편고시도 상당수 있는데, 그 가운데 100운(韻) 이상의 장편시는 4편에 불과하다. 다만 성여신(成汝信)의 시도 구수(句數)·자수(字數) 등이 100운의 시에 가깝기 때문에 이를 포함하여 제시하면 다음과 같다.

〈표 1〉 장편 지리산 기행시

작자	작품명	출전	韻數	句數	字數
黃俊良(1517~1563)	遊頭流山紀行篇	錦溪集 外集 권1	176	352	2,516
成汝信(1546~1632)	遊頭流山詩	浮查集 권2	86	172	1,307
柳夢寅(1559~1623)	遊頭流山百韻	於于集 後集 권2	100	200	1,400
文弘運(1577~1640)	頭流八仙遊篇	嘉湖世稿-梅村集	142	284	1,420
成師顔(1762~1820)	遊頭流山	琴溪集 권1	109	218	1,090

이 5편의 지리산 유산시는 모두 1,000자 이상의 장편 고시이다. 황준량·성여신의 시는 장단구로 되어 있고, 유몽인의 시는 칠언(七言)이며, 문홍운과 성사안의 시는 오언(五言)이다. 문홍운은 성여신과 같은 고을에 살며 함께 유람한 사람이다. 성사안은 성여신의 후손으로 1807년 중산리에서 천왕봉에 올랐다가 주능선을 경유해 칠불암을 구경하고 삼신동으로 내려가 쌍계사 등지를 유람하고 돌아왔는데, 이를 오언 장편의 기행시로 쓴 것이 「유두류산」이다. 다만 이 성사안의 「유두류산」은 일정에 따라 느낀 소회를 담담하게 기록하는 방식이어서 앞의 3편 유람록에 비해 문학적 수사나 정신적 지향이 미흡하다.

이러한 장편 고시는 문학적 상상력과 표현력이 뛰어나며, 섬세한 관찰력과 사물을 통해 느끼는 정감을 화려한 수사를 통해 묘사하고 있기 때문에 한문학사에서 주목할 만한 작품들이다.

이 글에서는 황준량의 「유두류산기행편(遊頭流山紀行篇)」에 주목하여 이를 집중 분석해 그 속에 나타난 작가의 정신세계를 살피는 데 초점을 맞추고자 한다. 그러므로 유산시의 성격이나 장편고시로 된 유산시의 문학사적 의의를 논하는 데까지는 미치지 못함을 미리 언급해 둔다.

Ⅱ. 지리산 유람 및 기행시(紀行詩) 개요

1. 시대 상황과 지리산 유람

황준량(黃俊良)의 자는 중거(仲擧), 호는 금계(錦溪), 본관은 평해(平海)이다. 황준량은 1517년 7월 경상북도 풍기에서 태어났다.[2] 그는 21세 때 생원시에 합격하였고, 24세 때 문과에 급제하여 성균관 학유를 거쳐 성주 훈도(星州訓導)가 되었다. 그는 1542년 다시 성균관 학유가 되었다가, 1545년 상주 교수(尙州敎授)로 나아갔다. 이를 보면, 황준량은 모두 교육기관에만 근무한 것을 알 수 있다.

이 시기는 정권교체기로 권력투쟁이 극심하던 때이다. 1544년 11월 인종(仁宗)이 즉위하였지만, 1545년 6월 병으로 명종(明宗)에게 왕위를 물려주었고, 그때부터 문정왕후(文定王后)가 섭정하였다. 이황(李滉)이 지은 「행장」에 의하면, 황준량은 1545년 승문원 전고(承文院殿考)로 있다가 상주 교수로 나갔다고 하였다.[3]

---

2 김시황(2001), 전체 참조.
3 黃俊良, 『錦溪集』 권9, 附錄, 李滉 撰 「行狀」, "乙巳 以承文院殿考 出爲尙州敎"

그런데 황준량이 지은 「유두류산기행편(遊頭流山紀行篇)」에는 "을사
년(1545) 여름 4월에 산천을 유람하였다."는 원주(原註)가 있고, 「광진소
주환향(廣津沂舟還鄉)」이라는 시의 원주에도 "을사년 여름 파직되어 집
으로 내려올 때 가솔을 이끌고 배를 타고 왔다. 동생 수량(秀亮) 및 이대
용(李大用) 공이 함께 내려왔다."라고 하였다. 이를 통해 볼 때, 황준량은
1545년 4월 이전에 조정의 관직에서 파직된 것을 알 수 있다.

황준량이 관직에서 파직된 이유가 무엇인지는 알 수 없다. 다만 「광진
소주환향」이라는 시에 "효릉(孝陵: 仁宗의 陵)의 산색(山色)이 꿈속에도
근심이 되네.[孝陵山色夢中愁]"라고 한 것을 보면, 인종·명종의 교체기
의 정치적 상황과 무관하지 않다고 여겨진다.

황준량은 1545년 4월 파직된 뒤 고향으로 내려갔다가, 곧장 함양(咸陽)
으로 가서 동년 유자옥(俞子玉) 등과 함께 지리산을 유람하였다. 이때는
을사사화가 일어나기 직전으로, 인종을 지지하던 사림파 인물들이 정권
을 장악한 윤원형 등의 세력에 등을 돌리고 낙향하던 시점이니, 정치적
소용돌이 속에서 격은 불화(不和)를 달래기 위해 심기일전할 매개가 필요
했던 것으로 보인다.

2. 유람 코스 및 동행인

황준량이 지리산을 유람한 코스와 일정은 정확히 알 수 없다. 시기는
1545년 4월이며, 동행인은 유자옥(俞子玉)·법행상인(法行上人) 등 8~9명
이었다. 코스는 황준량이 함양에 와서 유자옥 등을 만나 학사루(學士樓)
등을 둘러본 뒤, 함양 읍치를 출발하여 엄천(嚴川)을 따라 올라 용유담(龍
游潭)을 구경하고, 마천(馬川) 백무동(百巫洞) 입구에 있던 군자사(君子寺)

에서 묵었던 듯하다.[4] 그리고 백무동 계곡으로 들어가 세석 근처의 능선에 오른 듯하다.[5] 그리고 주능선을 따라 촛대봉[甑峯]과 삼신봉·연하봉·제석봉을 거쳐 금화대(金華臺)와 통천문(通天門)을 지나 천왕봉에 올랐다. 그리고 되돌아 내려와 낙성대(落星臺)를 거쳐, 세석(細石)으로 가 영신사(靈神寺)에서 묵었다. 「유두류산기행편」에는 가섭대(迦葉臺)의 경관을 노래하고 있는데, 가섭대는 영신사 뒤에 있던 바위 절벽이며, 영신사 정면 왼쪽 능선에 창불대(唱佛臺)가 있다. 창불대와 좌고대에 대한 기록은 김종직과 김일손의 유람록에서도 확인할 수 있다.[6]

또 「유두류산기행편」에는 쌍계석문(雙磎石門)과 한유한(韓惟漢)에 대한 언급이 있는데, 황준량이 영신사에서 대성골을 따라 화개동으로 내려가 쌍계사를 둘러보고, 악양 입구에 있는 고려 말 한유한의 유적지를 둘러보았다고는 여겨지지 않는다. 그는 영신사에서 쌍계사 위쪽의 청학동과 한유한의 유적지가 있는 악양 방면을 바라보고 고사를 떠올리며 이들에 대해 노래한 듯하다. 그가 화개로 내려갔다면, 최치원과 관련된 신응사(神凝寺)의 세이암(洗耳巖), 쌍계사의 최치원 영당(影堂), 불일암과 불일폭포 및 그 주변의 청학동에 관한 언급이 있어야 할 터인데, 그런 내용은 「유두류산기행편」에 전혀 보이지 않는다.

황준량은 영신사에서 백무동 계곡 방향으로 하산하여 함양으로 돌아온 듯하다. 그러나 하산 경로에 대한 구체적인 언급도 전혀 찾아볼 수 없다.

---

4 황준량의 『금계집』 외집 권1에 「君子寺洞」이라는 시가 있다.

5 황준량의 「遊頭流山紀行篇」에 "험한 구덩이와 골짜기를 넘어 沮洳原을 지났다"는 구절이 있는데, 저여원은 金宗直의 유람록에도 보이는 지명으로, 지금의 세석평전에 해당한다.

6 최석기 외, 『선인들의 지리산 유람록』, 돌베개, 2000, 36~37면 및 89~90면 참조.

3. 유람 동기와 목적

최재남은, 황준량의 시를 일별하면 첫째 청정한 세계에 대한 지향이 두드러지게 드러나고, 둘째 벼슬을 그만두고 물러나고 싶은 마음을 곳곳에서 강조하고 있다고 하였다. 그러면서 그는 전자는 선구(仙區)라는 표현으로 나타나고 유선(儒仙)·적선(謫仙)·시선(詩仙) 등으로 이어지고 있어 소식(蘇軾)의 풍류를 잇는 유선적(儒仙的) 성향이라 할 수 있고, 후자는 분어(焚魚)·이은(吏隱)이라는 말로 나타나는 도잠(陶潛)의 귀거래(歸去來) 의지를 표명한 것으로 이해할 수 있다고 하였다.[7]

'유선적 성향'이 소동파의 영향을 받은 것인지, 그리고 벼슬에서 물러나려는 것이 도연명식의 삶을 추종한 것인지는 논란의 여지가 남아 있다. 그러나 그의 시에는 분명 최재남의 지적처럼 불화가 없는 선계를 지향하고, 벼슬에서 물러나 자신을 온전히 하고 싶어 하는 정서가 나타나 있다.

그런데 이 두 가지 특징은 별개의 것이 아니라 하나의 정신에서 나온 것이다. 즉 정치권에 나아가 포부를 펼 수 없는 상황에 직면하여 현실정치에 대한 회의감으로 벼슬에서 물려나려 한 것이며, 그것이 곧 불화가 없는 세계를 지향하게 된 것이다.

조선시대 유학자들이 신선세계를 노닐고 싶어 하는 정서를 드러낸 것은 노장사상의 영향에 의한 것이라기보다는, 현실의 불화를 달래고 세속에 찌든 흉금을 탕척하여 신선함과 청량함을 맛보기 위한 경우가 대부분이다. 이들이 선계를 동경했다고 하여, 현실권을 떠나 신선세계에서 살기를 희구한 것은 아니다. 조선시대 유학자들은 어떤 경우에도 현실에서

---

7 최재남(2000), 348면 참조.

완전히 등을 돌리는 경우가 드물다. 그러므로 필자는 흥금을 탕척하고
청량감을 맛보는 이러한 선유(仙遊)를 현실의 불화를 달래기 위한 탈속
적(脫俗的) 선취(仙趣)로 본다.

이러한 인식은 성여신(成汝信)의 유람록에 잘 나타나 있다. 그는 자신을
포함한 8명의 동지들이 쌍계사 방면을 유람하면서 자칭 팔선(八仙)이라
하고, 초탈의 정서를 마음껏 누린다. 그러나 돌아오는 길에 그는 자신들의
선유는 일심(一心)이 향하는 바를 높게 기르기 위함이었다고 고백하고 있
다. 또 그는 선유를 하였지만 선계에 머물지 않고 다시 현실세계로 돌아오
며, 사(士) 본연의 자세를 잊지 않는다. 그리하여 자신의 유람이 명목상으
로는 선유지만 실제로는 선(仙)이 아님을 강조하였다.[8] 이러한 탈속의 선
취는 정치적 불화가 극대화되는 16세기~17세기에 많이 나타난다.

그렇다면 황준량이 지리산을 유람한 동기와 목적은 무엇일까? 우선
그가 지리산을 유람한 시점에 대해 주목할 필요가 있다. 황준량은 1545년
4월 이전에 조정에서 벼슬을 하다가 파직되어 가솔을 이끌고 고향으로
내려 간 뒤 곧바로 함양에 살고 있던 동년 급제자인 벗 유자옥(俞子玉)을
찾아 함께 지리산을 유람하였다. 그는 「유두류산기행편」 첫머리에 자신
이 지리산을 유람하게 된 속내를 다음과 같이 노래하고 있다.

> 바람난 말이 어느 봄날 굴레에서 벗어난 듯,
> 들녘에 살던 학이 가을날 새장에서 풀려난 듯.
> 높은 곳에 스스로 오르면 우주가 넓고 넓으리니,
> 말의 엉덩이에 채찍질하는 것을 그 누가 금하리.[9]

---

8 최석기(1999), 107~137면 참조.
9 黃俊良, 『錦溪集』外集 권1, 「遊頭流山紀行篇」. "風馬春脫羈 野鶴秋開籠 軒昂自任宇

황준량은 자신을 고삐를 벗어던진 풍마(風馬), 새장에서 벗어난 야학(野鶴)으로 규정하면서, 높은 천왕봉에 올라 드넓은 우주를 바라보기 위해 지리산 유람한다고 하고 있다. 이를 다시 말하면, 굴레[羈]와 새장[籠]에 갇혀 있던 자신이 다시 정신적 자유를 회복하겠다는 것이다. 이것이 그가 지리산을 유람하게 된 동기이며 이유이다.

이러한 유람의 동기는 그의 정신 속에 공자가 태산에 올라 천하를 작게 여겼다고 한 높고 드넓은 안목을 추구하고자 하는 의식이 있었기 때문이다. 그런데 이런 정신을 회복하고자 하는 의식이 생긴 것은, 현실의 불화가 있었기 때문이다. 이 시점에 그는 불화를 풀고 더 큰 세상을 꿈꾸는 정신을 고취할 필요를 느꼈을 것이다.

그리하여 그는 자신을 속학(俗學)으로 규정하면서, 대롱으로 표범의 무늬 한 가지를 본 것을 부끄러워하고 있으며, 자신을 우물 속에서 하늘을 본 개구리의 안목으로 비유하면서 고서(古書) 속에서 보낸 늙은 좀 같은 존재로 비하하고 있다.[10] 자신이 현실정치를 통해 꿈꾸고자 했던 생각이 너무 좁았음을 반성하고 있는 것이다.

그렇다면 황준량이 새로이 추구하고자 하는 높고 드넓은 정신세계는 무엇일까? 그는 천왕봉에 올라 탈속의 상쾌함을 맛보면서도 다음과 같이 노래하고 있다.

> 문명이 찬란히 빛나 정히 중앙에 위치하니,
> 구만리를 밝게 비춰 천제의 귀 열어놓았네.
> 희화(羲和)가 해를 맞이하고 보내 노래가 나오고,

宙寬 誰鎖玉脛鞭雲鬢"

10 上同. "堪嗟俗學晚回首 管豹一斑懸悾悾 低回井天一蛙黽 生死塵編老蠹蟲"

요임금·순임금 시대 백성들은 태평스럽게 살았다네.
상봉에서 해 뜨는 것 보고 천체의 움직임 살펴보니,
이를 미루어 한 근원의 시종을 징험할 수 있겠구나.
가소롭다, 땅 위에서 서캐나 이처럼 기생하는 신하들,
딴 생각에 두 손을 잡고 해바라기 같은 충성 바치네.
근래 본 것 가운데 이 광경 가장 기이하고 절묘하여,
순정한 술 마시고 취한 듯이 마음이 황홀하게 취하네.[11]

　황준량은 천왕봉에 올라 드넓은 우주를 바라보며 요·순의 태평지치를 생각하다가, 해가 뜨고 천체가 운행하는 것을 보면서 일원(一元)의 시종(始終)을 떠올리고 있다. 일원(一元)은 분수(分殊)가 아닌 리일(理一)이다. 곧 만수(萬殊)로 나뉘어 시비득실(是非得失)을 가리는 현장이 아니다. 그런 개인의 이익과 영달을 추구하는 삶의 근원이 무엇일까를 생각한 것이다. 그래서 작자는 일원에 생각이 미치자, 현실의 벼슬아치들을 '땅 위에서 서캐나 이처럼 기생하는 신하'로 규정하고, 근원적인 요·순의 태평지치를 염두에 두지 않고 딴 마음을 품고 충성이나 바치는 인물로 묘사하고 있다. 그러므로 작자는 순정(醇正)한 술을 마시고 황홀하게 취한다. 이 일원을 지향하는 것이 그가 새롭게 추구하고자 하는 높고 드넓은 정신세계이다.
　이런 작자의 시적 의경을 통해 볼 때, 황준량이 지리산을 유람한 목적은 현실세계에 얽매여 이해득실에 연연하는 인식을 떨쳐버리고, 보다 근원적인 높고 넓은 정신세계를 찾고자 한 것이라 하겠다.

11　上同. "文明赫赫正當中 昭揭九萬開天聽 羲和賓餞歌出作 唐虞民物登熙雍 聊憑日觀 覩天步 推此可驗一元之始終 可笑下土蟣蝨臣 有懷捧手傾葵茇 蓄眼年來最奇絶 心醉 悅若酤醇釀"

4. 지리산 기행시 개요

황준량이 지리산을 유람하고 쓴 시는 총 13제 16수이다. 이를 정리하면 다음과 같다.

- 장편 고시(長短句) : 遊頭流山紀行篇
- 오언고시 : 天王峯·唱佛臺
- 오언율시 : 嚴川村·金華巖·天王峯·香積寺·靈神寺·靑鶴洞·尋眞洞
- 칠언절구 : 龍遊潭與兪同年子玉偕行·答成汝賚·靑鶴洞
- 칠언율시 : 君子寺洞·天王峯·贈法行上人

이 가운데 「유두류산기행편」은 176운 352구 2,516자의 장단구로 된 장편 고시이다. 이 「유두류산기행편」은 평성(平聲) '동(東)' 자를 기본 운자로 하면서 '동(冬)' 자의 운자를 협운(叶韻)으로 쓰고 있다. 그러다 보니 운자를 맞추기 위해 잘 쓰지 않는 벽자(僻字)를 쓴 경우도 여러 곳에 보인다.

「유두류산기행편」은 지리산을 유람한 순서대로 쓴 듯하며, 그 나머지 시는 유람 도중 별도로 단편적인 감회를 노래한 것이다. 이 「유두류산기행편」은 지리산을 노래한 장편 고시 가운데서도 가장 긴 시라는 점에서 우선 그 의미를 부여할 수 있다. 또한 장단구를 섞어서 쓰긴 했지만 격구 압운(隔句押韻)의 원칙을 어기지 않고 잘 지켜 쓰고 있다는 점, 협운을 하고 있지만 환운(換韻)을 하지 않았다는 점 등에서 뛰어난 시인으로서의 재능을 충분히 발휘한 작품으로 평가된다.

오언고시로 지은 「천왕봉」은 16운 32구 160자로 되어 있고, 「창불대(唱佛臺)」는 21운 42구 210자로 되어 있다. 「천왕봉」은 모든 기(氣)가

서려 있는 가장 높은 봉우리 천왕봉에서 맛보는 날아갈 듯한 상쾌한 기
분을 느끼며 지은 시이고, 「창불대」는 영신사 왼쪽 능선의 우뚝한 바위
창불대를 바라보며 흥이 일어 선계의 흥취를 만끽한 시이다.

오언율시로 지은 「엄천촌(嚴川村)」은 함양에서 유람을 떠나 엄천을 따
라 올라가며 보고 느낀 것을 표현한 것이고, 「금화암(金華巖)」은 제석봉
에서 천왕봉으로 오르는 통천문 앞에 있는 바위를 노래한 것이며, 「천왕
봉」은 천왕봉 정상에서 보고 느낀 우주의 광활함을 읊은 것이다. 「향적
사(香積寺)」는 천왕봉에서 내려오다 들러 절간의 황량한 모습을 노래한
것이고, 「영신사(靈神寺)」는 영신사의 풍경을 노래한 것이며, 「청학동
(靑鶴洞)」은 영신사에 청학동 방면을 바라보며 지은 시로 신선을 그리워
하는 내용이다. 「심진동(尋眞洞)」은 지리산을 유람하고 내려와 여흥을
노래한 것이다.

칠언절구로 지은 「용유담여유동년자옥해행(龍遊潭與俞同年子玉偕行)」
은 유람을 시작할 때 동년 유자옥과 함께 엄천을 따라 올라 용유담의
기이한 경관을 보고 지은 것이며, 「답성여뢰(答成汝賚)」는 함양군수 성몽
열(成夢說)이 편지를 보내 산행을 문안한 것에 대해 답장으로 장난스럽게
지어 준 것이다. 「청학동」은 영신사에서 청학동을 바라보며 신선을 그리
는 마음을 노래한 것이다.

칠언율시로 지은 「군자사동(君子寺洞)」은 등산을 시작하기 전에 마천
군자사에서 하룻밤 유숙할 적에 절간의 경치와 지리산에 올라 신선을
만나는 꿈을 노래한 시이고, 「천왕봉」은 천왕봉 정상에서 평소 우러르던
천왕봉에 올라 흥금이 시원함을 노래한 것이며, 「증법행상인(贈法行上人)」
은 함께 산행을 하며 길을 안내해준 승려 법행(法行)에게 지어준 시이다.

Ⅲ. 「유두류산기행편(遊頭流山紀行篇)」에 나타난 정신세계

황준량이 지리산을 유람하고 남긴 10여 수의 시 가운데 단연 돋보이는 것이 「유두류산기행편」이다. 이 시는 장편 고시로서 서정시에 속한다. 그러나 시적 전개가 여정에 따라 차례로 기술하고 있으며, 노래한 대상이나 소재에 따라 몇 단락으로 나누어 분석할 수 있다. 그러므로 여기서는 이 점을 중심으로 작자의 의식과 정신적 지향을 살펴보기로 하겠다.

1. 「유두류산기행편」의 형식과 내용

「유두류산기행편」은 176운, 352구로 된 장편 고시이다. 이를 장소·내용·소재 중심으로 나누면 아래와 정리할 수 있다.

〈표 2〉「유두류산기행편」 내용·소재 분류

단락	범위	공간 및 장소	내용	소재	전개
1단락	1구~24구	미상	유람 동기, 목적		序
2단락	25구~34구	함양읍-嚴川	엄천의 자연경관 묘사	엄천	旅程
3단락	35구~44구	龍遊潭	용유담의 기암괴석 묘사	용유담	〃
4단락	45구~54구	馬川-君子寺	마천의 형세 묘사, 군자사와 승려	마천, 군자사	〃
5단락	55구~74구	군자가-沮洳原	백무동 및 등산길의 험준함 묘사	등산로 형세	〃
6단락	75구~90구	저여원-제석당	주능선의 풍경 묘사	과실, 매, 짐승	〃
7단락	91구~108구	제석당-천왕봉	높은 능선에서 맛보는 소회와 자연경관 묘사	山堂, 노을, 향적사, 금화대, 석문	〃
8단락	109구~114구	천왕봉	천왕봉의 기후, 생태	꽃, 나무, 눈	〃
9단락	115구~126구	성모사	무속비판	사당, 석상	〃

10단락	127구~156구	천왕봉	下界를 조망하며 작게 여기는 소회	산, 강, 섬, 바다	〃
11단락	157구~162구	천왕봉	선계로 비상하고자 하는 마음 술회	흉중 소회	〃
12단락	163구~172구	천왕봉	상상 속의 선계 여행	삼청궁, 신선, 벽도	〃
13단락	173구~182구	천왕봉	야경 묘사	운무	〃
14단락	183구~202구	천왕봉	일출 감상	일출	〃
15단락	203구~208구	낙성대, 암자	향적사 정경 묘사	암자, 노을	〃
16단락	209구~228구	낙성대-영신사	험로, 가섭대 모습	가섭대	〃
17단락	229구~238구	영신사	청학동 상상	청학동	〃
18단락	239구~246구	영신사	쌍계석문, 최치원 상상	쌍계석문, 최치원	〃
19단락	247구~254구	영신사	한유한 상상	한유한	〃
20단락	255구~260구	영신사	산속 선경 묘사	산속 암자	〃
21단락	261구~270구	미상	산수의 근원까지 유람하고 픈 생각	천하 산수	總評
22단락	271구~278구	미상	지리산의 위용	지리산	〃
23단락	279구~286구	미상	지리산에 대한 자긍	지리산, 신산	〃
24단락	287구~290구	미상	지리산의 신성성	진시황 사신 불허	〃
25단락	291구~302구	미상	지리산의 혜택	지리산이 국가 사회에 미치는 혜택	〃
26단락	303구~322구	미상	인생의 의미	인생	〃
27단락	323구~332구	미상	자신의 분수 자각	분수	〃
28단락	333구~352구	미상	자기 삶의 지향	천명, 안분지족	〃

이 표를 통해 알 수 있듯이, 「유두류산기행편」은 모두 28단락으로 이루어져 있다. 물론 이는 필자의 시각으로 구조를 분석한 것이지, 작자가 애초 28단락으로 구성을 하여 쓴 것은 아니다.

이 시를 전체적으로 보면, 제1단락(제1구~24구)은 유람을 하게 된 동기 및 목적 등을 말하고 있고, 제2단락(제25구 이하)부터 제20단락(제258 구까지)까지는 여정에 따라 특정 장소에서 경관을 묘사하거나 소회를 노래한 것이다. 그리고 제21단락부터 끝까지는 작자가 총평 형식으로 자신의 지리산 유람을 논평하면서 의미를 부여한 것이다. 이렇게 보면, 전체적으로 서(序)·본문(本文)·총평(總評)의 형식을 갖춘 시라고 볼 수 있다.

조선시대 유산록의 형식이 대체로 앞에 유람 동기나 목적 등을 말한 서문이 있고, 그 다음에 일정에 따라 보고 듣고 느낀 것을 기록한 뒤, 마지막으로 유람을 총평하는 형식으로 전개방식을 취하고 있다. 이런 전개방식은 황준량의 「유두류산기행편」에서도 유사하게 나타나고 있다. 작자가 시를 지은 공간은 대체로 유람을 한 여정 중의 특정 장소로 나타나며, 서(序)와 총평은 유람을 한 뒤에 지은 것으로 보인다.

이 시의 형식전인 측면의 특징은 두 가지로 요약할 수 있다. 하나는 지리산 유산시 가운데 가장 긴 장편 고시라는 점이다. 이 시는 176운 352구 2,516자로 된 장편 고시이다. 이런 점에서 시인으로서의 빼어난 솜씨를 유감없이 발휘한 작품이다. 다른 하나는 자연경관에 대한 묘사가 섬세하면서도 빼어나는 점이다.

> 푸른 옥 같은 죽순이 다투어 솟아나 있는 듯,
> 푸르른 연꽃을 여기저기 많이도 꽂아 놓은 듯.
> 허공에 뜬 멀리 있는 산봉우리들 있는 듯 없는 듯,
> 파도 위에 점점이 뿌려진 외로운 섬들 까마득하네.
> 고개를 든 늙은 용이 목말라서 물을 마시려는 듯,
> 빼어난 긴 칼을 막 갈아내어 섬광이 번쩍이는 듯.
> 날개 펴고 너울너울 춤을 추는 봉황새 같기도 하고,
> 갈기를 흔들며 울부짖는 날랜 녹이마(騄駬馬)인 듯하기도.

서쪽으로 소백산을 바라보니 흰 구름이 떠가고,
북쪽 화악산(華岳山)을 바라보니 상서로운 운기 붉네.
산에 기대 늘어선 성곽들은 점점이 검은 사마귀 같고,
숲을 휘돌아 흐르는 물줄기 무지개가 옆으로 걸린 듯.[12]

시인은 산 아래의 봉우리와 섬을 용과 섬광에 비유하기도 하고, 날개를 펴고 춤을 추는 봉황새나 갈기를 흔들며 울부짖는 준마에 비유하기도 하였다. 또한 산자락의 성곽을 검은 사마귀에, 굽이굽이 흐르는 강물을 무지개에 견주기도 하였다. 이런 점에서 대가의 솜씨로 자연경관을 섬세하고 빼어나게 그려냈다고 하겠다.

이 시의 내용상 특징은, 현실세계에서 가장 높은 곳에 올라 이 세상이 아닌 다른 세상을 무한히 구경하고 싶은 상상의 나래를 편 것이 많다는 점이다. 그것은 대체로 두 가지로 나타나는데, 하나는 이 세상의 범주를 벗어난 별천지인 선계로의 여행이고, 하나는 국토를 벗어나 천하의 이름난 곳을 두루 유람하고자 하는 것이다. 전자는 우주 밖으로의 여행이고, 후자는 영역 밖으로의 여행이다. 이는 모두 서(序)에서 밝히고 있듯이, 우물 안의 개구리 식 안목을 극복하고 보다 크고 넓은 인식을 추구하고자 하는 것이다. 이런 인식의 근저에는 공자의 등태산이소천하(登泰山而小天下)의 의식이 자리하고 있다. 그리고 소인배들이 권력 다툼을 하는 현실에 대한 비판과 극복의 의지를 담고 있다. 즉 현실을 보다 넓고 높은 차원에서 진단하고자 하는 의식이 깔려 있다.

---

12 上同. "爭抽碧玉筍 亂揷靑芙蓉 浮空遠出有無間 點波孤嶼蒼茫中 昂頭老虯渴欲飮 拔地長劍光如虹 翩然舒翼舞鳳凰 逸似振鬣嘶駿駬 西瞻小白白雲飛 北望華岳祥烟彤 列城依山點黑痣 衆水縈林橫蟛蜞"

그 이유는 그가 비록 선계로 날아오르는 상상을 하고 있지만, 곳곳에서 지리산이 국가와 사회와 백성들에게 주는 혜택을 생각하고 있으며, 일출을 보고 요·순 시대 태평지치를 떠올리며, 매를 잡는 사람들의 고생과 먹이를 탐하다가 덫에 걸려드는 매의 본성을 질타하는 등 현실의 모순을 비판하고 극복하려는 의지가 번뜩이고 있기 때문이다.

이런 점에서 황준량이 지리산을 유람한 것은 유자(儒者)로서 잠시 선유를 한 것에 지나지 않는다. 현실의 답답한 불화를 풀며 가슴속의 티끌을 씻어내고 새로운 안목으로 세계를 바라보기 위해서 떠난 여행이었을 뿐이다. 그러므로 「유두류산기행편」도 탈속의 선취를 드러낸 시라 하겠다.

2. 「유두류산기행편」에 나타난 정신세계

1) 탈속의 경계에서 느끼는 선취(仙趣)

황준량이 지리산을 유람하게 된 동기는 이 시의 서(序)에 잘 나타나 있다. 그는 굴레[羈]와 새장[籠] 같은 좁은 세상에서 벗어나 넓고 넓은 세상을 마음껏 구경하고 싶었던 것이다. 그래서 그는 자신의 식견을 대롱으로 표범의 무늬 하나만을 본 것, 또는 우물 안의 개구리 안목에 비유하고 있다.[13] 그러나 그의 탈속의 경계에서 넓은 세상 보기는 물외로의 여행이었고, 그것은 삼신산의 하나인 방장산이었다. 그래서 그는 유학자로서의 본분을 다시 돌아보며 다음과 같이 노래하였다.

신선술 배우지 않아 숨죽이고 고개 숙여 심신이 위축되니,
남의 집 문 청소하러 가는데 몸을 굽히지 않을 수 있으리.

---

13 上同, "風馬春脫羈 野鶴秋開籠 軒昂自任宇宙寬 …… 管豹一斑慙悾悾 低回井天一蛙甿"

또 모나고 질박한 점을 고치고 지절을 바꿀 수도 없어서,
좋은 생황 폼 나게 들고 제(齊)나라 악공처럼 되길 구하네.[14]

황준량은 현실의 답답함을 해소하기 위해 갈등이 없는 선계를 그리워
하지만, 유학자로서의 본분을 저버릴 마음은 없다. 그래서 신선술을 배
우러 떠나는 여행이 아님을 분명히 하고 있으며, 선계를 여행하다 보니
자신은 악공 정도의 역할을 하겠다는 것이다.

작자는 자신의 벼슬살이를 일장춘몽에 비유하며, 그런 얽매임으로부
터 풀려나 자유롭게 되었으니, 옛날 사마천(司馬遷)이 천하의 명승을 두
루 유람한 것처럼 자신도 온 세상을 구경하고 싶다는 속내를 드러내고
있다. 그리고 방장산이 삼신산 가운데서도 제일로 일컫는 산이기 때문에
가장 먼저 유람을 해 보고 싶다는 심정을 아래와 같이 토로하였다.

하늘이 내게 자장(子長)처럼 유람하게 해준 것 기쁘니,
내 산 사랑하는 마음 죽 위에 서린 막처럼 짙다네.
하물며 삼한에 있는 방장산은 천하에 이름이 나서,
영주산·봉래산보다 먼저 일컫는 제일의 산임에랴.[15]

자장(子張)은 사마천을 가리킨다. 황준량은 이런 기분으로 지리산을
유람하며 탈속의 경계에서 느끼는 선취를 만끽하였다. 아래의 시는 천왕
봉에서 사방을 조망하며 느끼는 기분을 노래한 것이다.

---

14 上同. "旣不學低眉伏氣摧心顏 往掃人門能曲躬 又不能刓方斲朴變操節 巧把好竽求
    齊工"
15 上同. "向喜天公借我子長遊 愛山心如粥面濃 況乃三韓方丈聞天下 第一位號先瀛蓬"

눈 안에 들어오는 천지는 좁은 것이 오히려 싫으니,
한 잔 밖에 안 되는 저 바다를 누가 넓다고 했던가.
크고 작은 온갖 것들 남김없이 다 보고 나니,
벌집인가 개미집인가 좀처럼 큰 것이 없구나.
여기저기 뾰족뾰족한 산들 저마다 이름이 있지만,
그 모두 중국 항주 근처 뇌봉(雷封)처럼 나지막하여,
작은 패(邶)·용(鄘)이 큰 제(齊)·초(楚)에 비견되는 듯하네.[16]

시인은 천왕봉 정상에서 나지막한 산봉우리들과 섬과 강과 바다와 성
곽들을 굽어보며 속세에서 벗어났음을 실감하고 있다. 그러나 그는 여기
에서 만족하지 않고 더 높고 넓은 세상으로 떠나고 싶어 하며 다음과
같이 노래했다.

가슴속 소회는 운몽택(雲夢澤) 팔구 개를 삼켜도 작은 듯,
내뿜는 기운 갠 날 만 길의 무지개처럼 길게 서리네.
부상(扶桑)이 지척처럼 가까워 날아오를 수 있을 듯하며,
긴 강에는 마치 봄기운이 피어나 하늘로 오르는 듯.
아득한 티끌세상 구덩이 속의 벌레라고 비웃으며,
호연한 기상으로 곧장 높은 하늘에 오르고자 하네.[17]

높은 정상에 올라 보니, 온 천하를 다 품을 듯한 호연한 기상이 생겼
고, 그런 마음으로 그는 더 넓은 세상으로의 여행을 상상한다. 그리하여

---

16 上同. "入眼乾坤尙嫌隘 一杯滄海誰云洪 紛綸巨細覽無餘 蜂窠蟻垤難爲崇 區區峭嶽
各自名 雷峯眇然如齊楚之於邶鄘"

17 上同. "吞胸小八九夢澤 噓氣蟠蟠萬丈晴虹 扶桑咫尺可飛到 長江若爲春醅醲 悠悠塵世
笑壤蟲 浩氣直欲參玄穹"

그는 곧바로 상상 속 선계로의 여행을 다음과 같이 노래했다.

> 표연히 달을 괜 뗏목 타고 풍백(風伯)을 거느리고서,
> 아득히 번개를 지휘하여 풍륭(豐隆)을 몰고 가노라.
> 선녀들 구름 같은 갓 쓰고 노을 잔에 술 따르고,
> 자진(子晉)은 허공을 걸으며 난공(鸞筜)을 연주하네.
> 그들이 나에게 읍하고 나를 신선이라 칭하며,
> 태미성(太微星)에 가서 천제에게 조회하라 하네.
> 나를 삼청궁의 수도 백옥 자리에 앉히고서,
> 금쟁반에 가득한 배와 벽도(碧桃)를 번갈아 주네.
> 은빛 붓으로 벽운편(碧雲篇)을 써서 내게 보여주며,
> 잎이 싱싱한 기화요초 꺾어다가 건네주네.[18]

시인은 바람의 신, 천둥과 번개를 관장하는 신 등을 데리고 선계로
올라간다. 그리고 왕자교(王子喬) 같은 역사 속의 신선을 만나 노닐며,
천제(天帝)에게 조회하고 삼청궁에서 온갖 신선세계의 아름다움을 만끽
한다. 한껏 탈속의 경계에서 정신적 자유를 맛보고 있는 장면이다.

그러나 그는 곧 그런 상상력에서 깨어나 유자로서의 본분으로 돌아온
다. 그래서 한 밤중에 잠에서 깨어 일어나 자신을 성찰한다. 자신의 꿈이
비현실적인 것을 자각하는 순간이다. 그래서 그는 영신사에 이르러 현실
권에 있는 선계인 청학동으로 눈길을 돌려 다음과 같이 노래하였다.

---

18 上同. "飄乎乘月槎而御風伯 曠然麾列缺而驅豐隆 仙娥冠雲酌霞觴 子晉步虛吹鸞筜
挹我謂我仙 令騎太微朝天翁 坐余清都白玉筵 交梨碧桃金盤充 銀毫寫就碧雲篇 折寄
琪花葉蒨蔥"

> 푸른 숲속의 옥 같이 생긴 산봉우리 청학동이겠지,
> 밤에 바람과 이슬을 경계하는 학 울음소리 들려오네.
> 고상한 사람 어느 곳에서 소나무 그늘에 누웠는가?
> 자지가(紫芝歌) 노랫소리 끝나자 봄빛이 더 짙어지누나.
> 응진(應眞)처럼 노을 먹고 날아다니는 신선이 있겠지,
> 굴 속에 숨어 바둑 두던 파공(巴邛) 사람도 있을 테고.
> 신선들은 예로부터 티끌세상을 멀리 피하는 법,
> 길을 잃은 세상 사람들 어디로 가야 할지 알겠네.[19]

　자지가(紫芝歌)는 진시황 때 상산(商山)에 숨었던 상산사호(商山四皓)
가 불렀다고 하는 노래이며, 응진(應眞)은 진리를 깨달은 신선을 말한다.
파공(巴邛)은 중국 사천성에 있는 지명으로, 그 지역에서 난 귤을 쪼개
보니 그 속에서 세 노인이 바둑을 두고 있었다고 한다. 이는 모두 선계의
이야기들로, 티끌세상과 구별되는 삶을 말한 것이다.

　황준량은 이 땅의 신선세계인 청학동을 바라보며 상상하다가, 다시
그곳에 은거했던 최치원을 그리워한다. 그러다가 다시 신령스런 산수를
다 구경하고 싶은 마음이 들어 천하주유(天下周遊)를 하고 싶은 생각을
한다.

> 내 지금 작은 재주로 이 신선세계에 들어왔으니,
> 다시는 지난날의 무식한 시골뜨기가 아니로세.
> 평생 강호에서 자적하고자 한 뜻 부질없이 저버렸으니,
> 우임금의 자취를 따라 깊숙한 곳을 다 찾고 싶네.

19　上同. "靑林玉岑認鶴洞 夜警風露聲喧喧 高人底處臥松陰 歌斷紫芝春芃芃 應有湌霞
　　飛步如應眞 藏橘覆棋如巴邛 仙曹自古遠塵囂 世人迷路知何從"

옷자락 걷고 수사(洙泗)의 근원으로 거슬러 올라가고.

마음을 열고 송대 관민(關閩)의 풍도를 흠뻑 받으리라.

오악에 올라 천하의 모든 산을 다 굽어보고,

악양루로 가 기대어 오송(吳淞) 땅을 봤으면.

세상에 태어나면 세상의 얽매임을 피하기 어려우니,

기이한 경치를 다 보기도 전에 돌아갈 마음 급하네.[20]

황준량은 천하를 주유하며 치산치수(治山治水)를 한 우(禹)임금처럼 구주를 다 유람하고, 공자가 살던 수수(洙水)·사수(泗水)를 구경하고, 송대 도학자들의 고향인 염계(濂溪)·낙양(洛陽)·관중(關中)·민(閩) 등지를 방문하고, 다시 오악(五嶽)을 유람하고, 악양루(岳陽樓)까지 두루 둘러보고 싶어 한다. 이는 자기가 살고 있는 좁은 강역에서 벗어나 넓은 안목을 갖추고 싶어 하는 간절한 염원을 말한 것이다.

이처럼 탈속의 경계에서 느끼는 선취는, 속진(俗塵)과 떨어진 선계인 지리산에서 느끼는 정취, 국경을 벗어나 천하를 주유하고 싶은 정취, 그리고 우주로 날아올라 신선들이 사는 곳까지 가보고 싶은 정취로 나타난다. 그러나 유자로서의 본분을 잊지 않고 현실세계에서 정신적 자유를 찾고자 한다.

2) 등태산이소천하(登泰山而小天下)의 의식

공자가 말한 등태산이소천하 의식은 높은 곳에 올라 안목을 넓게 하는

---

20 上同. "今將寸珠投此玉京裏 非復向時吳下儂 生平謾負湖海志 欲跨禹迹尋幽窮 摳衣
直泝洙泗源 開襟洽受關閩風 登臨五岳見衆山 徒倚岳陽看吳淞 生世難逃世累牽 探奇
未了歸心匆"

호방한 의식만을 지칭하는 것이 아니다. 그 속에는 성현의 안목으로 천하를 경륜하는 법을 의미하는 뜻이 들어 있다. 그것은 조선시대 사대부들의 지리산유람록을 통해서 확인할 수 있는데, 천왕봉에 올라 일출을 구경하며 노래한 것 가운데 자주 등장하는 내용이 '양곡(暘谷)에서 떠오르는 해를 공경히 맞이하다[寅賓出日]'라는 것이다. 『서경』「요전(堯典)」에 의하면, 요임금은 희씨(羲氏)·화씨(和氏)를 천문관으로 삼아 일월성신(日月星辰)을 관측하게 하였고, 또 희중(羲仲)에게 명하여 동쪽 끝 해 뜨는 곳인 양곡(暘谷)에 살면서 떠오르는 해를 공경히 맞이하여 농사를 짓는 절기를 맞추게 하였다[21]고 한다.

농경사회에서는 천문을 관측해 제때에 씨를 뿌리는 것이 중요하기 때문에 일출을 관측하는 관원을 별도로 두어 천문역상(天文曆象)을 살피게 한 것이다. 따라서 정상에서 일출을 보는 것은 높은 곳에서 천문을 탐구하는 행위이다. 그래서 『서경』의 '인빈출일(寅賓出日)'은 유학자들에게 일출을 맞이하는 경건한 자세로 인식되었고, 성인이 대평지치를 연 중요한 방법으로 여겨졌다. 천왕봉에서 일출을 맞이하는 것은 이런 정신을 새롭게 되새기는 행위인 것이다.

황준량도 천왕봉에서 일출을 맞이하며 이와 같은 심경을 맛보고 다음과 같이 노래하였다.

> 붉은 빛이 일렁이는 바다에 물드는 것 점점 보이니,
> 양곡(暘谷)이 밝아지려고 먼저 환해지는 것이리.
> 태극이 처음 나뉠 땐 인심 크게 질박하고 온전했고,

---

21 『書經』「堯典」. "乃命羲和 欽若昊天 厤象日月星辰 敬授人時 分命羲仲 宅嵎夷 日暘谷 寅賓出日 平秩東作 日中星鳥"

삼황(三皇)이 처음 나올 때도 오히려 우둔했었네.
태양이 허공에 솟아올라 귀신들을 놀라게 하고,
맑은 햇살 음기를 내몰아 비단보를 흩날리는 듯.
문채와 밝은 빛이 찬란히 빛나 중앙에 위치하니,
구만리를 밝게 비추어 천제의 이목을 열어놓았네.
희씨·화씨가 해를 맞이하고 보내 노래가 나오고,
요임금·순임금 시대 백성들은 태평스럽게 살았다네.
상봉에서 해 뜨는 것 보고 천체의 움직임 살펴보니,
이를 미루어 한 근원의 시종을 징험할 수 있겠구나.
가소롭다, 땅 위에서 서캐나 이처럼 기생하는 신하들,
딴 생각에 두 손을 잡고 해바라기 같은 충성 바치네.
근래 본 것 가운데 이 광경 가장 기이하고 절묘하여,
순정한 술 마시고 취한 듯이 마음이 황홀하게 취하네.[22]

태양의 밝은 빛이 온 세상을 비추어 환히 드러나게 함으로써 천제의
눈과 귀를 밝게 하였다는 것은, 성왕의 밝은 정치를 의미한다. 그런 정치
를 이루어지게 하는 것이 바로 '떠오르는 해를 공경히 맞이하는 일'이다.
이는 등태산이소천하의 의식의 중요한 내용에 해당한다. 황준량의 지리
산 기행시에도 이런 점이 분명히 나타나고 있음을 확인할 수 있다.

3) 지리산에 대한 자긍의식

황준량은 지리산 천왕봉의 위용에 대해 다음과 같이 노래했다.

---

22 黃俊良, 『錦溪集』外集 권1, 「遊頭流山紀行篇」, "漸見紅光溫射海宇翻 暘谷欲明先瞳
曨 雞子初分大樸全 三皇首出猶倥侗 金輪湧空驚魍魎 淸旭驅陰散錦蠔 文明赫赫正當
中 昭揭九萬開天聽 羲和賓餞歌出作 唐虞民物登熙雍 聊憑日觀覬天步 推此可驗一元
之始終 可笑下土蟣蝨臣 有懷捧手傾葵荵 蓄眼年來最奇絶 心醉怳若酣醇醲"

아, 조물주가 처음으로 이 세상을 열어 만들 적에,
웅장 기이 수려한 경치를 어찌 이 산에다 모았던가.
원기를 거느려 모으고서 천지 음양을 관리하며,
우뚝 솟아 만고에 그 드높은 위용을 자랑하네.
과아(夸娥)·거령(巨靈)도 터럭 하나 건드릴 수 없으니,
조물주가 조화를 마음껏 부려 솜씨 좋게 만들어낸 것이리.
정기가 모였으니 이 산에는 응당 보물도 많이 생산되리,
금과 은의 기운이 위로 뻗쳐 북두성과 견우성에 닿았네.[23]

작가는 조물주가 이 세상을 만들 적에 지리산에 웅장하고 기이하고
수려한 경치를 다 모아놓아, 지리산이 원기를 거느리고 음양을 관리하여
만고에 그 위용을 자랑하고 있다고 노래하였다. 이러한 묘사는 지리산이
이 땅을 진압하고 있는 강토의 중심임을 드러낸 것이다.

다시 황준량은 천왕봉에서 지리산에 대한 자긍심을 한껏 드러냈다.

이 산을 중국 땅에 옮겨놓는다 해도 지상에 우뚝하리니,
그 높이 화산(華山)과 숭산(嵩山)에 양보하지 않으리라.
나무를 태우고 망제(望祭) 지내며 옥황상제께 제사하고,
금가루 탄 먹물로 옥첩(玉牒)을 써서 신비한 공을 새겼으리.
또 태산에 오른 공자와 산을 좋아한 주자·장남헌이 있어,
난초 핀 길을 나란히 걸으며 무성한 풀 섶을 헤쳤으리.
이런 명산이 동방에 잘못 떨어져 크게 이름나지 않아,
단지 해동에 있는 신선이 사는 산이라고 알려져 왔네.[24]

---

23 上同. "噫嘻造物初開張 雄奇秀麗胡爲此山兮獨鍾 領會元氣經紀兩儀 屹立萬古誇穹窿
夸娥巨靈不得動一髮 豪縱造化工陶鎔 精聚應多産寶藏 金銀氣上牛斗衝"

24 上同. "若使移在中華峙土中 峻極不讓華與嵩 燔柴望秩祀玉皇 泥金檢玉銘神功 又有

시인은 지리산이 중국의 오악보다 낫다는 점을 말하고 있다. 조선시대 사대부들 가운데는 지리산을 중국의 오악보다 더 낫다고 평한 말이 종종 보인다. 예컨대 김종직(金宗直)은 지리산이 중국에 있었다면 숭산·태산보다 천자가 먼저 올라 봉선제(封禪祭)를 지냈을 것이라 하였고[25], 남효온 (南孝溫)은 "대개 높고 큰 산은 움직이지 않고 그 자리에 있지만, 인간에게 주는 이로움은 이처럼 풍부하다. 이는 마치 성인이 의관을 정제하고 두 손을 잡은 채 앉아 제왕으로서의 정사를 행하지 않더라도, 재성보상(裁成 輔相)의 도를 베풀어 백성을 도와주는 것과 같은 이치이다. 심하구나, 지리산이 성인의 도와 같음이여."라고 하여, 지리산의 상징성을 성인의 도에 비유하였다.[26]

또 송광연(宋光淵)은 천왕봉에서 해가 지고 뜨는 것을 관찰할 수 있기 때문에 요임금 시대 사방을 하나씩 맡아 천문을 관측하던 희중(羲仲)·희숙 (羲叔)·화중(和仲)·화숙(和叔)도 할 수 없는 일이라는 점을 들어, 우리나라 제일의 산일뿐만 아니라, 이 세상의 그 어떤 산이라도 이 산과 대등할 만한 산은 없을 것이라고 하였다.[27]

위에 인용한 시를 보면 황준량도 그와 같은 인식을 하고 있음을 알 수 있다. 그는 지리산이 만약 중원에 있었다면 오악보다 우뚝하여 임금이 제사를 지냈을 것이고, 공자·주자·장식(張栻) 등 이름난 학자들이 찾아왔을 것이라고 하였으니, 이는 지리산이 중국의 오악보다 더 위대하다는 자긍의식의 표현이라 하겠다.

登岱之宣聖樂山之朱張 聯踵蕙路披丰茸 誤落偏區名未大 祗說神仙在海東"

25 최석기 외, 『선인들의 지리산 유람록』, 돌베개, 2000, 41면 참조.
26 최석기 외, 『용이 머리를 숙인 듯 꼬리를 치켜든 듯』, 보고사, 2008, 33면 참조.
27 上同, 175면 참조.

4) 불교·무속에 대한 비판의식

조선전기 김종직(金宗直)은 불교에 대해 부정적 생각을 가졌음에도 불구하고, 선열암(先涅庵)에서 정진하던 비구가 종적을 감춘 이야기, 독녀암(獨女巖)의 전설, 삼반석(三盤石)의 고사 등을 상세히 기록해 놓고 있다.[28] 그러나 영신사(靈神寺) 가섭상(迦葉像)의 오른팔 흉터를 두고 겁화(劫火)에 그을린 것으로 조금 더 타면 미륵세상이 온다고 하는 승려의 말에, 돌에 난 흔적이 본래 그런 것인데 황당하고 괴이한 말로 어리석은 백성을 속여 내세의 이익을 구하는 자들로 하여금 보시하게 하니 참으로 가증스럽다고 하였다.[29] 이를 보면, 김종직은 불교의 혹세무민에 대해 단호하게 배척한 것을 알 수 있다.

조선 중기 성여신(成汝信)도 법계사에 복을 구하는 사람들이 줄을 지어 오르내리는 것을 목격하고서 "법당 안에 어떤 물건 있던가, 서남쪽 벽면에 석불이 앉아 있네. 문득 수없이 복을 비는 사람 나타나, 갓을 벗고 합장하고 연신 절을 하네. 원근의 사람들 남녀노소 할 것 없이, 곡식을 퍼가지고 비단을 싸가지고, 끊임없이 꾸역꾸역 이 절로 찾아오네. 먼저 온 사람은 내려가고, 뒤에 오는 사람은 올라오며, 뜰을 채우고 길을 메워 끊일 때 없네. 심하구나! 혹세무민하는 말, 어리석은 백성들을 다투어 빠져들게 하누나."[30]라고 하여, 불교의 혹세무민을 강력히 비판했다.

이처럼 조선시대 사대부들은 불교와 무속의 혹세무민에 대해 매우 비판적이었다. 황준량도 이와 같은 시각에서 천왕봉 정상에 있던 성모사(聖母祠)에 대해 다음과 같이 노래하고 있다.

---

28 최석기 외, 『선인들의 지리산 유람록』, 돌베개, 2000, 25~26면 참조.
29 상동, 38면 참조.
30 상동, 378면 참조.

세 칸 오래된 사당은 비바람 피하지 못해 흔들흔들,
주인 없는 문간에 무너진 담을 판자로 둘러쳤네.
선명하지 못한 석상에는 흠집이 여기저기 나 있는데,
우리들 발자국 소리 듣고 기뻐서 얼굴을 펴는 듯하네.
그 누가 왼쪽 갈비에서 흉한 새끼를 낳게 했는가,
알 삼키고 상(商)나라 시조 낳은 유융(有娀)에 부끄럽네.
서역의 요사스러운 신이 어찌 예까지 멀리 왔는지,
근거 없는 괴이한 말이 도리어 몽롱하기만 하네.
사람들은 어찌하여 신명처럼 영험하다고 여기면서,
등불을 밝히고 술을 따르며 그토록 치성을 올리는지.
부뚜막귀신에게 아첨할 마음 없고 기도한 지도 오래니,
내 어찌 귀신에게 의지하여 길흉을 알려고 하겠는가.[31]

　천왕봉 성모사의 성모(聖母)에 대해서는 여러 가지 설이 있는데, 그
중에 하나가 석가모니의 어머니 마야부인(摩耶夫人)이라는 설이다. 인도
의 마야부인이 삼한의 지리산에까지 와서 신이 되었다는 전설에 대해
현실주의 사고로 무장한 사대부들에게는 황당한 말로 받아들여질 수밖
에 없었다. 황준량의 눈에도 이런 근거 없는 황당한 말을 하는 것이,
결국 승려들이 혹세무민하는 것으로 밖에 보이지 않았다. 그래서 그는
『논어』에 보이는 공자의 말을 빌려 신에게 의지해 길흉화복을 점치는
행위를 부정적으로 인식하고 있다. 유자로서의 인식을 분명히 드러내는
대목이다.

31　黃俊良, 『錦溪集』外集 권1, 「遊頭流山紀行篇」. "三間古廟不避風雨簁 板扉無主繚壞堉
模糊石軀帶瘢痕 開眉如喜來人跫 誰敎左脇産凶雛 呑卵開商慙有娀 西域妖神豈遠到
無稽怪語還朦朧 爭將靈驗擬神明 明燈灌酒能致恭 無心媚竈禱已久 肯向幽冥推吉凶"

5) 민생에 대한 우려의식

황준량의 「유두류산기행편」에는 김종직 등의 유람록에 보이는 것처럼 민생에 대한 걱정이 두드러지게 나타나지는 않는다. 그것은 그가 답답함을 해소하기 위해 선계 유람을 목적으로 하였기 때문에 민생문제에는 시선을 돌릴 여유가 없었고, 또 그가 유람한 여정이 대체로 민간에서 떨어진 산속이었기 때문에 민생의 어려움을 직면하지 않았던 점도 있을 듯하다.

그러나 그 역시 경세제민의 포부를 품은 젊은 관료 출신이었기에 그의 눈에 목격된 민생의 질고는 피해갈 수 없는 현실문제로 다가오지 않을 수 없었다. 그는 세석에서 천왕봉을 향해 갈 때 산에서 나는 과실을 산간 백성들이 다 채취해 간 것, 매를 잡는 사람들이 움막 속에서 생활하는 것을 직접 목격하였다. 그리하여 그는 민생 문제에 대해 다음과 같이 노래했다.

> 산간의 백성들 허기를 면하려 과실을 다 따 먹어선지,
> 아직 남은 건 단지 아침 햇살을 받은 오동나무 열매뿐.
> 높은 고원은 어느 곳이나 반은 띠풀로 덮여 있는데,
> 매 잡기 위해 설치한 틀 마치 쑥대를 엮어놓은 듯.
> 매 때문에 백성들 괴롭히니 관리들 어질지 않다마는,
> 하늘 높이 날아오르는 매는 왜 그물에 걸려드는지.[32]

둘째 구의 원주(原註)에 "대나무 열매가 숲에 가득한데 굶주린 백성들

---

32 上同. "丘民濟飢食之旣 遲爾一下朝陽桐 高原處處半間茅 伺鷹設械如編蓬 禽荒毒民 彼不仁 凌霄逸翮胡羅罿"

이 따 먹어 열매가 달린 나무는 모두 시들었다."라고 기록하고 있다. 황
준량이 지리산을 유람한 것은 음력 4월이었으니, 이 시기는 춘궁기로
평지의 백성들도 먹을 것이 부족해 나물을 뜯어다 연명하는 철이다. 그
런 현장을 황준량은 직접 눈으로 보고 긍휼히 여긴 것이다.

조선시대 지리산유람록에 자주 등장하는 내용이 주능선에 매를 잡기
위해 움막을 지어 놓고 사는 매사냥꾼들의 고통스런 삶의 모습이다. 황
준량도 주능선을 걸어가며 그런 움막을 수없이 보았을 듯하다. 그리하여
매를 공물로 바치게 하는 관리들의 어질지 못한 마음을 질책한다. 그리
고 작자는 매가 먹잇감에 끌려 덫에 걸려드는 것을 두고, 이욕(利慾)을
경계하는 도학자다운 생각을 하는 것으로 끝을 맺고 있다.

6) 역사를 회고하는 의식

조선시대 사대부들의 지리산유람록에 보면, 역사 유적지에서 그 시대
와 그 인물을 회고하면서 현실을 인식하는 경우가 많다. 특히 남명(南冥)
조식(曺植)은 산수의 명승을 유람한 것보다 유람 중 한유한(韓惟漢)·정여
창(鄭汝昌)·조지서(趙之瑞) 등을 만난 것에 더욱 의미를 두어 '산을 보고
물을 보고, 그리고 고인을 보고 그가 살던 시대를 보았다.[看水看山 看人看
世]'고 하였다.[33]

지리산을 유람한 사대부들이 유람을 하면서 만나는 유적이나 역사적
장소에서 역사를 회고하며 그 인물과 그 시대를 생각하는 것은, 여러
사람의 유람록에 나타나는 보편적인 현상이다. 황준량의 경우도 예외는
아니다. 그는 영신사 근처 가섭대(迦葉臺)가 왜적의 칼날에 상처를 입은

---

33 최석기(1996), 77~103면 참조.

것을 보고서, 다음과 같이 노래했다.

> 천 길의 가섭대가 햇빛에 그림자를 드리웠는데,
> 흉악한 섬 오랑캐 놈들의 칼날에 상처를 입었구나.
> 백성들이 왜적에게 당한 피해 말할 것도 없다마는,
> 바위와 나무도 어찌 흉악한 적의 칼날을 만났던가.
> 하늘이 성스러운 임금을 내어 시대를 구하게 하자,
> 고름을 짜내듯이 한 번 지휘하여 말끔히 소탕하였네.[34]

가섭대는 가섭전 뒤에 있는 절벽의 바위이다. 고려 공민왕 때 왜적들이 운봉 황산의 전투에서 패해 달아나다 이곳에 이르러 칼을 휘둘러 상처를 남겼다고 한다. 황준량은 승려로부터 이런 이야기를 듣고 이 땅의 바위와 나무들까지 왜적들의 피해를 입은 것에 대해 개탄을 하고 있다. 그리고 조선을 세운 이성계가 왜적을 소탕한 공을 찬양하고 있다.

황준량은 이처럼 역사적 장소에서 지난 일을 회고하기도 하였지만, 또 지리산에 은거한 역사적 인물로 유명한 한유한(韓惟漢)과 최치원(崔致遠)을 떠올리면서 지난 역사를 회고하며 그 인물을 생각하기도 하였다. 그는 영신사에서 남쪽을 바라보며, 그곳에 은거했던 최치원에 대해 다음과 같이 노래했다.

> 비바람에 부식된 바위에는 각자가 반쯤 희미한데,
> 소나무를 휘감은 푸른 칡넝쿨이 축 늘어져 있네.
> 몇 리에 걸쳐 있는 좋은 밭 손바닥처럼 평평한데,

---

34 黃俊良, 『錦溪集』外集 권1, 「遊頭流山紀行篇」. "千尋迦葉日邊影 刃斫亦被島夷兇 民生血肉不堪說 石木胡然逢鞠詢 天生聖祖爲濟時 一揮蕩滌如決癰"

낮은 곳은 벼를 심을 테고 높은 곳엔 밭벼 심겠지.
최 고운을 불러서 최근 소식을 묻어보고 싶은데,
선유를 하며 신령한 자취 어디쯤 날고 있는지.
화란의 그물에서 몸을 빼 화려한 글 솜씨 떨쳤기에,
맑고 아름다운 그 풍도와 명성을 후인들이 흠모하네.[35]

첫 구는 쌍계사 입구에 있는 '쌍계석문(雙磎石門)'을 두고 읊은 것이다. 지리산에는 최치원의 유적과 전설이 다수 전해지고 있다. 특히 쌍계사 입구에 있는 '쌍계석문' 4자는 최치원이 직접 쓴 글씨로 유람객에게는 좋은 구경거리였다. 황준량은 직접 그 글씨를 보지 못하였기 때문에 상상으로 각자가 반쯤은 희미하다고 노래하고 있다.

황준량은 또 그곳에 은거했던 최치원을 떠올리며 그의 인물됨을 흠모하고 있는데, 신라 말의 어지러운 정치적 소용돌이 속에서 벗어나 은거하여 맑고 아름다운 풍도와 명성을 보전하고 화려한 문장을 떨친 인물로 평하고 있다. 조선시대 사인들은 최치원에 대해 대체로 본분은 유학자지만 선계에 의탁한 인물이라는 의미로 '유선(儒仙)'이라 칭하였다. 그리하여 크게 부정적으로 평하지 않았다. 다만 이황(李滉)은 최치원의 사상이 순정하지 않기 때문에 문묘(文廟: 成均館 大成殿)에 종사(從祀)하기 부적합하다[36]고 하였다. 그런데 황준량은 최치원에 대해 전혀 부정적 인식을 보이지 않고 있다.

---

35 上同. "風磨石刻半微茫 松纏翠絡垂鬖髿 良田數里掌樣平 濕可秔稻高宜稑種 欲喚孤雲訪消息 仙遊何許飛靈踪 抽身禍網振華藻 風聲沒世欽淸丰"

36 啓明漢文學硏究會, 『退溪學文獻全集』 제18책 『退溪先生言行錄』 권5, 「崇正學」. "嘗日 我朝從祀之典 多有未喩者 如崔孤雲 徒尙文章 而詔佛又甚 每見集中佛疏等作 未嘗不深惡而痛絕之也 與享文廟 豈非辱先聖之甚乎"

또 황준량은 고려 중기 무신집권기에 지리산에 와 은거한 한유한(韓惟漢)에 대해서도 다음과 같이 노래했다.

> 천추에 빼어난 한 사람 고려시대 한녹사(韓錄事)는,
> 굴레에 얽매이지 않은 말처럼 재빨리 벗어났네.
> 늙은 역적 조정에서 경상에게 절하기보다는,
> 홀로 세상 바깥에서 처자와 함께 지내리.
> 땅을 피한 방덕공(龐德公)이 소명에 어찌 나아가리.
> 문을 닫고서 벼슬사리 사절한 공승(龔勝)과 같았네.[37]

한유한은 최충헌(崔忠獻)의 화를 피하여 벼슬을 버리고 지리산에 들어와 생을 마친 인물로, 여러 차례 조정에서 불렀지만 끝내 나아가지 않았다. 황준량은 한유한을 중국 역사 속에서 후한 말 유표(劉表)의 부름에 나아가지 않고 녹문산에 숨어버린 방덕공(龐德公), 또 한나라 때 지방관으로서 선정을 베풀다가 왕망(王莽)이 찬탈을 한 뒤 불렀으나 끝내 나아가지 않은 공승(龔勝)에 비유하여 그의 지절(志節)을 높게 평하고 있다.

7) 천인합일(天人合一)에 대한 성찰 의식

황준량의 「유두류산기행편」 말미 총평 부분은 지리산에 대한 자긍의식을 기술한 뒤, 인생의 진정한 의미는 무엇인지, 자신의 분수에 맞는 삶은 어떤 것인지, 그리고 천리(天理)에 순응해 사는 천인합일의 삶을 어떻게 찾을 것인지 하는 것으로 끝을 맺고 있다. 선계를 찾아 나선 유람

---

37 黃俊良, 『錦溪集』 外集 권1, 「遊頭流山紀行篇」. "千秋一人韓錄事 快如騏馬不受絡頭絨 老賊門前拜卿相 獨擧物外妻拏共 飛書誰起避地龐 閉戶還如推印龔"

이지만, 돌아와서는 자신의 삶에 대한 성찰로 마무리를 하고 있다. 그는 인생의 의미에 대해 다음과 같이 노래했다.

> 그 위에 개 뼈 모양의 구기자와 사람 모양의 산삼이 있고,
> 기름이 땅속에 들어가도 썩지 않는 다섯 잎 소나무 있네.
> 약초뿌리 캐고 열매 먹으면 늙는 것 막을 수 있으리니,
> 날아올라서 광한궁(廣寒宮)에 이르는 것이 어찌 어려우리.
> 이치를 거역하며 구차하게 사는 것 편히 여길 바 아니니,
> 기숙하는 사람처럼 잠시 머물다 가는 이 인생 어찌하리.
> 세 가지 영원한 것 중 으뜸인 입덕(立德)은 대인의 일이라,
> 그 분의 훌륭한 행실을 천고에 다투어 흠모하고 있지.
> 때를 만나 공 세워 공신으로 책록되는 것도 우연한 일,
> 초상이 운대(雲臺)에 걸려 제사 받는 일 어찌 헤아리랴.
> 사물을 완상하는 시인들은 원숭이를 조각하는 것 본받고,
> 수많은 사람들이 한낮의 벌떼처럼 시끄럽게 떠들어대네.
> 서성거리다가 세월만 보냈으니 어찌할 수 없구나,
> 해와 달이 밝고 밝아 우리들의 마음을 비추도다.[38]

광한궁(廣寒宮)은 항아(姮娥)가 산다고 하는 천상의 세계이다. 그는 지리산을 유람한 뒤, 산속에 은거하면서 약초뿌리를 캐고 열매를 따 먹으면 선계에서 사는 것과 마찬가지일 것이라는 생각을 한다. 그러면서 그는 입덕(立德)·입공(立功)·입언(立言)의 삼불후(三不朽) 가운데 입덕을

---

38 上同. "其上有狗骨之杞人形之蔘 流膏入地五鬣不朽之長松 採根食實制頹齡 何難飛到 廣漢宮 逆理偸生非所安 柰此浮生如寄傭 太上立德大人事 景行千古爭顯顯 逢時策勳 亦偶爾 圖形肯數雲臺彤 玩物騷人效刻猨 衆作喧噪多午蜂 徘徊歲晚無柰何 日月昭昭 臨我衷"

추구하는 삶을 목표로 설정하고, 공신에 책봉되는 것을 바라지 않고자
한다. 즉 황준량은 벼슬살이를 하여 공을 세우기보다 학덕을 닦아 도덕
군자가 되는 것에 더 의미를 부여하고 있는 것이다.

> 태항산(太行山)으로 가는 길도 험한 것이 못 되니,
> 세파는 염예퇴(灔澦堆)가 떠 있는 곳처럼 흉흉하네.
> 개를 끌고 싶다며 멸족당한 이사(李斯)를 어찌 슬퍼하랴만,
> 낭관 자리에서 늙어버린 풍당(馮唐)을 부질없이 탄식하네.[39]

작자는 자신의 분수를 돌아보고 험난한 시대에 나아가 화를 당하는
삶을 원치 않고 있다. 태항산(太行山)·염예퇴(灔澦堆)는 세파가 몰아치
는 자기 시대의 현실이며, 이사(李斯)·풍당(馮唐)은 그런 세상에 나아가
화를 당하거나 미관말직에서 평생을 보낸 대표적 인물이다. 작자는 그런
삶을 원치 않고 있다. 그래서 그는 학덕을 닦아 천인합일의 온전한 삶을
추구한다.

> 차를 달이던 육우(陸羽)처럼 깊은 산속에서 찻잎 따고,
> 코끼리 코처럼 구부정한 연뿌리 캐며 푸른 통 기울이네.
> 원량(元亮)은 바람 부는 창가서 오동나무 무현금을 탔고,
> 낙천(樂天)은 술 취해 쓴 시를 시통에 담아 전달했네.
> 화복은 오직 새옹(塞翁)의 말처럼 운수에 맡겨두고,
> 얻고 잃는 것 모두 초나라 사람의 활처럼 맡기네.
> 생명체를 죽이는 일은 하찮은 벌레라도 경계해야 하고,
> 낚시 드리면 미끼 탐내는 가물치처럼 되지 말아야 하리.

---

39 上同.“行路太行非岌岌 世濤灔澦浮洶洶 牽犬何嗟赤族斯 潛郎空歎白頭馮”

한림원 학사 초빙하는 금마문(金馬門)은 어디에 있는가,
구름 낀 관문 돌 사립문이 영롱하게 열려 있구나.
이 몸은 이미 영욕의 세계에서 훌쩍 벗어났으니,
세상에 가득한 헛된 걱정으로 어찌 서로 싸우리오.
정신 한가하고 마음 고요하여 즐거움 절로 넉넉한데,
천명을 믿고 안분지족하니 마음이 더욱 풍요롭구나.
몸은 인간 세상에 있으나 마음은 이 세상 벗어났나니,
왕자교·적송자가 낮에 하늘로 오른들 어찌 부러우리.[40]

황준량은 송나라 때 육유(陸游)처럼 자연 속에서 차에 취미를 붙이고 살거나, 도연명(陶淵明)처럼 전원에 은거하거나, 백거이(白居易)처럼 시나 지으며 사는 삶을 원하고 있다. 그러면서 현실의 불우함을 한탄하지 않고 새옹지마(塞翁之馬)의 고사처럼 전화위복으로 삼겠다는 의지를 피력하고 있다. 또한 영욕의 세계로부터 벗어난 자신을 돌아보며, 그런 정신적 지향을 변치 않을 것임을 다짐하고 있다. 그리고 자연 속에서 천명을 믿고 안분지족하는 삶을 더없이 풍요로울 것으로 확신하고 있다.

Ⅳ. 맺음말

이상에서 논의한 것을 바탕으로 황준량의 「유두류산기행편」에 나타난 특징을 정리해 결론을 삼고자 한다. 이 시의 형식적 특징은, 지리산

---

40 上同. "茶烹陸羽破白雲 荷折象鼻傾碧筩 元亮風窓撫短桐 樂天醉筆傳詩筒 禍福唯任塞翁馬 禍福唯任塞翁馬 得亡都付楚人弓 戕生可戒食蔘蠱 懸鉤庶免貪餌鯛 銀臺金馬在何許 雲關石扉開玲瓏 將身已超榮辱境 滿世虛愁誰內訌 神開意靜樂自饒 信天安命心愈豐 身處人寰心出世 何羨喬松白日雲天冲"

유산시 가운데 가장 긴 장편 고시라는 점과 자연경관에 대한 묘사가 섬세하면서도 빼어나다는 점이다.

이 시의 내용적 특징을 정리하면 다음과 같다.

첫째, 탈속의 경계에서 느끼는 선취(仙趣)이다. 이는 속진과 떨어진 선계에서 느끼는 정취, 국경을 벗어나 천하를 주유하고 싶은 정취, 우주로 날아올라 선계까지 가보고 싶은 정취로 나타난다.

둘째, 등태산이소천하(登泰山而小天下)의 의식이다. 이는 『서경』의 '공경히 떠오르는 해를 맞이한다[寅賓出日]'는 의식이 중심 내용으로 등장하고 있는데, 성왕의 태평지치를 희구하는 정신이 깔려 있다.

셋째, 지리산에 대한 자긍의식이다. 작자는 지리산이 중원에 있었다면, 천자가 천제를 지냈을 것이고, 공자·주자 등 이름난 학자들이 찾아왔을 것이라 하여, 중국의 오악보다 더 위대하다는 자긍의식을 드러내고 있다.

넷째, 불교 및 무속에 대한 비판의식이다. 작자는 천왕봉 성모사의 성모가 마야부인이라는 설에 대해 황당한 말로 치부하면서 혹세무민에 대해 비판적인 의식을 드러냈다.

다섯째, 민생에 대한 우려의식이다. 작자는 대나무 열매를 산간의 백성들이 다 채취해 간 것을 보고서 그들의 삶에 대해 걱정하고 있으며, 매를 잡는 사냥꾼의 처지에 대해서도 동정하고 있다.

여섯째, 역사에 대해 회고하는 의식이다. 작자는 영신사 가섭대의 칼자국을 보고 왜적들의 만행에 분노하며 태조 이성계의 무공을 찬양하였다.

일곱째, 천인합일적 삶에 대한 성찰 의식이다. 작자는 「유두류산기행편」 말미에 인생의 진정한 의미가 무엇인지를 되물으며 천인합일의 삶을 지향하는 진지한 성찰을 하고 있다.

황준량의 지리산 유람은 정치적 갈등에서 오는 불화를 달래기 위해서 였지만, 그 이면에는 현실에 얽매여 있던 자신의 우물 안의 개구리 식 안목에서 벗어나 크고 넓은 정신적 지향을 통해 삶의 국면을 새롭게 전환해 보자는 의도가 더 크다. 그래서 무한히 넓은 우주 밖으로 벗어나는 상상도 해 보지만, 결국 현실세계 속에서 삶의 가치를 찾으려 하고 있다.

또한 자신이 살고 있는 강토를 벗어나 더 큰 세상을 경험하고 싶어 하지만, 궁극적으로는 천명을 믿고 안분지족하는 삶은 더없이 풍요롭고 온전한 삶이라는 자각을 하는 것으로 끝을 맺고 있다. 이것이 그가 지리산 유람을 통해 얻은 소중한 가치이다. 따라서 겉으로는 선유를 하고 선계를 지향하는 것처럼 보이지만, 실제로는 도학자로서의 정신자세[41]를 일깨우고 확인하는 여행이었다고 하겠다.

이 글은 『동방한문학』 제47집(동방한문학회, 2011)에 실린 「금계 황준량의 지리산기행시에 대하여」를 수정 보완한 것이다.

---

41 윤천근(1990), 100~101면 참조.

제9장

성여신의 지리산 기행시

I. 머리말

조선시대 사인(士人)들은 공자·맹자·주자의 산수 인식을 계승하여 산수를 본성을 관조하고 천리(天理)를 관찰하는 대상으로 생각하였다. 그리하여 공자가 말한 '어진 사람은 산을 좋아하고 지혜로운 사람은 물을 좋아한다.[仁者樂山 智者樂水]'에 의거해 산수를 유람하며 인지지락(仁智之樂)[1]을 추구하고, 증점(曾點)이 말한 '기수에서 목욕하고 무우 언덕에서 바람을 쐬고 시를 읊조리며 돌아오고자 한다.[浴乎沂 風乎舞雩 詠而歸]'를 통해 벼슬길에 나아가기 보다는 산수자연에 은거하여 본성을 지키며 천리에 합하는 삶을 추구하게 되었다. 이를 풍영지취(風詠之趣)라고 한다.

또『중용』의 '솔개는 날아 허공에 떠 있고, 물고기는 연못에서 뛰노네.[鳶飛戾天 魚躍于淵]'에 의거해 산수 속에서 천리를 관찰하여 본성을 잊지 않으며, 주자의 「무이도가(武夷櫂歌)」·「관서유감(觀書有感)」 등을 통해

---

1 인지지락(仁智之樂)은 산수를 유람하면서 산을 통해 인(仁)을 체득하고 물을 통해 지(智)를 체득하는 즐거움을 말하는 것으로, 산수 유람을 통해서 자기 본성의 인과 지를 반추하며 체득하는 것을 말한다.

산수를 가까이 하면서 늘 자신의 본원을 잊지 않는 삶을 지향하였다.

이러한 산수에 대한 인식은 성리학이 발달하면서 한층 고조되어, 산수 유람은 산수의 아름다운 경관을 감상하고 즐기기 위한 것일 뿐만 아니라, 도를 구하고 체험하는 실제적 학습으로 생각하였다.

조선 중기 안의(安義)에 살던 임훈(林薰, 1500~1584)이 "산수는 천지간의 하나의 무정물이지만 산에는 후중(厚重)한 덕이 있고 물에는 주류(周流)하는 본성이 있어서 실로 인지지락(仁智之樂)에 바탕이 됨이 있다. 그러므로 세상의 구도자들은 요·순과 공사의 글에서 도를 구할 뿐만이 아니고, 이 산수에 나아가 도를 구하지 않은 적이 없다."[2]라고 한 말을 통해 이러한 사실을 확인할 수 있다.

이런 인식이 널리 확산되면서 학자들은 명산이나 명승지를 유람하는 풍조가 유행하였다. 그리하여 수많은 유산기(遊山記)와 유산시(遊山詩)가 창작되었다. 조선시대 사인들이 유람해 보고 싶은 최고의 명승은 금강산(金剛山)과 지리산(智異山)이었다. 이 두 산은 모두 삼신산(三神山)의 하나로 우리나라의 대표적인 명산이다.

그중에 지리산의 경우 유산기가 약 1백여 편이나 되며, 유산시는 일일이 헤아리기 어려울 만큼 많다. 이 지리산 유산시 가운데에는 작자의 문학적 재능을 한껏 발휘하여 지은 장편 시와 유람 중에 지은 여러 편의 연작시가 주목되는데, 장편 시는 약 20여 편 정도 발견된다. 그중 1,000자 이상의 장편시를 뽑아 정리하면 다음과 같다.

---

2 林薰, 『葛川集』 권3, 「書兪子玉遊頭流錄後」. "山水者 天地間一無情之物 而厚重周流 實有資於仁智之樂矣 是以 世之求道者 不特於堯舜孔氏 而未嘗不之此焉"

작자	작품명	출전	韻數	句數	字數
黃俊良(1517~1563)	遊頭流山紀行篇	錦溪集 外集 권1	176	352	2,516
成汝信(1546~1632)	遊頭流山詩	浮査集 권2	86	172	1,307
柳夢寅(1559~1623)	遊頭流山百韻	於于集 後集 권2	100	200	1,400
文弘運(1577~1640)	頭流八仙遊篇	嘉湖世稿-梅村集	142	284	1,420
成師顔(1762~1820)	遊頭流山	琴溪集』 권1	109	218	1,090

위 5명의 작가 가운데 유몽인(柳夢寅)만 경상도 출신이 아니고 나머지는 모두 경상도 출신이다. 또 황준량(黃俊良)은 이황(李滉)의 문인이고, 성여신(成汝信)은 조식(曺植)의 문인이며, 문홍운(文弘運)은 성여신과 같은 고을에 살며 함께 산수 유람을 한 인물이고, 성사안(成師顔)은 성여신의 7대손이다. 그러니까 성여신·문홍문·성사안은 모두 진주 출신으로 남명학파에 속한 인물인데 지리산을 유람하고 장편 고시를 남겼으니, 이들의 지리산에 대한 각별한 인식과 문학적 성향을 가늠해 볼 수 있다.

위의 시 가운데 황준량·성여신의 시는 장단구로 되어 있고, 유몽인의 시는 칠언고시이며, 문홍운·성사안의 시는 오언고시이다. 또한 성사안의 시를 제외하고는 모두 15~6세기에 창작되었다. 이는 조선시대 사인(士人)들의 산수와 지리산에 대한 인식이 이 시기에 가장 고조되었음을 말해준다.

이러한 장편 고시에는 문학적 상상력과 표현력이 뛰어나고, 섬세한 관찰력과 화려한 수사가 돋보이며, 작가의 정신적 지향이 잘 투영되어 있어 지리산 기행시의 백미라 할 수 있다. 따라서 이 다섯 작품 모두 한문학사에서 주목할 만한 시라고 생각되며, 연구할 만한 충분한 가치가 있다고 여겨진다. 이 가운데 연구된 것은 황준량의 「유두류산기행편」이

유일하며[3], 나머지는 아직까지 주목받지 못하고 있다.

이 글은 위 5편의 시 가운데 성여신의 「유두류산시」에 주목하여 작가의 정신세계를 탐구하는 데 목적을 둔다. 성여신의 시문학에 대한 연구는 「부사(浮査) 성여신의 지리산유람과 선취경향」[4]이 유일한데, 성여신의 지리산유람과 선취경향에 초점을 맞추어 그의 지리산 기행을 유선적(儒仙的) 선취(仙趣)로 결론지은 글이다. 이 논문에서는 본고에서 다루고자 하는 「유두류산시」를 일부 소개하였을 뿐, 구체적으로 분석하여 그 성향과 특징을 드러내는 데까지는 미치지 못하였다. 이 글은 이런 선행연구를 이어서 「유두류산시」를 분석하여 작가가 지향하는 정신세계의 특징을 드러내는 데 초점을 두고자 한다.

Ⅱ. 문학적 성향과 지리산 기행시

1. 인물성격과 문학적 성향

성여신(成汝信)의 자는 공실(公實), 호는 부사(浮査), 본관은 창녕이다. 성여신은 1546년 진주 동쪽 대여촌(代如村) 구동(龜洞: 현 진주시 금산면 가방리)에서 부친 성두년(成斗年)과 모친 초계 변씨(草溪卞氏) 사이에서 셋째 아들로 태어나, 1632년 11월 1일 87세를 일기로 별세하였다.

성여신은 어려서 이모부 신점(申霑)의 문하에 나아가 『소학』·사서삼

---

3 崔錫起(2011), 「黃俊良의 智異山 紀行詩에 대하여」, 『동방한문학』 제47집, 동방한문학회, 7~41면 참조.

4 崔錫起(1999), 「浮査 成汝信의 智異山遊覽과 仙趣傾向」, 『한국한시연구』 제7집, 한국한시학회, 105~137면 참조.

경 등을 배웠고, 15세 때에는 진주향교 교수로 부임한 이황의 문인 정탁
(鄭琢, 1526~1605)에게『상서』를 배웠으며, 18세 때에는 이황의 문인 이
정(李楨, 1512~1571)을 찾아가『근사록』을 배웠으며, 23세 때에는 조식
(曺植, 1501~1572)을 찾아가 문인이 되었다. 이처럼 성여신은 명유의 문
하를 두루 출입하며 학문을 익혔는데, 특히 이정과 조식의 영향을 많이
받았다. 성여신은 젊은 시절 인근 사찰에서 폭넓은 독서와 문장수업에
들어갔는데, 특히『춘추좌씨전』·『사기』및 당송고문을 즐겨 읽었다.

성여신은 19세 때 향시에 합격하였다. 이후로 여러 차례 과거시험에
나아갔으나, 회시에는 합격하지 못하였다. 성여신은 1581년 의령 가례(嘉
禮)로 이거하여 약 5년 동안 처가에서 살았는데, 이때 곽재우(郭再祐)·이대
기(李大期)·이대약(李大約)·이종영(李宗榮) 등과 교유하였다. 1592년 임
진왜란이 일어나 산 속으로 피난하였다가 1594년에 돌아왔다. 이때 인근
월아산(月牙山)에 진을 치고 있던 의병장 김덕령(金德齡)과 군사(軍事)를
함께 논의하였다. 1597년 왜적이 다시 침입하여 김천으로 피난하였다가,
곽재우가 진을 치고 있던 화왕산성으로 들어가 함께 군사를 도모하였다.

성여신은 1599년 고향으로 돌아와 부사정정사(浮查亭精舍)와 반구정
(伴鷗亭)을 짓고 처사로서의 삶을 지향하였다. 그는 조식의 문인으로서
덕천서원을 중건하는 일에 동참하였으며, 동문 최영경(崔永慶)을 신원하
는 상소를 올리는 데 적극 참여하였다. 또한 스승 조식이 정한 예를 가지
고 임진왜란으로 무너진 예속(禮俗)을 회복하는 데 앞장섰으며, 만년에
는 진주의 읍지인『진양지(晉陽志)』를 편찬하는 일을 주도하였다. 이처
럼 성여신은 사인로서의 본분을 저버리지 않고 충실히 수행하였다.

성여신은 64세 때인 1609년 생원·진사시에 모두 합격하였다. 또한
1613년 문과 회시에 응시하기 위해 상경하였다. 이때까지 자신의 문장에

대한 자부와 경세적 포부를 버리지 않았던 것이다. 그러나 궤우지로(詭遇之路)를 써 보라는 관인의 말을 듣고서 과거를 포기하고 귀향하였다. 궤우지로는 편법을 의미하는 말로, 당시의 권력자 밑에서 비정상적인 방법으로 벼슬하기를 바라지 않았던 것이다.

조식의 문인 및 재전 문인들은 선조 말기부터 출사한 이들이 많았는데, 임해군의 옥사 때부터 여론이 분열되었다. 그런데 1613년 영창대군을 처단하고 인목대비를 폐위하자는 의논이 일어나자, 이에 동조하지 않는 이들이 더 많아졌는데 그 대표직인 인물이 곽재우·정구(鄭逑)·정온(鄭蘊) 등이다.[5]

1614년 정온이 갑인봉사를 올렸다가 옥에 갇히자, 성여신은 오장(吳長)·이회일(李會一)·이각(李殼) 등과 함께 구원하는 상소를 올리려고 의령에 모여 소장(疏章)을 작성하였다. 이는 정온과 같은 생각을 가지고 있었음을 보여준다. 이런 일련의 정치적 사건을 통해 성여신은 현실세계와의 불화가 깊어져 선계 유람을 통해 선취(仙趣)에 몰입하는 경향을 보인다.[6]

성여신의 사후, 그에 대한 평가는 그의 인물성격을 단적으로 보여준다. 함안에 살던 조임도(趙任道)는 성여신에 대해 "문장과 글씨가 당대 제일이었네."라고 하였으며[7], 정달겸(鄭達謙)은 "문장으로 당대를 놀라게 한 지 구십 년."이라 하였으며[8], 하홍도(河弘度)는 "문장은 샘물처럼

---

5 崔錫起(1996), 「忘憂堂 郭再祐의 節義精神」, 『남명학연구』 제6집, 경상대 남명학연구소, 125~129면 참조.

6 崔錫起(1999), 「浮查 成汝信의 智異山遊覽과 仙趣傾向」, 『한국한시연구』 제7집, 한국한시학회, 112~113면 참조.

7 成汝信, 『浮查集』 권8, 附錄, 趙任道 輓詞. "翰墨當年第一人"

8 成汝信, 『浮查集』 권8, 附錄, 鄭達謙 輓詞. "驚代文章九十年"

솟구쳤으며, 글씨는 안진경의 생동하는 서체를 사모했네."라고 하였다.[9]

또한 근기 지방의 안정복(安鼎福)은 "아, 선생이시여. 성스러운 세상의 일민(逸民)이셨네. 젊어서 어진 스승을 만나, 도학의 진면목을 깊이 즐기셨네. 학문은 마음에 근본을 두어, 경(敬)·의(義)를 함께 병행했네. 행실이 몸에 드러났으니, 효제충신이었네. 교화가 향리에 행하니, 가르침이 젊은 유생들에게 젖어들었네. 뛰어난 재능과 빼어난 기량을 지니고서, 산림에 자취를 숨겼으니, 시운인가 천명인가, 백성들 복이 없었도다."[10]라고 하였다.

이를 종합해 보면, 성여신의 인물성격은 다음과 같이 정리할 수 있다.

첫째, 문장이 당대 진주 지역에서 최고였다. 둘째, 남명의 경의학(敬義學)을 실천한 학자로서 경세적 재능을 지니고서도 세상에 쓰이지 못한 일민(逸民)이었다. 성여신은 세상에 쓰이지 못한 일민이었기에 이상과 현실의 갈등을 누구보다 많이 겪었다. 그리고 그런 그의 번민들이 그의 빼어난 문장을 통해 세상에 전해지게 되었다.

성여신은 문장을 통해 자신의 정신적 지향을 드러냈다. 그는 기본적으로 조선 전기 사림파의 문학관을 견지하고 있다. 그가 "시는 성정(性情)이 발하여 소리가 된 것이다. 인심(人心)은 일신을 주재하고 성정을 통섭하니, 선언(善言)을 들으면 감발하고 악한 일을 보면 징창(懲創)한다. 그 감발하고 징창하는 것은 성정지정(性情之正) 아닌 것이 없다."[11]라고 한

---

9 成汝信, 『浮査集』권8, 附錄, 河弘度 祭文. "文辭湧其如泉 字慕魯公之龍蛇兮"

10 成汝信, 『浮査集』권8, 附錄, 安鼎福 撰, 「墓碣銘幷序」. "於乎先生 聖世逸民 早得賢師 耽樂道眞 學本乎心 敬義夾進 行著于身 孝悌忠信 化行鄕里 敎洽靑衿 長材偉器 跡屈山林 時耶命耶 民無祿耶"

11 成汝信, 『浮査集』권3, 「聯珠詩跋」. "詩者 性情之發而爲聲者也 人之心主一身而統性情 聞善言則感發焉 見惡事 則懲創之 其所以感發焉懲創之者, 無非性情之正也."

언급은, 주자가 사무사(思無邪)를 해석한 시문학관과 흡사하다.[12]

또한 그는 "생각이 성정(性情)에서 나와 조화자연의 기미를 참조하고, 읊조리는 것이 사물의 이치를 드러내 만변무궁의 지취(志趣)를 모범으로 해야 한다."[13]라고 하였다. 이런 관점에서 그는 당시(唐詩)의 화려함이나 송시(宋詩)의 섬세함을 탈피하여 아정(雅正)하고 평담(平淡)한 것을 추구하였는데, 특히 한유(韓愈)·구양수(歐陽脩)를 본받고 있다.[14] 한유는 변려문(駢儷文)의 부화한 문장을 반대하고 박실한 고문을 주장한 사람이며, 구양수는 이상은(李商隱)의 서곤체(西崑體)를 반대하고 고문의 방법으로 시를 쓰는 새로운 풍격을 이룩한 사람이다.

성여신은 한유와 구양수를 문학의 전범으로 삼음으로써, 기고(奇高)하고 부화(浮華)하기보다는 이아(爾雅)하고 평담(平淡)한 것을 주로 하여 이치를 수승(殊勝)하게 하는 문예의식을 견지하였다. 본고에서 논의하고자 하는 「유두류산시(遊頭流山詩)」도 구양수의 「여산고(廬山高)」를 본받고 한유의 「남산시(南山詩)」의 어법을 써서 지은 것이니, 그가 당송 고문 가운데서도 특히 한유와 구양수를 전범으로 한 것을 알 수 있다.

이러한 성여신의 문학적 성향에 대해, 후대 박태무(朴泰茂)는 "넉넉하고 법도에 맞으며 맑고 아름답고 반듯하여 경박하고 각박한 기상이나 조탁하고 수식한 자태가 전혀 없다."[15]라고 평하였다. 또한 안정복은 "공

---

12 『論語』「爲政」 제2장 "子曰 詩三百 一言以蔽之 曰思無邪"에 대해, 주자는 『논어집주』에서 "凡詩之言 善者 可以感發人之善心 惡者 可以懲創人之逸志 其用歸於使人得其性情之正而已"라고 하였다.

13 成汝信, 『浮査集』 권3, 「聯珠詩跋」, "思出性情而參造化自然之機 吟形物理而模萬變無窮之趣"

14 上同. "唐人環麗之智 沿六朝也 而韓愈氏痛正之 宋朝纖巧之態 襲西崑也 而歐陽子力攻之 然後稀繡之章 化而爲爾雅 靡曼之句 換而爲平淡"

의 시문은 호건(豪健)하여 이치가 있다."[16]라고 평하였다. 이를 통해 볼
때, 성여신의 문학적 성향은 한유와 구양수를 전범으로 하여 문장은 아
정평담(雅正平淡)을 주로 하면서 그 안에 이치가 빼어나게 하는 것을 위
주로 하였다고 하겠다.

2. 지리산 기행시 개관

성여신은 「유두류산시병서(遊頭流山詩并序)」에서 자신의 산수 유람벽
을 언급하며 다음과 같이 술회하였다.

> 나의 산수 유람벽이 이와 같다. 그러므로 젊은 시절 한양을 유람할
> 적에 삼각산 백운대(白雲臺)에 올랐고, 중년 중원을 유람할 적에 충주
> 계족산(鷄足山)에 올랐으며, 노년에는 동해 연안의 영해(寧海)·영덕(盈
> 德)·청하(淸河)·흥해(興海)·연일(延日)·장기(長鬐) 여섯 고을을 지나면
> 서 유람하였다. 동도(東都:경주)에 가서 봉황대(鳳凰臺)에 오르고 포석
> 정(鮑石亭)을 탐방하였으며, 월성(月城)·계림(鷄林)의 유적을 또한 모두
> 찾아다녔다. 근래 유람한 것으로 말한다면 가야산 홍류동(紅流洞)에 들
> 어간 것이 두 번이며, 지리산 청학동(靑鶴洞)에 들어간 것이 다섯 번,
> 신흥동(神興洞)에 들어간 것이 세 번, 백운동(白雲洞)에 들어간 것이 한
> 번이다.[17]

---

15 朴泰茂, 『西溪集』 권6, 「題浮查先生遺卷後」, "紆餘典贍 淸麗雅正 了無輕浮刻薄之氣
彫琢粉飾之態"

16 成汝信, 『浮查集』 권8, 「墓碣銘」, "公之詩文 豪健有理致"

17 成汝信, 『浮查集』 권2, 「遊頭流山詩 并序」, "余之癖如是也 故少時 遊京師登白雲臺
中年 遊中原登鷄足山 臨老 過東海沿邊六邑 遊觀焉 如東都 登鳳凰臺 訪鮑石亭 月城
鷄林之跡 亦皆搜剔而尋向焉 至以近者言之 則入紅流洞者再 入靑鶴洞者五 入神興洞
者三 入白雲洞者一"

이 글은 1623년 성여신의 나이 78세 때 쓴 것인데, 이를 보면 성여신은 70대에도 여전히 산수 유람의 산수벽에 빠져 있었던 것을 알 수 있다. 다음 시는 그가 78세 때 지은 것으로 추정되는데, 그의 정신적 지향이 어떠했는지를 짐작케 한다.

> 염구(冉求)가 중도에 한계를 그은 것을 배우지 말고,
> 한퇴지(韓退之)가 남악 정상에 오른 것을 따라야 하리.
> 바람에 날리듯 왕자교의 학을 함께 타고서,
> 두류산 높고 높은 봉우리로 날아올라보세.[18]

염구(冉求)는 공자 제자로 "저는 선생의 도를 기뻐하지 않는 것은 아니지만 힘이 부족합니다."라고 하였다가, 공자에게 "정말로 힘이 부족한 자는 길을 가다가 중도에 그만두게 된다. 그런데 너는 가보지도 않고 지금 미리 선을 긋고 있구나!"라고 질책을 받은 인물이다. 당나라 때 한유는 남악 형산(衡山)을 유람할 적에 남악묘(南嶽廟)에 묵으며 기도를 하였더니 날이 개여 정상에 올라 유람하였다고 한다. 왕자교는 주 영왕(周靈王)의 태자 진(晉)으로 부구공(浮丘公)을 만나 신선이 되어 백학(白鶴)을 타고 산꼭대기에서 살았다고 한다.

성여신의 이 시를 보면, 70대의 노인의 마음가짐이라곤 찾아볼 수 없다. 이런 정신력이 그를 노년에도 불구하고 천왕봉까지 오르게 한 것이다. 「연보」에 의하면, 성여신은 70세 이후 세 차례 지리산을 유람한 것으로 되어 있다.

---

18 成汝信, 『浮査集』 권1, 「赴遊山約 二首」. "莫學中途求也畫 須從絶頂退之升 飄然共駕 王喬鶴 飛上頭流上上層"

첫 번째 유람은 71세 때인 1616년 9월 24일부터 10월 8일까지 15일 동안 쌍계사 방면을 유람한 것이다. 이때 동행한 사람은 정대순(鄭大淳)·강민효(姜敏孝)·이중훈(李重訓)·박민(朴敏)·문홍운(文弘運) 및 맏아들 성박(成鏄)과 넷째 아들 성순(成鐓)이다. 이들은 팔선(八仙)이라 자칭하였는데, 성여신은 부사소선(浮查少仙), 정대순은 옥봉취선(玉峯醉仙), 강민효는 봉대비선(鳳臺飛仙), 이중훈은 동정적선(同庭謫仙), 박민은 능허보선(凌虛步仙), 문홍운은 매촌낭선(梅村浪仙), 성박은 죽림주선(竹林酒仙), 성순은 적벽시선(赤壁詩仙)이라 불렀다. 이 유람은 신선세계를 찾아 현실세계의 불화를 씻어내는 것이 목적인지라 스스로 선유(仙遊)라 일컬었다. 성여신은 이 유람을 상세히 기록하여 「방장산선유일기(方丈山仙遊日記)」라는 유산기를 남겼다.

성여신의 두 번째 지리산 유람은 72세 때인 1617년 4월 진주목사 이삼성(李三省)의 요청으로 박민(朴敏)·강윤(姜贇)·하장(河璋)·조경(曺炅)·하선(河璿)·최기(崔屺)·정위(鄭頠)·성박(成鏄)·박성길(朴成吉)·정시특(鄭時特)·최후식(崔後寔) 등과 다시 지리산 쌍계사 방면을 11일 동안 유람한 것이다. 이 유람은 기록을 남기지 않아 자세한 정황을 알 수 없다.

성여신의 세 번째 지리산 유람은 78세 때인 1623년 조겸(趙璡)·진량(陳亮)·김옥(金玉)·조후명(曺後明) 등과 중산리를 경유하여 법계사를 거쳐 천왕봉에 오른 것이다. 이때 유람을 기록한 것이 이 글에서 주 자료로 삼은 「유두류산시」이다.

첫 번째 지리산 유람은 1614년 영창대군이 피살되고 난 뒤 극도로 정국이 불안하던 시기에 불화를 달래기 위해 의도적으로 기획한 유람이었다. 「방장산선유일기」를 보면 도중에 읊은 시들을 수록해 놓았는데, 사흘째 되는 날 곤양(昆陽) 땅을 지나다가 성여신은 다음과 같이 읊었다.

나는 이 세상의 사람,	我是寰中人
애초 물외인이 아니었네.	初非物外人
가을바람에 높은 흥취 이니,	秋風動高興
신선을 배우는 사람이 되리.	將作學仙人[19]

작자는 본래 방외(方外)의 삶을 추구하지 않은 사람이지만 이제는 신선을 배우는 사람이 되고 싶다는 심경을 노래하고 있다. 이는 현실과의 불화를 표출한 것이다. 무엇이 그를 방외의 세계로 발길을 돌리게 한 것일까? 우선 정치적인 상황을 고려해 볼 필요가 있다. 1613년 영창대군의 관작을 삭탈하고 강화에 유배한 계축옥사가 일어났고, 영창대군은 1614년 피살되었다. 이 계축옥사 때 남명학파 내부에서도 정구(鄭逑)·곽재우(郭再祐)·정온(鄭蘊) 등은 영창대군을 죽여서는 안 된다고 상소하여 전은설(全恩說)을 주장하였다.

1614년 정온이 갑인봉사를 올렸다가 옥에 갇히자, 성여신은 그를 구원하는 상소를 올리기 위해 의령에서 동지들과 규합하였다. 이를 두고 보면, 성여신은 정온과 같은 입장에 있었던 것을 알 수 있다. 이런 정치적 입장을 견지하고 있었기에 그의 이상이 현실과 괴리되어 불화가 극대화된 것이다.

또한 그는 정온을 구원하는 상소를 올리려고 소장(疏章)을 다 지어 놓았는데 결국 올리지 못하게 되자, 이에 대한 회한(悔恨)이 컸을 것으로 여겨진다. 이 역시 불화를 극대화시키는 요인으로 작용했을 것이다. 그리고 이런 위기의 국면에서 벗어나기 위해 의도적으로 자신을 물외에서 신선술을 배우는 사람으로 알리고자 한 것이다.

---

19 成汝信, 『浮查集』 권5, 「方丈山仙遊日記」.

이러한 사실은 1617년 곽재우가 별세했을 때 그가 지은 만사에서 "책과 칼을 행장 속에 종신토록 지니고서, 신선술로 살 길 찾아 몸을 온전히 하였네.[書劍行裝甘沒齒 刀圭計活任全身]"라 하고, 또 "솔잎 먹은 것 이단을 따른 것이라 말하지 말게, 유후(留侯) 장량(張良)이 어찌 신선을 배운 사람이리.[莫道茹松追異術 留侯豈是學仙人]"라고 한 것에서 미루어 짐작할 수 있다. 즉 성여신도 자신을 온전히 보전하기 위한 수단으로 신선세계에 몰입하는 선유를 기획한 것이다.

이러한 점은 모두 정치적 불화를 돌파하기 위한 자구책으로, 선유를 하게 한 직접적인 요인으로 작용했다. 그런데 그에게는 보다 근본적인 불화가 있었다. 그것은 그가 이 선유를 시작하면서 "이 한 몸 이미 노쇠해졌으니, 온갖 계획 긴 탄식만 자아낼 뿐. 소매를 떨치고 진(眞)을 찾아 나서는 길, 아름다운 약속 어기지 않아 기쁘네."[20]라고 속내를 드러낸 것에서 그 단서를 찾을 수 있다.

그가 현실세계에서 이루고자 했던 '온갖 계획'이란 무엇일까? 바로 그의 꿈과 이상이다. 그는 만년에 자신의 꿈을 이루지 못한 아쉬움을 술회하면서 "나는 일찍이 두공부(杜工部)가 직(稷)·설(契)에게 자신을 비유한 말로 삼가 나를 비유했다."[21]라고 하였으니, 순임금 조정에서 농사를 담당했던 후직(后稷), 교육을 담당했던 설(契)처럼 성군의 조정의 중신이 되고자 했음을 알 수 있다.

이를 위해 그는 18세 때 이후로 여러 차례 과거시험에 응시하였으나 번번이 낙방하였다. 이러한 자신의 불운을 그는 다음과 같이 노래하였다.

---

20 成汝信, 『浮查集』권5, 「方丈山仙遊日記」. "一身已潦倒 百計入長嗟 拂袖尋眞路 佳期喜不差"
21 成汝信, 『浮查集』권1, 「鑷鬢吟 并序」. "翁嘗用杜工部竊比稷契之語 竊比於己"

세인들 모두 화려하게 꾸미길 좋아하지만,	世皆餙乎葩藻
나는 유독 실질에 힘쓰는 것을 추구했네.	我獨爲之務實
세상 사람들 모두 지름길로 달려가지만,	世皆趍於捷徑
나만은 유독 저 대로를 따라 걸어갔네.	我獨遵夫大路
어찌 네모와 원이 서로 어울릴 수 있으리,	孰方圓之相周
의당 모난 자루를 둥근 구멍에 끼우는 격.	宜與之以枘鑿
이십여 차례나 향시에 합격을 하였지만,	卄餘度之發解
한 번도 회시에는 급제를 하지 못했네.	一省試之未捷[22]

성여신은 자신을 '모난 자루'에 비유하고, 세류(世流)를 '둥근 구멍'에 비유하여 은연중 자신이 원칙과 법도를 지키고자 했음을 드러냈다. 자신이 과거에 급제를 하지 못한 것은 모난 자루를 고집하였기 때문이다. '모남'은 하는 것과 하지 않는 것을 명확하게 구별하는 자기 원칙을 말한다. 이는 그가 62세 때 자신의 삶의 지표로 제시한 「삼자해(三字解)」의 직(直)·방(方)·대(大)의 방(方)이다. 직·방·대는 『주역』 「곤괘(坤卦)」 육이효(六二爻)의 효사에 근거한 것으로, 스승 조식(曺植)의 경의학(敬義學)과 같은 맥락에 있다.[23]

이런 자신의 모남은 과거뿐만 아니라, 학문을 해도 시대에 맞지 않고, 재주를 가지고 있어도 세상에서 알아주지 않는 것으로 귀결된다. 그는 「어부사(漁父詞)」의 형식을 빌려 쓴 「도초사(舠樵辭)」에서 "강호에 한 늙은이가 있는데, 학문을 해도 시대에 맞지 않아, 십 년 동안 비파 잡고 지내다 보니, 귀밑머리 하얗게 세어 바람만 쓸쓸하네."[24]라고 하였으며, 오언고

---

22   成汝信, 『浮查集』 권2, 「和鑛兒病中述懷賦」.

23   崔錫起, 「浮查 成汝信의 智異山遊覽과 仙趣傾向」, 『한국한시연구』 제7집, 한국한시학회, 1999, 119면 참조.

시로 지은 「아유일가(我有一歌)」 5수에서는 자신의 재주를 거문고·옥·
장검·천리마에 비유하여 아무도 알아주지 않아 쓰이지 못함을 한하였다.
즉 자신의 재주는 성인이 쓰던 고도(古道)인데, 오늘날의 세상에서는 아
무 쓸모가 없다는 탄식을 노래한 것이다. 이런 근원적인 오래된 불화에
현실정치의 모순까지 가세해 그의 불화가 극대화된 것이다.

성여신은 쌍계사 방면 유람에서 자신이 의도한 대로 신선세계에 흠뻑
빠져든다. 그는 쌍계사에 이르러 "선원(仙源)으로 가고픈 데 어느 곳일
까, 향로봉 위에서 고운(孤雲)을 부르리라."[25]라고 노래하였으며, 또 "난
새를 곁말로 삼청궁(三淸宮)에 가고자 하니, 누가 학을 타고 나와 함께
돌아가리."[26]라고 읊었다. 이처럼 성여신은 극대화 된 불화를 풀기 위해
신선세계에 몰입하며 잠시 현실세계를 잊고자 했다.

성여신은 1623년 천왕봉 유람을 마치고서 장편 기행시 「유두류산시」
를 남겼다. 이 시는 모두 86개의 입성(入聲) 운자로 된 172구의 장편 고
시다. 이 시는 구양수(歐陽脩)의 「여산고(廬山高)」를 본받고 한유(韓愈)
의 「남산시(南山詩)」의 어법을 써서 지었는데, 「여산고」는 글자 수가 일
정치 않은 자유로운 형식의 고시로 본래 제목은 「여산고증동년유중윤귀
남강(廬山高贈同年劉中允歸南康)」이며, 「남산시」는 오언으로 된 장편 고
시이다. 즉 「유두류산시」는 자유로운 형식의 장단구로 지은 오언 장편
고시로, 격식에 구애되지 않고 자신의 문학적 재능과 솜씨를 유감없이
발휘한 만년의 걸작이라고 하겠다.

---

24 成汝信, 『浮査集』 권1, 「舠樵辭」. "江湖有一翁 學焉而不適於時 十年操瑟兮 兩鬢華髮
風蕭蕭"
25 成汝信, 『浮査集』 권5, 「方丈山仙遊日記」. "欲泝仙源何處是 香爐峯上喚孤雲"
26 上同. "驂鸞欲向三淸去 駕鶴何人共我廻"

이 시는 내용상 아래와 같이 11개 단락으로 나누어 볼 수 있다.

단락	범위	내용
제1단락	極·國·覓·惻 4개 운자를 쓴 8구	지리산의 지리적 위치
제2단락	屼·崒·妾·坯·屹·北 6개 운자를 쓴 12구	지리산의 위상(임금에 비유)
제3단락	特·屬·仡·色·茁·末·錫 7개 운자를 쓴 14구	동행인 소개
제4단락	石·白·竹·突·數·窟·腹·輟·日·落·及·俗·塞·力·越·利 16개 운자를 쓴 32구	洗心亭에서 法界寺까지의 여정
제5단락	廓·蟻·出·角·億·越·柏·立·跡·覿 10개 운자를 쓴 20구	법계사에서 조망하는 정취
제6단락	佛·僕·帛·絕·溺·託·域·帛·漬·革·壁·褻 12개 운자를 쓴 24구	불교의 혹세무민 비판
제7단락	東·麓·榻·告·鹿 5개 운자를 쓴 10구	천왕봉에서 은거지를 바라보며 느끼는 안빈낙도의 삶
제8단락	穴·毒·覆·木·鑿·澤 6개 운자를 쓴 12구	남해를 조망하며 왜구의 만행 술회
제9단락	摘·矚·籍·鶴·衲·說·滅·一·藥·屐·格·合 12개 운자를 쓴 24구	지리산의 神異함
제10단락	得·日·目·樂·繫 5개 운자를 쓴 10구	仙遊의 소득
제11단락	躅·節·魄 3개 운자를 쓴 6구	紀行 연월일

이를 바탕으로 각 단락의 요지를 간추려 보면 다음과 같다.

제1단락에서 작자는 지리산이 국토 남단의 중앙에 위치한 가장 높은 산임을 언급하면서 동서로는 백제와 신라의 경계이고, 북쪽으로 궁궐을 마주하고 있는 남방의 진산(鎭山)임을 드러냈다.

제2단락에서는 지리산을 하늘에 닿아 하늘을 떠받치고 있는 산으로 묘사하며, 주변의 여러 산들을 사방에 군신(群臣)들처럼 다소곳이 나열해 있는 것으로 묘사하였다. 예컨대 서쪽으로 서석산(瑞石山)·월출산(月出山),

남쪽으로 금오산(金鳥山)·와룡산(臥龍山), 동쪽으로 자굴산(闍崛山)·가야산(伽倻山), 북쪽의 덕유산(德裕山)·주흘산(主屹山) 등이 모두 엎드려 있거나 읍을 하고 있는 모습으로 그리고 있다. 이는 지리산을 하늘을 떠받치고 있는 지주(支柱), 즉 인간 세상의 윤리를 지탱하는 강상(綱常)으로 인식한 것이다. 이는 도덕군자를 상징하는 것으로도 볼 수 있다.

제3단락에서 작자는 동행한 사람들을 일일이 거론하였다. 이들은 덕천서원 앞 세심정(洗心亭)에서 만나 여정을 출발하였는데, 조겸(趙謙)의 당당한 자세, 김옥립(金玉立)의 산처럼 우뚝하고 옥처럼 찬란한 인품, 조씨(曺氏) 집안 두 소년의 재주와 지취(志趣)를 열거한 뒤 막내아들 성황(成鎤)과 승려 언해(彦海)까지 일일이 기록하고 있다. 이는 속세에 때묻지 않은 동행인의 성정을 드러낸 것이다.

제4단락은 세심정에서 중산리를 경유하여 법계사에 오르기까지의 여정을 기록하고 있다.

제5단락은 법계사(法界寺)에서 보고 느낀 정취를 읊었는데, 그 가운데 "몸을 들어 이미 매우 높은 곳에 올라오니, 상쾌하기가 바람을 타고 하늘을 향하는 듯. 정신을 가다듬고 편히 눕자 속진의 생각 사라지고, 인간 세상을 굽어보니 하루살이처럼 부질없어 보이네."[27]라고 하였다. 이것이 작자가 현실세계의 번민을 떨쳐 버리기 위해 선계를 찾은 이유이다. 가슴속에 응어리진 불화가 풀림으로써 자연과 합일된 청신쇄락(淸新灑落)의 경지를 느끼게 한 것이다.

제6단락에서 작자는 법계사에 많은 민간인들이 찾아와 복을 비는 광경을 목격하고 불교의 혹세무민하는 점을 비판하였다.[28] 또 천왕봉 위에

---

27 上同. "將身已置取高處 快若乘風向廖廓 頤神安寢屢念灰 俯視人間等蠛蠓"

있는 성모상(聖母像)에 대해서도 고려 태조 어머니 위숙왕후(威肅王后)의 신이라는 설과 석가모니의 어머니 마야부인(摩耶夫人)이라는 설을 모두 황당한 말로 여기며, 속인들이 이 석상 앞에 찾아와 기도하는 습속을 나무란다. 이런 점을 보면, 성여신은 사의식이 매우 투철했던 사림파의 일원이었음을 알 수 있다.

제7단락에서는 천왕봉에서 자신이 은거해 사는 월아산(月牙山) 기슭을 바라보며 백구(白鷗)와 벗하여 안빈낙도하는 삶을 다짐한다.

제8단락에서는 남해(南海)를 바라보며 임진년 왜구의 만행을 술회하면서 지금의 평온을 다행스럽게 여긴다.

제9단락에서는 지리산의 신이(神異)함을 말하고, 신선이 살기에 좋은 이 산에 자신이 들어와 티끌과 안개로 덮인 인간세상을 돌아본다.

제10단락에서는 이런 선유를 통해 활달해진 마음을 노래하며 선유의 대미를 장식하였다.

마지막 제11단락은 유람에서 돌아와 이 시를 쓴 날짜와 장소를 적고 있다.

성여신의 지리산 기행시는 본고에서 고찰하고자 하는 장편 고시 「유두유산시」가 대표적 작품이다. 이외 문집에 산견되는 「부유산약(赴遊山約)」·「상산(上山)」·「상법계사(上法界寺)」 등은 1623년 천왕봉에 오를 때 지은 것이며, 1616년 쌍계사 방면을 유람하고 지은 「방장산선유일기」에 30여 편의 시가 들어 있는데 대체로 유적지에서 느낀 감회나 신선세계에

---

28 성여신은 23세 때 斷俗寺에서 居接할 적에, 승려 休靜이 『三家龜鑑』을 간행하면서 儒家를 맨 뒤에 둔 것을 발견하고 분개하여 그 冊板을 꺼내 불살랐으며, 五百羅漢像과 새로 조성한 四天王像도 끌어내 불에 태웠다. 이처럼 성여신은 불교를 배척하는 정신이 남달랐다.

몰입하는 선취를 노래한 것이다.

Ⅲ. 「유두류산시(遊頭流山詩)」에 나타난 정신세계

1. 불우한 처사의 사미인(思美人)

「유두류산시」 제1단락은 다음과 같이 시작하고 있다.

두류산이 높이 솟았는데,	頭流之山高
몇 천만 길이나 되는지 모르겠구나,	不知幾千萬仞兮
국토 남단에 깎아지른 듯이 우뚝 서 있네.	截然屹立乎南極
동쪽에는 진한(辰韓)의 옛 도읍지 있고,	東有辰韓之舊都
서쪽에는 백제의 옛 도성이 있네.	西有百濟之故國
북쪽으로 오색구름 속을 바라보니,	北望五雲中
그 가운데 봉래궁(蓬萊宮)[29]이 있구나.	中有蓬萊之宮闕
한양 남서쪽에 나누어 지은 궁궐,	分宅占丁戊
뒤에는 백악산(白岳山) 앞에는 목멱산(木覓山).	後白岳前木覓
아름다운 임이여 아름다운 임이시여,	美人兮美人兮
아침엔 구름 되고 저녁엔 비되는 줄 모르시니,	不知爲朝雲爲暮雨
임 그리는 내 마음이 안타깝고 슬프구나.	使我思之心惻惻[30]

첫 구는 구양수의 「여산고(廬山高)」를 본떠 지은 것이다. 지리산이 국토 남단에 우뚝 솟아 동서로 신라와 백제의 국경이 되었다는 언급은 지

---

29 蓬萊宮 : 당나라 궁궐의 이름. 여기서는 한양의 궁궐을 가리킨다.

30 成汝信, 『浮査集』 권2, 「遊頭流山詩」.

리산이 남극(南極)의 종주(宗主)임을 드러낸 것이다. 그리고 작자는 곧장 지리산이 북쪽으로 한양의 궁궐과 남북으로 마주하고 있다는 점을 거론하였다. 이는 임금을 도와 인륜의 기강을 떠받칠 도덕군자에 비유한 것이다. 그리고서 작자는 느닷없이 사미인(思美人)을 노래한다. 미인(美人)은 북쪽 궁궐에 있는 임금이다. 북쪽을 바라보다 갑자기 임금을 그리워하는 노래를 부른 것이다.

'아침엔 구름이 되고 저녁엔 비가 되는 줄 모르시니'라고 한 것은 명군과 현신의 만남을 남녀의 만남에 비유한 것이다. 조운(朝雲)과 모우(暮雨)는 초(楚)나라 송옥(宋玉)의 「고당부(高唐賦)」에서 연유한 고사이다. 초 회왕(楚懷王)이 고당에 놀러가서 낮잠을 자는데, 한 부인이 꿈에 나타나 "저는 무산(巫山)의 여자로 고당의 나그네가 되었는데, 왕이 여기 계시다는 소문을 듣고 왔으니, 잠자리를 함께 해 주십시오."라고 하여, 하룻밤을 같이 보냈다. 다음날 아침 그 부인이 떠나면서 "저는 무산의 높은 언덕에 삽니다. 매일 아침에는 구름이 되었다가 저녁에는 비가 되어, 아침저녁으로 양대(陽臺) 아래로 내려옵니다."라고 하였다. 남녀가 서로 만나 정을 나누는 것을 의미하는 이 고사는, 여기서 임금과 신하의 만남을 비유한 것이다.

그런데 임금은 초야의 현신과의 만남에 관심이 없다. 그래서 작자로 하여금 임금을 그리워하는 마음에 안타깝고 슬픈 생각을 불러일으키게 한다. 작자는 그런 만남을 평생 원하고 살았지만, 칠십 세가 넘도록 그런 만남을 이루지 못하였다. 그리하여 천왕봉에 올라 북쪽 임금이 계신 곳을 바라보면서 그런 애절한 사미인의 노래를 상상해 본 것이다. 자신의 꿈을 이루지 못한 회한이다.

제2단락에서 천왕봉과 반야봉을 지리산의 상징적인 모습으로 묘사한 뒤, 지리산을 중심으로 사방의 산들을 열거하며 지리산을 남쪽 지방의 진산(鎭山)으로 임금과 같은 존재에 비유하였다. 이는 작자가 단순히 지리산이 사방 산들의 종주임을 드러내기 위해서 열거한 것만은 아닌 듯하다. 그것은 자신이 임금과 같은 존재인 천왕봉에 오르는 것을 상징적으로 드러내기 위한 장치로 보인다. 여기서 천왕봉은 임금이면서 성인에 비유될 수 있다. 즉 스승 조식처럼 도덕이 하늘의 경지에 이른 도덕군자로서, 이 세상 인륜의 기강을 부지할 수 있는 인물도 될 수 있다.

이렇게 보면 작자는 자신이 천왕봉에 오르는 것을 평생 그리워한 임금과의 만남, 또는 천왕봉을 도반으로 삼아 높은 경지에 오른 스승 조식과의 만남에 비유한 것일 수 있다. 이런 점에서 이 시의 앞 두 단락은 단순히 지리산과 주위 산들을 열거한 것이 아니고, 작자의 정신세계를 묘한 수법으로 드러낸 것이다.

2. 유자로서의 현실주의정신

성여신은 23세 되던 해인 1568년 단속사(斷俗寺)에서 거접(居接)할 때, 승려 휴정(休靜:西山大師)이 『삼가귀감(三家龜鑑)』을 편찬해 간행하고, 사천왕상을 새로 만들어 문간에 안치했다. 성여신은 『삼가귀감』에 유가(儒家)의 글이 맨 뒤에 수록된 것에 분개하여 거접하던 유생들과 함께 승려들을 꾸짖고 책판을 불태웠으며, 사천왕상과 나한상을 끌어내 목을 잘랐다. 그리고 인근에 살던 조식(曺植)에게 사람을 보내 그 사실을 고하게 한 뒤, 다음 날 찾아가 배알하였다. 이 사건을 두고 보면, 성여신은 배불숭유(排佛崇儒)의 의식이 확고한 사림과 유생으로서의 모습을 보여주고 있다.

성여신은 이처럼 과단성 있는 기절(氣節)이 있었기에 최영경(崔永慶)·정온(鄭蘊) 등의 옥사에 적극적으로 구원하는 행동을 하였고, 임진왜란 때에는 김덕령·곽재우 등과 군사(軍事)를 논의하였고, 임진왜란이 끝난 뒤에는 무너진 예속(禮俗)을 복구하기 위해 향약을 만들었고, 지방읍지인 『진양지』 편찬을 주도하였고, 스승을 모신 덕천서원 중건에 적극 참여하였다. 이러한 점을 두고 보면, 성여신은 조선 전기 사림파의 정신을 충실히 실천한 인물이라 하겠다.

이런 현실참여정신을 가지고 있던 성여신은 78세의 노년임에도 불구하고, 불교의 혹세무민과 무속의 혹세무민에 대해 젊은 유생 못지않게 날카로운 비판정신을 보여주고 있다. 「유두류산시」에 이러한 의식이 그대로 나타나 있다.

법당 안에 어떤 물건 있는가?	堂中有何物
서남쪽 벽 아래 석불이 앉아 있네.	西南壁下坐石佛
복을 비는 사람들이 끝없이 찾아와,	便有無窮求福人
갓을 벗고 합장한 채 연신 절을 하네.	脫冠攢手拜僕僕
원근의 사람들 남녀노소 할 것 없이,	遠近男女老少
곡식을 퍼 가지고 비단을 싸 가지고,	贏糧齎帛
끊임없이 꾸역꾸역 이 절로 찾아오네.	綿綿焉延延焉
먼저 온 사람은 내려가고,	前來者下
뒤에 오는 사람은 올라오며,	後來者上
뜰을 채우고 길을 메워 끊일 때 없네.	盈庭塡路無時絶
심하구나! 혹세무민하는 허튼소리여,	甚矣惑世誣民之說
어리석은 백성들이 다투어 빠져드네.	能使愚氓競陷溺
천왕봉 위에 또 성모사(聖母祠)가 있는데,	天王峯上又有聖母祠
속설에 의하면 고려 태조 어머니가,	俗傳高麗太祖母
죽어서 신이 되어 이곳에 산다 하네.	死而爲神此焉託
혹자는 석가의 어머니 마야부인이,	或云釋迦之所誕摩倻夫人

서역에서 이 산에 와 앉아 있다 하네.	來坐神山自西域
황당한 여러 설들 어찌 다 믿겠는가,	荒唐衆說何足信
단지 보이는 것은 돌을 깎아 만든 상에,	但見塑像
분과 연지 바르고 비단옷 입혀 놓았을 뿐.	塗粉施丹衣錦帛
누가 이런 황당한 말 지어냈단 말인가,	何人倡此無稽語
속인들 파도처럼 몰려와 허튼 짓 일삼누나.	舉世波奔恣淫瀆
아! 더러운 습속은 씻어 버리기 어렵고,	嗟哉汚俗難滌去
아! 오래 물든 누습은 바꾸기 어렵도다.	噫乎舊染難變革
옛날 천연(天演)이란 중이 문을 박차고 들어가,	昔有浮屠天演者排門突入
성모신의 몸통을 깨어 절벽에 던졌다네.	撞破神軀投絕壁
우리들은 신을 공경하되 멀리하라[31]는 가르침 지킬 뿐,	
	吾儒只守敬而遠之之訓
아첨하지도 함부로 하지도 말면 그만이리.	不爲諂不爲褻[32]

이 인용문의 앞부분은 높은 곳에 위치한 법계사까지 복을 빌러 오는 사람들이 끊이질 않고 있는 모습을 실감나게 그려놓았다. 이런 광경을 목격한 작자는 부처를 하나의 돌덩이로만 보면서 승려의 말을 어리석은 민간인을 속이는 것으로 비판하고 있다. 조선시대 사인들의 유산기를 보면, 대체로 불교에 대해 비판적인 어조가 강하게 나타나는데, 성여신의 경우도 그런 의식이 확고하게 자리하고 있다.

또한 천왕봉 정상의 성모사에 안치된 성모상(聖母像)에 대해서도 성여신은 매우 비판적 인식을 드러내고 있다. 성모는 오랫동안 민간에서 모시던 신으로, 특히 무속인들이 떠받들던 신이다. 지리산 북사면의 백무

---

31 신을……멀리하라 : 이 문구는 『論語』 「雍也」에 보인다.

32 成汝信, 『浮查集』 권2, 「遊頭流山詩」.

동(百巫洞)이라는 골짜기 이름은 온갖 무당들이 이 성모에게 마칠 제물을 가지고 와 머물던 골짜기라는 의미로 붙여진 것이다.

성모가 누구인가에 대해서는 고려 태조의 어머니 위숙왕후(威肅王后)라는 설, 석가의 어머니 마야부인(摩耶夫人)이라는 설 등이 있는데, 조선시대 유자들은 지리산의 산신령으로 보는 시각이 가장 일반적이었다. 성여신은 이 성모에 대한 여러 설을 혹세무민하는 것으로 보며, 천연(天然)이라는 승려가 성모상을 부순 사실을 환기시켜 황당한 설에 빠지지 말 것을 경계하고 있다. 천연은 휴정(休靜)을 따리 임진왜란 때 전공을 세운 승려로서 양사언(楊士彦)·허봉(許篈)·박순(朴淳)·양응정(楊應鼎) 등이 시를 지어주고, 이황(李滉)과 기대승(奇大升)의 편지를 전달했다고 하는 16세기 인물이다.[33]

성여신은 또 천왕봉에서 남해안을 바라보면서 임진왜란의 처참했던 기억을 떠올렸다. 그는 임진왜란을 직접 경험한 인물인데다, 동문들이 대거 의병을 일으킨 남명학파의 일원이었으니, 그 감회가 남달랐을 것이다. 그는 이러한 심경을 다음과 같이 노래하였다.

아득한 저 검푸른 바다 밖에,	蒼茫烟海浩渺外
누가 왜적의 소굴이 되게 하였던가?	誰令染齒爲窟穴
해마다 통신사가 왕래했지만,	連年信使縱相通
수시로 쳐들어와 해독을 입혔네.	時時來肆蜂蠆毒
임진·계사년 난리 어찌 차마 말하리,	龍蛇亂離那忍道
경주·서울·평양을 지키지 못해,	三京失守兮
종묘사직 거의 다 전복될 뻔했네.	廟社幾顚覆

---

33 尹浩鎭, 「天然, 그의 爲人과 文學的 形象化」, 『남명학연구』 제8집, 경상대 남명학연구소, 1998, 125~134면 참조.

적의 칼날 이 산 곳곳에 미쳐,	搜山賊鋒遍玆山
삼대 베듯 무참히 사람들을 죽이니,	殺人如麻兮
비린내 나는 피가 초목에 뿌려졌네.	腥血汚草木
지금 같은 세상 얼마나 다행인가,	何幸如今
성상의 덕화가 사방에 널리 퍼져,	聖化覃被乎四裔
바다에 파도가 일지 않아서,	海不揚波兮
백성들이 생업에 편안하도다.	民物安耕鑿
우리들이 산수 간을 노닐 수 있는 것도,	吾儕得遊山水間
어느 하나 성상 은택 아닌 것이 없다네.	一一無非由聖澤[34]

작자는 왜적이 침입하여 참혹한 해독을 끼친 것에 대해 분개한 마음을 표출하고 있다. 성여신은 1593년 진주성이 함락될 때 진주향교의 교장으로 있던 중형(仲兄)을 잃었다. 성여신은 임진왜란이 끝난 뒤 1592년 진주성 제1차 전투를 승리로 이끈 김시민(金時敏) 장군의 영웅적 전투를 잊지 않고 기억하기 위해 「진양전성기(晉陽全城記)」를 지었는데, 당시의 전투장면을 생생하게 묘사해 놓았다. 이런 기억을 간직한 그의 눈에 들어온 남해안은 왜적에 대한 적개심을 드러내기에 충분했을 것이다.

이상에서 살펴본 것처럼 「유두류산시」에는 불교와 무속의 혹세무민에 대한 비판의식, 왜적의 침입에 대한 분개한 의식 등 유자로서의 현실주의정신이 유감없이 발휘되어 있다.

3. 탈속적 청신쇄락(淸新灑落)의 흥취

성여신은 덕천서원 앞 세심정에서 일행을 만나 출발하여 공전촌(公田

34　成汝信, 『浮査集』 권2, 「遊頭流山詩」.

村: 현 시천면 외공리)에서 묵었는데, 밤중에 배탈이 나서 고생을 하였다.
그러나 천왕봉에 오르겠다는 의지를 굽히지 않고 뱃속을 안정시킨 뒤
법계사를 향해 출발하였다. 중간에 노복의 등에 업혀 험난한 곳을 지나
기도 하였지만 걸어서 황혼녘에 법계사에 도착하였다. 성여신은 법계사
에 도착하여 느낀 흥취를 다음과 같이 기술해 놓았다.

이 몸 이미 최고봉에 가뿐히 오른 듯해,	將身已置最高處
바람 타고 허공 향해 날아기듯 상쾌하네.	快若乘風向廖廓
정신을 가다듬고 편히 눕자 온갖 시름 사라지고,	頤神安寢屢念灰
속세를 굽어보니 하루살이처럼 부질없어 보이네.	俯視人間等蠓蟻

법계사는 해발 1,450m에 위치한 절로 지리산 동남쪽을 조망할 수 있
는 높은 곳에 있다. 작자는 이곳에 올라 천왕봉에 오른 듯한 기분을 맛보
며, 바람을 타고 허공을 날아가는 듯한 상쾌함을 느낀다. 그리하여 세속
의 온갖 시름이 사라지고, 속세를 굽어보며 하루살이의 삶처럼 부질없는
인생을 돌아본다. 이처럼 성여신은 법계사에서 속진을 떨쳐버리고 청신
쇄락한 흥취를 느꼈다.

성여신은 다음날 아침 법계사에서 일출을 구경한 뒤, 발아래로 보이
는 세상을 굽어보며 탈속적 정취를 느끼고, 앞에 보이는 최치원(崔致遠)
의 발자취가 남아 있다고 전하는 문창대(文昌臺)를 바라보며 최치원을
떠올린다. 이는 속세를 벗어난 선계에서 느끼는 청신쇄락한 흥취이다.

맑은 새벽잠이 깨어 날 새길 기다리다,	淸晨夢罷待朝起
동쪽 창을 활짝 열고 해돋이를 보았네.	手闢東窓看日出
동방이 점점 붉은 빛에 물들더니,	東方漸入紅錦中

수레바퀴 같은 해가 바다 위로 떠올랐네.	火輪輾上滄溟角
천지 사방 옥촉(玉燭)을 켠 듯 환하게 밝아지니,	六合淸朗玉燭明
삼라만상이 제각기 그 모습을 드러내네.	物象森羅千萬億
띠처럼 생긴 강물 산을 감싸고 흐르는데,	江流爲帶束諸山
어디가 진(秦)나라이고 어디가 초(楚)나라이며,	何地是秦楚
어디가 오(吳)나라고 어디가 월(越)나라인지 모르겠네.	何地是吳越
여기는 날짐승도 길짐승도 보이지 않고,	玆地絶翔走
단지 푸른 소나무와 회나무가,	但見蒼松碧檜
단풍나무·잣나무 속에 드문드문 보일 뿐.	雜丹楓間翠柏
동쪽에 걸터앉은 세존봉(世尊峯)에는,	東蹲世尊峯
우뚝한 바위가 사람이 서 있는 듯.	石角如人立
서쪽에는 문창대(文昌臺)가 솟아 있으니,	西峙文昌臺
고운(孤雲)의 옛 자취가 남아 있는 곳.	孤雲遺舊跡
그 바위에 고운의 필적 새겨 있다 하는데,	人言石刻遺仙筆
험하고 가파른 절벽이라 가 볼 길이 없네.	路險境絶無由覩[35]

지리산 유산기를 분석해 보면, 대체로 천왕봉에 오르는 사람들은 공자가 말한 등태산이소천하(登泰山而小天下)의 의식을 맛보며 시야를 확대하고 정신을 드높이기를 목적으로 하고, 쌍계사 방면 청학동을 찾는 사람들은 속진을 떨치고 흉금을 쇄락하게 하는 것을 목적으로 한다.[36] 또한 천왕봉에 오르면 일출을 구경하고 그 장면을 섬세하게 묘사하였다.[37]

그런데 성여신은 일출 장면을 섬세하게 묘사하지 않았다. 오히려 그

35 成汝信, 『浮査集』 권2, 「遊頭流山詩」.
36 崔錫起, 「조선시대 士人들의 지리산유람을 통해 본 士意識」, 『한문학보』 제20집, 우리한문학회, 2009, 40~43면 참조.
37 崔錫起, 「조선시대 士人들의 智異山·天王峯에 대한 인식」, 『남도문화연구』 제21집, 순천대 남도문화연구소, 2011, 104~105면 참조.

보다는 날이 밝은 뒤에 보이는 산 아래의 세상과 속세에서 동떨어진 지
리산의 때 묻지 않은 모습을 그려 놓았다. 그리고 인간세상을 떠나 신선
이 되었다고 하는 최치원의 발자취를 떠올렸다. 이는 작자가 탈속적 경
계에서 느끼는 청신쇄락의 흥취를 노래한 것이다. 그리하여 천왕봉 정상
에 올라 다음과 같이 노래했다.

높은 곳에 오르니 하늘에 닿을 듯,	身高天不遠
머리 위의 별들은 손 안에 잡힐 듯,	頭上星辰手可摘
활달한 걸음걸음 생각은 끝이 없고,	步闊意何長
만 리의 산하는 한 눈에 들어오네.	萬里山河輸一矚

그리고서 이 산에 두류산·지리산·방장산 세 가지 이름이 전해진 내
력과 지리산의 신이함을 찬양한 뒤, 자신에게 신선의 골격이 있음을 자
부하며 다음과 같이 노래했다.

언제나 상서로움 간직하고 신이함을 드러내,	儲祥産異無絶時
이 지리산에서 불사약이 많이도 나온다네.	山上多生不死藥
그 옛날 중국의 진시황과 한 무제는,	秦皇漢武
불사약을 구하려다가 얻지 못했지만,	求之而不得者
오늘 나는 이 산에 두 발을 들여놓았네.	此日輸吾雙躧展
왼쪽으론 홍애(洪厓) 오른쪽으론 부구(浮丘)를 잡으니[38],	
	左抱洪厓右浮丘

---

38 왼쪽으로······잡으니 : 洪厓와 浮丘는 중국 고대 신선의 이름이다. 郭璞의 「遊仙詩」에
    "왼쪽으로는 浮丘公의 소매를 잡고, 오른쪽으론 홍애 선생의 어깨를 치네.[左抱浮丘
    袖 右拍洪崖肩]"라고 하였다. 여기서는 산의 형세가 홍애나 부구가 살던 신선세계와
    다름이 없다는 의미로 쓰인 듯하다.

모두가 신선의 골격에 알맞구나. 儘是神仙中骨格

걸음마다 연하 머금고 기화요초 꺾으며, 餐霞步步拾瑤草

티끌과 안개 뒤덮인 인간 세상 돌아보네. 回眄人間塵霧合

이는 자신이 신선세계를 노니는 선유가 진시황이나 한 무제에 비해
부러울 것이 전혀 없다는 정취를 한껏 드러낸 것으로, 탈속적 흥취가
한층 고조된 의경이다.

4. 안빈낙도와 소요방광(逍遙放曠)의 지취(志趣)

성여신은 천왕봉에서 자신의 집이 있는 월아산을 바라보며, 그 속에
서 안빈낙도하는 자신의 삶을 돌아본다. 그리고 자신의 재주와 포부를
접고 일민(逸民)으로 살아가는 삶의 지조를 변치 않으리라 맹서하며 다
음과 같이 노래했다.

사는 곳을 한가로이 거닐며 마음껏 노닐기도 하고, 閒笻隨處任遨遊

명승지를 두루 구경하며 얽매임 없이 유람도 하네. 遍踏名區無局束

동쪽으로 아직 푸른 월아산을 바라보니, 東望牙山靑未了

내 집이 그 기슭에 있는 줄 알겠네. 知是吾家在其麓

나는 백구와 벗하며 그윽한 곳에 깃들어, 浮查伴鷗寄幽棲

한 표주박의 물로 만 권의 책과 함께 살아가네. 一瓢生涯萬卷榻

성스런 세상에 태어나 버려진 사람 되었으니, 生逢聖世爲棄物

은거해 사는 것을 맹세코 알리지 않으리라. 在澗之藚矢不告

오늘 물외의 세계에서 한가로이 노니니, 今來閒放物外遊

어지러운 세상사 한결같이 꿈속의 일이로세. 世事紛紛一隍鹿

성여신은 물외의 선유를 통해 어지러운 세상사를 꿈속의 일처럼 지워 버렸다. 그래서 그의 마음속에 응어리진 불화는 말끔히 해소되었다. 그리하여 이 시의 대단원을 다음과 같이 마무리 지었다.

신선 놀이 마치고 새날이 밝으니,	仙遊旣了返飆輪
몸은 날아갈 듯하고,	飄飄乎身世
정신은 씻은 듯하여,	灑灑乎精神
넓고 넓은 세계를 얻은 듯하네.	浩浩然如有得
공자께서 태산과 동산에 오르셨을 때와,	吾不知夫子之登泰山登東山
정자가 남여로 3일 동안 유람했을 때와,	程子之藍輿三日
주자가 눈 내리는 남악을 유람했을 때도,	晦翁之雪中南嶽
오늘 나처럼 마음과 눈이 활달했을까?	亦如今日之豁心目
장건(張騫)이 뗏목 타고 은하수에 오른 일,	又不知張騫之乘槎
유안(劉安)의 닭과 개가 약을 먹고 하늘에 오른 일,	劉安之雞犬
왕자교(王子喬)가 학을 타고 하늘에 오른 일이,	王喬之控鶴
어찌 오늘 우리들이 마음껏 노닌 것과 같을까?	孰如吾儕今日之恣遊樂
고금의 인물이 같고 다른지는 모르겠지만,	古今人同不同未可知
다만 나는 조물주와 한 무리 되어,	只與造物者爲徒
산천의 언덕을 소요하기도 하고,	而逍遙乎山川之阿
인간 세상에서 마음껏 노닐기도 하니,	放曠乎人間之世
구애됨도 없고 얽매임도 없도다.	無所拘而無所繫

성여신은 이처럼 이 선유를 통해 육체적·정신적 청량감을 한껏 맛보았다. 그리고 그는 그런 활달함을 공자·정자·주자가 유산(遊山)을 했던 것, 그리고 장건(張騫)·유안(劉安)·왕자교(王子喬) 등 선인들의 선유에 비해 못할 것이 없다는 자긍심을 드러냈다.

그러나 그는 선유를 즐긴다고 하여 선계에 완전히 빠져들지 않는다. 쌍계사 방면을 유람하고 돌아오는 날, "평생 경세제민의 포부 품지 않았다면, 학을 타고 난새를 곁말로 할 수 있었으리."[39]라고 노래한 데서 알 수 있듯이, 그는 사인의 본분을 잃지 않았다. 또한 "일심이 지향하는 바를 어찌 고상하게 기르지 않으랴."[40]라고 한 것을 보면, 그의 선유는 일심의 지향을 드높게 기르기 위함이었음을 알 수 있다.

그래서 그는 선계에 머물지 않고 다시 현실세계로 돌아오며, 사인 본연의 자세를 생각하였다. 「방장산선유일기」 말미에 "사(士)의 일신은 경세제민을 그의 계책으로 하고, 사의 일심은 겸선(兼善)을 그의 지향으로 한다. 그렇지 않다면 산에 어찌 들어갈 수 없겠으며, 신선을 어찌 배우지 않을 수 있겠는가."[41]라고 하였다. 사인의 본분이 경세제민(經世濟民) 및 겸선천하(兼善天下)에 있음을 분명히 하고 있다. 그는 또 이 글에서 산에 들어갈 수 없음을 말한 정명도(程明道)의 유산시(遊山詩)와 선(仙)을 배울 수 없음을 말한 주자의 감흥시(感興詩)를 예로 들면서, 자신의 유람이 명목상으로는 선유지만 실제로는 선(仙)이 아님을 강조하였다.[42]

이러한 점을 함께 고려하면, 그가 이 시의 말미에서 말하고 있는 '조물주와 한 무리가 되어 산천의 언덕을 소요하기도 하고, 인간 세상에서 마음껏 노닐기도 하니, 구애됨도 없고 얽매임도 없도다.'라고 한 경지는 선계를 노닐건 속세에 머물건 아무런 걸림이 없는 무애자재의 자유로운 정신세계를 지향한 것을 알 수 있다.

---

39 成汝信, 『浮査集』 권5, 「方丈山仙遊日記」. "平生倘不懷經濟 鶴可駕兮鸞可驂"

40 上同. "一心所向 如何不高養也"

41 上同. "士之一身 經濟其策 士之一心 兼善其志 不然山何可不入 仙何可不學"

42 上同. "然則今我仙遊 名雖仙也 實非仙也"

Ⅳ. 맺음말

이상에서 살펴본 것처럼, 성여신은 젊어서부터 경세적 포부와 문학적 성취를 아울러 견지하였는데, 문학은 당송고문 가운데서도 특히 한유(韓愈)와 구양수(歐陽脩)를 전범으로 하여 아정평담(雅正平淡)한 문장을 추구하였다. 그러나 잇따라 과거시험에 낙방하고 임진왜란이라는 전쟁을 겪으면서 중년을 훌쩍 넘기고 말았다. 그러면서도 그는 자신의 꿈을 포기하지 않아 60세가 넘어 생원·진사시에 모두 합격하였다. 그렇지만 자신을 알아주는 군주를 만나지 못해 불우한 처사로서 살아가고 있었다.

그런데 왕권이 안정되지 못했던 광해군 시대에 집권세력인 대북파가 영창대군을 죽이고 인목대비를 폐하는 사건을 일으키자, 성여신은 현실 정치에 대한 불화가 극대화되었고, 이런 불화를 해소하고 자신을 온전히 하는 방편으로 선계 유람에 몰입하였다. 1616년 동지들을 규합하여 쌍계사 방면을 유람한 것이 그의 선취를 유감없이 드러낸 것이다. 성여신은 이 유람을 통해 속진의 불화를 탕척하면서 탈속적 청신쇄락(淸新灑落)의 흉금을 맛본다. 그러나 그는 유자의 본분을 저버리지 않았다.

성여신이 1623년 지리산 천왕봉을 유람한 것은 여러 측면에서 놀랍기만 하다. 우선 78세의 노인이 중산리-법계사-천왕봉 코스를 등산했다는 사실 자체가 놀랍다. 그런데 그보다는 그가 왜 하필 1623년에 유람을 한 것일까 하는 의문이 든다. 1623년 3월 인조반정이 일어나 북인 정권이 몰락하고 서인 정권이 들어섰다. 이때 정인홍이 처형되어 남명학파도 몰락의 길로 들어섰다. 성여신은 무슨 마음으로 이 시점에 다시 선계 유람을 떠난 것일까? 이에 대한 필자의 견해를 이렇다.

앞에서 살펴보았듯이, 작자는「유두류산시」의 제1단락에서 지리산 천

왕봉의 위상을 도덕군자에 비유하여 북쪽 대궐과 마주하고 있는 점을
언급한 뒤, 사미인(思美人)을 노래하여 불우한 처사의 마음을 드러냈다.
그리고 제2단락에서는 천왕봉을 하늘을 떠받치고 있는 지주, 즉 인간
세상의 인륜의 강상에 비유하였다. 바로 성여신이 추구하던 경세적 포부
와 연결되어 있다. 또한 천왕봉은 스승 조식의 정신적 지향을 상징하는
곳이니, 조식의 경의학을 실천한 그로서는 스승의 경지에 다가가는 것이
기도 하였다.

이런 점을 감안해 보면, 성여신은 인조반정으로 인해 자신의 포부를
완전히 접게 되자 불화가 다시 고조되었고, 그런 불화를 달래고 싶었을
것이다. 그리고 천왕봉은 스승 조식의 천인벽립의 기상과 처사로서의
절의(節義)를 상징하기 때문에 자신이 몸소 그 경지에 나아가 그 정신을
고취하고 싶었을 것이다. 이런 정신지향이 78세의 노구를 이끌고 천왕
봉을 오르게 한 것이다.

조선시대 사인들의 지리산 유산기를 보면, 대체로 천왕봉에 올라 등
태산이소천하(登泰山而小天下)의 의식을 맛보거나, 쌍계사 방면의 청학
동을 찾아 속진을 탕척하며 선유를 하는 두 가지로 대별된다. 그런데
성여신의 「유두류산시」에는 천왕봉에 올라 등태산이소천하를 지향하는
의식이 없다. 다만 불우한 처사로서의 사미인가(思美人歌), 유자로서의
현실주의정신, 탈속적 청신쇄락의 흥취, 안빈낙도와 소요방광(逍遙放曠)
의 지취(志趣)를 드러내고 있을 뿐이다. 이런 점을 통해 성여신이 천왕봉
에 오른 이유를 또 추론해 보면, 불우한 처사로서의 정신적 지향을 다짐
하기 위한 유람이었다고 하겠다.

성여신의 1616년 쌍계사 방면 유람은 선계를 유람하며 선취적 경향에
몰입하는 성향을 보인다. 그런데 1623년 천왕봉 유람은 선취적 경향보

다는 불우한 처사로서의 정신적 지향을 더 견지하고 있다. 이러한 정신적 지향은 안빈낙도와 소요방광의 지취로 귀결된다.

자신이 처한 현실에 안분(安分)하는 것은 경세적 포부를 접은 것이다. 옛날 이윤(伊尹)이 탕(湯)에게 등용되기 전에 초야에서 요·순의 도를 즐기며 산 것처럼, 성여신도 자신의 몸에 도를 간직하고 그것을 즐기며 사는 길을 택하였다. 이러한 안빈낙도의 지취를 단적으로 드러낸 것이 「아유일가(我有一歌)」 마지막 제5수이다.[43] 그리고 「유두류산시」의 말미에서 '자신은 조물주와 한 무리가 되어 산천을 소요하고 인간세상에서 마음껏 노닐며 구애됨도 얽매임도 없는 삶을 살겠다.'고 한 것이 범속(凡俗)을 벗어나 자유로운 정신을 지향한 소요방광의 지취이다.

이런 점에서 성여신이 1616년 쌍계사 방면을 유람하고 지은 「방장산선유일기」가 극대화된 불화를 해소하기 위해 선계를 유람하며 선취에 빠져든 유선적 선취를 드러낸 것이라면, 1623년에 천왕봉을 유람하고 지은 「유두류산시」는 불우한 처사로서의 안빈낙도와 소요방광의 지취를 드러난 정신지향이라 하겠다. 전자는 유산기의 제목에 '방장산(方丈山)'을 쓰고, 후자는 유산시의 제목에 '두류산(頭流山)'을 쓴 것에서도 이런 지향이 드러난다.

따라서 이 유산기와 유산시를 통해 우리는 16~17세기 격변하는 정국 속에서 남명학파에 속한 한 불우한 처사의 정신적 고뇌와 지향을 엿볼 수 있다. 성여신의 「방장산선유일기」와 「유두류산시」는 문학작품으로서도 의미가 있지만, 당시의 사상계 동향을 엿볼 수 있게 해주는 좋은

---

43 成汝信, 『浮査集』 권1, 「我有一歌」 제5수. "我有一間屋 茅簷長寂寂 人喜千萬間 我喜僅容膝 人喜積金帛 我喜貯甌石 牀上萬卷書 堯舜孔孟說 如斯送餘年 途窮知免哭"

자료라고 하겠다.

이 글은 『남명학연구』 제49집(경상대 남명학연구소, 2016)에
실린 「성여신의 「유두류산시」에 대하여」를 수정 보완한 것이다.

제10장

유몽인의 지리산 기행시

Ⅰ. 유몽인의 지리산 유람

1. 동행인과 유람 일정

유몽인(柳夢寅)은 선조 말기인 1603년 다시 벼슬길에 나아가 동부승지가 되고, 1605년 대사성이 되었다. 그 뒤로 대사간·도승지 등을 역임하였다. 1608년 선조가 승하할 때 내린 유지를 일곱 대신들에게 전하였는데, 뒤에 이 일에 연루되어 대북 세력인 이이첨(李爾瞻) 일파의 탄핵을 받아 벼슬에서 물러났다. 유몽인은 1608년 광해군이 즉위한 뒤, 대북 세력이 정권을 장악하기 위해 연이어 옥사를 일으키자 벼슬에서 물러나려 하였다.

그는 당색으로 보면 북인계에 속하지만, 광해군 즉위 후 이이첨을 중심으로 한 대북파가 정권을 장악하기 위해 강경책을 쓰자, 이에 동조하지 않았다.[1] 그리하여 벼슬을 사직하고 물러나려 하였다. 그러나 뜻대로

---

1 『연려실기술』에서는 유몽인을 中北으로 분류하고 있다. 중북은 광해군 때 영창대군을 죽이고, 인목대비를 폐할 때 大北과 노선을 달리 한 인사들이 중심을 이룬다.

되지 않아 1609년 성절사(聖節使) 겸 사은사(謝恩使)로 명나라에 다녀왔고, 그 이듬해에는 남산에 퇴거하여 머물고 있다가, 1611년 2월 초순에 남원부사로 부임하였다. 이 해 음력 3월 말부터 4월 초에 사이에 지리산을 일주하는 유람을 하였다.

유몽인은 1611년 남원부사를 사직하고 은거하였다. 그러나 1614년 조정에서 불러 다시 들어가 대사간 및 홍문관 대제학을 지냈다. 1617년 인목대비 폐비론이 일어났을 때, 수의(收議)에 가담하지 않았다는 이유로 대북정권의 탄핵을 받고 파출되었다. 이후 벼슬길에서 물러나 여러 곳을 떠돌며 지내다가, 1623년 인조반정 뒤 광해군의 복위 계획에 가담했다는 무고로 8월 5일 사형을 당하였다.

유몽인이 지리산을 유람한 것은 1611년 음력 3월 29일부터 4월 8일까지 9일 동안이었다. 동행한 사람은 순천부사로 있던 유영순(柳永詢), 남원 목동(木洞)에 살고 있던 진사 김화(金澕), 순창(淳昌)에 살고 있던 생질 신상연(申尙淵)과 신제(申濟) 및 종 등이었다.

유람일정은 다음과 같다. 1611년 음력 3월 28일 목동 김화의 재간당(在澗堂)에서 유영순 등과 합류하여 하룻밤을 묵었다.

3월 29일 김화의 재간당에서 출발하여 요천(蓼川)을 따라 거슬러 올라 번암(磻巖)을 지나 남쪽으로 내려가 운봉(雲峯) 황산(荒山)의 황산대첩비가 있는 비전(碑殿)에서 쉬었다. 유몽인은 이곳에서 역사를 회고하며 비를 세우게 된 경위, 이성계가 이곳의 지형을 잘 이용하여 아기발도(阿只拔都)를 물리친 전투, 임진왜란 때 명나라 장수 양원(陽元)이 지형지세를 잘 활용하지 못하여 이곳에서 패한 사실, 비석 곁에 있는 혈암(血巖)에 대한 민간 전설 등을 비교적 소상히 기록해 놓았다.

유몽인은 역참에서 운봉현감 이복생(李復生)을 만나 술을 몇 잔 얻어 마시고 길을 떠나 인월(引月)을 거쳐 백장사(百丈寺)로 들어갔다. 그는 백장사에서 어린아이로부터 불등화(佛燈花)와 춘백화(春栢花)를 선물 받고 꽃의 생김새에 상세히 기록해 놓았다.

유몽인은 4월 1일 백장사에서 산행 준비를 하고서 내려와 시내를 따라 뱀사골 계곡으로 들어갔다. 당시 뱀사골 계곡에서 흘러내리는 시내를 황계(黃溪)라 하였는데, 이 시내를 거슬러 올라갔다. 영대촌(嬴代村)을 지나 흑담(黑潭)에 이르렀다. 그곳에서 비파를 타고 젓대를 불게 하고서 태평소로 「산유화(山有花)」라는 노래를 연주하게 하였다.

다시 길을 떠나 황계폭포(黃溪瀑布)를 지나 환희령(歡喜嶺)을 넘어 내원사(內院寺)에 이르렀다. 내원사는 두 줄기 시내가 합하는 곳에 있었다고 하였다. 이곳에서 동쪽 계곡(지금의 뱀사골계곡)으로 올라 정룡암(頂龍菴)에 이르렀다. 정룡암 앞에 큰 시내가 있는데 절벽의 대를 대암(臺巖)이라 부른다고 하였으며, 그 아래 못에 가사어(袈裟魚)가 살고 있다고 하였다. 유몽인 일행은 이 정룡암에서 하룻밤을 묵었다. 이 정룡암 북쪽에 이조 판서를 지낸 노진(盧禛)의 서재가 있었다고 한다.

4월 2일, 유몽인은 정룡암을 출발하여 월락동(月落洞)을 지나 황혼동(黃昏洞)을 거쳐 와곡(臥谷)으로 들어갔다. 와곡은 뱀사골 계곡으로 오르는 길을 버리고 동쪽으로 난 시내를 따라 들어가는 길로 지금의 와운마을이 있는 곳이다. 따라서 월락동과 황혼동은 그 명칭으로 보아 현 뱀사골 계곡 초입의 골짜기로 달이 떠도 동쪽 산 능선에 가려 어둡기 때문에 그와 같은 명칭이 있었던 듯하다.

이들은 와곡에서 갈월령(葛越嶺)으로 올랐는데, 갈월령은 지금의 영원령인 듯하다. 갈월령은 지금의 삼각봉(삼각고지)에서 북쪽으로 뻗어 내린 삼정산 능선에 있는 고개이다. 이들 일행은 갈월령에서 영원암(靈源菴)으

로 내려가 승려 선수(善修)로부터 다과를 대접 받고 잠시 쉬었다가, 사자
항(獅子項)을 돌아 장정동(長亭洞)으로 내려갔다. 장정동은 지금의 양정
마을인 듯하다. 다시 실덕리를 지나 군자사(君子寺)로 들어가 하룻밤을
묵었다.

군자사는 현 함양군 마천면 도마 마을에 있던 신라 시대에 창건한 고
찰로, 조선시대 백무동 방면으로 지리산을 유람을 하던 사대부들이 베이
스캠프처럼 이용하던 곳이다.

유몽인이 백장사에서 출발하여 뱀사골 계곡으로 들어가 와운 마을을
거쳐 영원령을 넘어 영원사를 거쳐 군자사까지 내려온 일정은 여타 다른
사람들의 지리산 유람에 나타나지 않는 코스로 당시 이 지역의 여러 가
지 모습들을 알게 해주는 중요한 정보이다.

4월 3일, 유몽인은 군자사에서 출발하여 의탄촌(義呑村)을 거쳐 원정
동(圓正洞)을 지나 용유담(龍游潭)에 이르렀다. 유몽인은 용유담에 이르
러 경관을 다음과 같이 묘사해 놓았다.

> 푸른 삼(杉)나무와 붉은 소나무가 울창하게 서 있고, 칡덩굴과 담장
> 이 넝쿨이 이리저리 뻗어 있었다. 일(一)자로 뻗은 거대한 바위가 양쪽
> 언덕으로 갈라져 큰 협곡을 만들고, 모여든 강물이 그 안으로 흘러드는
> 데, 세차게 쏟아져 흰 물결이 튀어 오른다. 돌이 사나운 물결에 깎여
> 움푹 파이기도 하고, 불쑥 솟구치기도 하고, 우뚝우뚝 솟아 틈이 벌어
> 지기도 하고, 평탄하여 마당처럼 되기도 하였다. 높고 낮고 일어나고
> 엎드린 것이 수백 보나 펼쳐져 있어 형상이 천만 가지로 다르니, 다 형
> 용할 수 없었다.[2]

2 최석기 외(2000), 『선인들의 지리산 유람록』, 돌베개, 184면 참조.

시내 협곡 양쪽 언덕에는 삼나무와 소나무가 울창하게 우거져 있고, 칡넝쿨과 담장이 넝쿨이 얼키설키 뻗어 있는 원시림의 모습이다. 그리고 일(一) 자의 바위가 갈라져 그 사이에 협곡이 만들어진 것으로 보고 있다. 이러한 안목은 지리에 밝은 그의 식견을 잘 드러내주고 있다. 유몽인은 용유담의 온갖 가지 바위 형상을 천만 가지로 다르다고 하면서 다 형용할 수 없다고 하였다. 실제로 우리는 지금 용유담의 진면목을 다 보지 못한다. 다리 위에서 조망을 하거나, 아니면 기껏 김종직 등의 유적을 새긴 각자가 있는 곳에 가서 내려다 볼 뿐이다. 시내를 따라 중턱에 도로나 나 있어서 거의 대부분의 사람들이 그 비탈길을 내려가 온갖 가지 형상의 바위를 구경하지 못한다. 그런데 실제로 그곳에 가 보면, 모두 입을 떡 벌리고 감탄을 금치 못한다. 그만큼 기기묘묘한 바위들이 널려 있기 때문이다.

유몽인은 이러한 기묘한 바위형상들을 보면서 승려들이 용이 할퀴고
간 흔적이라는 말을 듣고서 허탄한 말로 치부해 버린다. 그런데 민간인
은 물론 사인(士人)들도 이런 기묘한 형상을 보고 대부분의 사람들은 용
이 조화를 부린 것으로 믿고 있었다. 그래서 그 역시 그런 상상을 잠시
해 보았다. 그러나 그는 장난기가 발동하여 정말로 용유담의 깊은 못에
용이 살고 있는지를 시험해 보기로 하였다. 그래서 그는 시를 한 수 지어
연못에 던져 용을 희롱해 보기로 하였는데, 그 시는 다음과 같다.

성모사 앞에는 바위만으로 마을을 만들더니,	聖母祠前專石洞
천왕봉 밑에서는 파신에게 일을 시키는구나.	天王峰下役波臣
인간 세상에 어찌 주평만 같은 이가 없으리오,	人間豈少朱泙漫
연못에 깊이 잠겨 옥 비늘을 거두고 있으리라.	宜沏重淵戢玉鱗[3]

성모사(聖母祠)는 성모를 모신 사당으로, 천왕봉에만 성모를 모신 사당
이 있었던 것이 아니고, 백무동과 용유동에도 성모를 모신 사당이 있었
다. 용유담 근처 성모를 모신 사당이 바위로 된 굴과 같은 집이었기 때문
에 바위로만 마을을 만들었다고 한 것이다. 파신(波臣)은 『장자』「외물(外
物)」에 나오는 '학철부어(涸轍駙魚)'의 고사에서 붕어가 자신을 지칭한
말로, 여기서는 '고단하고 옹색하게 관직 생활을 하는 작자 자신'을 지칭
하고 있다. 주평만(朱泙漫)은 『장자』「열어구(列禦寇)」에 "주평만이 지리
익(支離益)에게 용을 잡는 기술을 배우면서 천금의 가산을 모두 탕진하였
는데, 3년 만에 기술을 완전히 터득했으나 써 먹을 곳이 없었다."라고
하였다. 여기서는 '용을 잡을 수 있는 재능을 가진 사람'을 가리킨다.

---

3 柳夢寅, 『於于集』 後集 권2, 「頭流錄-題一絶投龍游潭」.

유몽인은 이 절구를 써서 용유담에 던져 정말로 용이 있는지를 시험하고자 했는데, 기이한 현상이 나타났다. 유몽인은 이를 유람록에 다음과 같이 묘사해 놓았다.

> 얼마 뒤 절벽의 굴속에서 연기 같지만 연기가 아닌 이상한 기운이 모락모락 피어올랐다. 층층의 푸른 봉우리 사이로 우레 같은 소리와 번쩍번쩍 번갯불 같은 빛이 잠시 일어나더니 곧 그쳤다. 동행한 사람들이 옷깃을 거머쥐고 곧바로 외나무다리를 건너 허물어진 사당 안으로 뛰어 들어가 기다렸다. 잠시 후 은실 같은 빗줄기가 떨어지더니, 새알만큼 큰 우박이 쏟아지고 일시에 소나기가 퍼부었다. 좌중의 젊은이들은 거의 숟가락을 떨어뜨릴 정도로 얼굴빛이 새파랗게 질렸다. 한참 뒤 하늘에 구름이 뒤엉키더니 구름장 사이로 햇빛이 비추었다.[4]

이러한 현상은 아마도 우연의 일치였겠지만, 당시 용을 시험해 보고자 했던 사람들은 혼비백산하지 않을 수 없었을 것이다. 절벽의 바위굴에서 연기가 피어나고, 갑자기 먹구름이 밀려와 천둥과 번개가 치고 소나기와 우박이 내렸으니, 용이 조화를 부린 것이라고 느끼지 않을 사람이 없었을 것이다.

유몽인 일행은 비가 그친 뒤 용유담에서 가시덤불을 헤치고 산길을 올라 어렵사리 마적암(馬跡庵)에 이르렀다. 마적암은 현 함양군 휴천면 송전리에 있던 절로 마적도사가 살던 절이라고 한다. 마적도사는 용유담 근처 마적암에 살았다고 하는 전설 속의 인물로 법우화상이라고도 한다. 마적도사는 나귀와 관련된 전설이 있으며, 천왕봉의 성모와 혼인했다는

---

4 최석기 외(2000), 『선인들의 지리산 유람록』, 돌베개, 185면 참조.

전설도 있다.

유몽인 일행은 마적암을 지나 비탈길을 올라 두류암(頭流菴)에 이르러 하룻밤을 묵었다. 두류암이 어디인지에 대해서는 정확한 위치를 알 수 없으나, 요즘 지리산을 사랑하는 사람들이 비정한 바에 의하면, 함양군 휴천면 송전리 송대동으로 추정하고 있다. 두류암에는 북쪽에 높은 대가 있고, 수십 길의 폭포가 있었다고 유몽인이 기록해 놓았으니, 이 두 곳을 찾으면 두류암의 위치도 대략 추정할 수 있을 것이다.

4월 4일, 유몽인은 새벽에 두류암을 출발하여 옹암(甕巖)을 거쳐 청이당(淸夷堂)에 이르렀다. 옹암은 요즘 사람들이 진주독바위라고 부르는 거대한 항아리 모양의 바위를 가리키는 듯하고, 청이당은 쑥밭재 밑의 계곡에 있는 당집의 이름이다. 이곳에도 무당들의 당집이 있었다.

이들은 다시 영랑대(永郎臺)를 지나 소년대(少年臺)를 거쳐 제일 높은 천왕봉(天王峯)에 올랐다. 유몽인은 천왕봉에 올라 성모사를 보고 무속을 비판하였으며, 성모사와 백무동의 백무당과 용유담의 성모를 모신 당집을 무당들의 3대 소굴이라고 비판하였다. 그리고 사방으로 산천을 조망하며 자신의 지리적 식견을 발휘하여 각지의 산을 일일이 열거하였다. 그리고 또 자신의 삶을 돌아보며 인생의 덧없음을 한탄하였다.

유몽인은 다른 사람들처럼 성모사에서 일박을 하고 일출을 구경하지 않고 2리쯤 떨어진 향적암(香積菴)으로 내려가 묵었다. 당시 유몽인이 본 향적암은 단청칠을 한 작은 암자로 묘사되어 있다.

4월 5일, 유몽인은 향적암을 출발하여 주능선을 따라 영신암(靈神菴)에 들러 주변을 구경하고, 대성동 골짜기로 하산하여 의신사(義神寺)에 들어가 묵었다. 그는 의신사에서 주지 옥정(玉井)과 태승암(太乘菴)에 머물던 승려 각성(覺性)을 만났는데, 모두 시를 잘 짓는 승려라고 하였으며, 특히 각성은 왕희지의 필법을 본받아 글씨를 잘 썼다고 하였다. 각성은 뒤에 신흥사에 머물러 수백 명의 대중을 거느리고 불경을 강론한 당대 고승이었다.

4월 6일, 유몽인은 의신사를 출발하여 시내를 따라 내려왔는데, 홍류동(紅流洞)을 지나 신흥사에 이르러 주변 경관을 구경하고, 다시 시내를 따라 내려가며 만월암(滿月巖)과 여공대(呂公臺)를 거쳐 쌍계사(雙磎寺)에 들어가 하루를 묵었다. 만월암과 여공대라는 지명은 유몽인의 유람록에만 나타나는 명칭인데, 어느 곳인지는 비정하기가 어렵다.

4월 7일, 유몽인은 쌍계사를 출발하여 불일암(佛日庵)에 올라 인근의 불일폭포 등지를 구경하고 화개동으로 내려와 섬진강을 따라 거슬러 올라 와룡정(臥龍亭)에 이르고, 남원 남창(南倉)에 이르러 하룻밤을 묵었다. 그리고 8일 남창을 출발하여 숙성령(肅星嶺)을 넘어 남원부 관아로 돌아갔다.

2. 유람 동기와 목적

유몽인이 지리산을 유람하게 된 동기는 두 가지로 볼 수 있다. 하나는 지리산 인근의 남원부사로 내려와 지리산을 유람하기에 더없이 좋은 기회를 만났기 때문이며, 또 하나는 산수 유람을 좋아하여 지리산을 유람하고 싶은 오래된 숙원이 있었기 때문이다. 그는 남원부사로 부임한 뒤 순천부사 유영순(柳永詢)과 진사 김화(金澕)를 만나 술을 마시다가, "나는 올 봄에 두류산을 마음껏 유람하여 오래된 숙원을 풀고 싶은데, 누가 나와 함께 유람하겠소?"라고 한 말에 확인할 수 있다.

유몽인이 지리산을 유람하고 싶은 오랜 숙원을 가지고 있었던 것은 뚜렷하게 나타나지 않는다. 그런데 그는 지리산유람록 말미에 자신이 그동안 유람한 산을 차례로 언급하면서 인문지리적 안목으로 지리산을 다음과 같이 논평하였다.

　　나는 일찍이 땅의 형세가 동남쪽이 낮고 서북쪽이 높으니, 남쪽 지방의 산의 정상이 북쪽 지역의 산의 발꿈치보다 낮을 것이라고 생각하였다. 또한 두류산이 아무리 명산이라도 우리나라 산을 통틀어 볼 때 풍악산이 집대성이 되니, 바다를 본 사람에게 다른 강은 대단찮게 보이듯, 이 두류산도 단지 한 주먹 돌덩이로 보였을 뿐이었다. 그런데 이제 천왕봉 꼭대기에 올라 보니, 그 웅장하고 걸출한 것이 우리나라 모든 산의 으뜸이었다.[5]

　이를 통해 그가 왜 그토록 지리산을 유람하고 싶어 했는지를 짐작해 볼 수 있다. 그는 우리나라의 주요한 명산은 물론, 중국을 세 차례나 다녀오며 동북아시아의 산천을 두루 구경하여 지리적 안목을 갖추고 있었다. 그러기에 남쪽의 진산이고 삼신산의 하나이며 백두산이 뻗어내려 반도 남쪽에 우뚝 솟은 지리산은 당연히 한 차례 올라 보고 싶은 산이었을 것이다.

　유몽인은 지리산을 유람하고서 자신의 잘못된 생각을 고쳐 지리산이 우리나라 모든 산의 으뜸이라고 평하였다. 그는 그 근거로 살이 많고 뼈대가 적은 점을 들었는데, 이는 토산으로서 인간에게 혜택이 주는 것이 많은 점을 본 것이다. 그리하여 그는 지리산을 시와 문에 비유하여 시에 있어서는 두보(杜甫)의 경지로, 문에 있어서는 사마천(司馬遷)의 경

지로 비유하여 최고의 찬사를 아끼지 않았다. 또 그는 지리산이 우리나라 모든 산의 으뜸이 된다는 점을 다음과 같이 논하였다.

지금 두류산은, 백두산에서 시작하여 면면이 4천 리나 뻗어 온 아름답고 웅혼한 기상이 남해에 이르러 엉켜 모이고 우뚝 일어난 산으로, 열두 고을이 주위에 둘러 있고 사방의 둘레가 2천 리나 된다. 안음(安陰:안의)과 장수(長水)는 그 어깨를 메고, 산음(山陰:산청)과 함양(咸陽)은 그 등을 짊어지고, 진주(晉州)와 남원(南原)은 그 배를 맡고, 운봉(雲峯)과 곡성(谷城)은 그 허리에 달려있고, 하동(河東)과 구례(求禮)는 그 무릎을 베고, 사천(泗川)과 곤양(昆陽)은 그 발을 물에 담근 형상이다. 그 뿌리에 서려 있는 영역이 영남과 호남의 반 이상이나 된다.[6]

이는 지리산의 권역이 매우 넓고 크다는 것으로 영남과 호남의 중심에 있다는 점을 지적한 것이다. 유몽인은 이런 관점에서 지리산이 우리나라 모든 산의 으뜸이라고 본 것이다. 또 그는 지리산이 인간 세상의 영리를 떠나 편안히 은거하기에 가장 적합한 산이라고 하였다.

Ⅱ. 「유두류산백운(遊頭流山百韻)」개관

1. 서술 구조

유몽인의 「유두류산백운」은 황준량(黃俊良)의 176운의 「유두류산기행편(遊頭流山紀行篇)」과 성여신(成汝信)의 86운의 「유두류산시(遊頭流山

---

6 상동, 200면 참조.

詩)」와 더불어 조선시대 3대 지리산 유산시라고 할 수 있다. 물론 100운 이상의 시가 이 외에도 문홍운(文弘運)의 142운의 「두류팔선유편(頭流八仙遊篇)」과 성사안(成師顔)의 109운의 「유두류산(遊頭流山)」이 더 있지만 작품성으로 볼 적에 지리산을 노래한 장편시는 황준량·성여신·유몽인의 시를 3대 장편시로 꼽을 수 있다.

유몽인의 「유두류산백운」은 100운 200구 1,400자에 달하는 칠언 고시이다. 서술구조를 살펴보면, 유람의 일정에 따라 보고 느낀 감정을 노래하고 있다. 첫머리 프롤로그는 제1구부터 제18구까지인데, 유람을 떠나게 된 동기를 기술하고 있다. 중간 부분은 제19구부터 제188구까지로 유람의 일정에 따라 보고 느낀 것을 읊조리고 있으며, 마지막 에필로그는 제189구부터 제200구까지로 벼슬을 버리고 초야로 물러나고자 하는 자신의 정치적 소회를 기록하고 있다. 이러한 서술 구조는 유람록에 나타나는 일반적인 구조로 특별할 것이 없다.

2. 작가 의식

유몽인의 「유두류산백운」에는 작가의 의식이 비교적 잘 드러나 있다. 전국의 명산을 두루 유람하여 지리에 해박한 안목으로 국토산하를 바라보는 인식, 불교와 무속에 대한 비판적인 인식, 역사를 회고하며 국가와 사회를 걱정하는 우국애민의 의식, 자연과 식생에 대한 세밀한 관찰 등이 돋보이는데, 이는 그가 지리산을 유람하고 기록한 「유두류록(遊頭流錄)」에서 확인해 본 것과 크게 다르지 않다. 여기서는 이런 점에 초점을 맞추어 작가 의식을 살펴보기로 하겠다.

첫째, 해박한 지리적 안목과 풍부한 문학적 수사로 지리산 천왕봉을 천자 또는 성인과 같은 존재로 묘사하였다.

우선 지리적 안목에 대해 살펴보기로 한다. 유몽인은 운봉의 황산대
첩비를 보고 다음과 같이 노래했다.

> 이곳 지형이 호남과 영남을 잇는 목구멍과 같으니,　地形咽喉湖與嶠
> 병가 방략에 의(義)가 인(仁)을 겸한 형국이네.　　兵家方略義兼仁[7]

유몽인은 고려 공민왕 때 이성계가 왜구를 물리친 황산전투가 벌어진
현장에서 그곳의 지형을 호남과 영남을 이어주는 목구멍처럼 생긴 것으
로 파악하고 있다. 그리고 그것을 병가의 방략에 있어서 의(義)가 인(仁)
을 겸한 형국으로 풀이하였다. 오행(五行)으로 볼 때, 인(仁)은 목(木)과
동쪽에 해당하고, 의(義)는 금(金)과 서쪽에 해당한다. 방위로 볼 때 '의
가 인을 겸한 형국'이란 서쪽에서 동쪽까지를 겸한 형국이라는 말이다.
남원과 운봉은 지리산권역 서쪽에 위치하면서 동쪽으로 진입하는 길목
에 있으니, 이성계가 이곳에서 의로움을 떨쳐 인(仁)까지 겸하게 된 것이
라고 풀이한 것이다.

유몽인은 천왕봉에 올라 사방을 조망하면서 벅찬 감정으로 아래와 같
이 노래했다.

> 신선 같은 차림새로 정상에 올라서서 바라보니,　霞裳披拂巍巍頂
> 높디높은 유건(儒巾)에 북두성이 드리워 있네.　玉斗低垂岌岌巾
> 봉우리 모두 모여 잔 하나로 삽혈(歃血)하듯,　溟嶽收尊盂一歃
> 온 세상 한눈에 들어와 두 눈이 휘둥그러지네.　乾坤輸入目雙瞋

---

7 柳夢寅, 『於于集』 後集 권2, 「頭流錄－遊頭流山百韻」.

박상은 동쪽에서 그늘져 앉은자리에 어른어른,	搏桑東影搖吟榻
약수는 서쪽으로 흘러가 낚싯줄처럼 가물가물.	弱水西流細釣緡
호랑이가 대문 두드리는 듯한 산중 소리 두렵고,	豹闕叩扃聲可厲
두꺼비 머리 누른 듯 목을 펴기가 어렵구나.	蟾宮壓首吭難伸
뭇 봉우리가 백두에서부터 멀리멀리 달려오다,	衆峯來自白頭遠
그 중 한 지맥이 바닷가에 우뚝하게 그쳤다네.	一脉終窮蒼海湣
한데 엉킨 땅의 정기가 여기 모두 뭉친 뒤엔,	磅礴坤精於此蓄
종횡으로 뻗어나길 어찌 그리 머뭇거렸는지.	縱橫天步一何迍[8]

박상(搏桑)은 해가 뜨는 곳을 말하고, 약수(弱水)는 건너기 힘든 강을 말한다. 유건에 북두성이 드리워 있다는 것은 하늘과 가깝다는 것이며, 봉우리가 모두 모여 잔 하나로 입에 피를 바르고 맹약한다는 것은 천왕봉이 천자와 같다는 것을 상징한 것이다. 그리고 백두산으로부터 뻗어내린 산맥이 우뚝 솟아 지리산이 되었는데, 땅의 정기가 모두 이곳에 뭉쳐 있다는 것이다. 이는 지리산의 산채가 넓고 큰 것을 말한 것으로, 그가 지리산을 우리나라 모든 산의 으뜸으로 보는 이유이기도 하다.

유몽인은 천왕봉에서 이런 안목으로 벅찬 감동을 억제하지 못하고 아래와 같이 노래했다.

동쪽의 천 개 봉우리는 제후처럼 복종하는 듯,	千山東散詣侯服
남쪽의 만 리 능선은 천자가 순행하는 듯.	萬里南馳天子巡
큰 깃발과 높은 깃발은 군대가 사열하는 듯.	大纛高牙森隊仗
날고뛰는 참마 복마 천리마가 나열한 듯.	飛驂舞服列騏駰
조정의 수많은 관리가 품계 따라 정렬한 듯,	朝班濟濟千官品

---

8 柳夢寅, 『於于集』後集 권2, 「頭流錄-遊頭流山百韻」.

사해의 빛나는 보배들이 조정에 가득한 듯.	庭實煌煌四海珎
구름 모이듯 의관 갖춘 선비들 섞여 번잡한 듯,	雲合冠裳相雜沓
준마가 내달리자 사람들 뒤따르며 어지러운 듯.	駿奔賓從互紛繽
금 소반과 옥그릇에 좋은 음식이 널려 있는 듯,	金盤玉豆排嘉饌
구슬 옷에 꽃 비녀 꽂은 미인을 안고 있는 듯.	珠服花簪擁美嬪
댕기 총각 종종 걸음으로 어른을 공경하는 듯,	丫髻蹡趨欽長老
젊은 아들이 공손히 엄한 부친을 봉양하는 듯.	弁髦虁栗奉嚴親
옥수 같은 사씨 집안의 자제처럼 빼어나고,	謝家玉樹諸郎秀
상서로운 기린 같은 서씨 자제처럼 많도다.	徐氏祥麟衆子詵
산의 귀신이 사람 도와 이 세상을 맑게 했고,	山鬼助人澄宇宙
바람과 안개가 재주 부려 난간처럼 감쌌구나.	風烟效技繞欄楯[9]

사씨(謝氏) 집안의 자제는 진(晋)나라 때 사현(謝玄)의 풍채가 좋은 아들들을 가리키고, 서씨(徐氏)의 자제는 송나라 때 서현(徐鉉)의 자제를 가리킨다.

유몽인은 지리산 천왕봉을 천자에 비유하여 천자가 순행하는 위용을 떠올리면서, 뭇 산을 깃발·말·관리·보배·선비·인민·음식·미인·총각·아들·자제 등에 비유하였다. 그리고 지리산이 이 세상을 밝게 하고, 바람이 불고 안개가 피어 인간세상을 감싸고 있다고 했다.

큰 산이 인간 세상에 끼치는 혜택은 바람을 막고 비를 내리는 것뿐만이 아니다. 비가 오면 물을 머금었다가 가물 때 물을 공급하고, 풍화작용에 의해 영양을 공급하여 토양을 비옥하게 하며, 수많은 식생이 뿌리를 내리고 살게 하여 공기와 물을 정화한다. 이 외에도 무수한 혜택을 인간세상에 주는 데 인간들이 그 고마움을 잘 느끼지 못할 따름이다. 그러니

---

9 柳夢寅,『於于集』後集 권2,「頭流錄-遊頭流山百韻」.

이러한 산의 역할은 성왕이 백성들을 편안히 살 수 있게 하는 것과 다르지 않다. 작가는 바로 이런 상상을 한 것이다. 이러한 작가 의식은 위의 인용문처럼 문학적 수사를 한껏 뽐내게 하였다.

둘째, 선현의 유적지나 역사적 장소를 떠올리며 그 인물이나 사건을 회고하여 시대정신을 일깨우고 있다.

유몽인은 운봉현 황산대첩비에서 "운봉현 길가 쓸쓸한 비전(碑殿)에서 잠시 머물고, 시냇가의 거대한 비석에 가 경건히 절을 올렸네. 천추에 전할 왕의 발자취가 여기서 비롯되었으니, 한 번 싸워 세운 그 큰 공적은 인연이 있는 듯."이라고 하여, 이성계가 황산에서 왜적을 물리친 것을 회고하면서 그 공적이 조선을 개국하는 발단이 되었다고 평하였다.

유몽인은 천왕봉에 올라 사방을 조망한 뒤 역사적 인물을 떠올리며 다음과 같이 노래했다.

> 학사는 오지 않고 삼동만 예스러운데,   學士不來三洞古
> 남명은 어디 계시는지, 양당만 남았구나.   南溟安在兩塘陸[10]

학사는 지리산에 수많은 발자취를 남긴 신라시대 불우한 지식인 최치원(崔致遠)을 가리키고, 삼동(三洞)은 최치원의 유적이 있는 청학동(靑鶴洞)·고운동(孤雲洞)·신흥동(新興洞)을 가리킨다. 남명(南溟)은 조식(曺植)의 호이며, 양당(兩塘)은 조식이 만년에 은거한 지리산 덕산동(현 산청군 시천면 소재지)의 마을을 가리킨다. 유몽인은 지리산에 은거한 수많은 사람들 중에서 유독 최치원과 조식을 거론하였다. 그것은 그들이 당대를 대표하는 최고의 지식인으로서 알아주는 임금을 만나지 못해 불우하게

---

10 柳夢寅, 『於于集』後集 권2, 「頭流錄-遊頭流山百韻」.

지리산에서 은거한 인물이기 때문일 터인데, 당시 유몽인도 탄핵을 받아 벼슬을 그만두려 하였기 때문에 불우했던 이 두 인물을 자연스럽게 떠올리며 동병상련의 마음을 느낀 듯하다.

또 유몽인은 뱀사골 정룡암(頂龍菴)에서 인근에 노진(盧禛)의 서재가 있다는 말을 듣고 노진을 떠올렸고, 화개동에서는 인근에서 독서한 정여창(鄭汝昌)을 떠올렸다. 이들은 유몽인이 존경하는 선현이었기 때문에 이들을 회고한 듯하다.

유몽인은 천왕봉에 사방을 조망하다 아픈 역사를 떠올려 다음과 같이 노래하기도 했다.

> 사천에 함선 주둔했던 장군 아련히 생각나고,　　遙思泗水屯樓艦
> 외로운 충성 바친 장군을 위해 제사 올리려네.　　欲爲孤忠薦渚蘋
> 그 누가 진주성에서 원통한 피를 흘리게 했나,　　誰使晉城冤血濺
> 근본의 읍이 전장의 무덤 되어 공연히 슬퍼지네.　　空悲原邑戰骸竜[11]

사천에 주둔했던 장군은 임진왜란 때 왜적을 치기 위해 함선을 남해에 정박하고 사천성을 공격하다가 왜장 의홍(義弘)의 계략에 속아 패전한 명나라 장수 동일원(董一元)을 말하고, 의로운 충성을 바친 장군은 임진왜란 때 혁혁한 공을 세워 나라를 구한 이순신(李舜臣) 장군을 가리킨다. 이는 남해 바다를 바라보다가 지난 역사를 떠올린 듯하다.

또 유몽인은 진주 방향을 조망하다가 임진왜란 때 진주성 전투를 떠올렸다. 그리하여 슬픈 마음으로 원통한 피를 흘리게 한 당시의 일을 노래하였다. 천왕봉에서 사방을 조망하다가 남해를 바라보며 이순신 장군을

11　柳夢寅, 『於于集』後集 권2, 「頭流錄－遊頭流山百韻」.

떠올린 경우는 간혹 있지만, 진주성 전투를 떠올린 사람은 거의 없다. 그것은 천왕봉에서 진주가 가물가물 보여 분간하기 어렵기 때문이기도 하겠지만, 천왕봉에 오른 들뜬 기분에 우주 밖으로 날아오르고 싶은 초월적 상상을 하거나, 아니면 국토산하를 일일이 지적하며 조망하면서 천왕봉의 위용을 형용하는 데 정신을 집중하고 있기 때문에 진주성 전투를 떠올리기는 어려웠을 것이다. 그런데 유몽인은 진주성 전투를 떠올리며 누가 원통한 피를 흘리게 했는지를 묻고 있으니, 그의 우국애민의식이 빛나는 장면이다.

셋째, 불교와 무속에 대해 비판적 인식을 보이며 혹세무민을 걱정하고 있다. 유몽인은 「유두류록」에서 천왕봉 성모사, 용유담과 백무동의 성모를 모신 당집을 무당의 3대 소굴로 지목하여 무속이 번성하여 혹세무민하는 것을 비판하였다. 그는 천왕봉 성모사를 보고 다음과 같이 노래했다.

> 남아 있는 사당 어느 때 천상의 할미를 섬겼던고,   遺祠何代尊天媼
> 길한 꿈이 그 해에 상서로운 기린 탄생시켰지.   吉夢當年誕瑞麟
> 동쪽 삼한 통일하여 굽어 살펴 복을 내려주시니,   一統東韓垂眷祜
> 천년토록 남쪽 지방 그 순수한 정기를 누렸다네.   千年南國享精純
> 무당 부르고 노잣돈 허비하는 천박한 세속 풍조,   遨巫傾貲流風薄
> 귀신에게 빌붙어 복을 비는 시끄러운 말세 풍속.   諂鬼祈禳末俗囂[12]

유몽인은 성모사의 성모를 불교에서 마야부인으로 보거나 무속에서 무당의 어머니인 성모로 보는 인식을 인정하지 않고 김종직이 지적한 것처럼 고려 태조의 어머니인 위숙왕후(威肅王后)로 보아, 상서로운 기

---

12   柳夢寅, 『於于集』後集 권2, 「頭流錄－遊頭流山百韻」.

린 즉 고려 태조를 낳은 분으로 보았다. 그리하여 고려 태조가 삼한을 통일해 순수한 정기가 천년토록 전해지고 있다고 하면서, 귀신에게 빌붙어 복을 비는 말세의 풍속을 개탄하였다.

넷째, 자연의 생태와 식생에 대해 세밀하게 관찰을 하고 섬세하게 그 특징을 묘사해 놓았다. 지리산 유람록 가운데 식생에 대해 기록한 것 가운데 유몽인의 기록이 가장 섬세하며 구체적이어서 다양한 정보를 제공해 주고 있다.

유몽인은 쑥밭재 밑의 청이당(淸夷堂)에서 영랑재와 소년대를 거쳐 천왕봉으로 올랐는데, 그곳에서 본 나무에 대해 다음과 같이 노래했다.

천 년을 산 작달막한 나무 바위에 얽혀 있고,　　　千齡短木攲纏石
태초부터 언 견고한 얼음 은빛으로 하얗네.　　　太始堅氷皓爛銀
푸른 이끼는 덥수룩하게 그물 편 듯 무성하고,　　苔髮鬖影靑似罻
자주색 꽃가지는 올망졸망 고생고생 자라난 듯.　花梢癭腫紫難蘜
목심이 텅 비고 말랐으니 어찌 동량이 되랴,　　　空心半槁寧充棟
저절로 가운데가 썩었으니 누가 땔나무로 쓰리.　自朽中溝孰負薪
밝은 별을 따왔는지 광채가 찬란하기만 하고,　　摘取明星光燦燦
경초(瓊草) 뜯어 왔나 향기가 은은하기만 하네.　撷來瓊草馥誾誾[13]

등산을 하면서 본 나무, 얼음, 이끼, 꽃가지, 텅 빈 목심(木心), 초목의 빛깔과 향기를 노래했는데, 속진(俗塵)이 전혀 없는 선계의 깨끗하고 청초한 모습으로 그려내고 있다. 유몽인은 천왕봉으로 오르면서 고지대에 사는 산 능선의 나무들을 보고서 척박한 환경 속에서도 강인한 생명력을

---

13 柳夢寅, 『於于集』後集 권2, 「頭流錄-遊頭流山百韻」.

느낀 듯하다. 그리하여 이「유두류산백운」에 다 담아내지 못하고 별도
로「산목행(山木行)」이라는 장편시를 지었는데, 그 중에 나무를 형용한
부분만 인용하면 다음과 같다.

어떤 나무는 크게 자라 구름 속 견우성을 가리고,	或大能蔽垂雲牛
어떤 나무는 움푹하여 바다에 뜬 배를 만들고,	或窾能刳橫海舟
어떤 나무는 곧게 뻗어 아방궁 기둥을 만들고,	或竪能作阿房柱
어떤 나무는 평평하여 명당의 마룻대를 만드네.	或衡能造明堂桴
어떤 나무는 쪼개져 해마다 옻칠한 술잔이 되기도,	或剖能合歲漆桮
어떤 나무는 곧아서 나는 듯한 서까래를 만들고,	或直能截飛翬桷
어떤 나무는 길어서 선방의 재목으로 제격이고,	或長能中禪房材
어떤 나무는 가늘어 원숭이 매는 말뚝을 만들겠네.	或細能辦猿狙杙
어떤 나무는 무성하게 뻗어서 백 이랑을 덮겠고,	或能扶踈芘百畝
어떤 나무는 넓게 펼쳐져서 천 글자라도 쓰겠네.	或能布濩聯千字
어떤 나무는 위로 불쑥 뻗어 하늘 높이 솟구치고,	或能上聳干雲霄
어떤 나무는 아래로 굽어 문간처럼 생기기도 했네.	或能下屈成門戶
어떤 나무는 가는 줄기 뽑혀 뭇 나무에 의지했고,	或纖莖擢依衆林
어떤 나무는 늙어 속이 빈 채 오랜 세월 지내기도.	或老中空歷千古
어떤 나무는 이끼 낀 모습이 수염 같기도 하고,	或垂苔蘚如毛髮
어떤 나무는 등 넝쿨 휘감아 가는 끈과도 같다.	或蟠藤蘿如纖組
어떤 나무는 중간이 꺾여 늙은 난장이가 웅크린 듯,	或中折如老矮蹲
어떤 나무는 사방에 퍼져 마치 도끼로 쪼개 놓은 듯.	或四披如斧析分
어떤 나무는 우레를 맞고 꺾여 산산조각 부서졌고,	或霹靂摧百片裂
어떤 나무는 완전히 소멸해 전체가 불타기도 했네.	或擺磨消全體焚
어떤 나무는 곁가지가 없이 높은 산처럼 서 있기도,	或無枝騈立高嶽
어떤 나무는 뻗은 뿌리 없어 절벽에 눕기도 했네.	或無根僵卧絕壑
어떤 나무는 견고한 껍질 없어 골격이 조각한 듯,	或無皮堅骨如鏤

어떤 나무는 잎 없는 마른 가지 창처럼 뾰족하네.	或無葉枯枝如戟
어떤 나무는 만 길로 솟아 높은 봉우리와 나란하고,	或拔萬丈齊高峰
어떤 나무는 천년토록 채 한 자도 자라지 못했네.	或經千年不盈尺
어떤 나무는 비옥한 땅에서 타고난 영화를 누리고,	或托沃腴終天榮
어떤 나무는 척박한 자갈밭에서 일평생 파리하기도.	或依瘠确一生瘦
어떤 나무는 구불구불 서리어 마치 쇠갈구리 같고,	或有屈盤如鐵鉤
어떤 나무는 울퉁불퉁하여 마치 혹이 난 듯도 하네.	或有癭腫如瘻瘤
어떤 나무는 꿈틀꿈틀하여 용이 머리를 치켜든 듯,	或有夭矯如龍驤
어떤 나무는 움찔움찔하여 봉황새가 날아오르는 듯.	或有騫翥如鳳翔
어떤 나무는 뾰족뾰족하여 사람 얼굴을 찌를 듯하고,	或有尖尖刺人面
어떤 나무는 구부러져 사람의 옷자락을 잡아당기네.	或有曲曲牽人裳
어떤 나무는 혈혈단신 의지할 데 없이 홀로 서 있고,	或有孑孑無倚傍
어떤 나무는 빽빽하게 자라나 무리지어 있기도 하네.	或有森森爲朋黨
어떤 나무는 고개 숙인 아름다운 열매를 맺기도 하고,	或有離離美實垂
어떤 나무는 빛나고 빛나는 예쁜 꽃을 피우기도 했네.	或有灼灼佳葩放
어떤 나무는 병을 낫게 할 향기로운 기운이 향긋하고,	或療痾恙氣香馨
어떤 나무는 진액 가득 흘러 나와 코를 취하게 하네.	或流液滿臭狂酲
어떤 나무는 땔감 되어 중간에 잘려나간 것도 있고,	或被薪樵中札夭
어떤 나무는 벌레 먹어 반쯤 시들어버린 것도 있네.	或侵蠹蟻半凋零
어떤 나무는 용과 뱀이 서식하는 굴이 되기도 하고,	或爲龍蛇之窟宎
어떤 나무는 난새와 학이 깃든 둥지가 되기도 했네.	或爲鸞鶴之巢窠
어떤 나무는 도깨비들 모여 사는 집이 되기도 하고,	或爲魑魅之棲托
어떤 나무는 다람쥐들 숨어 사는 집이 되기도 했네.	或爲鼯鼪之室家
어떤 나무는 비바람에 꺾이고 뽑혀버린 것도 있고,	或爲風雨之折拔
어떤 나무는 운무와 연하에 덮여 사는 것도 있네.	或爲雲烟之膠膓
어떤 나무는 목공이 베어다 그릇을 만들기도 하고,	或百工取而爲器
어떤 나무는 중간이 잘려서 버려지기도 하였도다.	或中溝斷而爲棄
어떤 나무는 절로 자라나 절로 죽으니 누가 알리,	或自生自死誰知

어떤 나무는 재도 되고 흙도 되지만 그 누가 알리.	或爲灰爲土誰識
어떤 나무는 크게 자라나 백부나 숙부처럼 되기도,	或長養爲伯爲叔
어떤 나무는 그루터기에 자라 자손이 되기도 하네.	或蘖芽爲孫爲子[14]

이 부분은 산의 나무를 그려낸 것 중에서 단연 최고의 걸작이라 하겠다. 유몽인이 자신의 문학적 수사를 최대한 발휘하여 대가의 솜씨를 뽐낸 것이다. 그가 지리산을 우리나라 모든 산의 으뜸이라고 평한 이유도 바로 이런 수많은 나무들이 이 산에 자생하는 것을 보고서 그 넉넉한 품이 성인의 덕과 같다고 여겼기 때문일 것이다.

「유두류산백운」의 에필로그는 유람을 끝내고 현실로 돌아와 자신의 신세를 돌아보는 것으로 끝맺고 있다. 유몽인은 당시 대북정권 실세 이이첨 등의 탄핵을 받아 벼슬에서 물러나고자 생각하고 있었으니, 유람록 말미에서 "조만간 허리에 찬 인끈을 풀고 내가 생각한 애초의 일을 이루리라. 물소리 조용하고 바람소리 한적한 곳에 작은 방 한 칸을 빌린다면, 어찌 유독 고향 고흥의 옛집에서만 나의 지리지를 쓸 수 있으랴."라고 하여, 지리산에 은거해 지리지를 편찬하고 싶은 자신의 지향을 드러내었다.

이런 생각이 간절한 유몽인은 「유두류산백운」 마지막 부분에 관직생활을 회고하며 자신의 정치적 포부를 다 펴지 못한 아쉬움을 토로하면서 아래와 같이 노래했다. 비장미가 드러나는 대목이다.

슬픈 생각에 흥이 다하여 맑은 눈물 떨구나니,	悲來興盡垂淸淚
산수에 막힌 머나먼 이곳 대궐과 멀기도 하네.	水遠山長隔紫宸
붉은 인끈 매고 몇 년이나 임금님을 모셨던가,	朱紱幾年陪輦轂

---

14 柳夢寅, 『於于集』 後集 권2, 「頭流錄-山木行」.

옥당에선 고개 돌려 그 말씀을 되새기도 했네.	玉堂回首憶絲綸
바람과 구름 서린 조령 넘어 대궐에서 멀어져,	風雲鳥路違雙闕
산과 바다에서 떠돈 지도 오십 일이 되었다네.	山海蓬飄負五旬
천리마는 애쓰지 않아도 조부가 부릴 테고,	騏驥無勞造父御
예장나무는 기다리지 않아도 목수가 베어가리.	豫章休待匠人掄
내 문장 써보지도 못했는데 노쇠한 병 침범하니,	文章未試衰侵病
세속 사람들 중 그 누가 옥과 옥돌을 분간하리.	流俗誰分玉與珉
내일 대나무 갓을 쓰고 풀 옷을 걸치고 떠나면,	明日篛冠掛蘿薜
머리를 조아리며 속세에서 곤궁할 필요 없으리.	不須低首困塵閴[15]

조부(造父)는 주나라 목왕(穆王)의 마부로 말을 다루는 솜씨가 뛰어났던 사람이니 임금을 가리키고, 예장나무는 좋은 목재로 쓰이는 나무를 가리킨다. 천리마나 예장나무는 모두 훌륭한 인재를 지칭한다. 유몽인은 자신의 문장을 세상에 다 써보지 못한 한을 토로하며 머지않아 벼슬을 버리고 떠날 뜻을 드러내고 있다.

Ⅲ. 맺음말

유몽인의 「유두류산백운(遊頭流山百韻)」은 황준량의 「유두류산기행편(遊頭流山紀行篇)」, 성여신의 「유두류산시(遊頭流山詩)」와 함께 3대 장편 지리산기행시로, 지리산기행시의 백미에 해당한다.

유몽인은 지리산을 유람하면서 「유두류산록(遊頭流山錄)」이라는 유람록을 남기기도 하였는데, 이 유람록을 통해 보면 그는 국토산하에 대한

---

15 柳夢寅, 『於于集』 後集 권2, 「頭流錄-遊頭流山百韻」.

인식이 다른 작가에 비해 탁월함을 알 수 있다. 앞에서 유몽인의 지리산 유람에 대해 개괄적으로 언급한 것이 있기 때문에 여기서는 「유두류산백운」에 나타난 작가의식을 간략하게 정리하는 것으로 이 글을 끝맺고자 한다. 이 시에 나타난 작가의식의 특징은 다음과 같다.

첫째, 해박한 지리적 안목과 풍부한 문학적 수사로 지리산 천왕봉을 천자 또는 성인과 같은 존재로 묘사하고 있다.

둘째, 선현의 유적지나 역사적 장소를 떠올리며 그 인물이나 사건을 회고하여 시대정신을 일깨우고 있다.

셋째, 불교와 무속에 대해 비판적 인식을 보이며 혹세무민을 걱정하고 있다.

넷째, 자연의 생태와 식생에 대해 세밀하게 관찰하고 그 특징을 섬세하게 묘사해 놓아 다른 지리산기행시에서 찾아볼 수 없는 자연에 대한 인식이 탁월함을 발견할 수 있다.

1. 원전자료

郭鍾錫, 『俛宇集』(한국문집총간 제340책), 한국고전번역원.

權　澐, 『黙翁集』, 경상대학교 도서관 문천각 소장.

金麟燮, 『端磎集』, 경상대학교 도서관 문천각 소장.

金之白, 『澹虛齋集』, 국립중앙도서관 소장본.

『論語』, 학민문화사 영인본.

杜　甫, 『杜詩詳註』.

梁慶遇, 『霽湖集』(한국문집총간 제73책), 한국고전번역원.

梁大樸, 『靑溪集』(한국문집총간 제53책), 한국고전번역원.

柳夢寅, 『於于集』(한국문집총간 제63책), 한국고전번역원.

朴來吾, 『尼溪集』, 경상대학교 도서관 문천각 소장.

朴汝樑, 『感樹齋集』(한국문집총간 속집 제8책), 한국고전번역원.

朴長遠, 『久堂集』(한국문집총간 제121책), 한국고전번역원.

朴致馥, 『晚醒集』, 경상대학교 도서관 문천각 소장.

朴泰茂, 『西溪集』, 경상대학교 도서관 문천각 소장.

班　固, 『漢書』

邊士貞, 『桃灘集』, 국립중앙도서관 소장본.

司馬遷, 『史記』.

『宣祖修正實錄』, 국사편찬위원회 영인본.

成汝信, 『浮査集』(한국문집총간 제56책), 한국고전번역원.

宋光淵, 『泛虛亭集』(한국문집총간 속집 제43책), 한국고전번역원.

『詩經』, 학민문화사 영인본.

『新增東國輿地勝覽』.

『雙溪唱酬』, 경상대학교 도서관 문천각 소장.

吳斗寅, 『陽谷集』(한국문집총간 속집 제36책), 한국고전번역원.

李肯翊, 『燃藜室記述』.

李圭景, 『五洲衍文長箋散稿』.

李　瀷, 『星湖僿說』, 한국고전번역원 번역본.

李仁老, 『破閑集』.

李　滉, 『退溪集』(한국문집총간 제30책), 한국고전번역원.

林　薰, 『葛川集』(한국문집총간 제28책), 한국고전번역원.

鄭德永, 『韋堂遺稿』, 경상대학교 도서관 문천각 소장.

鄭仁耆, 『湖山聯芳集』 上, 『文庵先生實紀』, 경상대학교 도서관 문천각 소장.

鄭載圭, 『老栢軒集』, 경상대학교 도서관 문천각 소장.

曹　植, 『南冥集』(한국문집총간 제31책), 한국고전번역원.

朱　熹, 『論語集註』, 학민문화사 영인본.

崔琡民, 『溪南集』, 경상대학교 도서관 문천각 소장.

河謙鎭, 『晦峯集』, 경상대학교 도서관 문천각 소장.

河益範, 『士農窩文集』, 경상대학교 도서관 문천각 소장.

河　沇, 『覺齋集』, 경상대학교 도서관 문천각 소장.

許　愈, 『后山集』, 경상대학교 도서관 문천각 소장.

2) 연구 논저

강정화, 「지리산 유산기에 나타난 조선조 지식인의 산수인식」, 『남명학연구』 제26집,
　　　경상대 남명학연구소, 2008.

강정화 외 편저, 『지리산유산기 선집』, 경상대 경남문화연구원, 2008.

　　　　　　　, 『지리산 한시 선집-천왕봉』, 경상대 경남문화연구원, 2009.

　　　　　　　, 『지리산 한시 선집-청학동』, 경상대 경남문화연구원, 2009.

　　　　　　　, 『지리산 한시 선집-덕산, 단성, 산청, 함양, 운봉』, 경상대 경남
　　　문화연구원, 2010.

啓明漢文學硏究會, 退溪學文獻全集 제18책, 『退溪先生言行錄』, 1991.

김시황, 「금계 황준량 선생과 풍기지역 퇴계학맥」, 『한국의 철학』 제30집, 경북대 퇴계연구소, 2001.

박언정, 「15-16세기 지리산유람록 연구」, 동국대학교 석사학위논문, 2004.

吳二煥, 「南冥遺跡三洞辨證」, 『남명학연구』 제10집, 경상대 남명학연구소, 2001.

尹浩鎭, 「天然, 그의 爲人과 文學的 形象化」, 『남명학연구』 제8집, 경상대 남명학연구소, 1998.

윤천근, 「황준량의 역사인식」, 『퇴계학』 제2집, 안동대학교 퇴계학연구소, 1990.

李相弼, 「남명학파의 형성과 전개」, 고려대학교 박사학위논문, 1998.

_____, 「남명학파의 남명사상 계승양상」, 『남명학연구』 제9집, 경상대 남명학연구소, 2000.

李月英, 「梁慶遇의 霽湖詩話」, 『霽湖詩話』, 한국문화사, 1995.

이재익, 「두류산유람록 연구」, 부산대학교 석사학위논문, 1988.

이정희, 「두류산 유람록에 나타난 영남사림의 정신세계」, 경상대학교 석사학위논문, 1995.

이혜순 외, 『조선중기의 유산기 문학』, 집문당, 1997.

정용수, 「산수유록으로서의 錄體와 두류기행록」, 『반교어문연구』 제11집, 반교어문학회, 2000.

정우락, 「남명의 유두류록에 나타난 기록성과 문학성」, 『남명학연구』 제4집, 경상대 남명학연구소, 1994.

蔡沈, 『書經集傳』, 이이회, 1982.

최강현, 『한국기행문학연구』, 일지사, 1982.

최석기, 「南冥의 〈神明舍圖〉·〈神明舍銘〉에 대하여」, 『남명학연구』 제4집, 경상대 남명학연구소, 1995.

_____, 「南冥의 山水遊覽에 대하여 - ‘遊頭流錄’을 중심으로」, 『南冥學硏究』 제5집, 경상대학교 남명학연구소, 1996.

_____, 「忘憂堂 郭再祐의 節義精神」, 『남명학연구』 제6집, 경상대 남명학연구소, 1996.

_____, 「남명사상의 본질과 특색」, 『한국의 철학』 제27집, 경북대학교 퇴계연구소, 1999.

_____, 「부사 성여신의 지리산유람과 선취 경향」, 『한국한시연구』 제7집, 한국한시
학회, 1999.

_____, 「조선중기 사대부들의 지리산유람과 그 성향」, 『한국한문학연구』 제26집,
한국한문학회, 2000.

_____, 『남명과 지리산』, 경인문화사, 2006.

_____, 「조선시대 사인들의 지리산유람을 통해 본 士意識」, 『한문학보』 제20집,
우리한문학회, 2009.

_____, 「조선시대 士人들의 智異山·天王峯에 대한 인식」, 『남도문화연구』 제21집,
순천대 남도문화연구소, 2011.

_____, 「黃俊良의 智異山 紀行詩에 대하여」, 『동방한문학』 제47집, 동방한문학회,
2011.

최석기 외, 『선인들의 지리산 유람록』, 돌베개, 2000.

_____, 『용이 머리를 숙인 듯 꼬리를 치켜든 듯』, 보고사, 2008.

_____, 『선인들의 지리산 유람록 3』, 보고사, 2009.

_____, 『선인들의 지리산 유람록 4』, 보고사, 2010.

_____, 『선인들의 지리산 유람록 5』, 보고사, 2013.

_____, 『선인들의 지리산 유람록 6』, 보고사, 2013.

최재남, 「금계 황준량의 삶과 시세계」, 『한국한시작가연구』 제5집, 한국한시학회,
2000.

호승희, 「조선 전기 유산록 연구」, 『한국한문학연구』 제18집, 한국한문학회, 1995.

홍성욱, 「조선전기 유두류록의 지리산 형상화 연구」, 『남명학연구』 제9집, 경상대
남명학연구소, 1999.

黃俊良, 『錦溪集』, 한국문집총간 제37책, 민족문화추진회, 1989.

인터넷 자료, http//cafe.naver.com/insanwoo/256.

최석기(崔錫起)

1954년 강원도 원주에서 출생.
성균관대학교 한문교육과 졸업. 동 대학교 대학원 문학박사.
한국고전번역원 연수부 및 상임연구원 졸업.
한국고전번역원 국역실 전문위원.
경상대학교 한문학과 교수(1989~현재).
한국경학학회 회장 역임.
주요 저역서로『성호 이익의 시경학』,『한국경학가사전』,『조선시대 대학도설』,『조선시대 중용도설』,『조선시대 대학장구 개정과 그에 관한 논변』,『조선선비의 마음공부, 정좌』, 『유교경전과 경학』,『남명학의 본질과 특색』,『조선후기 경상우도의 학술동향』,『선인들의 지리산 유람록』(1~6),『선인들의 지리산 기행시』(1~3) 등이 있다.

지리산, 두류산, 방장산

2020년 5월 27일 초판 1쇄 펴냄

지은이 최석기
펴낸이 김흥국
펴낸곳 도서출판 보고사

책임편집 이순민
표지디자인 손정자

등록 1990년 12월 13일 제6-0429호
주소 경기도 파주시 회동길 337-15 보고사 2층
전화 031-955-9797(대표), 02-922-5120~1(편집), 02-922-2246(영업)
팩스 02-922-6990
메일 kanapub3@naver.com / bogosabooks@naver.com
http://www.bogosabooks.co.kr

ISBN 979-11-5516-161-6 93910
ⓒ 최석기, 2020